पुस्तकालय एवं समाज

पुस्तकालय एवं समाज

डॉ॰ अजय कुमार सिंह

arjun अर्जुन पब्लिशिंग हाउस

पुस्तकालय एवं समाज

प्रथम संस्करण, 2011

ISBN 978-81-8330-275-3

प्रकाशक :

अर्जुन पब्लिशिंग हाऊस

4831/24, प्रह्लाद गली,

अंसारी रोड, दरियागंज,

नई दिल्ली–110002

फोन : 23272541, 23257835

फैक्स : 91-011-23257835

e-mail : arjunbooks2001@gmail.com

टाइपसेटिंग :

डिम्पल कम्प्यूटर्स

दिल्ली–110092

प्रिन्टर्स :

रोशन आफसेट प्रिंटर्स

दिल्ली - 53

प्रस्तावना

आधुनिक युग में पुस्तकालय ऐसी संस्था के रूप में कार्य कर रहा है, जिनमें सूचना तथा ज्ञान का संकलन, संग्रहण, प्रक्रियाकरण, व्यवस्थापन, प्रकीर्णन तथा वितरण प्रलेखों में अभिलेखबद्ध करके किया जाता है। पुस्तकालय समाज में व्यक्तियों की औपचारिक-अनौपचारिक शिक्षा प्राप्त करने की प्रक्रिया में, अनुसंधान तथा विकास के क्षेत्र में, सांस्कृतिक गतिविधियों में, आध्यात्मिक एवं भावनात्मक प्रक्रियाओं में, मनोरंजन एवं आमोद-प्रमोद क्रियाकलापों में अपनी एक महत्त्वपूर्ण भूमिका का निर्वाह करता है। इस तरह स्पष्ट है कि पुस्तकालय समाज के विकास के लिए बहुत ही महत्त्वपूर्ण कार्य कर रहा है।

पुस्तकालय ज्ञान का स्रोत होता है। कोई भी व्यक्ति किसी विद्यालय या महाविद्यालय में जीवनभर शिक्षा ग्रहण नहीं कर सकता, लेकिन पुस्तकालय एक ऐसा केन्द्र है जहाँ पर कोई भी व्यक्ति जीवन भर अपने ज्ञान व बुद्धि को विकसित कर सकता है। आज लोकतंत्र का जमाना है जिसमें आधुनिक सूचना रखना बहुत जरूरी होता है जिससे जन-साधारण अपने कर्त्तव्यों एवं अधिकारों के प्रति जागरूक हो सकता है। यह कार्य सिर्फ पुस्तकालयों द्वारा ही संभव हो सकता है। पुस्तकालयों में संग्रहीत पाठ्य-सामग्री का उपयोग करके कोई भी व्यक्ति अपने कार्य में दक्षता प्राप्त कर व्यक्तिगत उन्नति के साथ राष्ट्रीय प्रगति में भी सहायक सिद्ध हो सकता है। इस प्रकार पुस्तकालय व्यक्तियों की व्यक्तिगत उन्नति करने के साथ-साथ राष्ट्रीय प्रगति में भी सहायक सिद्ध हो सकते हैं। पुस्तकालयों द्वारा प्रदान सेवाओं के माध्यम से राष्ट्रीय एकता, अन्तर्राष्ट्रीय सहयोग, सद्भावना एवं शान्ति में वृद्धि होती है। पुस्तकालय किसी भी देश की सभ्यता तथा संस्कृति को आगे बढ़ाने में सहायक होते हैं। यह

किसी भी देश के साहित्यिक तथा सामाजिक अवशेषों को सदैव सुरक्षित रखते हैं जिनसे आने वाली पीढ़ी लाभान्वित होती है।

जनसाधारण के लिए उनके छुट्टी के पलों का सही उपयोग करने और स्वस्थ मनोरंजन प्राप्त करने के लिए यह एक महत्त्वपूर्ण साधन है। इसके द्वारा सभी सुधीजनों को निष्पक्ष रूप से सभी विषयों पर आधुनिकतम सूचना और पाठ्य-सामग्री प्राप्त होती है। सार्वजनिक पुस्तकालय समाज की उन्नति में एक सशक्त तथा गतिशील भूमिका अदा कर रहे हैं। इसी प्रकार शैक्षणिक तथा महत्त्वपूर्ण पुस्तकालय रूढ़िगत कार्यों तथा सेवाओं के अलावा समकालीन सेवाएँ जैसे अनुवाद सेवाएँ, रिप्रोग्राफिक सेवाएँ, सारांशीकरण संवाएँ, अनुक्रमणीकरण सेवाएँ तथा प्रलेखन सेवाएँ आदि प्रदान कर समाज को नवीन दिशा दे रहे हैं।

प्रस्तुत पुस्तक में पुस्तकालय के विविध सामाजिक आयामों को स्पष्ट करने का प्रयास किया गया है। आशा है पुस्तक पाठकों के लिए उपयोगी होगी।

लेखक

अनुक्रम

1

पुस्तकालय और समाज : परिचय

पुस्तकालय शब्द अंग्रजी भाषा के 'Library' शब्द का हिन्दी रूपान्तर है। यह 'Library' शब्द लैटिन भाषा के 'Libraria' शब्दा का अपभ्रंश है, जिसका अर्थ लैटिन भाषा में 'पुस्तकों का घर' होता है। इस सन्दर्भ में अगर हम यह सोचें कि जहाँ पर पुस्तकें रखी जाती हो वह पुस्तकालय है तो यह धारण गलत होगी, क्योंकि पुस्तकों की उपयोगिता उसके अध्ययन पर निर्भर करती है। अर्थात् जहाँ पुस्तकों के साथ उसका अध्ययन भी किया जाय उसे हम पुस्तकालय या ग्रन्थालय की संज्ञा देते हैं। दूसरे शब्दों में यह कहा जा सकता है कि ग्रन्थालय वह स्थान है जहाँ पुस्तकें पढ़ने के लिए एकत्रित की जाती हैं। 'The place or house of the books, where the books are collected for reading purposes only'.

पुस्तकालय का महत्त्व आज इसलिये बढ़ रहा है कि सामाजिक संस्था होने के बाद भी बिना किसी तत्त्व प्रभावित हुये यह समानता के आधार पर सभी को अध्ययन सुविधा प्रदान करता है। हमारे देश भारत में विद्या दान को एक श्रेष्ठ कार्य माना जाता है तथा विद्या का दान सभी दानों मे श्रेष्ठ माना जाता है। यह श्रेष्ठ दान ग्रन्थालय ही कर पाते हैं। यह ऐसा साधन है, जो सार्वजनिक स्तर पर स्वशिक्षा प्राप्त करने में सहायक होते हैं। कोई भी व्यक्ति किसी भी कालेज अथवा विश्वविद्यालय में जीवन भर शिक्षा प्राप्त नहीं कर सकता है किन्तु वह ग्रन्थालय से जीवन पर्यन्त अपना ज्ञान-वर्धन कर सकता है। चूँकि ग्रन्थालय बच्चे, स्त्री, पुरुष यहाँ तक कि

वृद्ध व्यक्तियों तक को बिना शिक्षक के एक शैक्षिक संस्था के समान ज्ञान देता है। इसलिये इसे एक कुशल शिक्षण के रूप में महत्त्व दिया जाता है।

पुस्तकालयों द्वारा राष्ट्रीय एकता, अन्तर्राष्ट्रीय शान्ति, सहयोग तथा सद्भावना में वृद्धि होती है। व्यक्तिगत उन्नति के साथ-साथ राष्ट्रीय प्रगति में भी पुस्तकालय सहायक होते हैं। पुस्तकालय संस्कृति व सभ्यता के विकास के आधार हैं। ग्रन्थालय किसी भी देश की साहित्यिक तथा सांस्कृतिक अवशेषों को सदैव सुरक्षित रखते हैं। ग्रन्थालय जन साधारण के लिए अपने अवकाश के क्षणों का सदुपयोग करने और स्वस्थ्य मनोरंजन प्राप्त करने के लिए एक साधन है। इसके द्वारा सभी व्यक्तियों को निष्पक्ष रूप से सभी विषयों पर आधुनिकतम सूचना और पाठ्य-सामग्री प्राप्त होती है। आज विश्व के लगभग सभी देशों में प्रजातांत्रिक व्यवस्था स्थापित हो चुकी है, ऐसे समय में यह आवश्यक है कि सभी नागरिकों को नवीनतम सूचनाएं प्राप्त होती रहें इस कार्य में पुस्तकालय की विशेष भूमिका होती है। पुस्तकालय में संग्रहीत पाठ्य-सामग्री का उपयोग करके कोई भी व्यक्ति अपने कार्य में दक्षता प्राप्त करके व्यक्तिगत उन्नति कर सकता है। इस तरह पुस्तकालय बहुत ही उपयोगी है।

पुस्तकालयों के विकास के परिणामस्वरूप ही राष्ट्र में साहित्य, संस्कार आवश्यक परम्पराएं नवीन तकनीकियों आदि का विकास होता है तथा आदर्श प्रतिमानों की स्थापना होती है।

आज पुस्तकालयों का जो विकसित स्वरूप हम देख रहे हैं वह इसके क्रमिक विकास का परिणाम है। यदि हम प्राचीन काल के पुस्तकालय व पुस्तक लेखन के स्वरूप पर ध्यान दें तो पता चलता है कि उस समय आज की तरह तकनीकी का विकास नहीं हुआ था, परिणामतः लेख हाथ से लिखे जाते थे, जिसके कारण पुस्तकालयों में उनकी सुरक्षा का पूर्ण ध्यान रखा जाता था, परन्तु अब समय एवं परिस्थितियां बदल गयी हैं। कागज तथा मुद्रण के आविष्कार ने ग्रन्थ-उत्पादन के खेत्र में क्रान्ति उत्पन्न कर दी है, जिसका परिणाम यह हुआ कि सर्वसाधारण के लिये ग्रन्थ सुलभ हो गये हैं तथा साथ ही ग्रन्थालय सेवा के दृष्टिकोण में भी परिवर्तन हो गया है। पुस्तकालयों की स्थापना का उद्देश्य अधिकाधिक उपयोग हो चुका है। लोकतंत्र की स्थापना के साथ ही साथ ज्ञान प्राप्त करने के अधिकार सभी को प्राप्त हो गये हैं। इस सम्बन्ध में गुरुदेव रवीन्द्रनाथ टैगोर ने कहा कि किसी ग्रन्थालय का महत्त्व उसमें एकत्रित ग्रन्थों की संख्या की अपेक्षा पाठ्य-सामग्री को उपादेय बनाने की क्षमता से निर्णीत होता है। शोधकर्यों के विकास के पूर्व उसी पुस्तकालय को समृद्ध माना जाता था, जिसमें अधिकाधिक सामग्री होती है, परन्तु अब यह

अवधारणा बदल चुकी है। आज पुस्तकालयों की उपयोगिता उसमें उपलब्ध सामग्रियों नहीं अपितु पाठकों के लिये उसकी उपयोगिता पर निर्भर करती है। शीघ्र से शीघ्र पुस्तकें खोजने के लिए जिससे पाठक का समय बचे और उसे परेशानी न हो आधुनिक वर्गीकरण तथा सूचीकरण पद्धतियाँ अपनाई जाती हैं। पाठ्य-सामग्री खोजने तथा सूचना प्राप्त करने के लिए व्यक्तिगत सेवा के रूप में सन्दर्भ सेवा प्रदान की जाती है। पुस्तकालयों में अध्ययन के लिये शांत परिवेश की आवश्यकता होती है सम्भवतः यही कारण है कि पुस्तकालयों को व्यवस्थित व हवादार बनाया जाता है तथा प्रकाश की भी उचित व्यवस्था की जाती है। दूसरे शब्दों में यह कहा जा सकता है कि आधुनिक ग्रन्थालयों में इस बात का पूरा ध्यान रखा जाता हैकि पाठक कम समय में वांछित सूचना प्राप्त कर सके।

आज के पुस्तकालयों में न केवल पठनीय पुस्तकें अपितु पत्र-पत्रिकाएं, समाचार-पत्र, हस्तलिखित ग्रन्थ, नक्शे, चार्ट्स, फिल्म्स, माइक्रोफिल्म्स, रिकार्ड्स, टेप्स, डेटाबेस, सीडीरॉम इत्यादि का संग्रह होता है। वास्तव में अब ग्रन्थालय बहुत विकसित हो चुके हैं आज के ग्रन्थालय असीम ज्ञान के कोश होते हैं, जिससे कोई भी जिज्ञासु अपनी अच्छानुसार कभी भी सूचनाएं प्राप्त कर सकता है। प्रस्तुत पाठ में समाज के उत्थान में सूचना एवं पुस्तकालय के महत्व को स्पष्ट किया गया है।

पुस्तकालय की सामाजिक अवधारणा एवं इतिहास

वर्तमान युग में ही नहीं बल्कि प्राचीन युग में भी मानवीय समाज के विकास में पुस्तकालयों की प्रमुख भूमिका रही है। मानव समाज आज का एक ऐसा स्वरूप है, जो हर एक दूसरे व्यक्ति को एक वन्धन में बाधता है स्वरूप है, जो हर एक दूसरे व्यक्ति को एक वन्धन में बांधता है मानव समाज के सन्दर्भ में प्रसिद्ध विद्वान मैकाइवर एण्ड पेज ने लिखा है कि "समाज सामाजिक सम्बन्धों का जाल है। इस कथन के आधार पर यह कहा जा सकता है कि हर मानव एक दूसरे मानव से जुड़ा हुआ है तथा वे एक दूसरे का सहयोग भी करते हैं। जहां तक समाज और पुस्तकालय के सम्बन्ध का प्रश्न है तो यह स्पष्ट रूप से कहा जा सकता है कि इन दोनों के बीच अत्यधिक घनिष्ट सम्बन्ध पाया जाता है। समाज के परिप्रेक्ष्य में डॉ. मुखर्जी ने समाज के प्रमुख तीन तत्त्वों की व्याख्या किया है, जो निम्नलिखित हैं—

(*i*) व्यक्ति जो समाज में आपस विचारों का आदान-प्रदान करते है।

(*ii*) संस्कृति तथा इसके अवयव जिसमें आदर्श, जीवन मूल्य, तथा आस्थायें आदि भी सम्मिलित हैं;

(*iii*) सामाजिक समूह तथा उनके आपसी सम्बन्ध;

समाज मानव का एक समूह व संघ होता है जो किसी एक सीमा से बधे होते हैं एवं कुछ परम्पराओं से सम्बन्धित होते हैं।

पुस्तकालयों का अस्तित्व ही समाज के लिए होता है। मानव सभ्यता पर विचार करने से ज्ञात होता है कि सभ्य समाज का पुस्तकालय एक अभिन्न हिस्सा रहा है। समाज सेवा ही पुस्तकालयों का लक्ष्य है। पुस्तकालयों ने समाज के सामाजिक, राजनीतिक, आर्थिक, शैक्षणिक तथा सांस्कृतिक विकास में हमेशा एक सहायक की भूमिका निभाई है।

UNESCO Public Library Manifesto (1949) में कहा गया है कि सार्वजनिक पुस्तकालय सभी की मान्यता है कि शिक्षा तथा अन्तर्राष्ट्रीय सद्भावना के लिए एक जीवन्त बल है। सार्वजनिक पुस्तकालय आज के प्रजातन्त्र की देन है।

समाज के विकास व उन्नति में सार्वजनिक पुस्तकालयों की एक सराहनीय भूमिका होती है। इसी प्रकार शैक्षणिक तथा महत्वपूर्ण पुस्तकालय रूढ़िगत कार्यों तथा सेवाओं के अलावा समकालीन सेवाएँ जैसे अनुवाद्य सेवाएँ, रिप्रोग्राफिक सेवाएँ, सारांशीकरण सेवाएँ अनुक्रमणीकरण सेवाएँ, तथा प्रलेखन सेवाएँ आदि प्रदान कर समाज को नवीन दिशा दे रहे हैं। अतः आज के इस शिक्षित व सभ्य समाज में निर्माण में पुस्तकालयों की अग्रणीय भूमिका रही है।

पुस्तकालय के सामाजिक कार्य

पुस्तकालय एक सामाजिक एवं वर्द्धनशील संस्था है। पुस्तकालय समाज की देन होते हैं। पुस्तकालय द्वारा जो भी कार्य किये जाते हैं उसे सामाजिक कार्य के अन्तर्गत सम्मिलित किया जा सकता है। अतः आज के दौर में पुस्तकालय विभिन्न कार्यों को सम्पादित कर रहे हैं, जिनमें से कुछ प्रमुख कार्य इस प्रकार हैं—

प्रलेखों का संरक्षण—प्रलेखों के संग्रहण, अर्जन संरक्षण तथा उसकी प्रबंध के लिए ही पुस्तकालय स्थापित हुए हैं। पुस्तकालयों में प्रलेखों का संग्रह भावी तथा वर्तमान पीढ़ी के उपयोगार्थ सुरक्षित रखा जाता है। प्रलेखों को सुरक्षित तथा व्यवस्थित तरीके से रखना पुस्तकालयों का प्रमुख कार्य तथा मुख्य जिम्मेदारी है। पुस्तकालय स्थानीय, राज्य, क्षेत्रीय तथा राष्ट्रीय स्तर पर पुस्तकों तथा हस्तलिखित ग्रंथों का संरक्षण और अर्जन का कार्य करते हैं। राष्ट्र और समाज के विकास हेतु राष्ट्रीय तथा अन्तर्राष्ट्रीय साहित्यिक उत्पाद का संरक्षण बहुत जरूरी है। यदि किसी समाज को सामाजिक परिवर्तन के साथ जीवित रहना है तो स्वाभाविक है कि उसके पुस्तकालयों

में ज्ञान के प्रलेखों का संरक्षण होना जरूरी है कि जिससे आज की और आने वाली नस्ल उस ज्ञान से लाभन्वित होती रहे।

सांस्कृतिक सम्पत्ति की सुरक्षा—पुस्तकालय किसी भी विदेशी साहित्य तथा राष्ट्र का संरक्षण करते हैं जिसमें उस देश की सांस्कृतिक धरोहर निहित होती है। यह साहित्य देश की विकास में मददगार होता है। पुराने समय में मठों तथा मंदिर के पुस्तकालय ही ज्ञान और संस्कृति के संरक्षण के मात्र एक केन्द्र माने जाते थे, परन्तु आज इसका रूप पूर्ण रूप से परिवर्तित हो गया है।

औपचारिक शिक्षा—यह शिक्षा विद्यालयों, महाविद्यालयों, विश्वविद्यालयों में निश्चित पाठ्यक्रम द्वारा दिया जाता है, जो विद्यार्थी के समुचित उन्नति के लिए पर्याप्त नहीं होती। उसके लिए पुस्तकालय जरूरी हैं। औपचारिक शिक्षा के लिए पुस्तकालयों के उपयोगिता को प्रकट हुए हार्वड कॉलेज के प्रोफेसर क्रिस्टोफर कोलम्बस ने स्पष्ट किया है कि एक विश्वविद्यालय को उत्पादक-साधनों के बिना चलाया जा सकता है परन्तु उसे पुस्तकों तथा उनके सभुचित उपयोग की सुविधाओं के अभाव में नहीं चलाया जा सकता। शिक्षा ही एक ऐसा माध्यम है जिससे विश्व की सत्ता को सुरक्षित रखा जा सकता है और पुस्तकालय शिक्षा की परिचारिका है जिसके कमी में शिक्षा की कीमत नहीं है। ये दोनों (शिक्षा और पुस्तकालय) परस्पर बहनें हैं जिनको एक दूसरे से अलग नहीं किया जा सकता। प्रत्येक शिक्षा संस्थान का अपना पुस्तकालय होता है। विद्यालय, पुस्तकालय विद्यार्थी में पढ़ने की आदत डालता है, महाविद्यालय और विश्वविद्यालय पुस्तकालय उसे एक ही विषय पर विभिन्न पुस्तकें मुहैया कराकर उसके मानसिक व बौद्धिक विकास में महत्त्वपूर्ण कार्य करते हैं।

निरौपचारिक शिक्षा—कोई छात्र या बालक बीच में ही पढ़ाई छोड़ दिया हो, या उसके पास विद्यालय जाने का प्रयाप्त समयय न हो अथवा किसी अन्य कारणवश शिक्षालय वह दूर रहा हो उसे लिए निरौपचारिक अत्यधिक उपयोगी साबित हो सकती है। औपचारिक शिक्षा संस्थाओं से जब मनुष्य का रिश्ता खत्म हो जाता है तब वह नई ज्ञान से परिचित रहने के लिए अपना रिश्ता अनौपचारिक संस्थाओं से जोड़ता है और वह अनौपचारिक संस्थाएँ एकमात्र पुस्तकालय हैं। अनौपचारिक शिक्षा स्वशिक्षा, व्यक्तिगत सहायता, आत्म विश्वास, आत्म निर्भरता के नैतिक गुणों को प्रोत्साहित करती हैं।

निरौपचारी शिक्षा की विचारधारा कोई नवीन विचार धारा नहीं है। बल्कि यह प्राचीन काल से चली आ रही है प्राचीन युग में लोग सभा भवनों, पंचायत घरों, समाज

कल्याण समितियों के माध्यम से आपस में मिल बैठ कर एक दूसरे की परेशानियों को सुना करते थे तथा उनका निदान खोजते थे। कालांत में ऐसी संस्थाएँ साहित्यिक तथा दार्शनिक सभाओं/समितियों के रूप में बदल गई। इन समितियों ने लोगों को पुस्तकालय तथा वाचनालय की सुविधाएँ उपलब्ध कराना शुरु किया। ऐसी संस्थाएँ अधिकतम अमेरिका तथा यूरोप के कई राष्ट्रों तथा कस्बों में प्रचलित हुई। साहित्यिक केन्द्रों, कामगार शिक्षा समूह, कृषि प्रसार कार्यक्रम तथा महिला-समितियों आदि संस्थाओं द्वारा अनौपचारिक शिक्षा प्रदान की गई। सार्वजनिक पुस्तकालयों के कार्य तथा सेवाओं को देखते हुए पश्चिमी देशों में समाज के बौद्धिक उन्नति के लिए सार्वजनिक पुस्तकालयों को एक महत्त्वपूर्ण स्थान दिया जाने लगा।

समृद्ध पुस्तकालय प्रौढ़ शिक्षा और स्वशिक्षा का केन्द्र बन सकता है। इन पुस्तकालयों का लक्ष्य रहा है—हर एक व्यक्ति की अध्ययन तथा जानकारी विषयक रुचि का ध्यान रख उसकी पूर्त्ति करना।

अनौपचारिक शिक्षा ग्रहण करने पर छात्र को शिक्षक पर ज्यादा आश्रित न होकर बल्कि उसे स्वाध्याय पर अत्यधिक निर्भर रहना पड़ता है। इस परिस्थिति में छात्रों की मदद सार्वजनिक पुस्तकालय ही करते हैं। इस तरह हम यह स्पष्ट रूप से कह सकते है कि पुस्तकालय ही अनौपचारिक शिक्षा का एक मात्र प्रमुख साधन है।

मनोरंजनात्मक सामग्री—पाठकों को मनोरंजनात्मक सामग्री पुस्तकालय प्रदान करते हैं जिससे उन्हें मानसिक चैन मिलता है। मनुष्य को शारीरिक मनोरंजन के साथ-साथ मानसिक/बौद्धिक मनोरंजन की भी आवश्यकता होती है। यह कार्य पुस्तकालय पाठकों/उपभोक्ताओं को उनकी रुचि तथा स्वस्थ श्रेणी का साहित्य प्रदान कराके, कला तथा संगीत गोष्ठियों, ललित-कला तथा पुस्तक प्रदर्शनियों का आयोजन कर पूरा कर सकते हैं।

खाली समय का सदुपयोग—वर्तमान सामाजिक वातावरण में औद्योगिक विकास के फलस्वरूप लोगों को बहुत खाली दिन मिलने लगे हैं। इन अवकाशों को लोग राजनीतिक, सामाजिक, सांस्कृतिक तथा धार्मिक कार्यक्रमों में बिताना चाहते हैं। इनके लिए सबसे अच्छा साधन है—पुस्तकें तथा पुस्तकालय। एक श्रेष्ठ पुस्तकालय अपने सदस्यों को उनकी पसंद के अनुसार साहित्य प्रदान कराता है जिससे उनके समय का सदुपयोग होता है क्योंकि उस ज्ञान से वह समाज की भलाई करते हैं।

प्रबुद्ध अथवा ज्ञानी नागरिक—प्रजातान्त्रिक शासन का लक्ष्य है—उसके सभी नागरिक जागरूक तथा भली-भांति सूचित हो। नागरिकों को अपने अधिकारों

तथा कर्तव्यों का भली-भांति ज्ञान होना चाहिए जिससे प्रजातन्त्र-पद्धति कामयाब हो सके। यह कार्य पुस्तकालय नागरिकों को उनकी रुचि का साहित्य प्रदान कर उनके जीवन के सभी पहलुओं—आर्थिक, राजनीतिक, सांस्कृतिक, सामाजिक धार्मिक आदि के उन्नति में सहायता देते हैं।

सामाजिक परिवर्तन—सम्पूर्ण विश्व परिवर्तनशील लेकिन प्राचीन समय से पुस्तकालयों का सामाजिक बदलाव मे एक प्रमुख भूमिका रही है। सार्वजनिक पुस्तकालय उपयुक्त प्रलेख और सूचना प्रदान कर जनसाधारण के ज्ञान को प्रभावित कर सकते हैं। सार्वजनिक पुस्तकालय एक ऐसा स्थान है जहाँ सभी वर्ग व जाति के लोग एकत्रित होकर पुस्तकालय का प्रयोग करते हैं जिससे उनमें स्वतः भाईचारे की भावना पैदा हो जाती है। वे एक दूसरे के निकट आ जाते हैं। सामाजिक समस्याओं का हल, शिक्षा में समानता, राजनीतिक, सामाजिक, धार्मिक, सांस्कृतिक चेतना का काम पुस्तकालयों के द्वारा से पूरा होता है और यही सामाजिक बदलाव के प्रमुख स्रोत हैं।

अध्ययन प्रेरणा—आज के इस ज्ञान विकास के युग में पुस्तकालय को एक सामाजिक संस्थान का स्वरूप प्रदान किया जा सकता है। वे पाठकों में अध्ययन रुचि पैदा करने, पाठकों को उनका इच्छित सूचना अथवा प्रलेख खोजने में मदद करते हैं। इसी प्रकार लोगों को पुस्तकालय में आने के लिए प्रेरित करने का कार्य भी पुस्तकालयों के माध्यम सम्पादित किया जाता है। लोगों में अध्ययन पसंद को प्रोत्साहित करने के लिए पुस्तकालय साहित्य, कर्मचारी सही खोज, विस्तृत तथा शीघ्रतम सूचना प्रदान कर, सन्दर्भ-ग्रंथ सूचियां निर्मित कर, अनुक्रमणीकरण तथा सारांशीकरण सेवाएँ प्रदान करना, अन्तः पुस्तकालय आदान-प्रदान प्रलेखों का आदान-प्रदान, तथा पाठक परामर्शदात्री सेवाएँ आदि प्रस्तुत करते हैं। पाठकों को बताया जाये कि बौद्धिक, नैतिक, राजनीतिक, सामाजिक तथा धार्मिक मूल्यों के लिए अध्ययन अति आवश्यक है। लोगों में अध्ययन आदतें डालने के लिए पुस्तकालय शाखाओं का नेटवर्क, सार्वजनिक पुस्तकालय,चल पुस्तकालय, पुस्तक वितरण केन्द्र खोलना आदि काम करते हैं।

शोध तथा विद्वत्ता—शोध के माध्यम से ज्ञान का अन्वेषण उसका विकास और सत्यता का पहचान होता है। शोध आधुनिक समाज का प्राण है क्योंकि हमारी संस्कृति, अर्थव्यवस्था, जीवन स्तर की विकास इसी पर आधारित होती है। पुस्तकालय शोध के लिए उपयुक्त इच्छित सामग्री तथा संसाधन प्रदान कराते हैं। आज हर विद्वान, वैज्ञानिक, तथा टेक्नोक्रेट अपने शोध कार्य को पुस्तकालयों के द्वारा से ही

पूर्ण करता है। संसार के सभी ज्ञान को सही ढंग से व्यवस्थित कर पुस्तकालय शोधार्थियों को उपलब्ध कराते हैं क्योंकि वैयक्ति रूप से विश्व के समस्त ज्ञान को पाना सम्भव नहीं है। शोधकर्ताओं को अनुक्रमणिकाओं, सार संक्षेपों, पुस्तकों सन्दर्भ ग्रंथ-सूचियों, दुलर्भ की आवश्यकता पड़ती है और यह सामग्री उन्हें सिर्फ पुस्तकालयों में ही उपलब्ध हो सकती है दूसरी जगह नहीं। पुस्तकालय INSDOC, (Indian National Scientific Documentation Centre), NASSDOC (National Social Science Documentation Centre), AGRIS (Information System on Agricultural Science and Technology) कई संस्थाओं द्वारा विभिन्न विषयों में किये गये तथा किये जा रहे शोधों के सार-संक्षेप शोधकर्ताओं को उपलब्ध कराते हैं, जिससे समय, श्रम तथा धन की बचत होती है। पुस्तकालय सामाजिक तथा मानविकी विज्ञान के जगत में भी एक प्रयोगशाला की तरह काम करते हैं। अतः यह कहना उचित होगा कि पुस्तकालय शोध कार्य की कल्पना करना बेकार है।

अन्य सेवाएं—उपर्युक्त वर्णित कार्यों के अलावा भी पुस्तकालय विभिन्न प्रकार की सेवायें प्रदान करता है, जो निम्नलिखित है—

(1) अन्तः पुस्तकालय आदान-प्रदान की व्यवस्था करना।
(2) सन्दर्भ सेवा प्रदान करना।
(3) पुस्तकों का आदान-प्रदान।
(4) पाठ्य-सामग्री खोजने तथा सन्दर्भ ग्रंथों का उपयोग करने में सहायता देना।
(5) सूचना चयनात्मक प्रसारण सेवाएँ तथा सामयिक जागरूकता सेवाएँ प्रदान करना, आदि।

पुस्तकालय के उपरोक्त सेवाएँ तथा कार्य समाज की सर्वांगीण विकास में महत्वपूर्ण स्थान रखते हैं।

(6) पाठक परामर्शदात्री सेवाएँ उपलब्ध करना।
(7) सारांशीकरण तथा अनुक्रमणीकरण सेवाएँ उपलब्ध करना।
(8) रिप्रोग्राफिक तथा अनुवाद्य सेवायों का प्रबन्ध कराना।

पुस्तकालय की आधुनिक अवधारणा

आज लगभग सभी ग्रन्थों का अध्ययन करने की सुविधा समाज के सभी लोगों को प्राप्त है। प्राचीन समय है। ग्रन्थ हाथ से लिखे जाते थे इसलिए उनकी सुरक्षा का पूर्ण ध्यान रखा जाता था, परन्तु धीरे-धीरे समयानुसार परिस्थितियाँ बदलती गयीं। कागज और मुद्रण के फलस्वरूप ग्रन्थ उत्पादन के क्षेत्र में क्रान्ति आ गयी। साधारण

जन के लिए जो ग्रन्थ दुर्लभ होते थे वे आज बड़ी आसानी से सुलभ हो लगे तथा ग्रन्थ सुरक्षार्थ न माने जाकर अध्ययनार्थ माने जाने लगे। आज पुस्तकाल की सफलतापुस्तकों के संग्रह नही अपितु उसकी उपयोगिता पर निर्भर है। प्रजातन्त्र के आगमन के साथ ही ज्ञान प्राप्त करने के अधिकार सभी को प्राप्त हो गये। अतः किसी भी पुस्तकालय की सफलता का माप दण्ड उसमें संग्रहीत पाठ्य-सामग्री न होकर पुस्तकालय द्वारा प्रदत्त सेवाओं से होता है।

कार्य—आधुनिक पुस्तकालय के प्रमुख कार्य निम्नवत हैं—

(1) पाठकों को आधुनिक सर्वोत्तम सेवा-सन्दर्भ सूचना सेवा उपलब्ध कराना।

(2) अध्ययनकर्ताओं के लिए प्रचार सेवाओं की व्यवस्था करना।

(3) विशिष्ट अध्येताओं जैसे— शोधकर्ता, वैज्ञानिक, डाक्टर्स, इजीनियर्स आदि के लिए सूचना का संग्रहण तथा पुनर्प्राप्ति की व्यवस्था करना।

(4) सारांशकरण तथा अनुक्रमणिकाकरण सेवाओं का प्रबंधन करना।

आधुनिक परिप्रेक्ष्य में पुस्तकालय की भूमिका—पुस्तकालय समाज मतें ज्ञान के प्रचार-प्रसार में प्रमुख माध्यम के रूप में अपनी भागीदारी अदा करता है। विद्यालय को सभी दानों में श्रेष्ठ माना जाता है। वास्तम में पुस्तकालय विद्या प्रदान करने के अथाह सागर होते हैं आज पुस्तकालय की भूमिका जिन क्षेत्रों में है उ स पर नीचे प्रकाश निक्षेप किया जा रहा है—

(1) शिक्षा के क्षेत्र में—पुस्तकालय शब्द से ही स्पष्ट है कि इसका शिक्षा के क्षेत्र में अन्योन्याश्रित सम्बन्ध है। पुस्तकालय छात्र को शिक्षा के क्षेत्र में अध्ययन के लिये प्रोत्साहित करते हैं। इसीलिए छात्र पुस्तकालय की सम्पूर्ण ज्ञान सामग्री का उपयोग करते हैं। पुस्तकालय ही ऐसे साधन है जहां से छात्रों को या अध्यापकों को अपने ज्ञान-प्रसार में सहायता मिलती है। प्रचुर मात्रा में पाठ्य सामग्री का उपयोग करने की सुविधा पुस्तकालय में ही होती है।

(2) शोध एवं तकनीकी क्षेत्र में—विज्ञान की प्रगति पर ही राष्ट्र की प्रगति निर्भर करती है। इस वक्तत्य पर ध्यान देने से स्पष्ट होता है कि शोध तथा इसके विकास में पुस्तकालयों की विशेष भूमिका होती है। शोध में संलग्न वैज्ञानिक मात्र पुस्तकालय के माध्यम से ही सफल हो पाते हैं।

(3) ज्ञान सम्बर्धन में सहायक—पुस्तकें जीवन्त देव-प्रतियाएं हैं, जिसके अध्ययन से तत्काल ज्ञान व उल्लास प्राप्त होता है। इन पुस्तकों की प्राप्ति पुस्तकालयों से ही संभव है। ज्ञान बढ़ने से प्रगति एवं विकास का मार्ग खुलता है। इसीलिए पुस्तकालय निजी समाज की तथा राष्ट्र की प्रगति के आधार माने जाते हैं।

(4) व्यवसाय के क्षेत्र में—व्यावसायिक जगत में वांछित सफलता प्राप्त करने के उद्देश्य से व्यावसायिक संस्थान भी पुस्तकालयों की स्थापना करते हैं। उन कम्पनियों में उनके वैज्ञानिक शोधकार्य में रत रहते हुए उन पुस्तकालयों से ग्रन्थीय सहायता प्राप्त करते हैं। इनमें स्थित पुस्तकालयों को Business Libraries कहा जाता है। NTPC, ONGC, BHEL, Indian Oil Corporation, Bharat Petroleum आदि है।

(5) उद्योग एवं व्यापार के क्षेत्र में—किसी भी देश की उन्नति एवं प्रगति उस देश के व्यापार एवं उद्योगों पर अधिक निर्भर करती है। उद्योगों एवं व्यापारों में पुस्तकालयों का उपयोग दिन-प्रतिदिन बढ़ता ही जा रहा है। विभिन्न प्रकार के व्यापारी तथा उधमी पुस्तकालयों से ज्ञान प्राप्त करके ही अपने उद्योग में सफल हो पाते हैं उदाहरण के लिये वकील, चिकित्सक, अभियन्ता आदि।

(6) मनोरंजन के क्षेत्र में—मनोरंजन की उपयोगिता मानव-मस्तिष्क के संतुलन तथा वुद्धि की प्रखरता बनाये रखने के लिये अत्यंत अनिवार्य है। अपनी दिन भर की थकान मिटाने के लिए कुछ मनोरंजनात्मक सामग्री की आवश्यकता होती है अतः मनोरंजक सामग्री के लिए पुस्तकालय का उपयोग किया जाता है। वैसे भी विद्वानों का समय ग्रन्थों के अध्ययन में ही व्यतीत होता है— काव्यशास्त्र विनोदेन् कालोगच्छति धीमताम्।

समाज में पुस्तकालय की भूमिका

पुस्तक अथवा साहित्य एक ऐसा साधन है, जिसके अन्तर्गत विश्व के किसी भी देश की सभ्यता और संस्कृति सुरक्षित रहती है और, एक पीढ़ी से दूसरी पीढ़ी तक पहुँचायी जाती है। तथा उस सुरक्षित ज्ञानराशि के माध्यम से समाज के जीवित व्यक्तियों में जागृति और चेतना पैदा करने के लिए पुस्तकें एक सामाजिक उपकरण हैं। बटलर के ऐसे शब्द पुस्तकालयों की निर्माण-प्रबंध के विषय में पुस्तकालयों की प्रभावशीलता को चरितार्थ करते हैं। वर्तमान समाज में पुस्तकालयों को ज्ञान के प्रसार और ज्ञानार्जन तथा ज्ञान को आने वाली पीढ़ी के अवलोकन तथा उपयोग के लिए सुरक्षित रखने के कारण **सरस्वती महक, ज्ञान-भण्डार, सरस्वती सदन, ज्ञान मन्दिर** आदि का नाम दिया गया है। विश्व प्रसिद्ध मानवतावादी लेनिन ने सबसे पहले यह व्यक्त किया था कि देश के विकास तथा उत्थान के लिए पुस्तकालय एक सशक्त साधन और उपकरण हैं। फलतः उन्होंने सोवियत संघ में पुस्तकालयों की भूमिका को ज्यादा प्रभावशाली बनाने के लिए पुस्तकालय कानून को 1921 ई. में लागू किया था।

अतः राष्ट्रीय, सामाजिक, शैक्षणिक तथा आर्थिक विकास के संबंध में पुस्तकालयों की भूमिका पर वर्तमान समाज की गतिविधियों में उनकी प्रभावशीलता की नजरिए से विचार किया जाय तो सुस्पष्ट हो जाता है।

वर्तमान समाज में मानव की समस्त गतिविधियों का आयोजन तथा निर्माणों, निष्पादन संस्थाओं, तथा निकायों के माध्यम से किया जाता है। फलतः सभी तरह के प्रचुर तथा विशाल सामाजिक तथा राष्ट्रीय कार्यों—आर्थिक, कार्यक्रम, शिक्षा, अनुसंधान, जन स्वास्थ्य तथा कल्याण, व्यापार के हर तरह के उद्योग, वैज्ञानिक विकास तथा खोज आदि को संगठित तथा संस्थागत रूप से संचालन तथा क्रियान्वित किया जाता है। हमारे पर्यावरण तथा देश की प्रतिरक्षा तथा सुरक्षा प्रोत्साहन के क्रियाकलापों को संस्थानों तथा विनिर्माणों के माध्यम से निष्पादित करने की स्थिति प्रचलित है, जो सम्बन्धित निर्माण का जिम्मेदार माना जाता है। प्राथमिक स्तर से लेकर विश्वविद्यालयी स्तर की उच्चशिक्षा में कामयाबी संस्थाओं के ही माध्यम से सम्भव हो सकी है।

इस प्रकार समस्त केन्द्रों अथवा संस्थाओं की प्रक्रियाओं की सफलता के विभिन्न प्रकार की जानकारी की आवश्यकता होती है जिससे उन गतिविधियों के क्रियान्वयन, आयोजन तथा कामयाब बनाने में मदद मिलती है। इसके लिए प्रमुख संस्थान तथा विनिर्माण हमारे पुस्तकालय तथा सूचना केन्द्र दूसरे संस्थान होते हैं।

पुस्तकालय तथा दूसरे प्रकार के ऐसे संस्था और सूचना केन्द व संस्था एवंम् निर्माण होते हैं, जो प्रमुखतया सूचनात्मक सामग्रियों तथा अभिलेखबद्ध ज्ञान तथा प्रलेखों का संग्रह करने सुरक्षित रखने, प्रक्रियाबद्धकरण सुव्यवस्था प्ररार, वितरण, में सक्रिय भूमिका अदा करते हैं।

आज के दौर में अनुभव एवं जानकारी तथा ज्ञान को सर्वांगीण विकास का एक समृद्ध शाली स्रोत कहा जाता है और सूचना तथा ज्ञान को बल की संज्ञा दी गयी है। जो देश सूचना के क्षेत्र में समृद्ध और सशक्त हैं। वे समृद्धशाली, सर्वाधिक विकसित और सशक्त हैं परन्तु जिन राष्ट्रों में इसकी विफलता है वे अविकसित, कमजोर, तथा विफल हैं। इस सफलता-विफलता तथा मानव के चौतरफा उन्नति में जानकारी तथा ज्ञान एक जरूरी साधन के रूप में अत्यन्त महत्वपूर्ण सामग्री का कार्य करते हैं। अतः सभी तरह के पुस्तकालय तथा दूसरी ऐसी संस्थाएँ जो ज्ञान तथा सूचना के संग्रह तथा प्रबंध तथा उनको आयश्यकतानुसार उपयुक्त तरह से उपगोग हेतु सुलभ करते हैं, उनकी सामाजिक भूमिका तथा प्रभावशीलता निःसंकोच विशिष्ट होती है। इनकी ऐसी विशिष्ट भूमिका शैक्षणिक प्रक्रिया तथा व्यवस्था प्रणालियों—औपचारिक

और अनौपचारिक शिक्षा प्रणाली विकास तथा अनुसंधान सांस्कृतिक, औद्योगिक तथा आर्थिक क्रियाकलापों, सैद्धान्तिक और आध्यात्मिक गतिविधियों तथा मनोरंजनात्मक गतिविधियों आदि में सुस्पष्ट प्रकार से परिलक्षित होती हैं।

आज के इस परिवर्तित समाज में सूचना तकनीकी के विकास के अलावा विभिन्न प्रकार सूचना के उपयोगकर्ताओं और उनकी अनेक स्तरीय सूचना जरूरतों की निरंतर वृद्धि के कारण आज के समाज एक **सूचना समाज** की तरफ अग्रसित हो रहा है। जिसमें विभिन्न तरह के बदलावों का आधार तथा बदलावों को उत्पन्न करने वाली शक्तियां, दिशा और आयाम सूचना और ज्ञान की भूमिका अदा कर रहा है जो पुस्तकालयों तथा सूचना केन्द्रों से ही सुलभ होते हैं। फलतः **आधुनिक समाज को सूचना समाज** की संज्ञा दी जाती है।

आधुनिक समाज एवं उसकी आवश्यकताएं

समाज की विभिन्न आवश्यकताओं एवं गतिविधियों की पूर्ति के लिए समय-समय पर विभिन्न कार्यक्रम आयोजित किये जाते हैं। समाज की सफलता राष्ट्र की सफलता तथा सामाजिक विकास को राष्ट्रीय विकास है तथा माना जाता है। इस विकास में हर नागरिक की भूमिका प्रमुख होती है। जिसके लिए सुशिक्षित तथा योग्य होना अत्यंत जरूरी है।

सामाजिक आवश्यकताओं में सबसे प्रमुख आवश्यकता शिक्षा होती है, जिसके पूरा होने से प्रत्येक व्यक्ति सुयोग्य, विज्ञ, कुशल, विचारशील, सामाजिक तथा उत्तरदायी बनता है और राष्ट्रीय तथा सामाजिक विकास, उन्नति, तथा उन्नयन में अपना भरपूर योग निभाने में सक्षम होता है। समाज का आर्थिक क्षेत्र में सम्पन्न होना भी आवश्यक होता है, जो इसके विकास का प्रतीक होता है। आर्थिक रूप से समाज को सुदृढ़ करना हर राष्ट्र का लक्ष्य होता है। इस लक्ष्य की पूर्ति के लिए सतत् औद्योगिक तथा प्रौद्योगिकीय विकास की जरूरत होती है जिसे विकास तथा अनुसंधान के क्रियाकलापों से पूरा किया जाता है जिसके लिए पर्याप्त सूचना की जरूरत होती है। सूचना का सृजन तथा उपलब्ध होना गहन अध्ययन, अनुसंधान और खोज पर आश्रित होता है।

मानव को सबसे प्रमुख आवश्यकता उसके जीविका का साधन मूल आवश्यकताएँ विभिन्न होती हैं। मानव मात्र मूल आवश्यकताओं की पूर्ति मात्र से संतुष्ट नहीं होता है। मानव बौद्धिक जीव भी है। चिन्तनशीलता उसका नैसर्गिक जरूरत तथा देन भी है। मानव में गहरी तथा सूक्ष्म मूल आदतें भी होती हैं. जो बहुत

परिष्कृत परिमार्जित तथा उत्तम होती हैं—जैसे सैद्धान्तिक तथा आध्यात्मिक, सांस्कृतिक तथा सामाजिक, सौन्दर्यशास्त्रीय और कलात्मक दार्शनिक तथा आजादी चिन्तनशीलता आदि। इनसे मानव जीवन अत्यन्त उन्नत और सुशील तथा कल्याणकारी बनता है। ऐसी प्रवृत्तियाँ मानव को उदार तथा सक्रिय बनाती हैं। जिससे देश की विकास और अमन-चैन के कार्य प्रशस्त होते हैं।

मानव जहां एक ओर चिन्तनशील है। वहीं दूसरी तरफ मनोरंजनात्मक तथा विनोद आदि की भी आवश्यकता उसे होती है। आराम तथा अवकाश की दशा में प्रतिस्पर्धात्मक और रचनात्मक क्रियाकलापों की मनोंजन और कमी और विनोद के साधनों के उपलब्ध न होने पर मस्तिष्क का अनावश्यक तथा मानव की शक्ति, अनुत्पादक और विघटनकारी दिशा में सक्रिय होने की संभावना बनी रहती है। लक्ष्य वस्तुतः समाज को विकसित करने का होना चाहिए जिससे सम्पन्न, सुसंस्कृत, तथा सुखी तथा आदर्शमय जीवन बिताया जा सकें और समाज के कुछ सुनिश्चित आदर्शों तथा मूल्यों का निर्वाह किया जा सके। ऐसे ही सुसंस्कृत और आदर्श परिपाटी की स्थापना करना और समाज को समृद्धि और उन्नति की तरफ अग्रसित करने की हमारी सामूहिक जिम्मेदारी है।

सामाजिक संस्थाओं की संस्थापना का उद्देश्य

समाज के अन्तर्गत विविध प्रकार के सामाजिक दायित्वों को पूरा करने के लिए जब से मानव ने सामूहिक और संगठित दायित्व की जीवन शैली शुरु की है तभी से सामाजिक दायित्वों को पूरा करने के लिए सामाजिक संस्थाओं तथा निर्माणों की स्थापना करने की स्थिति शुरु हुई है। यह दशा अत्यन्त प्राचीन है। और मानव के सामाजिक जीव होने की प्रवृत्ति को चरितार्थ करती है। संस्कृति और सभ्यता तथा ज्ञान के उन्नति के साथ ही साथ ऐसे सामूहिक निर्माणों की आकार और रचना में समुन्नत करने की नजरिए से परिमार्जन और सुधार होता रहा है।

परन्तु आज की जनतंत्रात्मक प्रणाली के शासन और जीवन की स्थापना तथा तंत्र के उन्नति के कारण ऐसी सामाजिक संस्थाओं तथा गठन में काफी सुधार हुआ है तथा उनको सामाजिक कामों के लिए वैधानिक अधिकार और दायित्व शासन की तरफ से प्रदान किये गये हैं। जिससे सामाजिक कर्तव्यों और लोक कल्याण के जिम्ममेदारी को पूरा किया जा सके। ऐसे संनिर्माण/संस्थान शासकीय, अर्धशासकीय, अशासकीय, लाभरहित और लाभोन्मुख तथा समाजसेवी संस्थानों और निर्माणों के रूप

में कार्यरत हैं, और आधुनिक समाज के उन्नति में अपनी विशिष्ट भूमिका अदा कर रहे हैं।

इस प्रकार की संस्थाओं के अन्तर्गत प्रमुख रूप से शैक्षणिक संस्थानों—ज्ञानर्जनपीठ—जैसे स्कूल/पाठशाला, विश्वविद्यालय, महाविद्यालय, शोधसंस्थान साहित्यिक तथा सामाजिक संस्थान तथा परिषद, सांस्कृतिक तथा आध्यात्मिक संस्थान, ललित कलाओं और मनोरंजनात्मक संस्थान, औद्योगिक तथा व्यापारिक प्रतिष्ठान तथा संस्थापनाएँ आदि सामाजिक संस्थाओं के स्वरूप हैं।

पुस्तकालय की इस प्रकार के सामाजिक संस्था की श्रेणी में आते हैं। पुस्तकालयों की वर्तमान योगदान तथा भूमिका को दृष्टि में रखते हुए लेनिन ने सर्वप्रथम पहले इन्हें उन्नति का एक जरूरी उपकरण तथा साधन कहा था।

समस्त संस्थाओं के अन्तर्गत एक कार्य सीमित का गठन किया जाता है, जिनकी गतिविधियां किसी एक क्षेत्र में प्रभावी रहती हैं और एक क्षेत्र में उनकी गतिविधियाँ सक्रिय होती हैं। लेकिन पुस्तकालय समाज की अनेक जरूरतों को पूरा करते हैं। यदि कोई किसी पाठशाला/विश्वविद्यालय/महाविद्यालय, प्रौद्योगिकी संस्थान का छात्र है, तो उसका उद्देश्य सम्बन्धित स्तर के ज्ञान को प्राप्त करना होता है जिससे वह प्रवीणता का स्तर प्राप्त कर सके। इस प्रकार का ज्ञानार्जन मुख्यतः कक्षाओं में शिक्षकों द्वारा मौखिक सम्प्रेषण तथा कुछ गिनी-चुनी पुस्तकों को पूरक के रूप में उपयोग करने के सलाह पर आधारित होता है। लेकिन पुस्तकालय में किसी भी छात्र/पाठक को विभिन्न प्रकार की सभी ज्ञान की प्रकरणों तथा विधाओं पर अनेक प्रकार की पुस्तकों के अध्ययन तथा अवलोकन करने का सहज मौका बिना किसी भेद-भाव के मिलता है। ऐसी पुस्तकों से पाठकों/उपयोगकर्ताओं को ज्ञान अर्जन तथा प्राप्ति होता ही है, साथ ही उनसे प्रतिदिन ज्ञानार्जन की पिपासा पैदा होती है। पुस्तकालयों में पाठ्य-सामग्रियों के वैविध्यता तथा बाहुल्य से हमारी प्रछन्न तथा अव्यक्त प्रतिभा को विकसित करने का आधार प्राप्त होता है। हमारे विचारों में उनका उपयोग करने से परिपक्वता मिलती है। इनके असर से हमारी बौद्धिक अभिरुचियों और शक्तियों का उन्नति होता है और उन्हें सतत् रूप से प्रेरणा मिलती है।

डॉ. शंकर दयाल शर्मा भारत के राष्ट्रपति ने एक समय पुस्तकोत्सव के मौके पर कहा था कि विश्वविद्यालय बिना पुस्तकालय के पूर्ण नहीं होता है, परन्तु विश्वविद्यालय के बिना पुस्तकालय हमेशा पूर्ण होता है। पाश्चात्य समाजशास्त्रियों, विद्वानों, तथा शिक्षाविदों ने पुस्तकालयों को लोक विश्वविद्यालय के नाम से संबोधित किया।

समाज में पुस्तकालयों का प्रमुख योगदान

आज के दौर में ज्ञान अर्जन तथा उसके विकास में पुस्तकालय एक महत्त्वपूर्ण भूमिका निभा रहे हैं लेकिन पुराने समय में भी ज्ञान-भण्डार के रूप में इनका महत्व कम नहीं था। ग्रीक में लोक-ज्ञान के लिए सार्वजनिक पुस्तकालयों की स्थापना किए जाने के सबूत मिलते हैं। वहाँ सार्वजनिक सम्पत्ति के रूप में बौद्धिक सम्पत्ति को उपयोग किए जाने को प्रोत्साहित किया जाता था।

पुस्तकालयों के प्रमुख योगदानों को निम्नलिखित प्रक्रियाओं के सन्दर्भ में स्पष्ट किया गया है–

शिक्षा का एकमात्र उद्देश्य मनुष्य को जीवन-जीने की कला सिखाना है ताकि उसका जीवन सहज और सरल बन सके। शिक्षा का लक्ष्य मानव को अपनी मूल प्रवृत्तियों को परिष्कृत कर अपने व्यक्तित्व को विकसित करना है। परन्तु वर्तमान परिप्रेक्ष्य में इसके उद्देश्यों में भी परिवर्तन आया है जिससे मानव को व्यावसायिक नजरिए से अपने को योग्य बनाना शिक्षा प्राप्ति का मुख्य उद्देश्य हो गया है। फलतः शिक्षा का वर्तमान लक्ष्य–

(1) ज्ञान और कौशल अर्जित करने में सहयोग तथा क्षमता पैदा करना,

(2) मूल्यों तथा मान्यताओं के प्रति आस्था उत्पन्न करना तथा व्यावसायिक कौशल तथा क्षमता पैदा करना।

आधुनिक शिक्षा के दो आयाम हैं–औपचारिक शिक्षा तथा निरौपचारिक शिक्षा ये दोनों शिक्षा आधुनिक शिक्षा के दो प्रमुख आयाम है। यह शिक्षा पद्धति तथा व्यवस्था के प्रमुख आधार भी है। औपचारिक शिक्षा प्रणाली में छात्र को किसी विद्यालय-स्कूल, महाविद्यालय, विश्वविद्यालय अथवा किसी दूसरी ऐसी संस्था में प्रवेश लेकर निरंतर रूप से अध्यापकों के सम्पर्क में प्रत्यक्ष रूप से उपस्थित होकर शिक्षा अर्जित करना होता है। इसमें शिक्षक-छात्र का प्रत्यक्ष सम्प्रेषण तथा सम्पर्क तथा आपसी विचार-विनिमय आवश्यक होता है परन्तु अनौपचारिक शिक्षा प्रणाली में संस्थागत छात्र होकर शिक्षक-छात्र का सीधे सम्पर्क नहीं होता है। इस प्रणाली को **दूरस्थ शिक्षा पद्धति** भी कहते हैं। इस प्रणाली में छात्रों को स्वयं को शिक्षित करना पड़ता है। शिक्षार्जन/ज्ञानार्जन के लिए स्वाध्याय को अपनाना पड़ता है जिसके लिए पाठ्यक्रमों की सामग्रियों का खुद उपयोग करना पड़ता है और सीधे रूप से शिक्षक का कक्षा में निर्देश अथवा व्याख्यान उपलब्ध नहीं होता है।

औपचारिक शिक्षा पद्धति–पाश्चात्य राष्ट्रों के अन्तर्गत पुस्तकालयोन्मुख शिक्षा पर अत्यधिक बल दिया गया है। औपचारिक शिक्षा संस्थाओं में सभी के अपने सुसज्जित पुस्तकालय होने चाहिए। विद्यालयों में, महाविद्यालयों, विश्वविद्यालयों के पुस्तकालय में हरएक विषयों के सभी स्तरों की जरूरी पुस्तकों का उत्तम संकलन अवश्य होना चाहिए, जिससे अध्ययन-अध्यापन की उपयुक्त सामग्रियाँ प्राप्त हो सकें। छात्रों को पुस्तकों का निरन्तर अध्ययन करने और उनमें निहित ज्ञान को ग्रहण और आत्मसात करने हेतु प्रोत्साहन प्रदान करना चाहिए। माध्यमिक तथा प्राथमिक स्कूलों में कक्षा के शिक्षक को मजबूत करने के लिए पुस्तकालयों का उपयोग करने पर बल देना चाहिए और प्रतिदिन कुछ समय ग्रन्थों/पत्रिकाओं के अवलोकन के लिए निर्धारित किया जाना चाहिए। पुस्तकालय कर्मियों तथा अध्यापकों में इसके लिए समन्वय तथा सम्पर्क होना चाहिए, जिससे छात्रों को वान्छित सामग्रियों का उपयोग करने में सुविधा प्राप्त हो सके।

प्रमुख रूप से विश्वविद्यालयों तथा महाविद्यालयों में कक्षाओं में सीधे अध्यापकों के अध्ययन से ही ज्ञानार्जन करने की तुलना पुस्तकालय का उपयोग ज्यादा से ज्यादा करने को ज्ञानार्जन का केन्द्र बिन्दु माना जाना चाहिए। ऐसी उच्च स्तरीय शिक्षण प्रणालियों में कक्षा का अध्यापन क्रमशः पुस्तकालयोन्मुख किया जाना चाहिए। सम्बन्धित विषय का गहन तथा व्यापक ज्ञान अर्जित करने के लिए छात्रों को विषयों से सम्बन्धित पुस्तकों तथा पत्रिकाओं का व्यापक और विधिवत अध्ययन पुस्तकालय में करना चाहिए। ऐसी परिपाटी पाश्चात्य संसार में ज्यादा प्रचलित है। ज्ञान के विस्फोट और विस्तार को नजर में रखते हुए राधाकृष्ण शिक्षा आयोग ने स्नातक पाठ्यक्रमों को त्रिवर्षीय करने पर बल दिया था और पुस्तकालयों की उपयोगिता की नजरिए से उन्हें विश्वविद्यालयों के दिल की संज्ञा दी थी। क्योंकि विश्वविद्यालय स्तर पर छात्रों को विस्तृत ज्ञानार्जन के लिए पुस्तकालयों का उपयोग बहुत जरूरी माना गया है।

ज्ञान कई लेखकों की कृतियों का पूर्णरूप से विश्लेषण व अध्ययन करने से विद्यार्थियों का व्यापक तथा समृद्धशाली तो होता ही है, साथ ही रहस्यमय विषयों के विश्लेषण करने में उनके मस्तिष्क की क्षमता की बढ़ोत्तरी होती है, जो पुस्तकालयों के माध्यम से ही सम्भव हो सकता है। इससे छात्रों का किसी प्रकरण तथा समस्या पर अपने सिर्फ तथा उपयुक्त अभिमत और नजरिए को विकसित करने में बड़ी सहयोग प्राप्त होती है, जो सिर्फ कक्षा के अध्यापन से सम्भव नहीं हो पाता है।

अतः पुस्तकालयों की यह बौद्धिक तथा सुविधा उन्नति में उनकी उपादेयता अपना विशेष महत्व रखती है।

अनौपचारिक शिक्षा में सार्वजनिक पुस्तकालयों का भी योगदान होता है। इसके लिए सार्वजनिक पुस्तकालयों से जुड़े क्षेत्रों के शैक्षणिक संस्थाओं के विद्यार्थियों तथा अध्यापकों की आवश्यकताओं के अनुसार पुस्तकों तथा दूसरी सामग्रियों का संग्रह करना चाहिएं जिससे छुट्टी में तथा समयानुसार उनका उपयोग किया जा सके। सार्वजनिक पुस्तकालय समाज के समस्त पाठकों के लिए पुस्तकालय सेवा का आयोजन करने का जिम्मेदारी रखते हैं। अध्यापक तथा विद्यार्थी भी समुदाय के अंग हैं। इसलिए उनको पाठ्य-सामग्रियों का उपयोग करने का मौका प्रदान करना चाहिए।

पुस्तकालय तथा अनौपचारिक शिक्षा—अनौपचारिक शिक्षा को प्रौढ़ शिक्षा, दुरस्थ शिक्षा, लोक शिक्षा आदि नामों से भी पुकार जाता है। इस शिक्षा का प्रसार/प्रचार तथा प्रचलन राज्यों तथा केन्द्र में अब बहुत बढ़ रहा है। मुक्त विश्वविद्यालयों/विद्यालयों की स्थापना भी की जा रही है। राष्ट्रकुल तथा यूनेस्को राष्ट्रों के माध्यम से इन्हें प्रोत्साहन मिलता है।

अनौपचारिक शिक्षा सकारात्मक रूप से कक्षा में अध्ययन नहीं किया जाता तथा विद्यालयों की तरह प्रवेश नहीं लिया जाता है और निरंतर रूप से संस्थाओं में मौजूद नहीं होना पड़ता है और न ही निश्चित उपस्थित रखने की जरूरत होती है।

इसमें स्वाध्याय अत्यंत आवश्यक होता है। अतः पुस्तकालय सुविधा का उपलब्ध होना अत्यंत आवश्यक होता है, जो सार्वजनिक पुस्तकालयों का मुख्य जिम्मेदारी होती है। अतः सभी क्षेत्रों के सार्वजनिक पुस्तकालयों को विभिन्न प्रकार के पाठ्यक्रमों की पुस्तकों तथा पत्रिकाओं आदि को सुलभ करना चाहिए जिससे ऐसे शिक्षार्थी उनका लाभ उठा सकें।

इसके अलावा दूरस्थ शिक्षा संस्थान भी अपने केन्द्रों की नींव रखते हैं। उन्हें पुस्तकालयों की सुविधा प्रदान कराना चाहिए। सार्वजनिक पुस्तकालयों तथा शैक्षणिक पुस्तकालयों से उनका सम्पर्क तथा समन्वय होना अति जरूरी है जिससे ऐसे पुस्तकालयों के संसाधनों का उपयोग किया जा सके। पश्चिमी देशों में सार्वजनिक पुस्तकालयों के माध्यम से ऐसी सुविधाएँ दी जाती हैं।

अशिक्षितों की शिक्षा में पुस्तकालयों का योगदान—1988 ई. में संसार में अशिक्षितों की संख्या 81 करोड़ थी। जिसमें भारत में 35 करोड़ निरक्षर थे। संसार में अनपढ़ महिलाओं की संख्या 8570 लाख थी। इसमें से 6180 लाख स्त्रियाँ पैसिफिक तथा एशिया में थी। 3500 लाख से 6-23 वर्ष की आयु के लोग जिसमें बालिकाओं की संख्या सबसे ज्यादा रही है, शिक्षा से बिल्कुल ही वंचित रहे हैं। भारत

में 1985 ई. में साक्षरता 36 प्रतिशत रही है। 60 प्रतिशत स्त्रियाँ निरक्षर रही हैं। 1985 ई. में भारत में 1100 लाख अशिक्षितों में 680 लाख स्त्रियाँ अनपढ़ रहीं हैं। यह तय किया गया था कि 1990 ई. में सार्वभौमिक साक्षरता को अर्जित करने के लिए निरक्षरता को पूर्ण रूप से समाप्त कर दिया जायेगा। परन्तु ऐसा सम्भव नहीं हो पाया। भारत में 403 जिलों में से 243 जिलों में साक्षरता का राष्ट्रीय औसत 36.23 प्रतिशत है।

अफ्रीकी, एशियाई, तथा दूसरे देशों में भी ऐसी ही स्थिति व्याप्त है। जबकि यूनेस्को इस दिशा में पूरी तरह प्रयत्नशील है। भारत में **राष्ट्रीय प्रौढ़शिक्षा कार्यक्रम** के अंतर्गत निरक्षरता को समूल नष्ट करने का प्रयास चल रहा है। इन्डियन इन्स्टीट्यूट ऑफ एजुकेशन, पूना द्वारा प्राथमिक शिक्षा के सार्वभौमिकरण के लिए अथक प्रयत्न 1979 ई. को अन्तर्राष्ट्रीय बाल वर्ष मनाया जाता है। 1990-91 की समय में भारत में 558,000 प्राइमरी स्कूलों का संचालन किया जा रहा था।

अशिक्षा को जड़ से प्रखाड़ फेंखने हेतु विश्वविद्यालय अनुदान आयोग, नई दिल्ली, भी विश्वविद्यालयों के द्वारा सक्रिय अदा कर रहा है। ऐसी शिक्षा का यह अल्पतम यह विवरण है।

शिक्षितों की भांति आशीक्षित की विविध प्रकार की सूचनाओं से परिपूर्ण होना चाहते है। स्वास्थ्य, परिवार नियोजन, बालकों का पालन पोषण, कृषि सम्बन्धी सूचना, आदि की सूचना की आवश्यकता इनके आवश्यक है। परन्तु ऐसी सूचना के लिए श्रव्य-दृश्य सामग्रियों की जरूरत होती है। अतः इनकी सूचना के लिए पंचायत पुस्तकालयों, ग्रामीण पुस्तकालयों, ब्लाकस्तरीय पुस्तकालयों तथा श्रमिक पुस्तकालयों का निर्माण किया जाना चाहिए। कुछ ऐसे पुस्तकालय इस क्षेत्र में कार्यरत भी हैं। निरक्षरों के लिए साक्षरता के पहले तथा साक्षरता के बाद में पुस्तकालय सुविधा बहुत जरूरी है। सोवियत संघ में इस प्रकार के प्रबन्ध 1921 ई. से सुलभ की गयी थी।

परन्तु ऐसे लोगों को भी शिक्षित और सामयिक समस्याओं से परिचय रखने में पुस्तकालय उतने ही आवश्यक हैं, जिस प्रकार अनुसंधान तथा शैक्षणिक के क्षेत्र के पुस्तकालय जरूरी हैं।

कामगार समूहों की शिक्षा तथा पुस्तकालय—कम्पनियों में समस्त वर्ग के कार्मिकों को स्वयं की कुशलता एवं योग्यता बढ़ाने और परिचय करने के लिए पाठ्य-सामग्रियों की जरूरत होती है। उन्हें छुट्टियों के समय में कुछ मनोविनोद के साहित्य की भी आवश्यकता होती है। अतः इस आवश्यकता को ध्यान में रखते हुए

श्रमिक पुस्तकालयों, मैकेनिक्स पुस्तकालयों तथा अन्य तरह के सार्वजनिक पुस्तकालयों की सुविधा उपलब्ध की जानी चाहिए।

अमेरिका, ब्रिटेन, तथा दूसरे पाश्चात्य देशों में इस तरह की सुविधा उपलब्ध की गयी है। अनेक श्रमिक स्कूलों की भी स्थापना भारत में प्रौढ़ शिक्षा के कार्यक्रमों के अंतर्गत की गयी है। इनसे भी जुड़े पुस्तकालयों की स्थापना की जानी चाहिए तथा नजदीकी सार्वजनिक पुस्तकालयों में ऐसे पाठकों के लिए भी सामग्रियाँ उपलब्ध की जानी चाहिए।

विकलांगों को पुस्तकालय सुविधा का प्रावधान—विभिन्न प्रकार के विकलांगों को शिक्षित करना प्रत्येक राष्ट्र का प्रमुख कर्तव्य भारत में भी विकलांगों तथा दूसरे ऐसे नेत्रहीनों आदि की शिक्षा से जुड़े संस्थाएँ स्थापित की गयी हैं। इन्हें रोजगार से जुड़े प्रशिक्षण भी प्रदान किए जाते हैं।

अंधे लोगों के लिए ब्रेल लिपि में लिखी पुस्तकें और कैसेट आदि की व्यवस्था की जाती है। इनके लिए बोलती पुस्तकें भी मंगायी जाती है। ऐसे अपाहिजों के लिए पुस्तकालय की स्थापना की जानी चाहिए। नेत्रहीनों के लिए सोवियत संघ तथा जापान में ब्रेल पुस्तकों तथा बोलती पुस्तकों की पर्याप्त सुविधा मौजूद है। ब्रिटेन में राष्ट्रीय नेत्रहीन पुस्तकालय का भी निर्माण किया गया है। अस्पतालों में भी विशेष प्रकार के शारीरिक विकलांगों के लिए विशेष प्रकार की सुविधा उपलब्ध कराई जाती है।

अपराधियों की शिक्षा तथा पुस्तकालगों का महत्व—विभिन्न प्रकार के अपराधों के अपराधी जो सजायुक्त होते हैं उनमें उनमें सुधार लाने की नजरिए से कारागारों में शिक्षण-प्रशिक्षण का प्रबंध होता है। अपराधियों की मनोवृत्तियों को परिवर्तन के लिए पुस्तकें उपचार का काम करती हैं जिसे **बिब्लियोथेरेपी** कहते हैं। उन्हें उपराष्ट्रात्मक, नैतिक, चारित्रिक जीवन चरित्र की कृतियाँ तथा उनके दूसरे शिक्षा की कृतियों को सुलभ करने के लिए कारागार पुस्तकालयों की स्थापना बहुत आवश्यक है। इस प्रकार की सुविधा आधुनिक कारागारों में उपलब्ध की गयी है।

अतः अपराधियों को भी पुस्तकालय सुविधा उपलब्ध कराना उनकी शिक्षा तथा सुधार के लिए जरूरी है। पुस्तकों का अध्ययन करने से बिना दण्ड से भी अपराधियों में सुधार आता है। बाल अपराधियों के लिए पुस्तकालय सुविधा बहुत जरूरी है।

पुस्तकालयों का अनुसंधान के क्रियाकलापों में योगदान—शोध विकास कार्यक्रमों को प्रभावी व सफल बनाने में एक निर्धारित योजना का निर्माण किया जाता है। अतः शोध और विकास दोनों एक दूसरे से संबंधित होते हैं। आर्थिक एवं

राष्ट्रीय विकास के लिए अनुसंधानों को जरूरी कार्यक्रम माना गया है। प्रत्येक वर्ष सभी प्रमुख देश अपने **सकल राष्ट्रीय उत्पादन** का कुछ सुनिश्चित प्रतिशत अनुसंधान-विकास कार्यक्रमों पर खर्च करते हैं। इनमें ब्रिटेन, अमेरिका, जापान, सोवियत संघ तथा अन्य पश्चिमी देश सबसे आगे हैं। तृतीय विश्व का देश भारत भी अनुसंधान विकास गति विधियों के प्रोत्साहन के लिए प्रचुर धनराशि प्रत्येक वर्ष व्यय करता है। अनुसंधान तथा विकास के कार्यक्रमों के लिए उपलब्ध सूचना की आवश्यकता होती है जिसके लिए पुस्तकालय और सूचना केन्द्र अपना विशेष महत्व रखते हैं। अनुसंधान हेतु मौलिक सूचना और ज्ञान का अभिगम अनुसंधानकर्त्ताओं, विशेषज्ञों वैज्ञानिकों, तथा प्रबन्ध विशेषज्ञों के माध्यम से बहुत जरूरी है।

नवीन ज्ञान जिसका निर्माण शोध द्वारा होता है उसका प्रसार तथा सम्प्रेषण शोध आलेखों, मोनोग्राफों और शोध प्रतिवेदनों के द्वारा किया जाता है। जिन्हें मौलिक तथा विशिष्ट शोध पत्रिकाओं में प्रकाशित किया जाता है। शोध संस्थानों से जुड़े पुस्तकालयों में इस प्रकार की मौलिक सामग्रियों का संग्रह विशेष प्रकार से किया जाता है जिससे अनुसंधान के कार्यों के लिए विशिष्ट तथा इच्छित प्रकार की जानकारी प्राप्त की जा सके। इस दिशा में शोध पुस्तकालय न सिर्फ शोध सहायक मौलिक प्रलेखों, सूचना स्रोत, संदर्भ सहायक प्रलेखों का ही एकत्रीकरण करते हैं अपितु अनेक तरह की उत्तम सूचना तथा प्रलेखन सेवाओं का भी आयोजन करते हैं जिससे विशिष्ट और विशेष शोधरत वैज्ञानिकों को अर्जित जानकारी प्राप्त हो सके। सेवाओं तथा उपयोगकर्ताओं के विशेषीकरण के आधार पर ऐसे पुस्तकालयों को विशिष्ट पुस्तकालय भी कहा जाता है। ऐसे पुस्तकालयों की सूचना सेवाओं तथा उनकी उपादेयता और उन्नति को गतिशील बनाने की नजरिए से महत्वपूर्ण तथा शोध पुस्तकालय संघों की भी स्थापना की गयी, जिसमें **एसलिब**, आइसिलिक, **एसएलए** की गतिविधियाँ बहुत प्रशंसनीय हैं। **सीएसआईआर, डीआरडीओ, आइसीएमआर** तथा **आइसीएआर** की प्रयोगशालाओं के पुस्तकालय शोध पुस्तकालयों के ज्वलन्त उदाहरण हैं। औद्योगिक निर्माणों के भी महत्वपूर्ण पुस्तकालय इसी श्रेणी में रखे जा सकते हैं।

सांस्कृतिक कार्यक्रमों में पुस्तकालयों का स्थान—समाज एव मानव इतिहास की उपलब्धियां भण्डारित ज्ञान को भावी पीढ़ी अनुसरण करती रहती है, जो पुस्तकालयों की सबसे पहली सांस्कृतिक भूमिका होती है। पुस्तकालयों की सर्वप्रथम विशिष्ट दृष्टिगोचर सांस्कृतिक भूमिका यह होती है, कि देश की ही नहीं अपितु सभी देशों की सांस्कृतिक सम्पदा तथा धरोहर को पुस्तकालयों के ही माध्यम से सुरक्षित

रखा जाता है। अतः मानव समाज का गौरव तथा ऐतिहासिक पृष्ठभूमि जो पुस्तकों/प्रलेखों में मौजूद होता है, वह पुस्तकालयों से ही मिलता है। पुस्तकालयों की सांस्कृतिक भूमिका दो अन्य प्रकार से भी दृष्टिगोचर होती है–(1) प्रतिभाओं की सौन्दर्यमय तथा रचनात्मक अभिव्यक्ति की पुस्तकों को सुलभ कराना और उपयोगकर्ताओं को अपनी सौन्दर्य और प्रतिभा का मूल्यांकन करने की क्षमता जगाने का स्रोत पुस्तक के रूप में सुलभ कराना, (2) सांस्कृतिक कार्यक्रमों का आयोजन करना; जैसे संगीत-नृत्य कार्यक्रम, नाट्य कार्यक्रम, कला तथा चित्रकला की प्रदर्शनी आयोजित करना आदि जिनसे समुदाय का सांस्कृतिक जीवन विकसित होता है।

अवकाश के क्षणों तथा मनोरंजन में पुस्तकालयों की भूमिका–अवकाश के सन्दर्भ में पुस्तकालय का विशेष महत्त्व है। पुस्तकालय समय विताने के लिए एक महत्त्वपूर्ण स्थान होता है, क्योंकि मानव मस्तिष्क व्यर्थ एवं ध्वंसात्मक के कार्यों की तरफ अग्रसित होने की सम्भावना बनी रहती है। अतः रचनात्मक नजरिए से आराम तथा छुट्‌टी के पलों में समुदाय के लोगों के लिए पुस्तकालयों द्वारा ऐसी सामग्रियों को भी सुलभ करना चाहिए जिससे उनका मनोरंजन होता रहे और उन्हें आनन्द का अनुभव हो सके, इससे मस्तिष्क की थकान भी खत्म होती है। अतः विभिन्न प्रकार के कहानियों, उपन्यासों, कला की कृतियों तथा हास्य-विनोद और विशेष प्रकार के महान व्यक्तियों की जीवनियों की कृतियों का भी संग्रह पुस्तकालयों में किया जाता है जो लोक पुस्तकालयों के लिए आवश्यक होता है।

खोल सम्बन्धित पुस्तकों का संग्रह सार्वजनिक पुस्तकालयों में भी किया जाता है। जैसे–गणितीय, मस्तिष्क तथा सामान्य बुद्धि की क्रीड़ा की कृतियाँ आदि इससे दिमाग की उन्नति भी होती है, और सामान्य ज्ञान में भी बढ़ोत्तरी होती है।

अमेरिका में ऐसे भी सार्वजनिक पुस्तकालय हैं, जहाँ इस प्रकार की काफी अच्छी प्रबंध है।

आध्यात्मिक तथा धार्मिक संस्थाओं के पुस्तकालय

आध्यात्मिक सम्बन्धित पुस्तकों का अध्ययन करने से भावनाओं में पवित्रता तथा आस्था उत्पन्न होती है। सामाजिक, नागरिक, मूल्यों और नैतिक रिश्तों आदि के प्रति वास्तविक मार्ग अपनाने से ऐसी कृतियों से मार्गदर्शन और प्रेरणा मिलती है। अतः ऐसे पुस्तकालयों में इस प्रकार की कृतियों पर जोर दिया जाता है, जिससे मानव सिर्फ भौतिकता के प्रति उन्मख हो, उसमें आध्यात्मिकता की आदत भी पैदा

हो, जिससे उसका आत्म विकास हो सके। सार्वजनिक पुस्तकालयों में भी ऐसी कृतियों का संकलन होता है, जो प्रेरणादायक होती हैं।

पुस्तकालयों की भूमिका का सूचना प्रसार में योगदान—वर्तमान युग में सूचना को एक शक्ति का नाम दिया गया है, जो सम्पन्नता का परिचायक है। सामाजिक विकास बहुमुखी राष्ट्रीय विकास के लिए बहुत जरूरी और महत्वपूर्ण साधन है। विभिन्न विधियों एवं प्रलेखों की तरह पुस्तकों के संग्रह मात्र से पुस्तकालय सिर्फ वृहत निपेक्षागार का काम करते हैं।

आज के दौर में विभिन्न स्तरों पर शिक्षा का आयोजन होता रहता है, जहाँ अध्यापकों तथा छात्रों को सूचना और ज्ञान सामग्रियों की आवश्यकता होती है। अनुसंधान को सर्वांगीण उन्नति को एक जरूरी क्रियाकलाप माना गया है। अतः अनुसंधानकर्ताओं, अनुसंधान अधिकारियों, विशेषज्ञों, वैज्ञानिकों, शोध मार्गदर्शकों आदि को सूचना की बहुत आवश्यक होती है। इसी प्रकार उद्योगपतियों, प्रशासकों, प्रबन्धकों, तकनीकी उद्यमियों, व्यापारियों, उद्यमियों, कृषकों, कारखानों के श्रमिकों, निर्णायकों, नियोजकों आदि को अपने को नवीनतम सूचना, उपकरणों, स्थितियों से अद्यतन तथा परिचय रखने के लिए सूचना की बहुत जरूरत होती है जिससे उन्हें अपने कार्य-क्षेत्र में कामयाबी मिल सके।

अतः आधुनिक पुस्तकालय इस प्रकार की जरूरी सूचना का संग्रह विभिन्न विधियों से करते हैं, जो उनकी सूचना के क्षेत्र में प्रमुख भूमिका होती है। अतः पुस्तकालयों तथा ऐसे संस्थानों को सूचना केन्द्र भी कहा जाता है। परन्तु पुस्तकालयों की भूमिका सूचना के परिप्रेक्ष्य में बहुत महत्वपूर्ण होती है। वह देश के आर्थिक तथा सामाजिक उन्नति के लिए आवश्यकतानुसार सम्बन्धित सूचना सामग्रियों को समयानुसार उपलब्ध कराता है। अतः सूचना एकत्रीकरण उनको सर्वसुलभ तथा प्रसार कराने में पुस्तकालय अपनी सक्रिय योगदान है। सूचना के प्रक्रियाबद्धकरण तथा उपयोगकर्ताओं को उपलब्ध करना तथा इच्छित सामग्रियों से उन्हें परिचित तथा उद्यतन रखने में पुस्तकालय विभिन्न प्रकार के सूचना प्रौद्योगिकी और उपकरणों का उपयोग करते हैं।

परिवर्तनशील समाज में पुस्तकालयों का योगदान

सम्पूर्ण विश्व परिवर्तनशील है। यहां कोई वस्तु स्थाई नहीं है सभी वस्तुओं में कुछ न कुछ परिवर्तन होता रहता है। सामाजिक, आर्थिक, प्रौद्योगिकीय, राजनीतिक, सांस्कृतिक. औद्योगिक, परिवर्तनों और जनसंख्या की अपार बढ़ोत्तरी और सूचना

विस्फोट के कारण न सिर्फ सूचना-जगत अपितु पुस्तकालयों की व्यवस्था, भूमिका तथा आयामों में भी उम्मीद के अनुसार वृद्धि तथा आज के परिवेश में अत्यधिक परिवर्तन दृष्टिगोचर होता है अथवा हुआ है। रोजाना प्रति प्रौद्योगिकीय तथा वैज्ञानिक, खोज और अनुसंधानों के कारण न केवल सूचना की माँग में बढ़ोतरी हुई अपितु नई सूचना का सृजन भी तेजी से हुआ है। जिससे वर्तमान युग को, सूचना विस्फोट ज्ञान-विस्फोट, सूचना समाज, सूचना उद्योग, आदि का युग माना जा रहा है। परिणामतः हमारे पुस्तकालय भी इन दशाओं में अपनी व्यवस्था प्रणाली और सेवाओं की उपकरणों तथा विधियों को तदनुरूप ढालने की तरफ अग्रसित हैं। सूचना संग्रह, प्रस्तुतीकरण, प्रसार, और स्थानान्तरण तथा प्रकीर्ण, में कम्प्यूटर का अनुप्रयोग पुस्तकालयों के प्रबंध और सेवाओं के आयोजन किए जाने के कारण हमारे पुस्तकालय पूरी तरह यंत्रीकरण की ओर जा रहा है। इस प्रकार के परिवर्तन से हमारा समाज वस्तुतः **कागज विहीन समाज** और **सूचना समाज** की तरफ बड़ी तेजी से बढ़ रहा है। सम्प्रेषण तथा सूचना संग्रहण के क्षेत्र में अपेक्षाकृत कागज के इलेक्ट्रॉनिक युक्तियों तथा साधनों का अधिकतर उपयोग किए जाने के कारण तथा **इन्टरनेट** और **सेटेलाइट** को सम्प्रेषण के क्रियाकलापों में अनुप्रयोग किए जाने के फलस्वरूप ऐसा सुनिश्चित होता जा रहा है, कि हमारा समाज शीघ्र ही आने वाले समयों में एक कागज रहित समाज बनकर रह जायेगा।

सामाजिक परिवर्तन के कारण

सामाजिक परिवर्तन के प्रमुख कारणों को निम्नलिखित पंक्तियों के अन्तर्गत स्पष्ट किया जा सकता है–

(1) व्यापार तथा उद्योगों का वितरण तथा उत्पादन, आपूर्ति तथा माँग, साधनों के अभाव, प्रौद्योगिकी स्थानान्तरण, अनुप्रयोग तथा मूल्यांकन, आवश्यक, माल/सामग्रियों की स्थिति, श्रमिक समस्याएँ, ईंधन तथा ऊर्जा की दशाएं, औद्योगिक नीतियाँ आदि की स्थिति ज्यादा प्रभावित करती हैं, जिनसे इनकी व्यवस्था में परिवर्तन उत्पन्न होती है।

(2) प्रौद्योगिकी तथा वैज्ञानिक, मानविकी तथा सामाजिक विज्ञानों तथा औद्योगिक क्षेत्रों में विभिन्न प्रकरणों तथा समस्याओं पर चल रहे गहन अनुसंधानों के कारण नए ज्ञान तथा सूचना में नियमित विकास हो रहा है, जिनके परिणामस्वरूप ज्ञान के क्षेत्र, उन्नयन, प्रसार, उपयोग तथा वितरण की नजरिए से अनेक परिवर्तन दिखाया दे रहे हैं।

(3) व्यापारिक तथा औद्योगिक क्षेत्र उत्पादन तथा इसकी विधियों तथा साधनों, प्रौद्योगिकी स्थानान्तरण तथा उसके अनुप्रयोग, क्रय-विक्रय तथा विपणन की दशाओं से प्रभावित हो रहे हैं, जिससे अनेक तरह के परिवर्तन उत्पन्न हुए हैं।

(4) शिक्षा जगत तथा पद्धतियों और शिक्षा अर्थशास्त्र से उत्पन्न परिवर्तनों से ज्ञानार्जन, शिक्षा ग्रहण करने की प्रक्रियाएँ तथा प्रबंध, शिक्षण की प्रक्रियाएँ तथा साधन एवं उनके स्तर, ज्ञानार्जन तथा प्रशिक्षण और शिक्षण की सामग्रियाँ तथा उपकरण, शिक्षण प्रौद्योगिकी आदि निरंतर प्रभावित हो रहे हैं।

(5) राजनीतिक परिवर्तनों तथा ध्रुवीकरण से राजनीतिक स्वरूप एवं पद्धतियाँ, राजनीतिक दल तथा उनका विकास, संसद तथा विधायिका तथा राज्य विधान सभाओं के सदस्यों की गतिविधियाँ, सत्ता संघर्ष तथा स्वरूप आदि ज्यादा प्रभावित हो रहे हैं। परिणामस्वरूप इस दिशा में अनेक तरह के परिवर्तन हो रहे हैं।

(6) आर्थिक तथा सामाजिक परिवर्तनों से व्यावसायिक स्थिति तथा पद्धतियाँ, आय तथा इसके साधन, मूल्य मुद्रास्फीति, तथा वस्तुओं की कीमतें, उन्नति की गतिशीलता, विभिन्न स्तरों के मानवीय मूल्य और आर्थिक विकास आदि अत्यधिक प्रभावित हो रहे हैं।

(7) अतः इस प्रकार के राष्ट्रव्यापी परिवर्तन और प्रभावकारी शक्तियों तथा घटकों के कारण सांस्कृतिक परिवर्तन जन्म लेते हैं, जो ललित कलाओं, संगीत, चलचित्रों, दूरदर्शन, सेटेलाइट को प्रभावित करते हैं, जिससे इन क्षेत्रों में भी परिवर्तन आते हैं।

(8) राष्ट्रीय प्रौद्योगिकीय तथा वैज्ञानिक नीतियाँ, सम्प्रेषण और सूचना-नीतियाँ के साधन आदि भी परिवर्तन को जन्म देते हैं।

(9) नीतियों का निर्धारण, राष्ट्रीय-नियोजन, प्रशासनिक बदलाव तथा स्थिति शासन की अस्थिरता तथा स्थिरता, शासन की व्यावसायिक नीतियाँ तथा राष्ट्रीय-आर्थिक पद्धतियाँ तथा सामाजिक स्थिति में परिवर्तन मौजूद करते हैं।

(10) अन्तर्राष्ट्रीय स्तर पर आयात-निर्यात, बहुर्राष्ट्रीय व्यापार, तथा इसकी नीतियाँ तथा अनुबन्ध, व्यापारिक अनुबन्ध, मुद्रा विनियम की दरें, अवमूल्यन आदि की दशाओं से आर्थिक पैदा होते हैं।

(11) तीव्र गति से बढ़ती हुई आबादी के कारण देश पर अत्यधिक दबाव, नगरीकरण के क्षेत्र में सतत् अनेक तथा विस्तार, जनसमूह का रोजगार की खोज में निरन्तर प्रवजन, अस्थिरता तथा आवागमन, अनेक सामाजिक समूहों का संघर्ष तथा गत्यात्मक दशा, सामाजिक विघटन तथा जातीय अलगाव आदि के कारण अनेक प्रकार के परिवर्तन उत्पन्न हो रहे हैं।

अर्वाचीन समाज तथा सामाजिक तथा राष्ट्रीय जीवन प्रणाली के कुछ विशिष्ट पक्षों का उल्लेख उदाहरण सहित किया गया, जो समाज में तेजी से हो रहे परिवर्तनों के कारण हैं। फलतः सूचना तथा ज्ञान की दशा तथा स्वरूप और उनके साधन भी प्रभावित हो रहे हैं।

सूचना तथा ज्ञान की श्रेणियाँ तथा क्षेत्र

विभिन्न प्रकार के मानसिक सामयिक प्रक्रियाओं, विचार-विमर्शों आदि के निर्माण से सूचना तथा ज्ञान का विकास होता है, जो अर्वाचीन जीवन के सभी ढांचे और ताने-बाने से छन कर निकलता है। अतः विशेष प्रकार की जरूरत की पूर्ति के लिए उपयुक्त आकारों में ज्ञान और सूचना को निम्नांकित प्रकार की गतिविधियों और परिघटनाओं से पैदा ज्ञान सामग्रियों से चयन, संश्लेषण, विश्लेषण, विवेचना आदि को प्रस्तुत किया जाता है। इनके संग्रहण तथा पुनः प्राप्त करने के लिए सूचना प्रौद्योगिकी का भी उपयोग किया जाता है।

ज्ञान तथा सूचना के निर्माण की अवस्था अथवा पक्ष

सूचना तथा ज्ञान के उद्गम के पक्ष अर्वाचीन समाज की गतिविधियों की तीन श्रेणियों से उत्पन्न होते हैं, जो निम्नलिखित हैं–

(1) **साहित्योन्मुख पक्ष**–विषयानुसार साहित्य का उत्पादन-शिक्षण-प्रशिक्षण और अनुसंधान, ज्ञानार्जन, तथा दूसरे अनुसंधान प्रकाशन, बौद्धिक क्रियाकलाप, अनुसंधान प्रकाशन, मोनोग्राफ, शोध तथा सामान्य पत्रिकाएँ तथा शोध प्रतिवेदन, तथा सामयिकी प्राविधिक, शोधप्रबन्ध, निबन्धावलियाँ, विद्वता, नवीनीकरण, विषय क्षेत्रों का उन्नयन, विवेचना, आविष्कार, तथा पुनर्व्याख्या आदि।

(2) **प्रबन्धीय तथा व्यवस्था पक्ष**–व्यवस्था तथा प्रबन्धीय प्रणाली में लक्ष्यपूर्ण नियोजन, उच्चस्तरीय उत्पादन की योजनाएँ, तथा क्रियाकलाप, नियंत्रण, तथा क्रियात्मक, निर्णयात्मक तथा नीति निर्धारणात्मक प्रणालियाँ, मूल्यांकन तथा समन्वयन, कार्यकुशलता तथा क्षमता की समीक्षा और स्तर निर्धारण आदि से सूचना इस प्रकार से संकलित की जाती है कि वह ज्ञानयुक्त तथा उपादेय हो।

(3) **सामयिक प्रकरण तथा समस्याएँ**–इस प्रकार की सूचना सामग्रियों में सामयिक प्रकरण, घटनाएँ, समस्याएँ, राजनीतिक बदलाव, उथल-पुथल, आर्थिक समस्याएँ, विभिन्न देशों के अनुबन्ध तथा नीतियों का असर, महत्वपूर्ण तथा

राजनीतिक व्यक्तित्व वाले व्यक्तियों आदि से जुड़ी चर्चाओं की विवेचना तथा समीक्षा आदि सम्मिलित होती है। दूरदर्शन प्रसारण, आकाशवाणी, आदि भी सूचना साधनों के अंग होते हैं। उपयोग तथा आवश्यकताओं को पूरा करने के लिए इन्हीं श्रेणियों की सामग्रियों से उपयुक्त स्वरूप, आकार तथा मात्रा में सूचना प्रतिरूपों को प्रकट किया जाता है। सूचना प्रौद्योगिकी तथा परम्परागत साधनों का उपयोग विशेष प्रकार के सूचना डेटाबेसों तथा दूसरे साधनों को सूचना के संग्रहण तथा पुनः करने के लिए तैयार किया जाता है।

इस सन्दर्भ में सूचना के समस्त स्तरों का मूल्यांकन करना अत्यधिक महत्त्वपूर्ण हो जाता है। इससे सूचना का प्रवत्तियाँ तथा प्रवाह, सूचना के उद्भव और उत्पादन तथा प्रक्रियाबद्धकरण प्रवाह-प्रसार, पुनर्प्राप्ति संग्रहण, तथा सूचना की उपादेयता और उपयोग का एहसास तथा उनका विभेद भी स्पष्ट होता है। सूचना प्रबंध, प्रसारण तथा उनके प्रयोग और उपादेयता में बृद्धि करने के लिए नई संस्थागत प्रणालियों की स्थापना की जा रही है। जिसमें सूचना प्रौद्योगिकी, नई विधियों, तथा प्रविधियों को समुन्नत सेवाओं तथा प्रणालियों को लागू करने के लिए उपयोग में लाया जा रहा है। ऐसे कार्यक्रमों तथा विधियों का अनुसरण भी उपयोगकर्ताओं की आवश्यकता के अनुसार माँग किए जाने पर किया जा रहा है। यह आधुनिक सूचना तथा उसके उपयोगार्थ प्रसार के लिए आवश्यक भी है।

पुस्तकालयों की भूमिका के नवीन पक्ष व आयाम

वर्तमान पुस्तकालय के परम्परगत कार्यों में इन परिस्थितियों तथा प्रकृति सेवाओं के आयामों के कारण आमूल बदलाव हुए हैं, उपयोगकर्ताओं, विशेषकर वैज्ञानिकों, विशेषज्ञों, नियोजकों, प्रबन्धकों, तथा प्रशासकों तथा निर्णायकों की नई प्रकार की माँगों को पूरा करने के लिए अनेक प्रकार के क्रियाकलापों का जो प्रलेखन सेवाओं, प्रक्रियाबद्धकरण तथा सूचना विश्लेषण और नए स्वरूपों में प्रस्तुतीकरण, कम्प्यूटर द्वारा संचालित तथा व्यवस्थित प्रणालियों पर आधारित है, अनुसरण किया जा रहा है। इस प्रकार की सेवा व्यवस्था पद्धति के परिणामस्वरूप सूचना सेवाओं और इसके उत्पादों पर व्यापारिक नजरिए से विचार किया जा रहा है और धनार्जन और आर्थिक लाभ का माध्यम भी माना जा रहा है। इससे **सूचना उद्योग** की विचारधारा प्रचलित होती जा रही है। आज के समाज का केन्द्र बिन्दु सूचना होता जा रहा है। फलतः हमारे पुस्तकालयों के आयाम बदलते जा रहे हैं। आज के दौर में सूचना-प्रणाली का सबसे उपयुक्त माध्यम कम्प्यूटर नेटवर्क प्रणाली है। इसका उपयोग अब

पुस्तकालय में भी हो रहा है। **इन्टरनेट, उपयोगकर्ता आनलाइन** तथा आपसी कार्यशील दूरदर्शन सेवाएँ आनलाइन सार्वजनिक अभिगम प्रसूचियाँ, डेस्क प्रिंटिंग, टेलीकानफ्रेंसिंग, डेस्क प्रिंटिंग आदि के कारण पुस्तकालयों के कार्यक्षेत्र में पर्याप्त सेवाओं और विस्तार में वैविध्यता पैदा हुई है।

आधुनिक पुस्तकालयों को सक्रिय तथा सूचनाप्रद तथा उपयोगी बनाने की दृष्टिकोण से उनके विभिन्न सामग्रियों तथा संकलनों को **विश्वव्यापी जाल** तथा दूसरे **ऑनलाइन सेवाओं** के द्वारा उपयोगार्थ सुलभ कराने की प्रबंध करना बहुत जरूरी है। इसके फलस्वरूप आगामी पुस्तकालय तथा सूचना सेवाओं को विकसित करने के लिए पुस्तकालय कर्मियों की योग्यता, कार्यकौशल तथा क्षमता में भी वृद्धि उत्पन्न करने की जरूरत है जिससे पुस्तकालय तथा सूचना सेवाओं को उपादेय बनाया जा सके। **विश्वव्यापी जाल** की प्रौद्योगिकी वर्तमान पुस्तकालय तथा सूचना सेवाओं को विकसित करने में अनेक तरह से सहायक सिद्ध हो रहा है।

उपरोक्त वर्णित तथ्यों का अध्ययन करने पर यह निष्कर्ष निकलता है कि ज्ञान एवं सूचना तथा उनकी संस्थागत व्यवस्था प्रणाली के आयामों में निरन्तर परिवर्तन उत्पन्न हुआ है। वर्तमान सूचना केन्द्र बिन्दु है और पहले पुस्तकालय केन्द्र बिन्दु रहा है। पुस्तकालय वस्तुतः सूचना तथा ज्ञान के प्रबंध करते हैं, परन्तु उपयोगकर्ताओं की सूचना जरूरत की पूर्ति की संस्थागत प्रणाली, जो सूचना समाज में अपनाई जा रही है वह विभिन्न प्रकार की सूचना सेवाओं तथा पद्धतियों के रूप में विस्तारशील और विकसित बनायी जा रही है।

पुस्तकालय और यूजीसी

भारतीय राष्ट्रीय सरकार ने 1948 में प्रमुख शिक्षा शास्त्री डॉ. सर्वपल्ली राधाकृष्णन की अध्यक्षता में विश्वविद्यालय शिक्षा आयोग का प्रतिपादन किया। इस आयोग ने विभिन्न संस्तुतियाँ उच्च शिक्षा आयोग को विस्तार तथा ताकत प्रदान करने के लिए प्रमुख एवंम् विशिष्ट संस्तुति थी। इस संस्तुति पर विचार करने के पश्चात् विश्वविद्यालय शिक्षा आयोग का एक नवीन विकसित रूप विश्वविद्यालय अनुदान आयोग के रूप में सामने आया है जिसकी स्थापना 1953 में दिल्ली में की गई तथा जो एक स्वायत्तशासी संस्था के रूप में आज भी काम कर रही है।

कार्य एवं भूमिका—विश्वविद्यालय अनुदान आयोग (यूजीसी) के प्रमुख कार्यों को निम्नलिखित शीर्षकों के अन्तर्गत स्पष्ट किया जा सकता है—

1. पुस्तकालय समिति—डॉ. रंगनाथन् की अध्यक्षता में 1957 में उच्च शिक्षा की उन्नति के लिए समिति का गठन किया गया था जिसका कार्य पुस्तकालयों से जुड़े सुझाव प्रदान करना था। इस समिति ने समस्त देश के विश्वविद्यालय तथा महाविद्यालय पुस्तकालयों के सर्वेक्षण के पश्चात् 1961 में अपना प्रतिवेदन प्रस्तुत किया जिसमें महाविद्यालय तथा विश्वविद्यालय पुस्तकालयों की उन्नति से सम्बन्धित विभिन्न संस्तुतियाँ की गई थीं, जिसके तहत इस संस्था ने शैक्षणिक पुस्तकालयों के उन्नति के लिए अधिकाधिक सम्पत्ति देना शुरु कर दिया। केन्द्रीय सरकार की पंचवर्षीय योजनाओं में भी इस काम के लिए विशेष प्रावधान किया जाने लगा।

2. पुस्तकालय कर्मचारियों के वेतनमान—इस संस्था ने पुस्तकालयों के प्रशिक्षण प्राप्त कर्मचारियों के स्तर के साथ-साथ उनके पदों के तहत ही उनके वेतनमान भी निर्धारित किए। सन् 1961 से पुस्तकालय कर्मचारियों के लिए ये संशोधित वेतनमान लागू हुए। परन्तु 1973 में अध्यापकों के वेतनमान तो संशोधित कर दिये गये पर पुस्तकालय कर्मचारियों के साथ भेदभाव करके उनके वेतनमान में कोई परिवर्तन नहीं किया गया। अब 1996 से यूजीसी वेतनमान प्राप्त हो गये हैं।

3. पुस्तकालय विज्ञान प्रशिक्षण—इस आयोग के अनुसार शिक्षित, प्रशिक्षित और अनुशासित कर्मचारी ही सफलतापूर्वक पुस्तकालय का संचालन कर सकते हैं—इस विषय में पुस्तकालय विज्ञान के पाठ्यक्रमों का अध्ययन करने के लिए **यूजीसी** ने समय-समय पर विभिन्न समितियाँ का गठन किया। इन समितियों ने पुस्तकालय विज्ञान प्रशिक्षण के प्रवेश के नियम, विषय, योग्यता, कार्यविधि, पाठ्यक्रम, बी. लिब/एम.लिब. आदि के विकास एवं प्रशिक्षण के विषय में संस्तुतियाँ की। 1974 में इन कार्यों के लिए एक, स्थायी समिति का गठन किया गया।

4. राष्ट्रीय सूचना केन्द्र—इस आयोग ने देश के उन्नति में शोध करने वाले वैज्ञानिकों को तुरन्त सूचना आवश्यकताओं की पूर्ति के लिए देश के 5 पुस्तकालयों (दिल्ली, कोलकत्ता, बनारस, मुम्बई, तथा बंगलौर) में राष्ट्रीय सूचना केन्द्र स्थापित किए हैं।

5. प्रतिलिपिकरण सेवाएँ—छठीं पंचवर्षीय योजना में इस आयोग ने शैक्षिक पुस्तकालयों में शोध वैज्ञानिकों के समय की बचत की नजरिए से प्रलेख प्रसार का सामना करने के लिए प्रतिलिपिकरण सेवाएँ प्रदान करने का प्रबंध किया जिसमें यूजीसी ने हर कॉलेज तथा विश्वविद्यालय पुस्तकालय के लिए **फोटोस्टेट/जीरोक्स**

मशीन खरीदने के लिए धन देने की प्रबंध की। इन मशीनों की मदद से शोधकर्ताओं के इच्छित प्रलेख की अन्य प्रति कम समय में सरलता से मिलने लगी।

6. इनफ्लिबनैट की स्थापना—देश के समस्त विश्वविद्यालयों तथा उच्च शोध संस्थाओं के पुस्तकालय को सूचना सम्प्रेषण के लक्ष्य से जोड़ने के लिए सूचना नेटवर्क की स्थापना 1986 में की थी जिसका केन्द्र अहमदाबाद में बनाया गया है इसको इनफ्लिबनैट INFLIBNET के नाम से जाना जाता है।

7. कम्प्यूटर और सूचना वैज्ञानिक—विश्व के अन्य देशों की भांति हमारे देश में भी पुस्तकालय सम्बन्धित कार्यों में कम्प्यूटर का प्रयोग किया जा रहा है। कम्प्यूटर के उपयोग से पुस्तकालयों की कार्यक्षमता में अत्यधिक बढ़ोत्तरी हो रही है। इसलिए यूजीसी ने हर विश्वविद्यालय एवं कॉलेज पुस्तकालय को कम्प्यूटर उपलब्ध करवाये हैं, तथा हर पुस्तकालय में कम्प्यूटर संचालन के लिए एक सूचना वैज्ञानिक का पद सृजित किया है।

राजा राममोहन राय पुस्तकालय अधिष्ठान

राजा राममोहन राय पुस्तकालय अधिष्ठान की स्थापना सन् 1972 में किया गया था। इसका केन्द्रीय कार्यालय कलकत्ता के अपने भवन में मौजूद है। यह संस्थान भारत सरकार के मानव संसाधन उन्नति मंत्रालय के संस्कृति विभाग के अंतर्गत एक स्वायत्तशासी संस्था है, जो देश के सार्वजनिक पुस्तकालयों को आर्थिक मदद के साथ-साथ दूसरे प्रकार की भी मदद प्रदान करती है। यह संस्थान अपनी आर्थिक मदद के लिए पूरी तरह भारत सरकार की वित्तीय मदद पर निर्भर करता है।

मानव संसाधन विकास मंत्री (केन्द्रीय सरकार) इस अधिष्ठान का अध्यक्ष होता है। इसके सदस्यों में भारत के पुस्तकालय विज्ञानवेत्ता प्रतिष्ठित पुस्तकालयी, तथा भारतीय संघ के प्रतिनिधि होते हैं तथा इसके संचालन के लिए एक प्रमुख प्रशासन समिति होती है।

पुस्तकालयों के विकास में योगदान—राजा राममोहन राय पुस्तकालय अधिष्ठान अपने विभिन्न उद्देश्यों पर दृष्टिपात करते हुए अपना योगदान निम्नलिखित क्षेत्रों में दिया—

1. पुस्तकालयों को आर्थिक मदद—भारत में प्रमुख रूप से इस अधिष्ठान की स्थापना सार्वजनिक पुस्तकालयों के प्रगति के लिए ही की गई है। इसलिए उस के लिए अनेक योजनाएँ शुरु की गई हैं। कुछ योजनाओं के तहन समान मदद या

50 प्रतिशत आर्थिक मदद प्रदान करता है तथा कुछ के अंतर्गत पूर्ण मदद अर्थात् शत-प्रतिशत सहायता प्रदान करता है।

(क) 50 प्रतिशत वाली योजनाएँ— यह योजनाएं निम्नलिखित हैं—

(i) दृश्य-ग्रन्थ तथा ग्रन्थों सामग्री की खरीद के लिए सहयोग।

(ii) सेमीनार तथा संगोष्ठी के लिए सहयोग।

(iii) जिला स्तर से निम्न स्तर के पुस्तकालयों के भवन विस्तार हेतु सहयोग।

(iv) राज्य केन्द्रीय पुस्तकालयों तथा जिला पुस्तकालयों को टी.वी आदि खरीदने के लिए सहायता।

(v) सचल पुस्तकालयों तथा ग्रामीण ग्रन्थ संग्रहण केन्द के लिए सहयोग।

(vi) ग्रन्थ प्रदर्शन तथा ग्रन्थ प्रदर्शन हेतु सहयोग।

(ख) 100 प्रतिशत वाली योजनाएँ—100% वाली योजनाएं निम्नलिखित हैं—

(i) संस्थाओं को सार्वजनिक पुस्तकालयों के संचालन हेतु।

(ii) केन्द्रीय सरकार के तहत पोषित सार्वजनिक पुस्तकालयों की सहयोग हेतु।

(iii) जिला पुस्तकालयों तथा राज्य, केन्द्रीय पुस्तकालय हेतु पुस्तकों के खरीदने हेतु।

(iv) सार्वजनिक पुस्तकालयों में बाल विभाग शुरु करने हेतु।

2. राष्ट्रीय पुस्तकालय तथा सूचना नीति—इस अधिष्ठान ने देश में पुस्तकालय एवं सूचना सेवाओं को विकसित बनाने के लक्ष्य से एक राष्ट्रीय नीति का प्रारूप बनाने के लिए सन् 1981 में एक कार्यकारी दल का सृजन किया था। इस दल ने 1983 में प्रारूप बनाकर सरकार को प्रदान कर दिया जिसके आधार पर भारत सरकार ने प्रो. चट्टोपाध्याय की अध्यक्षता में एक समिति **नेशनल पॉलिसी ऑन लाइब्रेरी एण्ड इन्फॉर्मेशन सिस्टम** का निर्माण किया था, जिसने अपना प्रतिवेदन 1985 में सरकार को प्रस्तुत कर दिया, जो 1986 में पारित तथा संस्तुत हो गई।

3. पुस्तकालय अधिनियम के लिए प्रोत्साहन—हर प्रदेश अपने यहाँ पुस्तकालय अधिनियम पारित कर, लागू करें। यह अधिष्ठान इस बात के लिए प्रयासरत रहता है। अतः यह इस विषय में प्रदेशों के राज्यपालों, मुख्य मंत्रियों, शिक्षा मंत्रियों तथा दूसरे सम्बन्धित व्यक्तियों को पत्र लिखकर उन्हें याद दिलाता रहता है तथा इस के लिए सदैव प्रादेशिक सरकारों को प्रोत्साहित करता रहता है।

4. पुस्तकालय संघों को अनुदान—यह अधिष्ठान सम्मेलन और सेमीनार आयोजित करने के लिए समय-समय पर पुस्तकालय संघों को भी आर्थिक सहयोग देने हेतु एक मुश्त अनुदान प्रदान करता है।

समाज में सूचना की भूमिका

सूचना का क्षेत्र काफी विस्तृत है, जिसकी परिभाषा देना एक कठिन कार्य है। सूचना को परिभाषित करने का जो प्रयास विभिन्न विद्वानों ने किया है उसके आधार पर यह निष्कर्ष निकलता है कि सूचना की कोई भी सर्वमान्य व सार्वभौमिक परिभाषा नहीं हो सकती।

मनोविज्ञान की दृष्टि कोण से सूचना को मानव मस्तिष्क का उत्पाद माना जाता है। मानव मस्तिष्क बहुत ही चंचल होता है। इसमें हमेशा नये-नये विचार उत्पन्न होते रहते हैं। ये विचार मूर्त्त अथवा अमूर्त किसी भी प्रकार के हो सकते हैं। जब भी कोई मनुष्य सोचता है, उसके मस्तिष्क में विभिन्न प्रकार के विचार, तथ्य, कल्पनाएँ, प्रतिबिम्ब, प्रतिरूप, अनुभूति, संवेदना, उत्तेजना आदि उत्पन्न होते हैं, जो सूचना उत्पन्न करने में मदद करते हैं। दूसरे शब्दों में हम यह भी कह सकते हैं कि सूचना सामान्य रूप से आंकड़ों अथवा तथ्यों के एकत्रित समूह का विस्तृत स्वरूप जिसे संचारण हेतु किसी माध्यम में अंकित किया गया हो अथवा विभिन्न रूपों में एकत्रित किये गये तथ्यों/डाटा को विश्लेषित एवं संसोधित करने के पश्चात् उसका परिष्कृत अर्थपूर्ण, उपयोगी स्वरूप सूचना कहा जाता है।

सूचना की परिभाषा

सूचना की कुछ प्रमुख परिभाषाएं इस प्रकार हैं—

कन्साईस ऑक्सफोर्ड इंग्लिश डिक्शनरी की दृष्टिकोण से सूचना पद का अर्थ है—"वह ज्ञान जो किन्हीं विशेष तथ्यों, घटनाओं और विषयों से सम्बन्धित हो तथा उसका सम्प्रेषण किया जा सके।"

वैबस्टर्स डिक्शनरी ऑफ इंग्लिश लैंग्वेज के आधार—"सूचना किसी भी प्रकार से संग्रहित अध्ययन अथवा शिक्षण द्वारा ग्रहण की गई उस बौद्धिक अवधारणा को कहे हैं जो लिखित अथवा मौखिक रूप से तथ्यों, डाटा अथवा ज्ञान पर आधारित हो।"

जे. एच. शेरा के शब्दों में—"सूचना का उपयोग जिस रूप में जीव-वैज्ञानिक एवं पुस्तकालयी करते हैं उसे तथ्य कहते हैं। यह एक उत्तेजना है, जिसे हम अपनी

ज्ञानेन्द्रियों द्वारा प्राप्त करते हैं। यह मात्र एक प्रकार का तथ्य हो सकता है अथवा तथ्यों का सम्पूर्ण समूह हो सकता है, यद्यपि यह एक इकाई होता है, यह विचारधारा की एक इकाई होता है।

हैरड्स लाइब्रेरियन्स ग्लॉसरी एण्ड रिफरेन्स बुक के आधार पर "सूचना" व्यापक रूप में सम्प्रेषण योग्य तथ्यों का समूह है।

नोरर्ट बेनर के शब्दों में–"बाह्य जगत के साथ जो विनिमय होता है तथा जब हम इसके साथ सामंजस्य स्थापित करते हैं और अपने सामंजस्य को जिस पर अनुभव करते हैं, उसकी विषय वस्तु के नाम को सूचना कहते हैं। सक्रियता एवं प्रभावशाली ढंग से जीने का अभिप्राय ही सूचना के साथ जीना है।"

जे. बेकर के शब्दों में–"किसी विषय से सम्बन्धित तथ्यों को सूचना कहते हैं।"

एन. बल्किन के शब्दों में–"सूचना उसे कहते हैं जिसमें आकार को परिवर्तित करने की क्षमता होती है।

ई. हॉफमैन के शब्दों में–"वक्तव्यों अथवा तथ्यों अथवा संख्याओं की सम्पूर्णता को सूचना कहते हैं, जो बौद्धिक तर्कपूर्ण विचारधारा अथवा किसी अन्य मानसिक कार्यपद्धति के अनुसार धारणात्मक ढंग से परस्पर सम्बद्ध होती है।"

डी. बैल के शब्दों में–"सूचना एक आकार अथवा अभिकल्प होती है, जो किसी आवश्यक उद्देश्य हेतु तथ्यों को पुर्नव्यवस्थित करती है।"

रोवली एवं टर्नर के शब्दों में–"सूचना वह आँकड़े हैं, जो व्यक्तियों के मध्य प्रेषित हो सकें और प्रत्येक व्यक्ति उसका उपयोग कर सके।"

सूचना शब्द को विभिन्न विद्वानों ने अपने-अपने ढंग से परिभाषित करने का प्रयास किया है। इन परिभाषाओं का विश्वरोपण करने के बाद हम इस निष्कर्ष पर पहुंचते हैं कि–

1. सम्प्रेषण एवं संचार सामाजिक विनिमय की प्रक्रिया है और सूचना विनिमय की वस्तु होती है।
2. सूचना एवं सम्प्रेषण के मध्य घनिष्ट सम्बन्ध है, एक के अभाव में दूसरे का कोई अस्तित्व नहीं है।
3. सूचना वह डाटा है जिसे व्यक्तियों अथवा उपयोगकर्त्ताओं के मध्य प्रेषित किया जा सके तथा प्रत्येक व्यक्ति उसका आवश्यकतानुसार समुचित उपयोग कर सके।

4. सूचना वह डाटा है जिसे पुनर्प्राप्त कर परिष्कृत किया गया होता है,
5. सूचना संचार के लिये होती है और ये प्रापक में परिवर्तन या ज्ञानवर्द्धन की क्षमता रखती है।
6. जब तक सूचना का किसी विशेष उद्देश्य हेतु उपयोग न हो तब तक इसे केवल डाटा का बेतरतीब संग्रह ही कहा जा सकता है अर्थात् सूचना का किसी उद्देश्य हेतु उपयोग आवश्यक है।
7. सूचना एक संदेश, एक संकेत अथवा एक उत्तेजना/प्रेरणा हो सकती है,

सूचना का वर्गीकरण

सूचना का कोई सार्वभौमिक व सर्वमान्य वर्गीकरण नहीं हो सका है। विभिन्न विद्वानों ने इसे अपने-अपने ढंग से वर्गीकृत किया है। आगे हम जे.एच शेरा व जी.टी.मीरचन्दानी द्वारा किये गये सूचना के वर्गीकरण चर्चा करेंगे–

जे. एच. शेरा द्वारा वर्गीकरण–इन्होंने सूचना को प्रमुख छः वर्गों में वर्गीकृत किया है, जिन्हें निम्नलिखित शीर्षकों में स्पष्ट किया जा सकता है–

(1) प्रेरक सूचना–इस प्रकार की सूचना काफी महत्त्वपूर्ण होती है। मनुष्य सदैव चिन्तनशील रहकर नवीन सूचना की प्राप्ति हेतु प्रयत्नशील रहता है। इस चिन्तनशीलता के लिये मनुष्य को तीन तत्व प्रभावित करते हैं। एक वह स्वयं, दूसरा समाज और तीसरा वातावरण। इनसे चिन्तन द्वारा प्राप्त सूचनाएँ प्रेरक सूचना कहलाती है।

(2) नीति सम्बन्धित सूचना–विभिन्न क्षेत्रों के अन्तर्गत उचित कार्यान्वयन हेतु जो उद्देश्य और उत्तरदायित्व निर्धारित होते हैं, उनसे सम्बन्धित सूचना को नीति सम्बन्धित सूचना कहते हैं। इसमें विभिन्न गतिविधियाँ समुचित प्रकार से परिभाषित होती हैं।

(3) निदेशात्मक सूचना–इस प्रकार की सूचना बहुत उपयोगी होती है। समाज के अन्तर्गत विभिन्न प्रकार की गतिविधियों को प्रभावपूर्ण ढंग से पूरा करने के लिये निदेशात्मक सूचना की आवश्यकता होती है। इसके द्वारा सहयोग एवं समन्वय प्राप्त कर समस्त सामूहिक गतिविधियों एवं क्रिया-कलापों को प्रभावी ढंग से पूरा किया जा सकता है।

(4) प्रत्यात्मक सूचना–जब व्यक्ति अपनी किसी समस्या पर एकाग्रचित होकर किसी विचार अथवा परिकल्पना का निर्माण करता है, तब इस संकल्पना को प्रत्यात्मक सूचना कहते हैं।

(5) आनुभाविक—आनुभाविक सूचना वह सूचना है जो निरीक्षण परीक्षण के आधार पर किए जाने वाले अन्वेषण अथवा प्रयोगशाला में प्रयोग आधारित शोध कार्यों द्वारा व्यक्तिगत अनुभव के आधार पर प्राप्त होती है।

(6) कार्यविधिक सूचना—इस प्रकार की सूचना में अनुसंधानकर्त्ता द्वारा अपने कार्य को और अधिक प्रभावपूर्ण एवं महत्त्वपूर्ण बनानें हेतु की जाने वाली क्रियायें शामिल होती हैं। शोधकर्त्ता के कार्यों में डाटा का एकत्रीकरण, प्रक्रियाकरण और परीक्षण आते हैं। यह सूचना वैज्ञानिक मनोवृत्तियों पर आधारित और व्यवस्थित होती हैं।

जी. टी. मीरचन्दानी द्वारा वर्गीकरण—शेरा की भांति उन्होंने भी सूचना को छः वर्गों में वर्गीकृत किया है, जो निम्नलिखित हैं—

(1) तकनीकी सूचना—इस प्रकार की सूचना में विभिन्न तकनीकी क्षेत्रों के उत्पादों एवं सेवाओं के विशिष्टीकरण से सम्बन्धित सूचनाओं को शामिल किया जाता है। इस श्रेणी में सामान्यतः इन्जीनियरिंग से सम्बन्धित विशिष्टीकरण आते हैं।

(2) वैज्ञानिक सूचना—इस प्रकार की सूचना विज्ञान के क्षेत्र में होने वाली विभिन्न गतिविधियों से सम्बन्धित होती हैं। विभिन्न शोधकर्त्ता और वैज्ञानिक प्रयोग द्वारा जो आँकड़े एकत्रित करते हैं और उनका संसाधन कर जो परिष्कृत डाटा प्राप्त करते हैं उसे वैज्ञानिक सूचना कहा जाता है। इसका उद्देश्य वैज्ञानिक अनुसंधान की सूचना से अवगत कराना होता है।

(3) औद्योगिक सूचना—विभिन्न प्रकार के व्यापार-उद्योग, उत्पादन क्षमता और उत्पादन आदि से सम्बन्धित जो आँकड़े प्राप्त होते हैं वे औद्योगिक सूचना कहलाते हैं। इसके अन्तर्गत विभिन्न प्रकार के उत्पादनों एवं सेवाओं से सम्बन्धित विभिन्न-विभिन्न कौशलों की भी सूचना प्राप्त होती है।

(4) सामाजिक जनसांख्यिकीय सूचना—इस प्रकार की सूचनायें भी काफी महत्त्वपूर्ण होती हैं। इसके तहत समाज, जनसंख्या सामाजिक वितरण, उत्पादन क्षमताओं एवं मानवशक्ति से सम्बन्धित सूचना का समावेश होता है। इसमें विभिन्न प्रकार के सामाजिक, आर्थिक एवं शैक्षणिक आदि आंकड़ों को भी रखा जाता है।

(5) तकनीकी आर्थिक सूचना—अपरिष्कृत सामग्री, अर्ध-परिष्कृत सामग्री तथा आन्तरिक एवं अन्तर्राष्ट्रीय बाजार सर्वेक्षण आदि से सम्बन्धित आंकड़ों तकनीकी आर्थिक सूचना के तहत शामिल किया जाता है। इसके द्वारा उत्पादन, विकास एवं अन्य आर्थिक गतिविधियों से सम्बन्धित सूचना प्राप्त होती है।

(6) व्यापारिक सूचना—इसके तहत उत्पादन, विक्रय लाभ-हानि आदि से सम्बन्धित आंकड़ों को शामिल किया जाता है। इसमें पूंजी उत्पादन एवं निर्माण के आंकड़ों के साथ-साथ विभिन्न श्रमों के **रोजगार** आंकड़ों को भी रखा जाता है।

सूचना के इस विस्फोटक युग में विश्व के सम्पूर्ण देश के विकास में सूचना सराहनीय भूमिका का निर्वहन कर रही है। प्रायः सभी मानवीय गतिविधियों का आधार बिन्दु सूचना ही है। अतः उसके उपयोगों, उद्देश्यों, क्षेत्रों और स्रोतों के आधार पर सूचना को अनेक श्रेणियों अथवा प्रकारों में विभाजित किया जा सकता है।

सूचना की प्रकृति

सूचना की उपयोगिता एवं महत्त्व दिन-प्रतिदिन वृद्धि ही कर रहा है, क्योंकि यह राष्ट्र के सर्वांगीण विकास में अत्यधिक उपयोगी है। किसी भी जनतांत्रिक समाज के समुचित क्रियान्वयन और व्यवस्थापन के लिये सूचना आवश्यक है। किसी भी राष्ट्र के चहुँमुखी विकास में इसकी भूमिका अन्तर्निहित है। सूचना की प्रकृति यह है कि वह सम्पूर्ण ज्ञान परिक्षेत्र में एक तत्व है। डाटा, सूचना, ज्ञान और प्रज्ञा एक ही रचना के क्रमशः भाग हैं जो एक दूसरे को समृद्ध करने में सहायक होते हैं। डाटा से सूचना, सूचना से ज्ञान, और ज्ञान से विद्वता या विवेक का स्तर ऊँचा होता जाता है। ये सभी एक दूसरे से क्रमिक रूप में जुड़े हैं। प्रत्येक विषय सूचना के मुख्य भाग से सम्बद्ध होता है। सूचना की प्रकृति और उसका महत्त्व उसके अभिगमों और आवश्यकता से सम्बन्धित होते हैं।

सूचना की प्रकृति को समझने हेतु वर्सिंग और नवेलिंग ने सूचना के छः अभिगमों का प्रतिपादन किया है, जो निम्नलिखित हैं—

(1) अभिप्राय अभिगम,

(2) प्रभाव अभिगम,

(3) प्रक्रिया अभिगम,

(4) संरचनात्मक अभिगम,

(5) ज्ञान अभिगम,

(6) संदेश अभिगम।

उपयोक्ता अभिगम पर आधारित सूचना की प्रकृति—सूचना की उपयोगिता को देखते हुये इसकी प्रकृति भी विशेष महत्त्व की है। सूचना की प्रकृति उपयोक्ता

के समय, उद्देश्य और उपयोग से सम्बन्धित होती है। इसमें सूचना के विभिन्न अभिगमों को शामिल किया गया है, जो निम्नलिखित हैं–

(1) सामयिक अभिगम, (2) दिन प्रतिदिन अभिगम (3) विस्तृत अभिगम।

इस प्रकार सूचना एक सामाजिक प्रक्रिया है और इसकी प्रकृति व्यक्ति से व्यक्ति तक कई भूमिकाओं का निर्वाह करती है।

सूचना की प्रमुख विशेषताएँ

सूचना की प्रमुख विशेषताओं को निम्नलिखित पंक्तियों के अन्तर्गत स्पष्ट किया जा सकता है–

(1) सूचना किसी राष्ट्र के विकास की प्रमुख घटक होती है।
(2) ज्ञानार्जन का पहला सोपान सूचना होती है।
(3) सूचना को उसकी उपादेयता के कारण शक्ति की संज्ञा दी जाती है।
(4) सूचना उत्पाद एवं प्रक्रिया दोनों है।
(5) सूचना एक परिघटना के रूप में परिलक्षित होती है।
(6) सूचना अद्‌भुत शक्ति तथा आर्थिक समृद्धि का आधार होती है।
(7) सूचना मनोरंजनात्मक क्रियाकलापों के लिए भी अनिवार्य होती है।
(8) सूचना से ही किसी प्रयास एवं उद्यम का आरम्भ होता है।
(9) सूचना के R& D निष्पादन का एक आवश्यक संसाधन है।
(10) सूचना वैज्ञानिक अध्ययन एवं अनुसंधान के लिए अति अनिवार्य होती है।
(11) सूचना मानव के प्रत्येक क्रियाकलाप एवं क्षेत्र में व्याप्त होती है।
(12) सूचना किसी देश के राष्ट्रीय विकास का स्रोत होती है।
(13) सूचना राष्ट्र की राष्ट्रीय सम्पत्ति होती है।
(14) सूचना व्यापारिक तथा औद्योगिक विकास का आधार होती है।

सूचना की आवश्यकता एवं उपयोगिता

प्राचीन युग से ही मानव सूचना की आवश्यकता का अनुभव करता चला आ रहा है। प्राचीन काल में मानव अविकषित अवस्था में था, परन्तु धीरे-धीरे मानव में बदलाव आया इस बदलाव के साथ सूचना की प्रकृति में बदलाव भी आया। वर्तमान समय में सूचनाओं का क्षेत्र विस्तृत हो गया है। सूचना अत्यन्त तेजी से आज उत्पन्न

हो रही है। आज सूचना मानव के हर क्षेत्र तथा क्रियाकलाप में व्याप्त हो चुकी है, सूचना के अभाव में समाज तथा राष्ट्र को विकसित एवं सशक्त होने में कठिनाई होती है। वैज्ञानिक एवं तकनीकी अनुसंधान के लिए सूचना अति आवश्यक सामग्री तो है ही साथ ही मनोरंजनात्मक क्रियाकलापों के लिए भी सूचना बहुत जरूरी होती है। वैज्ञानिक एवं तकनीकी अध्ययन एवं अनुसंधनात्मक जो ज्ञान की खोज, सृष्टि, प्रसार एवं विकास की आधारशिलाएँ हैं, सूचना के बिना सफल और सार्थक तथा उपादेय सिद्ध नहीं हो सकते हैं। इस प्रकार यह कहा जा सकता है कि सूचना अनुसंधान और विकास के निष्पादन का एक आवश्यक संसाधन बन चुकी है। यह लगभग हर क्षेत्र में उपयोगी व आवश्यक है।

राष्ट्रीय सूचना पद्धति और विज्ञान एवं तकनीकी

विज्ञान व तकनीकी के क्षेत्र में सूचना का प्रसार व इसकी गतिविधि में सरलता लाने के लिए विशेष रूप से ध्यान दिया गया। इस दिशा में एक अहम कार्य सन् 1975 में निसात की स्थापना कर किया गया। निस्सात (NISSAT) का पूर्ण नाम National Information System in Science and Technology है जिसकी स्थापना भारत राष्ट्र में उपलब्ध सूचना संसाधनों, सूचना प्रणालियों एवं सेवाओं को आन्तरिक एवं पारस्परिक रूप से सम्बद्ध करने और उसमें समन्वय स्थापित करने हेतु राष्ट्रीय सूचना नीतियों द्वारा निर्धारित सभी राष्ट्रीय सूचना प्रणालियों के क्रियाकलापों, समन्वित नीतियों के लिए एक प्रभावकारी सूचना पद्धति के रूप में कार्य करने के उद्देश्य से की गयी। इस संस्था ने सन् 1977 से प्रभावी रूप से कार्य करना शुरू किया। आज यह कई क्षेत्र में व्यापक स्तर पर संलग्न है।

संगठन व्यवस्था के प्रमुख आधार—निसात की संगठनात्मक व्यवस्था उत्कृष्टि है। संगठन की दृष्टि से NISSAT की संरचना प्रमुख च ार आधारों पर किया गया है, जो निम्नलिखित हैं—

(1) राष्ट्रीय सूचना केन्द्र—समस्त क्षेत्रों के राष्ट्रीय सूचना केन्द्र इस कार्यक्रम के शीर्षस्थ हिस्सा माने जाते हैं। ये सभी केन्द्र राष्ट्रीय स्तर पर सूचना सेवाओं को समन्वित एवं संगठित कर प्रदान करने के लिए उत्तरदायी होते हैं। इस प्रकार के राष्ट्रीय सूचना केन्द्र INSDOC, DESIDOC, BARC LIBRARY आदि हैं।

(2) क्षेत्रीय सूचना केन्द्र—दूसरे स्तर पर राष्ट्र के अनेक भागों में सुलभ सूचना स्रोतों के सम्पूर्ण उपयोग के लिए क्षेत्रीय सूचना केन्द्र स्थापित किये गये हैं। इस तरह के केन्द्र IIT Bombay; Central Leather Research Institute, Madras;

Institute of Experimental Medicine आदि हैं। इनका प्रमुख कार्य सूचना स्रोतों पर सर्वेक्षण, उस क्षेत्र की सूची का निर्माण, उस क्षेत्र की समस्त अनिवार्यताओं की पूर्ति, फोटोकापी सेवा, क्षेत्रीय संघ सूची का प्रकाशन आदि हैं।

(3) आंचलिक सूचना केन्द्र—तीसरे स्तर पर आंचलिक सूचना केन्द्रों की स्थापना की गयी है। ये केन्द्र उद्योगोन्मुखी तथा खास किस्म के होते हैं। इनके ऊपर प्रलेखों का संग्रह करने का प्रशिक्षण देने तथा विदेशी सूचना केन्द्रों एवं व्यावसायिक प्रतिष्ठानों से सम्बन्ध स्थापित करना है। इन केन्द्रों में Central Food Technology Research Institute Mysore, HAL Banglore, Central Machine Tools Banglore तथा Central Drug Research Institute, Lucknow प्रमुख हैं।

(4) स्थानीय सूचना केन्द्र—स्थानीय स्तर पर इस तरह के केन्द्र अपनी पैतृक संस्थाओं के कर्मचारियों की आवश्यकताओं की पूर्ति करते हैं। ये केन्द्र NISSAT कार्यक्रम के अन्तिम स्तर पर आते हैं। भारत में तकरीबन 1000 केन्द्र कार्य कर रहे हैं। ऐसे केन्द्र मूल रूप से अपनी पैतृक संस्था के कर्मियों/वैज्ञानिकों को सूचना सेवा प्रदान करते हैं।

सूचना की शक्ति

आज सूचना को शक्ति का नाम दिया जा रहा है, जिसकी जरूरत विभिन्न क्षेत्रों में है। वर्तमान दौर में सूचना का अनिवार्य वस्तु माना गया है क्योंकि किसी भी राष्ट्र के बहुमुखी विकास हेतु अनुसंधान की आवश्यकता होती है और अनुसंधान तभी निष्पादित किया जा सकता है जब सूचना तथा सूचनात्मक सामग्रियाँ उपलब्ध हों। इस समय जो देश सूचना संसाधनों से सम्पन्न हैं वे काफी विकास कर लिये हैं। यही कारण है कि पश्चिमी राष्ट्र अधिक समृद्ध व शक्तिशाली हैं तथा जिन राष्ट्रों में सूचना का अभाव है वे सब विपन्न व अविकसित हैं। इसलिए किसी भी राष्ट्र के विकास एवं उन्नति तथा सम्पन्नता के लिए उस देश की सूचना तथा सूचना-पुस्तक का शक्तिशाली होना अति आवश्यक है। इसलिए आज आधुनिक पुस्तकालयों अथवा सूचना केन्द्रों का प्रमुख कार्य सूचना को समुचित तरीके से उचित समय पर उपयुक्त उपयोगकर्ताओं के लिए सुलभ करना तथा इसकी व्यवस्था करना होता है। इसी वजह से इस दिशा में आजकल सर्वत्र अधिक बल दिया जा रहा है।

सूचना के प्रमुख उद्देश्य

सूचना बहुउपयोगी होने के कारण इसका उद्देश्य भी काफी विस्तृत हो गया है, जिसमें से कुछ प्रमुख उद्देश्यों को निम्नलिखित पंक्तियों में स्पष्ट किया जा सकता है—

(1) देश के वैज्ञानिक सूचना-स्रोतों, सूचना सेवाओं तथा सूचना पद्धतियों में समायोजन स्थापित करना।

(2) सूचना स्रोतों, सूचना उपकरणों एवं सूचना सेवाओं में विद्यमान दोषों का पता लगाना तथा उनका निदान करना।

(3) सूचना सेवाओं को अधिक प्रभावकारी बनाने के लिए सूचना विज्ञान एवं संचार में हो रहे प्रत्येक शोधकार्य में भाग लेना तथा सहयोग देना।

(4) विभिन्न वर्गों के सूचना उपयोगकर्ताओं की विभिन्न स्तरीय सूचना आवश्यकताओं को कुशलतापूर्वक एवं प्रभावकारी तरीके से पूर्ण करना।

(5) देश में सूचना सेवाओं की उन्नति एवं बढ़ोत्तरी के लिए नवीनतम सूचना तकनीकियों का प्रयोग करना।

(6) राष्ट्रीय सूचना नीति द्वारा निर्देशित प्रभावकारी वैज्ञानिक सूचना प्रणाली की स्थापना करना।

(7) अन्तर्राष्ट्रीय स्तर पर सूचना के विनिमय के लिए राष्ट्रीय मानक तथा मार्गदर्शिका का निर्माण करना एवं प्रयोग में लाना।

(8) वैज्ञानिक साहित्य के प्रत्येक प्रकाशन की कम से कम एक प्रति की सुलभता की व्यवस्था करना।

(9) सूचना वैज्ञानिकों के प्रशिक्षण एवं शिक्षण की सुविधाओं के विकास के लिए प्रशिक्षण, संगोष्ठी, कार्यशाला, सेमिनार आदि का आयोजन करना।

(10) राष्ट्रीय वैज्ञानिक सूचना सेवा प्रदान करना।

सूचना की प्रक्रिया

सूचना की प्रमुख प्रक्रियाओं को निम्नलिखित शीर्षकों में स्पष्ट किया जा सकता है—

(1) संघ सूची—इस प्रकार की सूचनी का काफी महत्त्व होता है। विभिन्न सूचना केन्द्रों में सुलभ प्रलेखों की संघ सूची बनाकर उनमें अन्तर्सम्बन्ध स्थापित किया जाता है जिससे एक सूत्र से ही यह सूचना प्राप्त हो सके कि किस सूचना केन्द्र में कौन-सी सामग्री कहाँ उपलब्ध है। क्रमिक प्रकाशनों के अलावा पुस्तकों, रिपोर्टों आदि की संघ सूची भी तैयार करने की योजना है।

(2) CAS सेवा—सूचना के क्षेत्र में यह सेवा महत्त्वपूर्ण है। सूचना सेवाओं के विकास हेतु वर्तमान सूचना उपकरणों तकनीकियों एवं सेवाओं का विकास किया गया है। राष्ट्रीय केन्द्रों द्वारा प्रदत्त CAS तथा SDI सेवाएँ उल्लेखनीय हैं।

(3) अर्जन–देश में प्रकाशित सभी वैज्ञानिक साहित्य की एक-एक प्रति राष्ट्रीय विज्ञानं पुस्तकालय से समन्वय रखते हुए उपलब्ध करना जिससे वैज्ञानिक इनका उपयोग कर सकें। प्रकाशनों की अनावश्यक पुनरावृत्ति पर नियन्त्रण प्रलेखों के अर्जन तथा अनेक पुस्तकालयों में उनके वितरण में समन्वय स्थापित करने के उद्देश्य से एक नीति बनायी गयी है।

(4) अन्तर्राष्ट्रीय सहयोग (International Co-operation) – भारत अन्तर्राष्ट्रीय स्तर पर भी इस क्षेत्र में सहयोग प्रदान कर रहा है। भारत UNESCO के साथ FID, INIS, AGRIS आदि कई कार्यक्रमों में हिस्सा लेता है।

(5) सूचना विज्ञान में प्रशिक्षण–सूचना विज्ञान में बढ़ते कम्प्यूटर के उपयोग और सूचना प्रविधियों के सतत विकास हुए विज्ञान के क्षेत्र में अनेक प्रशिक्षण कार्यक्रम प्रारम्भ किये गये हैं।

(6) उद्योगों के लिए सूचना सेवा–उद्योगों के विकास में सूचना का विशेष योगदान होता है। राष्ट्र के छोटे एवं बड़े उद्योगों को विज्ञान एवं तकनीकी के क्षेत्र में हुए नये विकास एवं शोधों की सूचना देने के क्रम में मुख्य रूप से ध्यान देने योग्य बात यह है कि उन्हें व्यावहारिक सूचना की ही जरूरत अधिक होती है जिससे वे उन्हें सीधे उपयोग में ला सकें, इसलिए उनके समक्ष सूचनाओं की प्रस्तुति इस तरह होनी चाहिए कि वे सीधे रूप से सुलभ हों। SIET Institute ने इस दिशा में सराहनीय सेवा प्रदान की है।

(7) SDI सेवा–INSDOC ने प्रयोग के रूप में IIT मद्रास में उपलब्ध कम्प्यूटर कीं सहायता से 1976 से सेवा प्रदान करना शुरू किया है।

राष्ट्रीय विकास में सूचनाओं का योगदान

सूचनाएं किसी भी राष्ट्र के विकास में प्रमुख योगदान देती है। इसका सबसे बड़ा उदहारण विकसित देशों को किया जा सकता है। इनके विकसित होने में सूचना संसाधनों की पर्याप्त उपलब्धता भी सहायक है। मानव जीवन के प्रत्येक क्षेत्र में सूचना विशिष्ट भूमिका अदा करती है। सम्प्रति, राष्ट्र के बहुमुखी विकास तथा समृद्धि के लिए सूचना एक सशक्त तथा लाभकारी संसाधन माना जाता है, जिसकी प्रभावशीलता एवं उपादेयता हर जगह स्वीकार की गयी है। किसी भी राष्ट्र का उत्थान, विकास तथा समृद्धि उसके योग्य एवं निष्ठावान नागरिकों तथा सैद्धान्तिक एवं व्यावहारिक अन्वेषणों तथा उच्च स्तरीय शिक्षण-प्रशिक्षण पर आधारित होते हैं। ऐसे सभी क्रियाकलापों तथा आयोजनों के लिए उपयुक्त समय

पर उपयुक्त सूचना की तलाश होती है जिसकी कमी होने पर विकास नहीं हो सकता। इसी कारण सूचना सम्पन्न राष्ट्र, सूचना विपन्न राष्ट्रों की अपेक्षा अत्यधिक विकसित एवं उन्नतिशील होते हैं जिसका मुख्य कारण अनुसंधान तथा वैज्ञानिक होता है जिसमें सूचना की भूमिका काफी अधिक है।

सूचना एक संसाधन के रूप में

सूचना को संसाधन भी कहना अतिश्योक्ति नहीं होगा, क्योंकि जिस प्रकार ऊर्जा, कोयला, लोहा, पानी आदि जैसे संसाधन देश के विकास में सहायक होते हैं उसी प्रकार सूचना भी एक साधन के रूप में अपना योग देती है। राष्ट्र निर्माण में इसका निवेश महत्त्वपूर्ण है। इसे एक अति आवश्यक वस्तु शक्ति आदि की संज्ञा भी दी जा सकती है। वास्तविकता यह है कि राष्ट्रीय, आर्थिक, औद्योगिक, शैक्षणिक तथा सामाजिक विकास एवं उन्नयन के लिये सूचना एक आवश्यक साधन है। किसी भी कार्य के प्रयास का प्रारम्भ सूचना से ही होता है। औद्योगिक क्षेत्र की सफलता सूचना सुलभता पर काफी निर्भर है। सूचना मानव के प्रत्येक क्षेत्र और क्रियान्वयन में व्यस्त है और इसका अभाव तथा अनभिज्ञता समाज तथा राष्ट्र को सशक्त एवं विकसित होने में बाधक सिद्ध होता है। वैज्ञानिक एवं प्रौद्योगिकीय अनुसंधान के लिये सूचना संसाधन है, साथ ही मनोरंजनात्मक क्रिया कलापों के लिये भी सूचना की आवश्यकता होती है। लेकिन वैज्ञानिक एवं प्रौद्योगिकीय अध्ययन एवं अनुसंधान, जो ज्ञान की खोज, सृष्टि प्रसार तथा विकास की आधारशिलाएँ हैं और जिनके माध्यम से राष्ट्रीय उन्नति, प्रगति और बहुमुखी विकास होता है, सूचना के बिना सफल एवं सार्थक तथा उपादेय सिद्ध नहीं हो सकते हैं। इस प्रकार यह कहा जा सकता है कि सूचना अनुसंधान एवं विकास के निष्पादन का एक आवश्यक संसाधन है।

समाज के विभिन्न क्षेत्रों में सूचना का प्रभाव

जैसाकि स्पष्ट किया जा चुका है कि सूचना का क्षेत्र काफी व्यापक हो गया है, जिसका प्रभाव स्वाभाविक रूप से विभिन्न क्षेत्रों पर अनिवार्य है। विलियम जे. मार्टिन इसे सूचना उत्पाद और प्रक्रिया दोनों हैं सूचना एक परिघटना के रूप में भी परिलक्षित होती है जिसका सामाजिक, सांस्कृतिक, आर्थिक तथा प्रौद्योगिकीय शक्तियों के साथ पारस्परिक प्रभाव अनेक सामाजिक परिवर्तनों को जन्म दे रहा है। समाज में सूचना राजनीतिक शक्ति का प्रतीक और आर्थिक समृद्धि का आधार बन गई है। समाज के प्रत्येक क्षेत्र में परिवर्तन का प्रमुख कारक सूचना प्रौद्योगिकी है यह

ऐसा उपकरण है जिसकी सहायता से अल्पतम समय में सूचना का स्थानान्तरण, रिकॉर्डिंग, संक्षित्तकरण और प्रसारण किया जा सकता है। अब सूचना समाज के विभिन्न क्षेत्रों को आवश्यक रूप से प्रभावित कर रही है। समाज के प्रमुख प्रभावित क्षेत्रों को निम्नलिखित शीर्षकों के अन्तर्गत स्पष्ट किया गया है–

शोध एवं विकास पर सूचना का प्रभाव

आर्थिक एवं सामाजिक दृष्टिकोण से अनुसन्धान का अत्यधिक महत्त्व है। समाज की मूल समस्याओं का समाधान शोध कार्यों द्वारा किया जाता है। शोध एक व्यवस्थित तथा सुनियोजित प्रक्रिया है जिसके द्वारा मानवीय ज्ञान में वृद्धि और विकास किया जाता है। वैज्ञानिक समस्याओं के समाधान की एक प्रभावशाली विधि है। मैकग्रेथ तथा वाटसन के विचार में–"शोध एक प्रक्रिया है जिसमें खोज प्रविधि का प्रयोग किया जाता है, जिसके निष्कर्षों की उपयोगिता हो, ज्ञान वृद्धि की जाए, प्रगति के लिये प्रोत्साहन करे, समाज के लिये सहायक हो तथा मनुष्य को और अधिक प्रभावशाली बना सके।"

उपर्युक्त अध्ययनों के आधार पर हमारे सामने निम्नलिखित तथ्य प्रकट होते हैं–

1. इसमें विश्वसनीय तथा वैध प्रविधियों को प्रयुक्त किया जाता है,
2. यह तार्किक तथा वस्तुनिष्ठ प्रक्रिया है,
3. शोध प्रक्रिया के तथ्यों या प्रदत्तों के आधार पररिकल्नाओं की पुष्टि की जाती है,
4. प्रत्येक शोधकार्य से जो निष्कर्ष निकाले जाते हैं, उनका सामान्यीकरण का प्रतिपादन किया जाता है।
5. शोध के द्वारा नवीन ज्ञान की वृद्धि एवं विकास किया जाता है,
6. इसके द्वारा सामान्य नियमों तथा सिद्धांतों के प्रतिपादन पर बल दिया जाता है,
7. शोध की प्रक्रिया वैज्ञानिक, व्यवस्थित और सुनियोजित होती है,

अतः हम कह सकते हैं कि शोध सतत चलने वाली प्रक्रिया है। नवीन सूचना और ज्ञान के सृजन और उत्पादन हेतु सुनियोजित ढंग से शोध और विकास के क्रिया-कलाप चलाए जा रहे हैं। वर्तमान में स्वयं के लाभ और समाज के उपयोग हेतु नवीन ज्ञान के सृजन में शासन और सार्वजनिक औद्योगिक संगठन तथा इकाइयाँ धन का निवेश कर रहे हैं। सामान्यतः मौलिक शोध कार्य शैक्षणिक संस्थानों एवं विद्वत संगठनों के माध्यम से किये जा रहे हैं और व्यावहारिक शोध जिनके माध्यम

से विविध प्रकार की समस्याओं का समाधान किया जाता है उनका संचालन शासन और व्यक्तिगत औद्योगिक इकाइयों द्वारा किया जा रहा है।

नवीन अनुसंधान गतिविधि में संशोधन, नए-नए उपकरणों के उपयोग, सूचना तकनीक, उच्च-स्तरीय ग्रंथालय प्रलेखन और सूचना सेवाओं तथा योग्य और अनुभवी विषय विशेषज्ञों एवं शोधकर्ताओं के सहयोग के फलस्वरूप अब शोध में गुणात्मक सुधार हुआ है। इसी के फलस्वरूप आज प्रत्येक क्षेत्र में सफलतापूर्वक शोध और विकास के क्रिया-कलाप संचालित है और गुणात्मक उपयोगी ज्ञान का उत्पादन कर रहे हैं जो किसी समाज और राष्ट्र की सफलता के लिये जरूरी है।

शिक्षा पर सूचना का प्रभाव

प्राचीन युग से लेकर वर्तमान तक शिक्षा ने मानव को काफी विकसित किया है। यह एक ऐसी प्रक्रिया है जिसके अन्तर्गत बौद्धिक क्षमताओं को विकसित करने हेतु अध्ययन एवं सीखने के माध्यम से सामान्य और विशिष्ट ज्ञान को अर्जित किया जाता है। शिक्षा औपचारिक रूप से शैक्षिक संस्थाओं द्वारा विभिन्न स्तरों पर प्रदत्त की जाती है और औपचारिक शिक्षा शैक्षिक संस्थाओं से बाहर रहकर प्राप्त की जाती है। सामान्यतः औपचारिक शिक्षा ग्रंथालयों पर केन्द्रित होती है। मानव समाज में शिक्षा की वृद्धि और विकास निरन्तर और आजीवन चलने वाली प्रक्रिया है।

हर शिक्षण संस्थान का मूल कार्य अध्ययन और अध्यापन होता है। शिक्षण के अन्तर्गत विभिन्न स्तर पर बिभिन्न सामान्य और विशिष्ट विषयों का शिक्षण प्रदान करने हेतु विभिन्न स्रोतों और उपकरणों का उपयोग किया जाता है। उच्च शिक्षा के संस्थानों द्वारा अनुसंधान और विकास से सम्बन्धित क्रिया कलापों के माध्यम से नवीन ज्ञान का सृजन भी किया जाता है।

शिक्षा जगत में सूचना तकनीकी ने प्रवेश कर नवीन शिक्षण प्रक्रियाओं से हमारा परिचय कराया। विभिन्न प्रकार के साधन और इलैक्ट्रॉनिक उपकरण उपलब्ध कराए गए हैं जिनके उपयोग से कोई भी अपनी इच्छित सूचना अथवा ज्ञान प्राप्त कर सकता है। उदाहरण के तौर पर कम्प्यूटर स्व शिक्षा पैकेज के माध्यम से इच्छित ज्ञान प्राप्त किया जा सकता है। विभिन्न विषयों पर वीडियों एवं ऑडियो कैसेट्स, टेलीविजन नेटवर्क द्वारा अध्ययन प्रक्रिया ने प्रत्येक के घर में विद्यालय स्थापित कर दिया है। शिक्षा के क्षेत्र में दूर तथा मुक्त शिक्षा प्रणाली ने जन सामान्य हेतु शिक्षित-प्रशिक्षित होने के लिये एक और नया मार्ग खोल दिया है। इस क्षेत्र में दूरस्थ

शिक्षा के तहत मुक्त विद्यालयों और मुक्त विश्वविद्यालयों की स्थापना कर शिक्षा को प्रत्येक के द्वार तक पहुंचा दिया है। सूचना प्रौद्योगिकी दूरस्थ शिक्षा के क्षेत्र में भी अपनी प्रभावी भूमिका अदा कर रही है।

सूचना प्रौद्योगिकी ने शिक्षा को गतिशीलता प्रदान की है, नए आयाम स्थापित किये हैं और सबके लिये शिक्षा के द्वार खोले हैं, शिक्षा के क्षेत्र में वास्तविक परिवर्तन तभी सम्भव हो सकेगा जब शिक्षा क्षेत्र और पद्धतियों में गुणात्मक सुधार किया जाये।

व्यापार एवं उद्योग पर सूचना का प्रभाव

अधिक से अधिक लाभ कमाने तथा औद्योगिक जगत अपनी सत्ता को स्थापित कर नेतृत्व करने की चाह ने व्यापारिक एवं औद्योगिक प्रतिष्ठानों को सदैव नए-नए उपकरणों मंत्री स्रोतों एवं प्राविधियों से जोड़े रखा है। ये सूचना प्रौद्योगिकी के अनुप्रयोग द्वारा आधुनिकीकरण प्रबन्धकीय प्राविधियों का विकास कर उन्हें अपने उत्पादनों हेतु उपयोग में लाते हैं। आधुनिकीकरण के विभिन्न चरणों के अंतर्गत वित्तीय निवेश भी एक प्रमुख चरण होता है। अतः उस पर भी ये ध्यान रखते हैं। उद्योग और व्यापार जगत द्वारा सर्वप्रथम प्रबन्धकीय सूचना प्रणाली प्राविधियों का उपयोग सूचना तकनीकियों की आन्तरिक प्रक्रियाओं को स्थापित करने हेतु किया था, किन्तु आज सूचना बाह्य प्रयोग काफी मात्रा में किया जा रहा है और विपणन क्षेत्र में इसे मान्यता मिल रही है

सूचना प्रबंधन की अवधारणा जिसके अंतर्गत बाह्य और आंतरिक सूचना और सूचना तकनीकी कौशल एवं सूचना संचालन आदि सम्मिलित है। अब इन्हें मूलतः मान्यता प्राप्त है। मानव संसाधन विकास हेतु सूचना प्रौद्योगिकीयों प्रमुख दी जा रही है। सूचना विपणन भी अब एक उद्योग बन गया है। आज कई सूचना उत्पादक अपने यहां विभिन्न क्षेत्रों की सूचना एकत्रित कर और उपयोगकर्त्ता व्यक्ति, संगठन और संस्थान को उपलब्ध कराते हैं। इस तरह सूचना का उद्योग और व्यापारिक क्षेत्रों को निरंतर प्रभावित कर रही है।

दैनिक जीवन शैली पर सूचना का प्रभाव

मानवीय जीवन पर दैनिक जीवन शैली का प्रभाव अत्यधिक पड़ता है। सामान्य और विशिष्ट क्षेत्र से सम्बन्धित प्रत्येक व्यक्ति अपने प्रतिदिन के क्रियाकलापों में किसी न किसी रूप में सूचना का उपयोग करता है। उपभोग में आने वाली वस्तुओं की

गुणवत्ता, स्वास्थ्य, सुरक्षा, शिक्षा, मनोरंजन आदि अनेक प्रकार के नियमित क्रियाकलापों में सूचना प्रत्येक व्यक्ति के लिये महत्त्व की वस्तु मानी गई है। आधुनिक परिवर्तित समाज में खाना पकाने, भवन निर्माण, भवन सौन्दर्यीकरण, बागवानी आदि अनेक पक्षों पर सूचना की आवश्यकता होती है, सूचना प्रौद्योगिकी ने इन विभिन्न प्रकार की सूचनाओं की उपलब्धता हेतु अभिगम के रूप में कई प्रकार के संचार साधन उपलब्ध कराए हैं जिनके माध्यम से नवीनतम विषयों, तथ्यों एवं घटनाओं की जानकारी, पाकविधियों, खेल प्रतियोगिताओं, स्वास्थ्य सूचनाओं आदि की घर पर प्राप्ति की जा सकती है। आज उपभोक्ताओं को व्यावसायिक साहित्य, विज्ञापन और अन्य प्रकार की क्रियाकलापों द्वारा सूचना उपलब्ध कराई जाती है। सार्वजनिक ग्रंथालय और सूचना केन्द्र भी उपभोक्ताओं को उनकी आवश्यकता की सूचना उपलब्ध कराने में सहयोग करते हैं।

निष्कर्ष रूप से हम कह सकते है कि समाज का प्रत्येक क्षेत्र जिनका यहाँ वर्णन नहीं किया जा सका है। सूचना के प्रभाव और उपयोग से अलग नहीं हो सकते क्योंकि सूचना एक सामाजिक आवश्यकता है, संसाधन है, और शक्ति है, जिससे समाज और राष्ट्र की अर्थव्यवस्था, औद्योगिकी, वैज्ञानिक एवं प्रौद्योगिकी के विकास में सहयोग प्राप्त होता है।

जन संचार पर सूचना का प्रभाव

ज्ञान एवं सूचना। प्रचार-प्रसार के नवीन स्रोतों द्वारा मनोरंजन प्रदान करना जन संचार कहलाता है। इस मनोरंजन में इलैक्ट्रॉनिक और प्रिंट दोनों ही माध्यम आते हैं। संचार के परम्परागत साधन आधुनिक समाज की परिवर्तित परिस्थितियों की आवश्यकताओं को पूर्ण करने में असमर्थ रहे हैं। इसीलिये तीव्रगति से सूचना-सम्प्रेषण के कार्य को सम्पन्न करने हेतु संचार के नये-नये माध्यमों की खोज होती रही है और हो रही है। जनसंचार में सूचना का अभूतपूर्व प्रभाव है, अगर सूचना न हो तो संचार का कोई अस्तित्व एवं महत्त्व नहीं होगा।

समाचार-पत्र, पत्रिकाएं, टेलीविजन, रेड़ियो, विज्ञापन फिल्म आदि जनसंचार में महत्वपूर्ण भूमिका निभाते हैं। समाचार पत्र उद्योग जिसके तहत दैनिक, साप्ताहिक, पाक्षिक और मासिक आदि आते हैं, ये सभी समाचार संकलन, सम्पादन, उत्पादन और वितरण हेतु सूचना प्रौद्योगिकी की परिष्कृत आधुनिकतम विधियों को प्रयोग में लाते हैं। इलेक्ट्रॉनिक माध्यमों के तहत रेडियो एवं टेलीविजन, सूचना प्रसारण माध्यम

आदि आज राजनैतिक और आर्थिक शक्ति के महत्त्वपूर्ण और शक्तिशाली साधन माने जाते हैं। जनसंचार के माध्यमों का प्रमुख कार्य मनोरंजन, विभिन्न घटनाओं एवं क्रिया-कलापों को सूचना समाज के सार्वजनिक हितों को विभिन्न संदर्भों में प्रस्तुत करना है। विश्व स्तर पर यह एक प्रभावी उपकरण है। विभिन्न पश्चिमी देशों ने अपना प्रभुत्व स्थापित करने के लिए रेडियो और टेलीविजन का नेटवर्क विकसित कर दिया है, जिसका विकसित देश लाभ उठा रहे हैं। विकासशील देश इससे सशंकित है। फिर भी पिछले कुछ वर्षों में एशिया के कुछ देशों और भारतीय टेलीविजन ने एशियन और भारतीय टेलीविजन नेटवर्क स्थापित कर समाचार, समीक्षा, मनोरंजन और अन्य जनसामान्य के कार्यक्रमों का प्रसारण आरम्भ कर दिया है। सूचना और संचार जगत को और उन्नत बनाने की दिशा में विकासशील देशों द्वारा प्रयत्न किये जा रहे हैं।

शासन एवं उसके क्रिया-कलाप पर सूचना का प्रभाव

सूचना का निर्माता तथा उपभोक्ता दोनों की आधारों पर शासन को स्वीकृत प्रदान है। शासन के तहत विभिन्न प्रकार के मंत्रालय, विभाग, आयोग और समितियां कार्य करती हैं। इनके द्वारा मंत्रालयों से सम्बन्धित क्रियाकलापों, आयोगों के प्रतिवेदन, विभागीय प्रतिवेदन समितियों की कार्यवाही आदि का प्रकाशन किया जाता है जिसमें से काफी सूचना साहित्य महत्त्वपूर्ण और शोधपरक माना जाता है। शासन के क्रियाकलापों, योजनाओं आदि के लिये महत्त्वपूर्ण सूचनाओं की सतत् जरूरत होती है, इसलिए उनके लिये सूचनाओं का संग्रहण और परिरक्षण भी किया जाता है। सूचना के उत्पादन, संग्रहण पुर्नपाप्ति और सम्प्रेषण हेतु शासन को भी नियमित कार्यों और सेवाओं के व्यवस्थापन हेतु सूचना प्रौद्योगिकी का अनुप्रयोग जरूरी हो गया है।

भारत में नेशनल इनफॉर्मेशन सेन्टर नेटवर्क की स्थापना सन् 1977 में हुआ। इसकी स्थापना विभिन्न शासकीय विभागों को सूचना अभिगम उपलब्ध कराने के लिए किया गया था। इसके अंतर्गत क्षेत्रीय केन्द्रों की स्थापना की गई। समस्त राज्य ओर केन्द्रशासित प्रदेशों और जिला मुख्यालयों को जोड़ा गया। इसके द्वारा कई डेटाबेसों को तैयार किया गया है। इसके द्वारा लेखा एवं बजट, नियोजन, आयात-निर्यात, जल एवं सिंचाई, ग्रामीण विकास, लघु उद्योग, वानिकी, परिवहन, पर्यटन, स्वास्थ्य, ऊर्जा, शिक्षा तथा प्रबंध आदि से सम्बन्धित सूचनाओं का सम्प्रेषण किया जाता है।

पुस्तकालय एवं सूचना सेवाओं पर सूचना का प्रभाव

पुस्तकालय को सूचना एवं ज्ञान का हृदय स्थल कहा जाता है। पुस्तकालय की स्थापना का मूल उद्देश्य ही था ज्ञान एवं सूचना का संग्रह। सूचना सम्प्रेषण की दृष्टि से वर्तमान में जो उनका स्वरूप एवं महत्त्व है वह प्रारम्भ में नहीं था। सूचना सेवा की वर्तमान अवधारणा भी प्राचीन नहीं है। यह अवधारणा आधुनिक विज्ञान एवं प्रौद्योगिकी के प्रगति का परिणाम है। सूचना सेवा के क्षेत्र में नए-नए उपकरणों और प्राविधियों का विकास हुआ है, जिनके माध्यम से ज्ञान ओर सूचना का संग्रह, प्रक्रियाकरण, पुर्नप्राप्ति तथा सम्प्रेषण सहज हो गया है। ग्रंथालय एवं सूचना केन्द्र ऐसे संस्थान हैं जो शिक्षा शोध शासकीय क्रियाकलापों, व्यापारिक एवं औद्योगिक और अन्य विभिन्न क्षेत्रों की सूचना आवश्यकताओं की पूर्ति करते हैं। ग्रंथालय अपने विविध प्रकार के संग्रह के आधार पर विभिन्न अभिगमों के द्वारा उपयोगकर्त्ताओं की मांग और आवश्यकता के अनुरूप प्रलेख आदान-प्रदान, संदर्भ-सूचना सेवा, प्रलेखन सेवा, ग्रंथात्मक सेवा आदि उपलब्ध कराते हैं।

सूचना तकनीकी पुस्कालय के कार्यों को अत्यधिक सरल बना दिया है, जिससे उसके कार्यों में विशेष प्रमुख बदलाव आया है। इसकी सहायता से कम से कम समय में सूचना का स्थानांतरण, रिकॉर्डिंग, संक्षिप्तीकरण और सम्प्रेषण किया जा सकता है। ग्रंथालयों द्वारा किये जाने वाले विभिन्न कार्यों जैसे –ग्रंथ चयन, अर्जन, प्रक्रियाकरण आदि में काफी समय लगता था और सेवाओं को उपलब्ध कराने में भी समय लगता था। अब सूचना प्रौद्योगिकी ने ग्रंथालयों को एक नवीन संस्था के रूप में स्थापित कर दिया है। अब पुस्तक चयन, क्रयादेश, अर्जन, सूचीकरण, सामयिकी नियंत्रण, परिसंचरण नियंत्रण एवं प्रबंधन से सम्बन्धित विविध कार्यों को अतिशीघ्रता से किया जाना सम्भव है, वहीं सूचना सेवा प्रदान करने में भी सूचना प्रौद्योगिकी बहुत मदगार है। सीडी-रोम, फ्लॉपी, डेटाबेस, नेटवर्क आदि की मदद से यह संदर्भ-सूचना सेवा, सूचना खोज सेवा, ग्रंथ परक एवं अनुक्रमणीकरण सेवा, सामयिक अभिज्ञता सेवा, चयनित प्रसार सेवा, प्रलेख वितरण, तत्काल मांग और आवश्यकता के अनुसार उपयोगकर्त्ताओं को उपलब्ध करा दी जाती है।

हमारे देश में पुस्तकालयों का नवीनीकरण पूर्व रूप से अभी पूरा न हो सका है, क्योंकि धन का अभाव, प्रशिक्षण का अभाव, इच्छा शक्ति का अभाव और अशिक्षा व्याप्त है। सूचना औद्योगिकी के फलस्वरूप हो रहे श्रमिक परितर्वनों को एक चुनौती के रूप में स्वीकार करना होगा। क्योंकि सूचना उत्पादन, संग्रहण और सम्प्रेषण के

क्षेत्र में जो परिवर्तन हुए हैं, उन्हें रोकना सम्भव नहीं है। पुस्तकालयों के लिए इलेक्ट्रॉनिक विधियों के माध्यम से अभिलेखबद्ध करने की प्रक्रिया, सूक्ष्म प्रकार के अभिलेखों का प्रस्तुतीकरण में माइक्रो फोटोग्राफी, मल्टीमीडिया आदि का प्रयोग करना आवश्यक हो गया है। इस तरह ग्रंथालय, सूचना प्रणाली और सेवाओं के क्षेत्र में सूचना प्रौद्योगिकी ने जहां प्रभावित किया है, वहीं विभिन्न कार्यों और सेवाओं हेतु नए आयाम स्थापित किये हैं।

सूचना का समग्ररूप से समाज पर प्रभाव

सामान्य सूचना तथा विशिष्ट सूचना, ये दोनों सूचना के प्रमुख स्वरूप है। प्रतिदिन घटित घटनाओं, समाचारों, तथ्यों आदि के रूप में सामान्य सूचना को महत्त्व दिया गया है। प्राविधिक एवं विशिष्ट सूचना का उपयोग ही विशेष उद्देश्यों की पूर्ति हेतु किया जाता है। इस प्रकार की सूचना ही समाज पर समग्र रूप से प्रभाव डालती है और सामाजिक क्रम एवं स्तर में परिवर्तन लाने की एक परिघटना का कार्य करती है। सूचना संचार समाज का एक महत्त्वपूर्ण तथ्य है। इन दोनों को व्यावहारिक दृष्टि से एक दूसरे से पृथक नहीं किया जा सकता है। संचार के माध्यम से ही सूचना मानव जीवन के प्रत्येक पक्ष पर प्रभाव डालती है

सूचना तकनीकी ने मानवीय जीवन के सम्पूर्ण क्षेत्रों पर प्रभाव डाला है। इन प्रभावों की चर्चा नीचे की पंक्तियों में किया जा रहा है–

(1) संसाधन संरचना में परिवर्तन के फलस्वरूप शक्ति संरचना में परिवर्तन आवश्यक है अतः राजनैतिक स्तर पर नई शक्ति संरचना के अंतर्गत नई शक्ति उत्पन्न होगी। इस प्रकार सूचना का राजनैतिक क्षेत्र में प्रभाव पड़ेगा।

(2) सूचना का केन्द्रीयकरण कई तरह से समाज को नियंत्रित कर सकता है।

(3) यह भी सम्भव है कि व्यक्तिगत या समूहों के मध्य पारस्परिक प्रभाव में वृद्धि हो, अथवा अन्तरत्यैक्तिक सम्बन्धों में ह्रास हो।

(4) सूचना और ज्ञान के क्षेत्र में निरन्तर अभिवृद्धि निश्चित है और ये समाज को प्रभावित करती रहेगी।

(5) राष्ट्र के सम्पन्न और विभिन्न राष्ट्रों के मध्य सूचना संतुलन के अभाव के परिणामस्वरूप सूचना में सम्पन्न और सूचना में विपन्न के मध्य दूरी बढ़ती जायेगी।

(6) सूचना प्रौद्योगिकी सूचना और ज्ञान के अभिगम प्रदान करने में पूर्णतः सक्षम होगी।

(7) समाज पर समग्ररूप से प्रभाव मानवीयता और पारस्परिक सम्बन्धों में बाधा ही उत्पन्न करेगा।

(8) शैक्षणिक संस्थानों, शोध एवं विकास संस्थानों, वैज्ञानिकों एवं प्राविधिक केन्द्रों और इन्हीं के समकक्ष ज्ञानपरक संस्थाओं के रूप में सूचना और ज्ञान प्रमुख संसाधन उत्पादक बन गया है।

संयुक्त राष्ट्र और अन्तर्राष्ट्रीय स्तरों पर सूचना के प्रभाव को रोकना सम्भव नहीं।

अतः आज के दौर में सूचना किस गति एवं संख्यात्मक दृष्टि से बढ़ रही है उसका नियंत्रण जटिल कार्य हो गया है फिर भी सूचना प्रौद्योगिकी के अनुप्रयोग से इस पर नियंत्रण किया जा रहा है। सार रूप में यह कहा जा सकता है कि सूचना एवं ज्ञान पर आधारित प्रौद्योगिकी ने समग्र रूप से समाज को प्रभावित किया हुआ है। आज सूचना उत्पादन की प्रतिस्पर्धा में प्रत्येक समाज और राष्ट्र प्रक्रिया रूप से लगा हुआ है। सूचना के केन्द्रीयकरण ने कई सम्भावनाओं का द्वार खोला है। जैसे– विकसित देशों में संसाधन बाहुल्यता बढेगी, जबकि विकासशील और अविकसित राष्ट्र पीछे रह जाय्रेंगे। सूचना में धनी राष्ट्रों और सूचना में निर्धन राष्ट्रों के मध्य दूरी बढ़ती जाएगी, जिससे सामाजिक और राष्ट्रीय संकट की सम्भावना बढ़ेगी। यदि सूचना प्रौद्योगिकी द्वारा कई तरह की सुविधाएँ उपलब्ध होंगी, सूचना और ज्ञान के क्षेत्र में विकास के अभिगम उपलब्ध होंगे, लेकिन कुछ इसका दुरूपयोग कर विनाश को भी निमन्त्रण देने से नहीं चूकेंगे। इसलिए हर राष्ट्र को इस ओर भी ध्यान देना जरूरी है।

2

पुस्तकालय क्रांति का समाज पर प्रभाव

ज्ञान एवं समाज का अन्योन्याश्रित संबंध है। समाज मानवीय गुणों का स्थाई आयाम है। इसलिए क्रांति का प्रभाव इस पर पड़ना स्वाभाविक है। वस्तुतः सभी प्रकार की क्रांति का प्रभाव समाज पर प्रत्यक्ष या परोक्ष रूप से अवश्य पड़ता है। इसी दिशा में पुस्तकालयी क्रांति से समाज भी प्रभावित हुआ है। भारत, ब्रिटेन तथा संयुक्त राज्य अमेरिका में पुस्तकालयी क्रांति होने से समाज में जागरूकता बढ़ रही है। इन आंदोलनों की व्याख्या तथा समाज पर इनके प्रभाव को नीचे वर्णित किया जा रहा है।

भारत में पुस्तकालय आन्दोलन

सामान्य लोगों में ज्ञान-विज्ञान का प्रचार-प्रसार करना ही पुस्तकालय आन्दोलन का प्रमुख प्रयोजन है जिसके प्रमुख साधन पुस्तकालय हैं। अतः अधिक से अधिक पुस्तकालयों की स्थापना तथा उनके कामयाब संचालन का प्रबंध करना ही आधुनिक पुस्तकालय आन्दोलन का लक्ष्य है। भारतीय ज्ञान-विज्ञान का क्षेत्र प्राचीन समय से ही काफी सम्पन्न रहा है। विश्व में ज्ञान का दीपक भारत ने सबसे पहले प्रज्वलित किया था। गुणियों और ज्ञानियों की इस देश में पूजा होती थी और समाज में उनका

स्थान सबसे ऊँचा माना जाता था, परन्तु आज सभ्य मनुष्यों के जीवन में अन्न-वस्त्र और गृह के बाद ही शिक्षा का स्थान है। सिर्फ शिक्षा पर ही जातीय चरित्र का विकास तथा राष्ट्र का सामाजिक कल्याण निर्भर करता है इसलिए निरक्षरता, अज्ञानता, अन्धविश्वास तथा कुसंस्कार की समाप्ति के बाद ही हमारा राष्ट्र विकास कर सकता है।

अतः ज्ञान-विज्ञान के केन्द्र 'पुस्तकालय' की उन्नति तथा प्रसार करना ही पुस्तकालय आन्दोलन का लक्ष्य है। भारत में आजादी मिलने के बाद से पुस्तकालय आन्दोलन धीरे-धीरे लोकप्रिय होता जा रहा है। सिर्फ शहरों में ही नहीं, गाँवों में भी हजारों की संख्या में पुस्तकालय खुलने लगे हैं। यह स्थिति प्राचीन काल में नहीं थी, क्योंकि मुद्रणकला की कमी के कारण इतनी पुस्तकें पहले नहीं थीं। दूसरी बात यह थी कि उस समय पुस्तकें सर्वसाधारण की न होकर निजी थीं, जिनके पास पुस्तकें थीं वे ही विद्वान समझे जाते थे। पुस्तकों को वे निधि समझते थे। पुस्तकों के आदान-प्रदान में बहुत संकोच था, परन्तु आज के समय में इस संबंध में बड़ी उदारता है।

यद्यपि पुस्तकालय बड़ी मात्रा में खुलते जा रहे हैं, परन्तु उनसे अधिक लाभ नहीं हो रहा है, क्योंकि उनमें से ज्यादातर का संचालन जनता की पृष्ठपोषकता में होने के कारण उनकी उपयोगिता तथा संचालन वैज्ञानिक पद्धति से नहीं होता। भारत जैसे विकासशील देश में विद्यालय और कॉलेजों की हालत सही नहीं है। यद्यपि वहाँ उत्तम प्रकार की पुस्तकें संग्रहीत रहती हैं, पर छात्र अपनी पाठ्य-पुस्तकों के अलावा उन पुस्तकों को भी पढ़ें। मात्र पुस्तकें अलमारियों की शोभा बनी रहती हैं, छात्र उन पुस्तकों का उपयोग कर किस प्रकार शिक्षा और आनन्द प्राप्त कर सकते हैं, वह उन्हें नहीं बतलाया जाता। यही वजह है कि बहुत कम छात्र पुस्तकालयों का उपयोग करते हैं।

पुस्तकालय आन्दोलन का प्रमुख प्रयोजन अधिक से अधिक लोगों को किताबें उपलब्ध कराना है। इसके लिए समय-समय पर पुस्तकालय में विभिन्न प्रकार की प्रदर्शनी का आयोजन कर पाठकों का ध्यान पुस्तकालय की विशिष्टिता की तरफ आकर्षित करना होगा जिससे उनमें पुस्तकालय में आकर पढ़ने की भावना पैदा हो। साथ ही पुस्तकों के चयन में काफी सावधानी रखनी होगी, पुस्तकालय के लक्ष्य की सफलता तथा सार्थकता काफी हद तक इसी पर आधारित होती है। पुस्तकें ऐसी हों, जो ज्ञानवर्धक होने के साथ-साथ मनोरंजन करने वाली भी हों। ये दोनों काम बहुत कुछ पुस्तकालयाध्यक्ष की योग्यता पर ही आश्रित होते हैं, परन्तु हमारे

यहाँ पुस्तकालयाध्यक्ष के निर्वाचन पर ध्यान नहीं दिया जाता। ग्रामीण पुस्तकालयों की बात तो छोड़िये, शहरों, स्कूलों, कालेजों के पुस्तकालयों में भी इस पर सही ध्यान नहीं दिया जाता।

वर्तमान समय में भी ऐसा माना जाता है कि भारत में प्रशिक्षित पुस्तकालय अध्यक्ष बहुत कम हैं। इस कमी को दूर करना भी पुस्तकालय आन्दोलन का कार्य है। ग्रामीण क्षेत्रों के पुस्तकालय अध्यक्ष पर जिम्मेदारी अधिक होती है। गाँवों में शिक्षित लोगों की संख्या काफी कम है, उनमें पढ़ने की रुचि नहीं के बराबर रहती है। ऐसे लोगों में पुस्तकें पढ़ने की भावना उत्पन्न करना और उन्हें पुस्तकालय के प्रति आकर्षित करना अवश्य ही विशेष जिम्मेदारी का काम है। दायित्वशील और अनुभवी पुस्तकालय अध्यक्ष ही इस कार्य को कर सकते हैं। पुस्तकालय को विश्वविद्यालय का पूरक माना जाता है। विश्वविद्यालय के बँधे-बँधाये पाठ्यक्रम में जो चीज नहीं सीखी जा सकती, उसे सीखने का सुयोग पुस्तकालय में सरलता से अर्जित किया जा सकता है। सोवियत रूस में निरक्षरता-निवारण के लिए शुरू में पुस्तकालय की ही सहायता ली गई थी। भारत में भी मानव-शिक्षा के विस्तार में पुस्तकालयों से मदद लेना लाभदायक सिद्ध होगा किन्तु, पुस्तकालय की इस उपयोगिता की तरफ अभी तक ध्यान नहीं दिया गया है, न तो सरकार की तरफ से और न जनता की ओर से।

अतः जब तक ग्रामवासियों की निरक्षरता दूर नहीं होती तब तक पुस्तकालय-आन्दोलन सही रूप से सार्थक तथा सफल नहीं हो सकता। अतः निरक्षरता-निवारण के लिए पुस्तकालय को एक आवश्यक साधन बनाना होगा, क्योंकि पुस्तकालय प्रौढ़ों में माध्यमिक और प्राथमिक स्तर की शिक्षा का विस्तार जितनी सरलता से कर सकता है, उतनी सरलता से अन्य कोई भी संस्था नहीं कर सकती। पुस्तकालय आन्दोलन का दायित्व है कि इच्छुक पाठकों को पढ़ने के लिए पर्याप्त पुस्तकें उपलब्ध करे।

उपरोक्त प्रयोजनों को पूरा करने हेतु सर्वप्रथम पुस्तकालय आन्दोलन को महत्त्व देना जिससे देश में साहित्य तथा ज्ञान-विज्ञान का समुचित प्रसार हो सके, देश का सांस्कृतिक स्तर ऊँचा उठ सके और देश के ज्ञान-भंडार में वृद्धि हो सके।

प्राचीन भारत एवं पुस्तकालय आन्दोलन का स्वरूप

इस समय संसार के भिन्न-भिन्न राष्ट्रों में पुस्तकालयों का जाल बिछा हुआ हैं, लेकिन भारत अभी पुस्तकालय और पुस्तकालय आन्दोलन में बहुत पिछड़ा हुआ है। इसका प्रमुख कारण है—सरकारी स्तर पर पुस्तकालय के प्रति उदासीनता। भारत

हेतु पुस्तकालय कोई नई चीज नहीं है। प्राचीन काल में ऋषिमुनि ही चलते-फिरते पुस्तकालय थे। लिखावट के आविष्कार से नवीन भारत में कविता प्रधान साहित्य का पूर्ण विकास हुआ और मौखिक रूप से यह पिता से पुत्र और गुरु से शिष्य के पास आता रहा। जब लिखावट का जन्म हुआ, तब बड़ी सावधानी से ताड़ के पत्तों, ताम्रपत्रों या केले की छालों पर उन साहित्यों की पांडुलिपियाँ तैयार की गईं जिसे हम प्राथमिक पुस्तकालय का नाम दे सकते हैं।

संस्कृत वाङ्मय का अध्ययन करने से यह ज्ञात होता है कि वैदिक काल में भी पुस्तकालय का अस्तित्व था। ज्ञानी लोग सभा-समितियों में हस्तलिखित पुस्तकें पढ़कर सुनाते थे। बौद्ध काल के दौरान इसका विकसित रूप देखने को मिलता है। कनिष्क ने बौद्ध ग्रन्थों का एक प्रामाणिक संग्रह किया और उन्हें ताम्रपत्रों पर लिखवा कर एक अलग स्तूप में उन्हें सुरक्षित रखवाया। चीनी यात्री फाहियान ने, जो चन्द्रगुप्त द्वितीय के समय 396 ई. से 414 ई. तक भारत में रहा, अपनी पुस्तक में लिखा है कि उन्हें पटना के एक मठ से महायान साहित्य की पुस्तकें मिलीं। महाराज हर्षवर्द्धन के समय 626 ई. से 644 ई. तक दूसरे चीनी यात्री ह्वेनसांग यहाँ रहे, भारतीय साहित्य का अध्ययन करने के लिए कुछ समय तक उसने नालंदा विश्वविद्यालय में निवास किया। नालन्दा विश्वविद्यालय के पुस्तकालय को सबसे अच्छा माना जाता था। 'इत्सिंग' ने इस पुस्तकालय का नाम 'धर्मगंजा' लिखा है। इस पुस्तकालय में इतनी पुस्तकें विद्यमान थी कि वे एक स्थान पर ठीक तौर से और सरलता से नहीं रखी जा सकती थीं, इसलिए पुस्तकालय तीन विभागों में बाँट दिया गया था—(1) रत्नोदधि, (2) रत्नसागर तथा (3) रत्नरंजक। प्रत्येक पुस्तकालय में विद्यार्थी एक साथ बैठकर पढ़ते या नकल करते थे। कुछ विदेशी भी यहाँ आकर पुस्तकों की नकल किया करते थे। पुस्तकालय की पुस्तकों का वर्गीकरण विषय के आधार पर था। दीवारों में निर्मित ईंट या पत्थर की अलमारियों में पुस्तकें बेशकीमती कपड़ों में लपेट कर रखी जाती थीं यदि कोई पुस्तक पुरानी हो जाती तो तुरंत उसकी नकल करा ली जाती थी। उस वक्त वहाँ के छात्रों के कार्यों में मुख्य काम पुस्तकों की नकल करना था।

पुस्तकालय का भवन नौमंजिला था और प्रत्येक भवन में तीन सौ कमरे थे। गुम्बज और खम्भे सर्प की आकृति में सजे थे। शहतीरें सूर्यप्रकाश के सप्तवर्णीय रंगों से रँगी हुई थीं। छत के खपड़े शीशे की तरह चमकते थे, जिनमें चमक होती थी और पल-पल में हजारों रंग खिलते थे। नालन्दा में हाथ द्वारा लिखी गई किताबों का काफी भण्डार था, यहाँ चीन, जापान, तिब्बत आदि देशों के विद्वान शिक्षा अर्जित करने आते

और अपनी ज्ञान-पिपासा शांत कर तथा पुस्तकों की नकल करके अपने-अपने देशों को लौटकर भारत की शिक्षा और सभ्यता का प्रचार करते थे। इतना ही नहीं यहाँ के भी बहुत-से विद्वान आमंत्रित होकर विदेशों में शिक्षा और ज्ञान का प्रचार करने जाते थे। 'अतिश दीपंकर' विक्रमशिला के सबसे बड़े विद्वान हिस्सालपुर जिला निवासी आमन्त्रित होकर तिब्बत गये थे। विक्रमशिला विश्वविद्यालय बिहार में भागलपुर जिले के कहल गाँव रेलवे स्टेशन के करीब गंगा नदी के किनारे एक पहाड़ी पर स्थित था। इस विश्वविद्यालय में भी एक बहुत बड़ा और बेशकीमती पुस्तकालय था जिसकी सराहना आक्रमणकारी यवनों ने भी की है। 'इत्सिंग' भी इस पुस्तकालय में आया था और उसने अपने भ्रमण-वृतान्त में इसकी मुक्तकंठ से सराहना की है। वह यहाँ से तकरीबन दो सौ हस्तलिखित पुस्तकें ले गया था।

खिजलीवंशीय शासक बख्तियार खिलजी नामक आक्रमणकारी ने इन सभी को नष्ट कर जला डाला। यहाँ के अधिकांश विद्वान नेपाल चले गये और साथ में काफी किताबें भी ले गये। नेपाल में अभी भी ताम्रपत्र पर लिखी पुस्तकों का विशाल संग्रह है। नालन्दा का पतन हो जाने के बाद औदन्तपुरी में एक बड़े पुस्तकालय की स्थापना हुई थी। इसमें भी हस्तलिखित पुस्तकों का विशाल संग्रह था। तक्षशिला विश्वविद्यालय का पुस्तकालय 6वीं सदी से ही प्रसिद्ध है। जहाँ बैठकर कूटनीतिज्ञ चाणक्य और वैयाकरणी पाणिनी ने विद्या प्राप्त की थी। इस पुस्तकालय में वेद-वेदांग, ज्योतिष, आयुर्वेद, गणित एवं कृषि, आदि विषयों की पुस्तकें थीं। ये समस्त मुस्लिम आक्रान्ताओं द्वारा जलाकर पुस्तकें नष्ट कर दी गईं।

जैन धर्म के अनुयायियों द्वारा भी अपनी विद्या तथा संस्कृति के प्रसार के लिए बड़े-बड़े पुस्तकालय स्थापित किये गये थे। काठियावाड़ और गुजरात में उनके कितने ही पुस्तकालय असंख्य ग्रन्थों के लिए प्रसिद्ध थे। जैसलमेर, पाटन, बड़ौदा, सूरत, अहमदाबाद, ग्वालियर के पुस्तकालयों में हजारों की संख्या में पुस्तकें थीं। पाटन में आज भी तेरह हजार हस्तलिखित पुस्तकें संग्रहीत हैं।

11वीं सदी के दौरान राजा भोज के शासन काल में तो विद्या का व्यापक प्रचार था। श्रमिक और जुलाहे भी व्याकरणशास्त्र पर अपनी-अपनी सम्मति देते थे। बड़े-बड़े मन्दिरों में धर्माचार्यों के संरक्षण में बड़े-बड़े पुस्तकालय खोले गये थे। चालुक्य वंश के राजा विशालदेव (सोलहवीं शताब्दी) ने 'भारती भंडार' के नाम से एक बहुत बड़ा पुस्तकालय स्थापित किया था। अभी भी अनेक राज्यों में अच्छे-अच्छे संग्रहालय सुरक्षित चले आ रहे हैं। इनमें से विशेषकर कश्मीर, बड़ौदा, ट्रावनकोर, गुजरात, अलवर, मैसूर, बीकानेर एवं जयपुर, वगैरह के पुस्तकालय उल्लेखनीय हैं।

मुस्लिम और पठान शासकों के शासन काल के दौरान पुस्तकालय के विकास में तेजी रही। उन लोगों ने फारसी और अरबी के अच्छे-अच्छे पुस्तकालय स्थापित किये। जलालुद्दीन खिलजी ने अमीर खुसरो को शाही पुस्तकालय का पुस्तकालयाध्यक्ष चुना था। फीरोज तुगलक खुद विद्वान था और विद्वानों का सम्मान करता था। इसने भी दिल्ली में एक पुस्तकालय की स्थापना की थी। मुहम्मद शाह तृतीय ने बहमनी वंश के एक महाविद्यालय का निर्माण करवाया जिसके पुस्तकालय में तीन हजार पुस्तकें थीं।

मुगल वंश के बादशाह अकबर के शासन काल में विद्या और विद्वान दोनों को अत्यधिक महत्त्व दिया जाता था। इनके शाही पुस्तकालय में फारसी, अरबी और संस्कृत की हजारों पुस्तकें थीं। अकबर ने 1582 ई. में महाभारत और 1589 ई. में रामायण का फारसी में अनुवाद कराया। शाहजहाँ के पुत्र भी संस्कृत के बहुत बड़े विद्वान थे इन्होंने योगवशिष्ठ, उपनिषद वैराग्यशतक आदि का फारसी में अनुवाद किया था। परन्तु औरंगजेब के शासन काल में बहुत-सी पुस्तकें और पुस्तकालयों को नष्ट किया गया। तभी से पुस्तकालय-आन्दोलन का भारत में पराभव काल शुरू हुआ और दिनों-दिन ह्रास ही होता गया।

वर्तमान भारत एवं पुस्तकालय आन्दोलन

भारत में वर्तमान पुस्तकालय-आन्दोलन का शुभारम्भ तत्कालीन राजा सर सयाजीराव गायकवाड़ ने सन् 1907 में बड़ौदा में किया। बड़ौदा के महाराजा ने पुस्तकालय-आन्दोलन की रूपरेखा निर्धारित करने के लिए अमेरिका के सुप्रसिद्ध पुस्तकालयशास्त्री मिस्टर बोरडन को अपने यहाँ बुलाकर, उन्हें अपने राज्य के पुस्तकालय विभाग का अध्यक्ष बनाया। उन्होंने एक निश्चित योजना के तहत पुस्तकालयों की स्थापना की। प्रत्येक शहर तथा महत्त्वपूर्ण गाँवों में पुस्तकालयों की स्थापना की गई। भ्रमणशील पुस्तकालयों के माध्यम से घर-घर पुस्तकें पहुँचाई जाने लगीं। आज बड़ौदा राज्य में सार्वजनिक पुस्तकालयों की संख्या हजारों से ज्यादा है। पुस्तकालय की स्थापना के साथ-साथ पुस्तकालय-संचालन की शिक्षा देने तथा पुस्तकालय-साहित्य के प्रकाशन का भी प्रबंध किया गया।

पंजाब पुस्तकाल संघ की स्थापना

बड़ौदा से प्रारम्भ हुआ यह आन्दोलन मैसूर, इन्दौर, आदि देशी राज्यों तक फैल गया। भारतीय राज्यों में पंजाब ने सबसे पहले इस आन्दोलन को अपनाया। सन् 1916 ई. में पंजाब-विश्वविद्यालय ने अमेरिका के एक दूसरे पुस्तकालयशास्त्री

मिस्टर डिक्सन को अपने यहाँ बुलाया। श्री डिक्सन ने विश्वविद्यालय-पुस्तकालय को संगठित करने के साथ-साथ सभी राज्यों में पुस्तकालय-आन्दोलन का सृजन किया। सन् 1929 ई. में वहाँ पुस्तकालय के सृजन के लिए संघ की स्थापना हुई और एक त्रैमासिक पत्रिका 'मॉडर्न लाइब्रेरियन' का प्रकाशन आरंभ हुआ। उसी वर्ष दिसम्बर में लाहौर में पंजाब-सरकार के सहयोग से एक अखिल भारतीय पुस्तकालय-सम्मेलन का आयोजन किया गया।

पंजाब में पुस्तकालय-निर्माण का कार्य अच्छी प्रकार किया गया। बंटवारे के बाद पुनः पूर्वी पंजाब (भारत) में सन् 1948 में एक नये पुस्तकालय संघ की स्थापना हुई, जो आन्दोलन को आगे बढ़ा रहा है। वहाँ पुस्तकालय-विकास की योजना के कार्यान्वयन के लिए एक "केन्द्रीय पुस्तकालय समिति" का गठन किया गया है। चंडीगढ़ में "राज्य केन्द्रीय पुस्तकालय" तथा अम्बाला, जालंधर तथा धर्मशाला में "जिला केन्द्रीय पुस्तकालय" का संचालन कार्य चल रहा है।

चेन्नई (मद्रास) पुस्तकालय संघ की स्थापना

चेन्नई में यह आन्दोलन सन् 1928 में प्रारम्भ हुआ था। चेन्नई में इस आन्दोलन ने बहुत ही व्यवस्थित तथा प्रभावी रहा, जिसका श्रेय डॉ. एस.आर. रंगनाथन को है। उनके प्रयास से मद्रास में सन् 1933 ई. में "सार्वजनिक पुस्तकालय-अधिनियम" धारा सभा के समक्ष प्रकट किया गया जो सन् 1949 ई. में स्वीकृत हुआ। इसके अनुसार राज्य केन्द्रीय पुस्तकालयों, जिला केन्द्रीय पुस्तकालयों, शाखा पुस्तकालयों तथा वितरण केन्द्रों का सृजन किया गया। अभी एक प्रांत केन्द्रीय पुस्तकालय, 568 शाखा पुस्तकालय तथा 680 वितरण केन्द्र, 13 जिला पुस्तकालय कार्य कर रहे हैं। कोयंबटूर तथा चेन्नई में तीन चल पुस्तकालय काम करते हैं। इनमें से 6 जिला तथा 10 शाखा पुस्तकालयों का निजी भवन है। कानून द्वारा लगाये गये पुस्तकालय-कर से नौ लाख रुपये की सालाना आमदनी होती है; पर इस मद में करीब उन्नीस लाख सालाना खर्च होता है।

आंध्र प्रदेश में पुस्तकालय संघ की स्थापना

1931 ई. में आन्ध्र प्रदेश में पुस्तकालय-संघ की स्थापना हुई जिसकी तरफ से तेलुगू भाषा में 17 पुस्तकें प्रकाशित हुई हैं। संघ के प्रमुख पत्र के रूप में "आन्ध्र पुस्तकालय" नामक पत्रिका का प्रकाशन होता है। 1955 ई. में आन्ध्र राज्य का अलग सृजन होने के बाद वहाँ भी सार्वजनिक पुस्तकालय अधिनियम लागू हुआ। 1954 ई. में हैदराबाद में भी डॉ. रंगनाथन के माध्यम से प्रस्तुत प्रारूप के आधार

पर कानून स्वीकृत तथा लागू हुआ; पर 1956 ई. में राज्यों के पुनर्निर्माण होने की वजह से हैदराबाद का काफी भाग आन्ध्र में मिला दिया गया। फलस्वरूप 1960 ई. में दोनों पुराने कानूनों को एक कर नवीन कानून लागू किया गया।

बंगाल पुस्तकालय संघ की स्थापना

इस पुस्तकालय संघ को सन् 1931 में स्थापित किया गया। वर्तमान समय में यह संस्था काफी सक्रिय रूप में कार्य कर रही है। इसकी तरफ से काफी पुस्तकें प्रकाशित हो चुकी हैं और 'ग्रंथागार' नामक मासिक पत्रिका का नियमित प्रकाशन हो रहा है। 1981 में बंगाल में ''बंगाल पब्लिक लाइब्रेरी एक्ट'' स्वीकृत हो चुका है।

मुंबई में पुस्तकालय संघ की स्थापना

आजादी मिलने के पश्चात् बड़ौदा राज्य का विलय मुंबई में हो जाने पर बड़ौदा के पुस्तकालयों की देख भाल के लिए एक पुस्तकालय अधिकारी का चयन हुआ और परिणामस्वरूप समस्त राज्य में पुस्तकालयों का विकास हुआ। मुम्बई, मारवाड़, पूना और अहमदाबाद में एक-एक ''राज्य केन्द्रीय पुस्तकालय'' की स्थापना हुई। सन् 1950 ई. में मुम्बई में पुस्तकालय संघ की स्थापना हुई परन्तु गुजरात और मुम्बई के अलग हो जाने के पश्चात् वहाँ के पुस्तकालय-विकास के नक्शे में भी परिवर्तन आ गया।

वर्तमान में वहाँ मुम्बई पुस्तकालय संघ के अतिरिक्त महाराष्ट्र लाइब्रेरी एसोसिएशन, मराठवाड़ा लाइब्रेरी एसोसिएशन तथा विदर्भ पुस्तकालय संघ अपने-अपने क्षेत्रों में ''महाराष्ट्र राज्य पुस्तकालय संघ'' के अन्तर्गत काम कर रहे हैं। महाराष्ट्र सरकार की ओर से 1967 ई. में महाराष्ट्र राज्य पुस्तकालय विधेयक को मान्यता मिली जिसके अनुसार मुम्बई तथा नागपुर में मौजूद केन्द्रीय पुस्तकालय, पुनः स्थित क्षेत्रीय पुस्तकालय तथा दूसरे जिला केन्द्रों में जिला पुस्तकालयों, कई नगर पुस्तकालयों, ताल्लुक पुस्तकालयों तथा दूसरे पुस्तकालयों को आर्थिक सहायता दी जा रही है।

केरल पुस्तकालय संघ की स्थापना

सन् 1942 में ट्रावनकोर-कोच्ची में पुस्तकालय संघ को स्थापना हुई थी, पुनः राज्य-पुनर्गठन के पश्चात् वहाँ 'केरल ग्रन्थशाला संगम' का निर्माण हुआ, जो उस राज्य के पुस्तकालयों के निर्माण तथा प्रशासन में महत्त्वपूर्ण भूमिका निभाता है।

उत्तर प्रदेश पुस्तकालय संघ की स्थापना

इस प्रदेश में पुस्तकालय संघ की स्थापना सन् 1956 में की गई। इस समय इसकी शाखा-प्रशाखा के रूप में ज्यादातर जिलों में जिला पुस्तकालय संघ को स्थापना हो चुकी है। उड़ीसा में 1944 ई. में, 1957 ई. में मध्य प्रदेश, 1953 में गुजरात में और मैसूर तथा राजस्थान में 1962 में पुस्तकालय संघ की स्थापना हुई।

दिल्ली पुस्तकालय संघ की स्थापना

दिल्ली पुस्तकालय संघ की स्थापना सन् 1953 में की गई है। इस समय इसके माध्यम से त्रैमासिक पत्रिका 'लाइब्रेरी हेराल्ड' का प्रकाशन हो रहा है। यूनेस्को और भारत सरकार की मदद से सन् 1951 में दिल्ली में दिल्ली पब्लिक लाइब्रेरी का निर्माण किया गया, जो पुस्तकालय-जगत में एक अभिनव प्रयोग है। इसका वार्षिक बजट सात लाख का है। वर्तमान समय में इसकी तरफ से दिल्ली शहर में दो शाखाओं तथा चार उपशाखाओं में पुस्तकालय का संचालन कार्य चल रहा है। इसकी सदस्यता निःशुल्क है। पुस्तकालय की तरफ से, पुस्तकालय में दूर बसी जनता तक पुस्तकालय-सेवा भ्रमणशील-विभाग की मोटरवाहन सेवा में माध्यम से पहुँचाई जाती है। भारत में यह सबसे पहला पुस्तकालय है जहाँ समाज-शिक्षा-विभाग, श्रव्य-दृश्य-विभाग, शिशु-विभाग, भ्रमणशील-विभाग, आदि की सेवाएँ निर्बाध तथा निर्बाध पद्धति द्वारा लोगों को मिलती हैं।

बिहार पुस्तकालय संघ की स्थापना

बिहार में आधुनिक पुस्तकालय-आन्दोलन की स्थापना सन् 1936 ई. में बिहार-निर्माता डॉ. सच्चिदानन्द सिन्हा के द्वारा हुई। डॉ. सिन्हा के निर्देशन में श्री अयोध्या प्रसाद (पुस्तकालयाध्यक्ष, पटना सचिवालय) तथा श्री राय मथुरा प्रसाद के प्रयास से 15 अक्तूबर, 1936 ई. को बिहार प्रान्तीय पुस्तकालय सम्मेलन का निर्माण हुआ, जिसका पहला अधिवेशन फरवरी, 1937 ई. में श्री मन्नु लाल लाइब्रेरी तथा दूसरा अधिवेशन गया में हुआ। तीसरा अधिवेशन वैशाली में 1945 ई. में तथा चौथा अधिवेशन दरभंगा में 1948 ई. में हुआ। संस्था एक प्रकार से 1951 ई. तक विफल ही रही। 1951 में हिन्दी साहित्य के सुप्रसिद्ध विद्वान श्री जगन्नाथ प्रसाद मिश्र, एम. एल. सी. की अध्यक्षता में राज्य संघ का पाँचवाँ अधिवेशन हिस्सालपुर में हुआ जिसके बाद से ही पटना विश्वविद्यालय के पुस्तकालयाध्यक्ष राय साहब, श्री इन्द्रदेव नारायण सिंह, श्री विद्यानारायण शास्त्री (हिस्सालपुर), श्री अनुज शास्त्री

(हिस्सालपुर), प्रो. श्री नागेश्वर प्रसाद सिंह, 'नागेश' (गया) तथा श्री तपेश्वर सिंह (आरा), आदि के महत्त्वपूर्ण योगदान से यह आन्दोलन बिहार के गाँव-गाँव तक पहुँचा। समस्त जिलों में इसकी शाखा-प्रशाखा के रूप में जिला पुस्तकालय संघ, सब-डिविजनल पुस्तकालय संघ तथा थाना पुस्तकालय संघ का निर्माण हुआ। इस आन्दोलन ने सरकार का ध्यान भी अपनी ओर आकर्षित किया और सरकार ने शिक्षा-विभाग के प्रत्येक पुस्तकालय अधीक्षक का चुनाव किया।

प्रथम तथा द्वितीय पंचवर्षीय योजना के समय में प्रत्येक जिले में जिला केन्द्रीय पुस्तकालय तथा मुख्य सब-डिविजनों में "सब-डिविजनल पुस्तकालय" स्थापित किये गए। पुस्तकालय में प्रशिक्षित अध्यक्षों की कमी को दूर करने से पुस्तकालय अधीक्षक की ओर से स्नातकों के लिए तीन महीने का एक शिविर पटना में तथा प्रवेशिका उत्तीर्ण के लिए एक महीने का चारों प्रमंडलों में एक-एक प्रशिक्षण शिविर चलाया जाता है जिसमें शिक्षक पुस्तकालयाध्यक्ष को भी सम्मिलित किया जाता है। मिथिला, हिस्सालपुर तथा पटना विश्वविद्यालय में बी.लिब., एस. सी. की पढ़ाई भी आरंभ हो गई है। प्रोफेसर जगन्नाथ प्रसाद मिश्र और एम. एल. सी. की अध्यक्षता में सन् 1953 में विहार के ग्राम रहीमपुर में संघ का छठा अधिवेशन हुआ जिसमें राज्य के कोने-कोने से 600 प्रतिनिधियों ने भाग लिया। मई, 1955 में पूर्णिया में संघ का सप्तम अधिवेशन हुआ, जिसमें अखिल भारतीय पुस्तकालय संघ के अध्यक्ष श्री बी.एस. केशवन ने भी भाग लिया। आठवाँ अधिवेशन 1956 ई. में गया में नवाँ अधिवेशन 1957 में बेतिया में तथा दसवाँ अधिवेशन 1959 ई. में बिहटा (पटना) में हुआ। इसी बीच संघ के प्रधान श्री इन्द्रदेव नारायण सिन्हा की अकस्मात् मृत्यु हो गई जिस कारण इस संस्था की अवनति शुरू हो गई और यह संस्था शनैः-शनैः राजनीतिज्ञों के चंगुल में फंस गई। अच्छे-अच्छे कार्यकर्ता संस्था से अलग हो गये। अब सिर्फ सरकारी अनुदान पर इसका साइनबोर्ड ढोया जा रहा था। 1980 ई. में स्व. श्री नीतीश्वर प्रसाद सिंह (भू. शिक्षा-राज्य मंत्री, बिहार), डॉ. राम शोभित प्रसाद सिंह (पुस्तकालयाध्यक्ष, सिन्हा लाइब्रेरी, पटना), डॉ. बेचन (प्राचार्य), मारवाड़ी-महाविद्यालय, (हिस्सालपुर), श्री अनुज शास्त्री (हिस्सालपुर), डॉ. रामसागर मिश्र (मुजफ्फरपुर), श्री रामजी प्रसाद (नालन्दा) आदि के कठिन प्रयास से बिहार-राज्य-पुस्तकालय संघ दोबारा आरंभ हो गया है।

इस संघ का 13वाँ अधिवेशन 5-6 अप्रैल, 1980 में पटना स्थित सिन्हा लाइब्रेरी में हुआ। इस अधिवेशन का उद्घाटन वाराणसी हिन्दू विश्वविद्यालय के पुस्तकालय-विज्ञान विभागाध्यक्ष श्री पी.एन. कौल के कर कमलों द्वारा हुआ। नालंदा

जिले के सिलाव में श्री रामजी प्रसाद (महामंत्री, नवादा जिला संघ) तथा श्री कामेश्वर सिंह जी के प्रयत्न से डॉ. बेचन की अध्यक्षता में संघ का चौदहवाँ अधिवेशन पूर्ण हुआ, बिहार विधान सभाध्यक्ष, श्री राधानन्दन झा जी ने इसका उद्‌घाटन किया। इस मौके पर उपाध्यक्ष श्री अनुज शास्त्री की अध्यक्षता में 'बिहार में पुस्तकालय विधेयक' पर एक सेमिनार का आयोजन किया गया, काशी हिन्दू विश्वविद्यालय के तत्कालीन पुस्तकालय-विज्ञान के विभागाध्यक्ष श्री पृथ्वीनाथ कौल जी ने जिसका उद्‌घाटन किया और मुख्य अतिथि के रूप में राजा राममोहन राय पुस्तकालय प्रतिष्ठान, कोलकाता के सचिव डॉ. वरुआ ने अपने सुझाव तथा विचार प्रकट किये। इस संघ का 15वाँ अधिवेशन भगवान पुस्तकालय (जिला केन्द्रीय पुस्तकालय), हिस्सालपुर में आयोजित हुआ।

वर्तमान समय में संघ की शाखा-प्रशाखा के रूप में अधिकतर जिलों में जिला पुस्तकालय संघ तथा अनुमंडल स्तर पर संघ की स्थापना हो चुकी है। कुछ जिला संघ तो अत्यधिक सक्रिय हैं। राज्य पुस्तकालय संघ से अभी तक तकरीबन दो हजार ग्रामीण पुस्तकालय सदस्य के रूप में जुड़ चुके हैं।

ब्रिटेन का पुस्तकालय आन्दोलन

पुस्तकालय आन्दोलन को प्रोत्साहित करने में कागज और मुद्रण का आविष्कार, लोकतंत्र का प्रादुर्भाव, साक्षरता का अभियान और औद्योगीकरण प्रमुख रहा। इसी का परिणाम था कि सन् 1850 में इंग्लैंड में संसार का प्रथम सार्वजनिक पुस्तकालय स्थापित किया गया। इंग्लैंड में सार्वजनिक पुस्तकालय कानून लागू कराने तथा पुस्तकालय आन्दोलन को तीव्र करने में ब्रिटिश म्यूजियम के तत्कालीन सहायक पुस्तकालयाध्यक्ष एडवर्ड्स, ब्रिटिश पार्लियामेंट के सदस्य विलियम एवर्ट तथा जोसेफ ब्राथर्टन के साथ-साथ थॉमस ग्रीनवुड के प्रयत्न विशेष रूप से उल्लेखनीय रहे हैं।

इंग्लैण्ड के पुस्तकालय आन्दोलन को दो चरणों में वर्गीकृत किया जा सकता है—

1. सन् 1850 के पूर्व पुस्तकालय आन्दोलन—ब्रिटेन में सन् 1850 से पहले विद्यमान पुस्तकालयों का विवरण निम्न प्रकार है—

(i) व्यक्तिगत पुस्तकालय—इस प्रकार के पुस्तकालय पर एक व्यक्ति का अधिकार होता है। ये जनसाधारण के लिए न होकर अपने मालिकों तक ही सीमित होते थे। इनमें मौजूद जानकारी तथा ज्ञान का स्वतन्त्र प्रवाह नहीं था।

(ii) अभिदान पुस्तकालय—इस प्रकार के पुस्तकालयों की स्थापना सामाजिक कार्यकर्ताओं द्वारा किये जाते थे। मित्र तथा संबंधी आपसी मदद से पुस्तकों को एकत्रित कर लेते थे तथा उन्हें एक जगह पर पढ़ने के लिए उपलब्ध कराते थे। इन पुस्तकालयों का संचालन दान तथा चन्दे आदि के सहयोग से किया जाता था।

(iii) संस्थागत पुस्तकालय—इस प्रकार के पुस्तकालय धार्मिक, शैक्षणिक, सामाजिक, राजनीतिक तथा व्यावसायिक संस्थान के द्वारा स्थापित करते थे। इन पुस्तकालयों का प्रयोग सम्बन्धित संस्था के सदस्य ही कर सकते थे। गिरिजाघरों तथा मठों के पुस्तकालय भी इसी में सम्मिलित थे।

उपरोक्त पुस्तकालयों को वास्तविक रूप से सार्वजनिक पुस्तकालय नहीं माना जा सकता है। वे सिर्फ कुछ ही लोगों तक सीमित थे। अठारहवीं शताब्दी के बीच पुस्तकालय— शुल्क पुस्तकालय, पुस्तक क्लब तथा रीडिंग सोसाइटी के नाम से सामने आये।

पुस्तकालयों को व्यावसायिक आधार पर भी स्थापित किया गया था। बड़े-बड़े पुस्तक विक्रेता इन पुस्तकालयों को लाभ के लिए चलाया करते थे और इन्हें 'संचरित पुस्तकालय' कहा जाता था। सन् 1725 में सबसे पहले एडिन वर्ग में Allon Ramsay नामक पुस्तक विक्रेता ने इस प्रकार के पुस्तकालय की नींव रखी। 18वीं शताब्दी के अन्त तक ऐसे पुस्तकालय हजारों की संख्या में पहुँच गए।

2. सन् 1850 के पश्चात् पुरतकालय आन्दोलन—(क) The Public Libraries Act 14 अगस्त, सन् 1850 को लागू किया गया। यह कानून वेल्स तथा इंग्लैंड पर ही लागू होता था। इस कानून के प्रमुख गुण निम्नवत हैं—

The Public Libraries Act के गुण

(*i*) इन पुस्तकालयों को संचालित करने हेतु धन की व्यवस्था पालिका द्वारा वसूल किये जा रहे सम्पत्ति कर पर पुस्तकालय अधिभार लगा कर की जाती थी। इस राशि से किताबों को खरीदा नहीं जा सकता था अपितु यह प्रकाश, भवन, फर्नीचर, वेतन तथा पंखों आदि पर ही खर्च की जा सकती थी।

(*ii*) पुस्तकालय का प्रयोग करने पर कोई शुल्क नहीं लगाया गया।

(*iii*) यह कानून न होकर अनुज्ञात्मक था। 10,000 या उससे ऊपर जनसंख्या वाले नगरपालिका क्षेत्रों को इस कानून के अंतर्गत रखा गया। कानून को अपने क्षेत्र में लागू करने के लिए पालिका अधिकारियों को इसका प्रस्ताव पालिका

सदस्यों से पारित कराना होता था, मौजूद सदस्यों के 2/3 सदस्यों की सहमति से स्वीकार किये जाने का अधिनियम में प्रावधान था।

यह अधिनियम लोगों में लोकप्रिय नहीं हो पाया। 1852 तक सिर्फ छः शहरों में सार्वजनिक पुस्तकालय खोले गये।

कानून की प्रभावहीनता के कारण

कानून की प्रभावहीनता के प्रमुख कारण निम्नवत हैं–

(*i*) 2/3 मत के अतिरिक्त एक बार अधिनियम स्वीकार न किये जाने पर फिर से प्रस्ताव लाने के लिए दो वर्ष का समय व्यावहारिक नहीं था।

(*ii*) कानून लागू करने के लिए जनसंख्या को आधार बनाया गया।

(*iii*) किताबों की खरीददारी करने के लिए इस अधिनियम में कोई प्रावधान नहीं था।

(*iv*) वित्तीय साधन सिर्फ सम्पत्ति कर पर अधिभार था और कोई वित्त का साधन न था।

इस अधिनियम का एक अच्छा प्रतिफल यह हुआ कि लोगों तथा सरकार ने पुस्तकालयों की स्थापना की आवश्यकता को पहचानना शुरू कर दिया।

(ख) 1853 का कानून–इस कानून के माध्यम से The Public Libraries Act, 1850 का कार्यक्षेत्र आयरलैण्ड तथा स्कॉटलैण्ड तक बढ़ा दिया गया।

(ग) 1855 का कानून–सन् 1855 में लागू किये गये दूसरे पुस्तकालय कानून में निम्नलिखित विशेषताएँ थीं–

(*i*) जनसंख्या 10,000 से घटा कर 5,000 कर दी गई।

(*ii*) पुस्तकालय अधिभार की राशि आधा पैनी से बढ़ाकर एक पैनी कर दी गई।

(*iii*) इस आय को अब समाचार पत्रों तथा पुस्तक के खरीद पर भी खर्च किया जा सकता था।

(घ) 1892 का कानून–इस कानून के तहत पुस्तकालय के साधारण कर में वृद्धि की गई जिससे पुस्तकालयों का तेजी से विकास हो सके।

(ङ) 1898 का कानून–सन् 1898 के कानून में यह व्यवस्था की गई कि पुस्तकालय धन का अपव्यय करने वालों पर जुर्माना डालना चाहिए।

(च) 1900–1909 के अन्तराल में 208 स्थानीय निकायों ने पुस्तकालय कानून लागू किये और 366 पुस्तकालय भवन बनाये गये।

(छ) 1913 कार्नेगी ट्रस्ट की स्थापना–सन् 1913 में कार्नेगी यूनाइटेड किंगडम ट्रस्ट का गठन किया गया। इस ट्रस्ट ने इंग्लैण्ड पुस्तकालय संघ की मदद

से सार्वजनिक पुस्तकालय सेवा स्थापित करने की कोशिश की। इससे उपनगरीय तथा ग्रामीण क्षेत्र भी पुस्तकालय सेवा के अन्तर्गत आ गये।

(ज) 1915 एडम्स रिपोर्ट—सन् 1915 के समय में पुस्तकालय की व्यवस्था में एक कमी आ गई थी, जिस पर नियन्त्रण रखने के लिए कार्नेगी ट्रस्ट ने ब्रिटेन की पुस्तकालय व्यवस्था का सर्वेक्षण कराने के लिए ऑक्सफोर्ड विश्वविद्यालय के प्रो. एडम्स को नियुक्त किया। प्रो. एडम्स ने अपनी रिपोर्ट 1915 में प्रस्तुत की जिसमें उन्होंने लिखा "ज्यादातर पुस्तकालय अपने रख-रखाव पर ही इतनी धनराशि खर्च कर रहे हैं कि उनके मुख्य लक्ष्य पुस्तक खरीदने और पुस्तकालय सेवा हेतु धनराशि बचती ही नहीं। अनेक पुस्तकालयों में व्यर्थ की चीजों जैसे भवन निर्माण आदि पर 10,000 पौंड से भी ज्यादा व्यय किये गये, जिनकी देखभाल के लिए ही पैनी की दर से वसूल किये गये धन का समस्त हिस्सा व्यय हो जाता है और कुछ पुस्तकालयों में तो पुस्तक खरीद के लिए धन बचता ही नहीं। जहाँ दानकर्ताओं द्वारा दी गई सहायता से बड़े भवनों का निर्माण हो गया; इन भवनों में कमी करनी पड़ी। कई मामले तो ऐसे सामने आये जिनकी आमदनी, इन सुन्दर भवनों के योग्य पुस्तकालय निर्माण करने, योग्य पुस्तकालयाध्यक्ष उपलब्ध कराने के लिए पर्याप्त थी।"

प्रो. एडम्स की इस रिपोर्ट के फलस्वरूप ही सन् 1919 में एक पुस्तकालय कानून लागू किया गया।

(झ) 1919 का सार्वजनिक पुस्तकालय कानून—23 दिसम्बर, 1919 को इस कानून को राजकीय मान्यता प्राप्त हुई। इस कानून के प्रमुख गुण अग्र प्रकार हैं—

(*i*) पुस्तकालयों के वित्त, भवन, पुस्तकों, कर्मचारी, आदि की आवश्यकता के मुताबिक प्रबंध करना निकायों का दायित्त्व निर्धारित किया गया।

(*ii*) इस कानून द्वारा वेल्स तथा इंग्लैंड में पुस्तकालय उप-कर की सीमा खत्म कर दी गई।

(*iii*) पुस्तकालय सेवा को काउन्टी तक पहुँचाने का प्रबंध किया गया।

(*iv*) परिषद् तथा स्थानीय निकाय को पुस्तकालय प्राधिकरण का स्थान दिया गया।

इस प्रकार सन् 1927 तक 96% लोगों को पुस्तकालय सेवायें मिलने लगी थीं।

(ञ) सन् 1923 में इंग्लैंड के शिक्षा बोर्ड के द्वारा सर फ्रेडरिक कैनियन की अध्यक्षता में 'पुस्तकालयों' के लिए एक समिति का गठन किया गया जिसके प्रयोजन निम्नलिखित थे—

(*i*) पुस्तकालय अधिनियमों के अंतर्गत स्थापित पुस्तकालयों तथा दूसरे साधनों द्वारा स्थापित पुस्तकालयों के आपसी सम्बन्धों का अध्ययन।

(*ii*) पुस्तकालय अधिनियमों में दिये गये पुस्तकालयों के प्रावधानों की उपयुक्तता का अध्ययन।

(*iii*) देश की सामान्य शिक्षा में पुस्तकालयों के योगदान का अध्ययन।

सन् 1927 में सर कैनियन ने अपनी रिपोर्ट को प्रकट करते हुये कहा कि रूस और ब्रिटेन में 96% लोग पुस्तकालय सेवा का लाभ ले रहे हैं। उन्होंने वाचनालयों पर होने वाले व्यय को अतिरिक्त खर्च बताया।

रिपोर्ट की अनुशंसाएँ–

रिपोर्ट की प्रमुख अनुशंसाएँ निम्नवत हैं–

(*i*) अच्छे व योग्य व्यक्तियों को पुस्तकालय व्यवसाय में आकर्षित करने के लिए उनको उचित वेतन देने के साथ-साथ उनके पद की गरिमा को बढ़ाया जाए।

(*ii*) एक केन्द्रीय पुस्तकालय बनाया जाये जिसके अन्तर्गत क्षेत्रीय आधार पर पुस्तकालयों का एक समूह निर्मित किया जाए।

(*iii*) पुस्तकालयों की सहकारिता तथा सहभागिता में वृद्धि की जानी चाहिए।

(*iv*) पुस्तकालय सेवा में प्रोन्नति तथा सुधार के लिए पुस्तकालयों में प्रशिक्षित पुस्तकालयाध्यक्षों का चयन तथा वर्तमान कार्यरत पुस्तकालयाध्यक्षों को प्रशिक्षित किया जाए।

(*v*) सरकारी पुस्तकालयों के साथ-साथ वांछित सेवार्थी संस्थाओं को भी सार्वजनिक पुस्तकालय खोलने के लिए प्रेरित किया जाए।

(*vi*) छात्रों के केन्द्रीय पुस्तकालय का सम्बन्ध ब्रिटिश म्यूजियम से किया जाए।

(*vii*) सार्वजनिक पुस्तकालयों का महत्त्वपूर्ण पुस्तकालयों के साथ समन्वय स्थापित किया जाए।

कैनियन समिति ने जितनी सिफारिशें की थीं उनमें से अधिकांश को व्यवहार में लाया गया। इस समिति ने पुस्तकालयों को शिक्षा का विशिष्ट उपकरण स्वीकार किया था, इसीलिए ब्रिटेन के सार्वजनिक पुस्तकालयों के इतिहास में कैनियन समिति की रिपोर्ट एक परिवर्तित बिन्दु था।

(ट) मैक-कोलविन रिपोर्ट, 1941–सन् 1941 में पुस्तकालय संघ ने अपने मनोनीत सचिव मैक-कोलविन जो वैस्टमिन्सटर के सिटी पुस्तकालय के अध्यक्ष थे,

को ब्रिटेन के सार्वजनिक पुस्तकालयों की ताजा परिस्थित और उनकी भविष्य की आवश्यकताओं के सर्वेक्षण हेतु चयनित किया। 1942 में उन्होंने अपनी रिपोर्ट प्रस्तुत की। उन्होंने रिपोर्ट में निम्नलिखित अनुशंसाएँ दीं–

(*i*) एक ऐसा अनुभाग बनाया जाये जो पुस्तकालय भवनों के ऋण, प्रस्ताव आदि का परीक्षण तथा व्याख्या करे, पुस्तक खरीदने के मानदण्ड निर्धारित करे, पुस्तकालय कर्मचारियों के वेतन तथा योग्यता को निर्धारित करे।

(*ii*) सार्वजनिक पुस्तकालयों का अनुदान भी उच्च शिक्षा के पुस्तकालयों के जैसा होना चाहिए।

(*iii*) देश में पुस्तकालय सेवा की उन्नति और उसके संरक्षण हेतु केन्द्रीय स्तर पर एक प्राधिकरण होना चाहिए।

सरकारी रिपोर्ट न होते हुए भी इस रिपोर्ट ने ब्रिटेन के सार्वजनिक पुस्तकालयों की उन्नति के लिए महत्त्वपूर्ण योगदान दिया है।

(ठ) राबर्ट्स रिपोर्ट–पुस्तकालय संघ के प्रयत्नों द्वारा सन् 1957 में एक समिति गठित हुई, जिसके अध्यक्ष राबर्ट सिडनी को बनाया गया। राबर्ट ब्रिटेन के शिक्षा मन्त्री थे। समिति ने अपनी रिपोर्ट 1959 में प्रस्तुत की जिसमें निम्नलिखित अनुशंसाएँ की गईं–

(*i*) पेरिस को पुस्तकालय प्राधिकरण का अधिकार नहीं दिया गया।

(*ii*) काउन्टी, मैट्रोपोलिटन वारोज काउन्टी वारोज, और लंदन शहर को पुस्तकालय प्राधिकरण बनाए रखने की सिफारिश की।

(*iii*) पुस्तकालयों में प्रशिक्षित तथा योग्य व्यक्तियों का चयन किया जाए।

(*iv*) सार्वजनिक पुस्तकालयों की देख-रेख की जिम्मेदारी शिक्षामंत्री पर होनी चाहिए।

(*v*) अन्तःपुस्तकालय तथा सार्वजनिक पुस्तकालय की मदद के लिए अधिनियमों में और प्रावधान किये जाएँ।

(ड) सार्वजनिक पुस्तकालय तथा म्यूजियम कानून, 1964–सार्वजनिक पुस्तकालय सेवा के मानक तथा पुस्तकालय सहकारिता पर गठित किए गए दो कार्यकारी दलों को इस कानून को पारित करने का श्रेय जाता है, जिन्होंने अपनी रिपोर्ट 1962 में पेश की। सार्वजनिक पुस्तकालय तथा म्यूजियम कानून को अप्रैल, 1965 को लागू किया गया। इस अधिनियम के माध्यम से शिक्षा तथा विज्ञान विभाग के सचिव को सार्वजनिक पुस्तकालय सेवा के विकास, प्रोन्नति तथा

अधीक्षण के लिए जिम्मेदार बनाया गया। विस्तृत पुस्तकालय सेवा प्रदान करना नजदीकी निकायों का कर्तव्य हो गया। अतः पुस्तकालय सहकारिता को विशिष्टता प्रदान की गई।

(ढ) पेरी कमीशन—यू.जी.सी. द्वारा विश्वविद्यालय पुस्तकालयों की वस्तु स्थिति की जानकारी, उनकी उन्नति की सम्भावनाओं तथा राष्ट्रीय पुस्तकालय ब्रिटिश म्यूजियम के साथ उनके भावी रिश्तों की सम्भावनाओं को पता लगाने के लिए थॉमस पेरी की अध्यक्षता में एक आयोग का गठन हुआ। इस आयोग ने 1967 में अपनी रिपोर्ट प्रस्तुत करते हुए सरकार का ध्यान पुस्तकालय निर्माण और व्यवस्था की ओर खींचा और एक शिखर पुस्तकालय 'ब्रिटिश राष्ट्रीय पुस्तकालय' की अनुशंसा की।

(ण) डायटन समिति—ब्रिटिश म्यूजियम लाइब्रेरी, नेशनल लैंडिंग लाइब्रेरी फॉर साइन्स एण्ड टेक्नालॉजी और साइन्स म्यूजियम लाइब्रेरी के निर्माण तथा कार्य की समीक्षा के लिए ब्रिटिश सरकार के शिक्षा सचिव ने एक समिति की स्थापना की, जिसका अध्यक्ष डॉ. एफ.एस. डायटन को बनाया गया। इस समिति ने राष्ट्रीय अध्यक्ष पुस्तकालय प्राधिकरण की स्थापना की अनुशंसा की। सरकार ने इस समिति की अनुशंसाओं के आधार पर नवीन कानून लाने पर विचार किया। नवीन कानून में पुस्तकालय सेवा में विषय सेवा, ऋण पुस्तकालय सेवा तथा वाङ्मय सेवा को शामिल करने का प्रबन्ध किया गया। इस नवीन निर्माण को 'ब्रिटिश लाइब्रेरी' कहा गया। ब्रिटिश लाइब्रेरी एक्ट 1972 में पारित हुआ और 1973 में लागू किया गया।

ब्रिटिश पुस्तकालय का प्रयोजन—आधुनिक अर्द्ध-राष्ट्रीय तथा राष्ट्रीय पुस्तकालयों को मिलाकर एक पुस्तकालय तन्त्र का निर्माण तीन रूपों में किया गया। ब्रिटिश पुस्तकालय में—सन्दर्भ विभाग, आदान विभाग तथ्य, वाङ्मय सेवा विभाग थे।

वर्तमान समय में सन्दर्भ और आदान विभागों के स्थान पर मानविकियों तथा समाज सेवा विज्ञान, विज्ञान, तकनीकी तथा उद्योग विभाग स्थापित किये गये हैं। ब्रिटिश लाइब्रेरी की व्यवस्था के लिए ब्रिटिश लाइब्रेरी बोर्ड का सृजन किया गया है।

ब्रिटिश पुस्तकालय के सेवा क्षेत्र

ब्रिटिश पुस्तकालय के आधुनिक सेवा क्षेत्र अग्रलिखित हैं :

(*i*) विज्ञान, तकनीकी तथा उद्योग।

(*ii*) अनुसन्धान तथा विकास।
(*iii*) केन्द्रीय प्रशासन।
(*iv*) वाङ्मय सेवाएँ तथा
(*v*) मानविकी तथा समाज विज्ञान।

1850 के कानून का वास्तविक योगदान इंग्लैंड के सार्वजनिक पुस्तकालयों की उन्नति तथा विकास में रहा है। 1919 के कानून द्वारा काउन्टी कौंसिल को भी देश में सार्वजनिक पुस्तकालय तन्त्र का प्रोन्नति करने के लिए लागू कर दिया गया था परन्तु कुछ विकसित टाऊन पुस्तकालय इस तन्त्र से अलग रहे।

संयुक्त राज्य अमेरिका का पुस्तकालय आन्दोलन

वर्तमान समय में संयुक्त राज्य अमेरिका संसार में सबसे ज्यादा समृद्ध और विकसित देश है। यह सार्वजनिक पुस्तकालयों के विकास में भी सबसे आगे रहा है। अमेरिका में सार्वजनिक पुस्तकालयों की स्थापना और विकास में Andrew Carnegie का महत्त्वपूर्ण योगदान रहा है। इसके अतिरिक्त रॉकफैलर फाउन्डेशन, फोर्ड फाउन्डेशन तथा जनरल एजुकेशन बोर्ड आदि ने भी सार्वजनिक पुस्तकालयों को हृदय से दान देकर पुस्तकालय आन्दोलन को गतिमान बनाया। अमेरिका के पुस्तकालयों के इतिहास को उपनिवेश काल, सामाजिक पुस्तकालय, व्यावसायिक पुस्तकालय में विभाजित किया गया है। इसका विवरण नीचे दिया जा रहा है—

1. उपनिवेश काल—संयुक्त राज्य अमेरिका में भिन्न-भिन्न राष्ट्रों से लोग आये और साथ में किताबों का संग्रह भी लाये। इसलिये इस युग के पुस्तकालय व्यक्तिगत पुस्तकालय थे। इच्छुक व्यक्ति ही इन पुस्तकों का उपयोग कर सकते थे। पुस्तकें घर पर पढ़ने के लिए जारी नहीं होती थीं। उस समय के कुछ प्रमुख पुस्तकालय प्लाईमाउथ कॉलोनी के विलियम ब्रेवस्टर, फलेडेलाफिया कॉलोनी के जेम्स लॉगन, कोनेक्टीकट कॉलोनी के गवर्नर विनथ्रोप, आदि के थे। बोस्टन के एक व्यापारी रार्बटकीचने को अमेरिका में सार्वजनिक पुस्तकालयों को स्थापित करने का श्रेय प्राप्त है। उन्होंने सन् 1953 में अपनी वसीयत लिखी थी कि मेरे मरने के बाद मेरी सम्पत्ति में से 300 पौंड बोस्टन के टाऊन हाऊस में एक हाल बनाने तथा उसमें सार्वजनिक पुस्तकालय खोलने में खर्च किया जाए। यह पुस्तकालय उस समय का प्रथम पुस्तकालय था।

थॉमस ब्रे. ने कॉलोनीवासियों के धर्म साहित्य अध्ययन के लिए साहित्यिक केन्द्र खोले। ये साहित्यिक केन्द्र एक प्रकार के सार्वजनिक पुस्तकालय ही थे। सन्

1955 तक इस प्रकार के कुल 70 केन्द्र खुल चुके थे। इन पुस्तकालयों में धार्मिक पुस्तकों का ही संग्रह था।

2. सामाजिक पुस्तकालय–पुस्तकालय का संस्थालय विकास 17वीं शताब्दी में भी देखने को मिलता है। उस वक्त सामाजिक पुस्तकालय क्लब हुआ करते थे। इन पुस्तकालयों का प्रयोजन था–लोगों की ज्ञान विषयक आवश्यकताओं को पूरा करना। ये पुस्तकालय या तो निजी थे अथवा चन्दे से संचालित थे। अमेरीका में भी इंग्लैंड की तरह चन्दा पुस्तकालय और पुस्तक क्लब कहलाए थे, जिनको सार्वजनिक पुस्तकालय कहा जाता था। 1793 में फ्रेंकलिन ने एक कम्पनी 'Library Company of Phieladelphia' बनाई। अमेरीका में सामाजिक पुस्तकालयों को परिवर्तित रूप देने का श्रेय इसी कम्पनी को दिया जाता है क्योंकि पुस्तकालय क्षेत्र में रुचि रखने वालों को इस कम्पनी का सदस्य फ्रेंकलिन ने ही बनाया था।

3. व्यावसायिक पुस्तकालय–अमेरीका में सन् 1790 से 1825 तक अनेक सामाजिक पुस्तकालय प्रचलित हो चुके थे, जैसे–न्यूपोर्ट का न्यूयार्क सोसाइटी एवं लाइब्रेरी, रेड वुड पुस्तकालय आदि थे। परन्तु सार्वजनिक पुस्तकालय कानून ने इसकी चाल को धीमा कर दिया। इन सामाजिक पुस्तकालयों के अन्तर्गत धार्मिक किताबों के अतिरिक्त साहित्य, इतिहास, व्याकरण तथा जीवनियों से जुड़ी पुस्तकें भी उपस्थित थीं। औद्योगिक क्रान्ति से प्रभावित होकर नये-नये व्यावसायिक घरानों, बड़े उद्योगों व कारखानों के वैज्ञानिकों तथा मजदूरों के लिए उनके व्यवसाय से जुड़े ज्ञान का साहित्य प्रदान करने के लिए व्यावसायिक पुस्तकालय स्थापित करने पड़े।

व्यापारिक संघों तथा व्यापारियों ने अपने श्रमिकों के लिए व्यावसायिक पुस्तकालय स्थापित किए। एपरेन्टिस एवं मैकेनिक्स पुस्तकालय भी सामने आये। न्यूयार्क राज्य के गवर्नर डेविट क्लिंटन ने सर्वप्रथम निःशुल्क सार्वजनिक पुस्तकालय सेवा की तरफ ध्यान दिया। उन्होंने राज्य की विधान सभा को जिला स्कूल पुस्तकालय बनवाने की सलाह दी। सन् 1835 में न्यूयार्क विधान सभा ने इस संबंध में एक कानून बनाया। 1876 के अन्त तक 21 राज्यों में इस प्रकार के स्कूल जिला पुस्तकालय के सामने आ गये।

अमेरिका का पुस्तकालय अधिनियम

अमेरिका में सर्वप्रथम सार्वजनिक पुस्तकालय की स्थापना सन् 1833 में की गई। इसका श्रेय न्यू हैम्पाशायर राज्य की पीटर्सबर्ग नगरपालिका को दिया जाता है।

अमेरीका में सर्वप्रथम मैसाच्यूसेट्स राज्य की विधान सभा ने बोस्टन शहर की नगरपालिका को सार्वजनिक पुस्तकालय संचालन के लिए कर लगाने की आज्ञा प्रदान की। अगले वर्ष न्यू हैम्पशायर राज्य ने भी अपने शहरों और कस्बों की नगरपालिकाओं को सार्वजनिक पुस्तकालय स्थापित करने की आज्ञा दे दी। सन् 1859 में Boston Public Library Act पारित कर पुस्तकालय को सर्वसाधारण के लिए निःशुल्क खोल दिया। इसी प्रकार Maine एवं Vermount में 1865 में तथा न्यूयार्क में 1872 में पुस्तकालय कानून बनाये गये। नगरपालिका के नागरिकों को मुफ्त पुस्तकालय सेवा उपलब्ध करना ही इन सभी अधिनियमों का प्रमुख प्रयोजन था। प्रायः सभी अधिनियमों में प्रावधान किया गया कि अतिरिक्त कर की आय को पुस्तकालय मद में अलग से इकट्ठा किया जाये।

अमेरिका में केन्द्र स्तर के पुस्तकालय अधिनियम का बनाने का कार्य अत्यन्त ही मन्द गति से चल रहा था। 1956 में पहली बार सामान्य पुस्तकालय अधिनियम राष्ट्रीय स्तर पर पारित किया गया। यह अधिनियम ग्रामीण क्षेत्रों में पुस्तकालय सेवा प्रदान करने के लिए बनाया गया था। इसमें 1964 में परिवर्तन किया गया तथा इसके कार्यक्षेत्र में नगरों को भी सम्मिलित कर लिया गया। सन् 1966 में इस अधिनियम का नाम परिवर्तित कर Library Service and Construction Act रखा गया। 1907 में संघीय सरकार द्वारा National Commission on Library and Information Science की स्थापना की गई।

इस राष्ट्रीय कमीशन के प्रमुख कार्यों का विवरण निम्न प्रकार है–

(अ) पुस्तकालयों की उन्नति के लिए कांग्रेस, राष्ट्रपति, राज्यों तथा स्थानीय निकायों को परामर्श देना।

(ब) पुस्तकालय सेवा में सुधार लाने तथा उसे कारगर बनाने हेतु अमेरीकी कांग्रेस को राय देना और उसकी त्रुटियों से परिचय कराना।

(स) पुस्तकालय उपभोक्ता का समय-समय पर सर्वेक्षण करना।

(द) पुस्तकालय सेवा उन्नति की भावी योजनाएँ तैयार करना।

पुस्तकालय संघ तथा पुस्तकालय आन्दोलन

पुस्तकालयों के उन्नति का श्रेय अमेरीका में American Library Association को जाता है। ALA की स्थापना सन् 1876 में की गई। 1876 में ही Melvil Dewey ने दशमलव वर्गीकरण पद्धति का प्रथम संस्करण निकाला था।

इस प्रकार सन् 1876 अमेरिकी पुस्तकालयों के इतिहास का एक स्वर्णकाल था। मेलविल ड्यूई (Melvil Dewey) ही ALA के संस्थापक सचिव थे। American Library Association ने निम्नलिखित कार्यों को प्राथमिकता दी–

(*i*) वैज्ञानिक तथा वित्तीय साधन।

(*ii*) ज्ञान तथा सूचना प्राप्त करना।

(*iii*) जनजागृति।

(*iv*) बौद्धिक स्वतन्त्रता।

सन् 1948 में ALA ने 'पुस्तकालय अधिकारों का विधेयक' स्वीकार कर लिया और इसका प्रकाशन ALA Bulletin, जुलाई-अगस्त 1948 में किया गया। संघ ने 'पढ़ने की स्वतन्त्रता' को भी अपनाया। संघ के सालाना सम्मेलन में करीब 7500 सदस्य हिस्सा लेते हैं। ALA के अलावा, महत्त्वपूर्ण पुस्तकालय संघ, चिकित्सा विज्ञान पुस्तकालय संध तथा अमेरिकन पुस्तकालय-अध्ययनशालाओं का संघ आदि दूसरे राष्ट्रीय संघ भी अमेरीका में पुस्तकालय आन्दोलन को गतिमान करने में सक्रिय भाग ले रहे हैं।

सारांश–इन आंदोलनों के फलस्वरूप वर्तमान समय में स्थिति यह है कि संयुक्त राज्य अमेरिका के प्रत्येक राज्यों में विधान मण्डल में सार्वजनिक पुस्तकालय, राज्य पुस्तकालय, काउन्टी पुस्तकालय, नगरपालिका पुस्तकालय इत्यादि हैं।

उपरोक्त पुस्तकालयों के अतिरिक्त संयुक्त राज्य अमेरीका में शैक्षणिक, अनुसंधान तथा महत्त्वपूर्ण पुस्तकालय भी सेवारत हैं, जैसे--National Library of Medicine USA (1836), राष्ट्रीय कृषि पुस्तकालय आदि।

सार्वजनिक पुस्तकालयों द्वारा व्यक्तियों तथा समूहों दोनों को पुस्तकालय सेवा मुहैया कराई जाती है। 'वरिष्ठ नागरिकों' को भी सार्वजनिक पुस्तकालय सेवा उपलब्ध कराई जाती है। चल पुस्तकालयों का भी प्रावधान है। आज अमेरीका में करीब 7600 सार्वजनिक पुस्तकालय मौजूद हैं जिसमें करीब 21500 प्रशिक्षित व्यक्ति काम कर रहे हैं। न्यूयार्क सार्वजनिक पुस्तकालय संसार का सबसे बड़ा सार्वजनिक पुस्तकालय तन्त्र है।

सन् 1800 में लाइब्रेरी ऑफ कांग्रेस को स्थापित की गई जो संसार का सबसे बड़ा पुस्तकालय है। संयुक्त राज्य अमेरीका के पुस्तकालयों की उन्नति में Library Service Act, 1956 का विशेष योगदान रहा है।

3

पुस्तकालय : अधिनियम और केंद्र

पुस्तकालय अधिनियम का तात्पर्य उस विधि से है, जिसके तहत् पुस्तकालय विकास के सम्बन्ध में निम्नकारण बतायें जाते हैं। पुस्तकालयों के सन्दर्भ में केन्द्रीय या राज्य सरकार के अधीन एक पुस्तकालय प्रणाली की स्थापना और उसके रख-रखाव, सेवाओं, कार्यों, अधिकारों और प्रबन्ध को वैधानिक रूप दिये जाने को पुस्तकालय विधान कहते हैं। पुस्तकालय एक सामाजिक संस्था है जिसका उद्देश्य समाज के व्यक्तियों को पुस्तकालय सेवा उपलब्ध कराना होता है। यदि इस सेवा को वैधानिक रूप दे दिया जाय तो पुस्तकालय पहले की अपेक्षा समाज की उत्तम सेवा कर सकते हैं अतः डॉ. रंगानाथन् ने भारत के प्रत्येक राज्य में विधान के अनुसार पुस्तकालयों की स्थापना तथा उनके व्यवस्थित संचालन के लिए सरकार से अनुरोध किया।

पुस्तकालय अधिनियम की आवश्यकता

पुस्तकालय अधिनियम के सम्बन्ध में **डॉ. एस. दासगुप्ता** का मानना है कि पुस्तकालय विधान निर्धारित ढंग से पुस्तकालय के विकास में सहायक होता है। प्रकाशनों एवं अधिकारियों की मनमानी के कारण होने वाली अव्यवस्था को रोकता

है पुस्तकालय प्रशासन एवं प्रबन्ध को स्थिर रखता है साथ ही साथ आर्थिक सहायता उपलब्ध कराता है। इस तरह एक स्थायी विकास समान एवं समन्वित पुस्तकालय सेवा के लिए पुस्तकालय विधान का होना आवश्यक है और इसी के द्वारा ही आधुनिक पुस्तकालय सेवा के विचार को कार्यरूप में परिणित किया जा सकता है। इस तरह समाज का प्रत्येक व्यक्ति अपनी योग्यता एवं आवश्यकता के अनुसार शैक्षणिक, सांस्कृतिक, वैज्ञानिक आदि सभी प्रकार की निधि तथा उसके स्रोतों से लाभ उठा सकता है।

पुस्तकालय अधिनियम के तत्व

पुस्तकालय अधिनियम के तत्त्व वे तत्व है जिनके आधार पर इसके सम्बन्ध में अधिनियम बनाये जाते हैं। इन अधिनियों के विधान में शीर्षकों तथा उपशीर्षकों का उल्लेख किया जाता है। प्रत्येक देश में केन्द्र तथा राज्य दोनों ही स्तरों पर अलग-अलग पुस्तकालय अधिनियम बनाये जाते हैं। राष्ट्रीय स्तर पर एक राष्ट्रीय नीति निर्धारित की जानी चाहिए जिसका क्रियान्वयन राज्य सरकारों के द्वरा निश्चित किया जाना चाहिए। किसी भी राष्ट्र के सभी प्रान्तों में ऐसे अनिवार्यता होती है।

डॉ. रंगनाथन के अनुसार पुस्तकालय अधिनियम के अन्तर्गत निम्नलिखित शीर्षकों के अधीन, जो पुस्तकालय अधिनियम के तत्व कहे जाते हैं, पुस्तकालयों से सम्बन्धित सर्वोच्च प्रबन्ध (Top Management) प्रशासन (Administration) वित्त (Finance) संगठन (Organisation) पुस्तकालय कार्मिक (Library Personnels) पुस्तक नियम, उपनियम आदि (Law, Rules and Bylaws) पुस्तकालय समितियाँ (Library Association) लेखा एवं लेखा परीक्षण (Accounts and Audit) आदि विषयों को शामिल किया जाता है।

इन तत्वों नीचे विधान क्रम में वर्णित किया जा रहा है–

(1) प्रारम्भिकी (Preliminaries)— प्रत्येक विधान अथवा अधिनियम में इस शीर्षक के अन्तर्गत संक्षिप्त शीर्षक तथा विधान में उल्लिखित सभी पदों की व्याख्या दी हुई होती है।

(2) सर्वोच्च प्रबन्ध (Top Management)— जितने भी पुस्तकालय पुस्तकालय अधिनियम के अन्तर्गत स्थापित किये जायेंगे उनकी संचालन व्यवस्था कौन-सा अधिकारी करेगा। पुस्तकालय अधिकारी कौन होगा, उनकी नियुक्ति किस

प्रकार की जायेगी? सामान्यता देश से सम्बन्धित यदि पुस्तकालय अधिनियम है तो राष्ट्रीय शिक्षा मन्त्री अगर राज्य का अधिनियम है तो राज्य का शिक्षामन्त्री पुस्तकालय प्राधिकारी होता है।

(3) राज्य एवं संज्ञेय पुस्तकालय समिति का निर्माण—पुस्तकालय प्राधिकारी तथा पुस्तकालय को परामर्श देने हेतु राज्य पुस्तकालय समिति (State Library Committee) की स्थापना की जाती है। इन समितियों में जनता का पर्याप्त प्रतिनिधित्व होना चाहिए।

स्थानीय प्राधिकारी के निर्देशन में स्थानीय स्तर के कार्यालयों का प्रबंधन नगरों तथा जिलों में किया जाता है। सामान्यतया एक लाख या उससे अधिक जनसंख्या वाले शहर तथा राजस्व एकत्रित करने वाले जिले को पुस्तकालय प्राधिकरण समझा जाता है। स्थानीय प्राधिकरण के सम्बन्ध में विधान में प्राधिकारी के अधिकार, कार्य एवं दात्वि एवं प्राधिकारी की योग्यता को उल्लेखित किया जाना चाहिये—

(4) वित्त (Finance)— पुस्तकालय विधान में यह तत्व सबसे महत्त्वपूर्ण होता है जिसके अन्तर्गत स्थानीय पुस्तकालय प्राधिकारी पुस्तकालय के लिए उपकर (Library Cess) लगाने, उपकर लगाने की दर, उपकर लगाने के माध्यम जैसे सम्पत्ति, मकान, व्यवसाय, वाहन, जमीन, चुंगी आदि पर अतिरिक्त कर (Sur charge) के रूप में स्थिर करना तथा जनता से वसूल करना एवं उस प्राप्त धन की जाँच करना। वार्षिक अनुदान की राशि तय करना तथा राज्य के अनुदान प्राप्त करने के अन्य साधन ढूँढना।

(5) लेखा एवं लेखा परीक्षण (Accounts & Audit)— इस शीर्षक के अन्तर्गत समय आप को व्यवस्थित रखने तथा उसके प्रलेखन के लिये प्रावधान होते हैं इसके अन्तर्गत पुस्तकालय के संगठन, पुस्तकों के चयन, सहकारी सूचीकरण एवं वर्गीकरण आदि के सम्बन्ध में व्याख्या दी हुई होती है इस शीर्षक के अन्तर्गत विधान में कर्मचारियों की नियुक्ति, श्रेणी, वेतन, सेवाकाल आदि बातों का उल्लेख होता है।

(6) नियम एवं उपनियम (Law, Rules and By-Laws)— विधान में किये गये विभिन्न प्रकार के प्रावधानों को क्रियात्मक रूप देने के लिए अनेक नियम एवं उपनियम उल्लिखित रहते हैं।

पुस्तकालय अधिनियम की विशेषताएँ

(1) अधिनियम राजनीतिज्ञों एवं राजनैतिक परिवर्तनों से अलग रहना चाहिए।

(2) अधिनियम में दिये गये सभी विचारों एवं अभिमतों पर पूर्ण रूप से प्रकाश डाला गया होना चाहिए।

(3) अधिनियम में ऐसा प्रावधान हो जिससे देश में स्थित पुस्तकालय विदेशों में स्थित पुस्तकालय की एकरूपता में सहायक सिद्ध हो सकें।

(4) अधिनियम में पुस्तकालय का होना अनिवार्य तथा सभी के लिए पुस्तकालय सेवा निःशुल्क करने का प्रावधान होना चाहिए।

(5) अधिनियम में दिये गये समस्त प्रावधान पुस्तकालय के विकास में सहायक होने चाहिए।

(6) अधिनियम की भाषा एवं रचना सांधारण होनी चाहिए। ताकि आवश्यकता पड़ने पर परिवर्तन हो सके।

(7) अधिनियम में संघीय, प्रादेशिक तथा स्थानीय प्राधिकरण (Library Authorities) के कार्यों एवं उत्तरदायित्वों पर पूर्ण रूप से प्रकाश डाला गया होना चाहिए।

भारत में पुस्तकालय अधिनियम

जहाँ तक भारत में पुस्तकालय अधिनियम का प्रश्न है तो इसकी परिकल्पना 1930 में डॉ. रंगनाथन् ने प्रस्तुत की उन्होंने All Academic conference में पुस्तकालय अधिनियम के प्रारूप को प्रस्तुत किया। 1931 में बंगाल पुस्तकालय संघ के अध्यक्ष ने एक विधेयक तैयार किया। डॉ. रंगनाथन् ने मद्रास पुस्तकालय संघ के द्वारा 1933 और 1937 में दो बार पुस्तकालय विधेयक तैयार कराये तथा उन्हें क्रमशः विधान सभा में भी रखवाया गया किन्तु वे विभिन्न कारणों से पारित न हो सके। परिणामस्वरूप उन्होंने 1942 में बम्बई में आयोजित अखिल भारतीय पुस्तकालय संघ में पुस्तकालय विधेयक का नया प्रारूप प्रस्तुत किया। सर्वप्रथम उस विधेयक को कोल्हापुर राज्य ने 1940 में पारित किया जो भारत के स्वतन्त्रता प्राप्ति तक अर्थात् 1947 तक प्रभावशाली रहा। डॉ. रंगनाथन् ने 1942 के पुस्तकालय विधेयक के नये प्रारूप को ही मद्रास राज्य के लिए ही तैयार किया जिसे उन्होंने सरकारी प्रस्ताव के रूप में विधान-सभा में प्रस्तुत किया। इस विधेयक को कुछ संशोधनों के साथ पारित कर दिया गया। इस प्रकार स्वतन्त्र भारत में सन् 1948 में सर्वप्रथम पुस्तकालय विधेयक मद्रास राज्य में पारित तथा लागू हुआ। इसके पश्चात् ही कुछ अन्य राज्यों में भी पुस्तकालय विधेयक पारित किये गये और अब तक लगभग देश के 11 राज्यों में पुस्तकालय विधेयक पारित किये जा चुके हैं।

अभी देश में बहुत से राज्य ऐसे हैं जहाँ विधेयक पारित होने के लिए वहाँ के पुस्तकालय-संघ निरन्तर प्रयास कर रहे हैं। अभी तक भारत के निम्नवत राज्यों में पुस्तकालय अधिनियम पारित हो चुके हैं–

(1) मद्रास पुस्तकालय अधिनियम, 1948
(2) आन्ध्र प्रदेश पुस्तकालय अधिनियम, 1960
(3) कर्नाटक पुस्तकालय अधिनियम, 1965
(4) महाराष्ट्र पुस्तकालय अधिनियम, 1967
(5) पश्चिमी बंगाल पुस्तकालय अधिनियम, 1979
(6) मणिपुर पुस्तकालय अधिनियम, 1988
(7) केरल पुस्तकालय अधिनियम, 1989
(8) हरियाणा पुस्कालय अधिनियम, 1989
(9) गोआ पुस्तकालय अधिनियम, 1993
(10) मिजोरम पुस्तकालय अधिनियम, 1993
(11) पाण्डिचेरी पुस्तकालय अधिनियम, 1996।

राष्ट्रीय और अन्तर्राष्ट्रीय पुस्तकालय की सम्बद्धता

राष्ट्रीय पुस्तकालय का गठन

1. भारतीय वैज्ञानिक प्रलेखन केन्द्र–भारत सरकार द्वारा सन् 1952 में यूनेस्को की तकनीकी मदद से दिल्ली में INSDOC का गठन किया गया। इस केन्द्र के माध्यम से विज्ञान व तकनीक के सभी क्षेत्र में जानकारी प्राप्त होती है। आरंभ में नेशनल फिजीकल लैबोरेट्री और इन्सडॉक दोनों ही वैज्ञानिक और औद्योगिक अनुसंधान परिषद् के इकाई थे लेकिन सन् 1963 से INSDOC एक स्वतन्त्र इकाई के रूप में काम कर रहा है।

इन्सडॉक के कार्य–INSDOC के प्रमुख कार्य हैं–

(*i*) सभी वैज्ञानिक सामयिक प्रकाशनों का संग्रहण कर उन्हें सुरक्षित रखना।
(*ii*) तकनीकी तथा वैज्ञानिक लेखों के सार को निर्मित कर उसको मासिक बुलेटिन के रूप में प्रकाशित करना।
(*iii*) उपलब्ध सूचना के आधार पर उपभोक्ताओं के सवालों के जबाब देना।
(*iv*) इंजीनियरों तथा वैज्ञानिकों को उनकी उपयोगिता के लेखों के विषय में सूचना देना।

(*v*) देश में प्रकाशित तथा अप्रकाशित वैज्ञानिक अनुसन्धान शोध प्रबन्धों को एकत्रित करना।

(*vi*) देश में किये जाने वाले वैज्ञानिक कार्यों तथा उपलब्धियों का दूसरे देशों में प्रचार करना तथा उन्हें वहाँ मुहैया कराने में एक माध्यम के रूप में काम करना आदि।

(*vii*) निजी स्तर पर लेखों व दूसरी महत्त्वपूर्ण सामग्री का फोटोकॉपी तथा अनुवाद सेवाएँ प्रदान करना।

कार्यक्षेत्र—वर्तमान समय में INSDOC निम्नलिखित गतिविधियों में संलग्न है—

(i) अनुवाद सेवा—INSDOC विदेशी भाषाओं की वैज्ञानिक किताबों का अनुवाद प्रदान करता है। यहाँ पर 23 भाषाओं में अनुवाद करने का प्रबंध है। लगभग 14000 पृष्ठ प्रत्येक वर्ष अनुवाद किये जाते हैं। INSDOC ने एक अनुवाद पुस्तिका का भी निर्माण किया है। INSDOC कई निर्माणों द्वारा किये गये अनुवादों की अणु-फिल्म प्रतियाँ भी सुरक्षित रखता है।

(ii) प्रलेख अर्जन सेवा—अनुसंधान संस्थाओं, उद्योगों, विश्वविद्यालयों, राजकीय क्षेत्रों आदि के द्वारा इस सेवा का उपयोग किया जा रहा है। यह प्रार्थना पर उपभोक्ताओं के पास वैज्ञानिक लेखों की प्रतियाँ फोटोकॉपी अथवा माइक्रोफिल्म के रूप में भेजता है।

(iii) छाया प्रतिलिपि सेवा—INSDOC का Reprographic Section प्रलेखों की अणु-फिल्म प्रतिलिपियाँ, छाया प्रतिलिपियाँ प्रदान करता है।

(iv) प्रलेख प्रति प्रदाय सेवा—उपभोक्ताओं हेतु उनके मन पसन्द प्रलेख को दूसरे पुस्तकालयों से ऋण पर मँगाया जाता है। इस सेवा में बंगलोर, दिल्ली, कोलकाता तथा चेन्नई के कई पुस्तकालय सहायता देते हैं। कभी-कभी प्रलेख विदेशों से भी मँगाये जाते हैं।

(v) सन्दर्भ-ग्रंथ सूची तथा सूचना सेवा—पुस्तकालय की माँग पर INSDOC वैज्ञानिकों के लिए विभिन्न विषयों पर सन्दर्भ-ग्रंथ-सूचियाँ निर्मित करता है। ये प्रलेखों की जानकारी मात्र होती हैं जिनमें पुस्तकों के सन्दर्भ, पत्रकार के लेख पेटेन्ट्स, स्पेसिफिकेश आदि सम्मिलित होते हैं।

(vi) सूचना की पुनः प्राप्ति—INSDOC में Indian Science Abstracts के मासिक लेखक तथा विषय अनुक्रमणिकाएँ और Cumulative वार्षिक लेखक तथा विषय अनुक्रमणिकाएँ 1966 से कम्प्यूटरीकृत हो रही हैं। INSDOC, Chemical

Abstracts Condensates (CAC) तथा INSPEC, Magnetic Tapes से नियमित रूप से SDI (Selective Dissemination of Information) सेवाएँ प्रदान कर रहा है। यह केन्द्र India Science Abstracts, Russian Science Digest, National Index of Translation आदि सामयिक प्रकाशनों तथा वैज्ञानिक धारावाहिकों का राष्ट्रीय संघ सूची के द्वारा जानकारी का प्रचार कर रहा है।

(vii) संघ सूची—इन्सडॉक द्वारा वैज्ञानिक सामयिक अनुक्रमिकों तथा प्रकाशनों की 18 संघ सूचियों की शृंखला छप चुकी है। उदाहरणतार्थ—

(*i*) Catalogue of Serials in the Institute of Science Library, Bangalore, January, 1966.
(*ii*) Catalogue of Serials in the Indian Statistical Institute, Calcutta, August, 1966.
(*iii*) Catalogue of Serials in the National Science Library, Delhi, October, 1965.
(*iv*) Regional Union Catalogue of Scientific Serials, Banglore, June, 1967.
(*v*) Regional Union Catalogue of Scientific Serials : Delhi Medical Libraries, November, 1967.
(*vi*) Regional Union Catalogue of Scientific Serials : Mysore, September, 1968.
(*vii*) Union Catalogue of Serials in the Geological Survey of India Libraries, July, 1969.
(*viii*) Union List of Current Scientific Serials in India, December, 1981 etc.

निर्देशिकाएँ : INSDOC द्वारा निम्नलिखित Directories का प्रकाशन किया गया है—

(*i*) Directory of Indian Scientific Periodicals, 1964.
(*ii*) Directory of Current Research Projects in CSIR Laboratories, 1972.
(*iii*) Directory of Scientific Research in Indian Universities, 1974.
(*iv*) Directory of Indian Scientific Research Institutions in India, 1969.

(viii) पुस्तकालय विज्ञान पत्रिका—INSDOC में संघ सूचियाँ, अनुक्रमणिकाओं और निर्देशिकाओं का सृजन करने में Computer का उपयोग

किया जाता है। INSDOC द्वारा 'Annuals of Library Science and Documentation (Q)' पत्रिका का प्रकाशन किया जाता है।

(ix) राष्ट्रीय विज्ञान पुस्तकालय के उद्देश्य–INSDOC द्वारा राष्ट्रीय विज्ञान पुस्तकालय का निर्माण किया जा रहा है जिसके प्रमुख उद्देश्य निम्न प्रकार हैं–

(*i*) जो पुस्तकें पुस्तकालय में मौजूद नहीं हैं उनको प्राप्त करने का प्रबन्ध करना।

(*ii*) भारतीय भाषाओं के सामयिक प्रकाशनों, भारतीय लेखकों की पुस्तकों का एकत्रीकरण करना।

(*iii*) अनुसंधान प्रतिवेदन, सन्दर्भ ग्रंथ, शोध प्रबन्ध सम्मेलन कार्यवृत्त, आदि संग्रहीत करना।

(x) क्षेत्रीय केन्द्र, बंगलोर–UNESCO की तकनीकी मदद से INSDOC का एक क्षेत्रीय केन्द्र बंगलौर में 1964 में स्थापित किया। यह केन्द्र प्रलेख अर्जन सेवा, फोटोग्राफी सेवाएँ, सन्दर्भ-ग्रन्थ सूची, आदि प्राप्त करता है।

(xi) National Science Foundation, US–INSDOC ने सन् 1967 में United States National Science Foundation के साथ विदेशी भाषा के प्रलेखों का आदि से अन्त तक अनुवाद करने का समझौता किया।

(xii) रसायन वैज्ञानिक सूचना केन्द्र–इसकी स्थापना INSDOC द्वारा 1971 में की गई। इसके लक्ष्य इस प्रकार हैं–

USSR में विज्ञान तथा तकनीकी के क्षेत्र में प्रकाशित सामयिक साहित्य का अर्जन करना तथा उसे भारत में विशेषज्ञों, वैज्ञानिकों तथा उच्चतर शिक्षा तथा अनुसंधान में रत संस्थाओं को प्राप्त कराना।

इस अनुबन्ध के तहत सोवियत वैज्ञानिकों से सामयिक प्रकाशनों के 350 शीर्षकों के करीब 3000 प्रकाशन प्रत्येक साल मिलते हैं।

(xiii) प्रशिक्षण कार्यक्रम–INSDOC द्वारा प्रलेखन तथा रिपोग्राफी में सन् 1964 से द्विवार्षिक प्रशिक्षण दिया जा रहा है। इसके अतिरिक्त इस केन्द्र में अनेक संस्थाओं के पुस्तकालयाध्यक्षों, प्रलेखनकर्ताओं तथा सूचना वैज्ञानिकों के आवेदन पर In-Service प्रशिक्षण भी दिया जाता है।

(xiv) सहयोग–INSDOC, FID (International Federation for Information Documentation) का एक राष्ट्रीय सदस्य है। जनवरी 1985 से FID की Informatics Activities Committee ने भारत में INSDOC, दिल्ली

में कार्य करना शुरू किया। INSDOC का UNESCO से भी घनिष्ठ रिश्ता है। यह केन्द्र क्षेत्र कार्यक्रमों जैसे ISDS, CODATA आदि में भी योगदान देता है। भारत में ISI के साथ रिप्रोग्राफी तथा प्रलेखन के मानक निर्मित करने में भी योगदान देता है।

(xv) ISDS के लिए भारतीय केन्द्र--भारतीय वैज्ञानिक प्रलेखन केन्द्र को देश की सरकार द्वारा Indian National Centre for International Serials Data System (ISDS) का स्थान दिया गया है जो कि एक अन्तर्राज्यीय संस्था है और जो अन्तर्राष्ट्रीय केन्द्र तथा 44 क्षेत्रीय केन्द्रों के नेटवर्क करने के लिए जिम्मेदार है।

Indian National Centre for International Serials Data System भारत में प्रकाशित Serials के व्यवस्थित पंजीकरण तथा उन्हें ISBN प्रदान करने का जिम्मेदारी रखता है।

(xvi) प्रकाशन—INSDOC के प्रकाशन हैं : Indian Science Abstracts (F), National Index of Translation (M), Contents Lists of Orient Scientific Periodicals (M), Accession List of Russian Scientific Publications (Bi-M), Annuals of Library Science and Documentation (Q).

(xvii) सेमिनार तथा सम्मेलन—INSDOC ने पुस्तकालय तथा प्रलेखन समस्याओं पर कई सम्मेलन, संगोष्ठियाँ आदि प्रायोजित की हैं।

वैसे तो भारतीय वैज्ञानिक प्रलेखन केन्द्र द्वारा देश में प्रलेखन सेवा का कार्य उचित और शान्तिपूर्ण ढंग से किया जा रहा है, परन्तु फिर भी तकनीशियनों तथा वैज्ञानिकों को और कारगर तथा अच्छी सेवाएँ प्रदान करने के लिए इसकी गतिविधियों में सुधार की आवश्यकता है। सामयिक प्रकाशनों की राष्ट्रीय संघ सूची अभी तक अपेक्षित है। इसी प्रकार Directory of Indian Scientific Periodicals और Directory of Scientific Research Institutions in India के संशोधित संस्करण (Revised Editions) भी प्रकाशित होने चाहिए। अनुवाद तथा फोटोकॉपी सेवाओं की वर्तमान दरें काफी ऊंची हैं। इन सभी पर दोबारा विचार करने की जरूरत है।

2. प्रतिरक्षा वैज्ञानिक सूचना तथा प्रलेखन केन्द्र—सन् 1958 में Defence and Research Development Organization के द्वारा Scientific Information Bureau की स्थापना की गई। सन् 1967 में इस संस्था का पुनर्गठन किया गया और इसका नाम बदलकर प्रतिरक्षा वैज्ञानिक प्रलेखन तथा सूचना केन्द्र कर दिया गया। यह DRDO की एक इकाई के रूप में काम कर रहा है।

DESIDOC के पुस्तकालय में तकरीबन 45000 पुस्तकें, 40000 तकनीकी प्रतिवेदन तथा करीब 14000 सामयिक प्रकाशन हैं। इसमें Patents तथा Standards भी मौजूद हैं।

(i) अनुहिस्सा–DESIDOC को उपयुक्त ढंग से चलाने के लिए इसे अनेक अनुहिस्सों में विभक्त कर दिया गया है जैसे–प्रलेखन अनुहिस्सा, पुस्तकालय अनुहिस्सा, अनुवाद अनुहिस्सा, प्रलेखन प्रतिलिपि अनुहिस्सा, प्रकाशन अनुहिस्सा, तकनीकी अनुहिस्सा तथा प्रशासकीय अनुहिस्सा आदि।

(ii) केन्द्र के प्रमुख कार्य–प्रतिरक्षा वैज्ञानिक सूचना तथा प्रलेखन केन्द्र के प्रमुख कार्यों का विवरण निम्न प्रकार है–

(*i*) परामर्शदात्री सेवाएँ प्रदान करता है।

(*ii*) रक्षा से संबंधित आवश्यकताओं के अनुसार सूचना विज्ञान शोध और उन्नति कार्य को गति प्रदान करता है।

(*iii*) यह केन्द्र तकनीकी तथा वैज्ञानिक जानकारी का प्रस्तुतीकरण तथा एकत्रीकरण कर उसको अनेक DRDO की संस्थाओं तथा प्रयोगशालाओं और रक्षा मन्त्रालय की दूसरी संस्थाओं को प्रसारित करता है।

(*iv*) सूचना तथा प्रलेखन विज्ञान में प्रशिक्षण कार्यक्रम आयोजित करता है।

(*v*) DRDO पुस्तकालय और सूचना गतिविधियों में जरूरत के अनुसार परिवर्तन करता है।

(iii) केन्द्र की प्रमुख सेवाएँ

(*i*) निम्नलिखित प्रकाशन निकालता है–

  (*a*) Desidoc Bulletin (Bi-M) इसमें DESIDOC द्वारा प्रदत्त सेवाओं का वर्णन मिलता है।

  (*b*) Patents Information Alerts (Bi-M)

  (*c*) Defence Reports Abstracts (Bi-M) इसमें NASA, NTIS, RAND (USA), DRIC (UK) के प्रतिवेदन शामिल किये जाते हैं।

  (*d*) Desido List (Bi-M)

  (*e*) State of Art Reports.

(*ii*) फोटोप्रतिलिपि सेवाएँ उपलब्ध कराता है।

(*iii*) माँग पर पाठ्य-सामग्री खोज कर प्रस्तुत करता है।

(*iv*) इसमें एक अनुवाद बैंक भी है जो अनुवाद सेवाएँ प्रदान करता है।

(*v*) यह केन्द्र चयनित सूचना प्रसारण (SDI) सेवा लागू करता है जो DRDO और रक्षा मन्त्रालय के अधिकारियों तक ही सीमित होती है।

समसामयिक आवश्यकताओं की पूर्ति हेतु इस संस्था द्वारा DRDO मुख्यालय सेवा भवन में एक तकनीकी सूचना केन्द्र की भी स्थापना की गई है। 1986 में DESIDOC ने प्रतिरक्षा सूचना सेवा पर एक राष्ट्रीय सेमीनार भी की।

3. राष्ट्रीय सामाजिक विज्ञान प्रलेखन केन्द्र—भारत सरकार ने सन् 1969 में भारतीय समाज विज्ञान अनुसंधान परिषद् (ICSSR) की स्थापना की। ICSSR ने 1970 में एक समाज विज्ञान प्रलेखन केन्द्र की स्थापना की जिसको 'राष्ट्रीय सामाजिक विज्ञान प्रलेखन केन्द्र' (NASSDOC) का नाम दिया गया।

(i) प्रमुख प्रयोजन—राष्ट्रीय समाजिक विज्ञान प्रलेखन केन्द्र के प्रमुख प्रयोजन अग्रलिखित हैं—

(*i*) सामाजिक विज्ञान के क्षेत्र में शोध कार्यों में सहयोग देना।

(*ii*) आधार सन्दर्भ सामग्री-माइक्रोफिश तथा माइक्रोफिल्मस आदि को एकत्रित करना।

(*iii*) समाज विज्ञान Serials के पुराने Volumes का एक निक्षेपागार पुस्तकालय स्थापित करना।

(*iv*) एक आधार सामग्री फोटोकॉपी तथा पुस्तकालय इकाई स्थापित करना।

(*v*) समाज विज्ञान प्रलेखन के क्षेत्रीय केन्द्र का निर्माण करना।

(*vi*) भारतीय विश्वविद्यालयों के माध्यम से समाज विज्ञानों में प्रकट किये शोध प्रबन्धों को एकत्रित करना।

(*vii*) समाज विज्ञान Serials की संघ सूची तैयार करना।

(*viii*) अनेक केन्द्रों तथा संस्थाओं को प्रलेखन तथा वाङ्मयात्मक सेवा उपलब्ध कराना।

(ii) संग्रह—राष्ट्रीय सामाजिक विज्ञान प्रलेखन केन्द्र में सामाजिक मुद्दों पर देश भर में प्रकाशित होने वाली लगभग सभी पत्रिकाएँ मँगाई जाती हैं और पाठकों को मुहैया कराई जाती हैं। भारतीय सामाजिक विज्ञान सामयिक प्रकाशनों के अनुमानतः समस्त सामयिक अंक मँगाये जाते हैं। समाज विज्ञान के करीब 2000 सामयिक प्रकाशन इस केन्द्र में आ रहे हैं। अनुमानतः एक लाख समाज विज्ञान सामयिक प्रकाशनों के पुराने Volumes इसमें मौजूद हैं। अब तक अनुमानतः 2500 शोध प्रबन्ध मिल चुके हैं। इसके अतिरिक्त सम्मेलनों, परिसंवादों तथा कार्यशालाओं के प्रकाशन भी इस केन्द्र में संग्रहीत किये जाते हैं। इस केन्द्र में समाज विज्ञान में शोधविधि, महिलाओं के स्तर और ICSSR द्वारा वित्तीय सहायता प्रदत्त प्रकाशनों का करीब 9500 ग्रंथों का संग्रह मौजूद है।

(iii) सन्दर्भ स्रोत—सामाजिक विज्ञानों की विषय सामग्री जैसे विषयगत शब्दकोश, विश्वकोश, अनुक्रमणिकाएँ, सन्दर्भ ग्रंथ सूचियाँ तथा सार इस केन्द्र के पुस्तकालय में अच्छी मात्रा में मौजूद हैं।

(iv) अन्तःपुस्तकालय संसाधन केन्द्र—सन् 1958 में जवाहर लाल नेहरू विश्वविद्यालय स्थापित किया गया। यह केन्द्र स्थानीय पुस्तकालयों से ऐसे प्रलेख मँगाता है, जो उनके लिए पुराने तथा कभी-कभार उपयोग में आने वाले होते हैं परन्तु अनुसंधान के लिए आवश्यक होते हैं, जैसे--समाचार पत्र, सामयिक प्रकाशन, सरकारी रिपोर्ट्स आदि।

(v) माइक्रोफार्म में प्रलेख—इस केन्द्र के पुस्तकालय में बहुत से प्रकाशन माइक्रोफार्म में मौजूद हैं जैसे—

(*i*) Annuals of Indian Administration
(*ii*) Anthropological Society of Bombay, Journal
(*iii*) Bombay Geographical Papers (UK)
(*iv*) Economic Working Papers (UK)
(*v*) Psychological Abstract
(*vi*) Sharma, RA : A Bibliography of Mughal India, 1526-1707
(*vii*) A Selective Number of Ph.D. These and Research Reports etc.

(vi) प्रकाशन—भारतीय सामाजिक विज्ञान प्रलेखन केन्द्र के प्रमुख प्रकाशन निम्नलिखित हैं—

(*i*) Acquisition up-to-date (M)
(*ii*) Conference Alert (Q)
(*iii*) Indian Diary of Events (Q)
(*iv*) Social Science Research (Q)
(*v*) Index to Select Newspapers in English (M)
(*vi*) Review of Contents (Bi-M)
(*vii*) Social Science News (Bi-M)
(*viii*) सामाजिक विज्ञान समाचार (M) (हिन्दी में)

(vii) गतिविधियां—भारतीय सामाजिक विज्ञान प्रलेखन केन्द्र की प्रमुख गतिविधियाँ निम्न प्रकार हैं—

(*i*) CSSR प्रकाशनों का विनिमय।

(*ii*) आन्ध्र प्रदेश के मुक्त विश्वविद्यालय के विद्यार्थियों के लिए B. lib. and Information Science की कक्षाओं का आयोजन करना।

(*iii*) JLN University, Delhi के सहयोग से अन्तःपुस्तकालय संसाधन केन्द्र स्थापित करना।

(*iv*) International Bulletin of Bibliographies on Education के लिए आधार सामग्री प्रदान करना।

(*v*) भारतीय विश्वविद्यालयों द्वारा इसमें मान्य Doctoral Thesis तथा भारत पर विदेशी Thesis; ICSSR द्वारा ली गई परियोजनाओं (Projects) की शोध रिपोर्ट्स; ICSSR द्वारा सहायता प्रदत्त सम्मेलनों में प्रस्तुत किये गये प्रपत्र आदि जवाहरलाल नेहरू विश्वविद्यालय, दिल्ली का विषय सामग्री संग्रहण आता है।

(*vi*) विद्वानों को अध्ययन अनुदान देना।

(*vii*) ICSSR के प्रकाशनों को निःशुल्क अथवा मूल्य पर पूर्ति करना।

(*viii*) पुस्तक प्रदर्शनियों में हिस्सा लेना।

(viii) प्रमुख सेवाएँ—राष्ट्रीय सामाजिक विज्ञान प्रलेखन केन्द्र निम्न प्रकार की सेवायें प्रदान करता है—

(*i*) Duplicating तथा फोटो कॉपी सेवाएँ प्रदान करना।

(*ii*) आवेदन पर महत्त्वपूर्ण विषयों पर वाङ्मय सूचियाँ निर्मित करना।

(*iii*) सामाजिक विज्ञान संस्थाओं को प्रलेखन तथा जानकारी केन्द्र खोलने के लिए सलाह देना।

(*iv*) विद्वानों को दिल्ली से बाहर Document Supply Service प्रदान करना।

(*v*) अनुक्रमणीकरण सेवाएँ प्रदान करना।

(*vi*) स्टाफ को गोष्ठियों और सम्मेलनों में हिस्सा लेने के लिए सुविधाएँ प्रदान करना।

(*vii*) उपभोक्ताओं के लिए दूसरे पुस्तकालयों से पुस्तकों तथा प्रलेखों की फोटोकॉपियाँ मँगाना।

(*viii*) Staff को Refresher Courses के लिए Depute करना।

(*ix*) ICSSR कार्यक्रम : यह कार्यक्रम NASSDOC के भी हैं—

(*a*) सामाजिक विज्ञान सामयिक प्रकाशनों की संघ सूची का प्रकाशन।

(*b*) दिल्ली के पुस्तकालयों के समाचार-पत्रों की संघ सूची तैयार करना।

(*c*) सामाजिक विज्ञान Serials की संघ सूची बनाना।

(*d*) Area Studies Bibliographies : यह परियोजना 1979 में शुरू की गई थी।

(*e*) भाषा विषय-ग्रंथ सूचियाँ तैयार करना।

(*f*) महात्मा गाँधी विषय-ग्रन्थ सूची तैयार करना।

(*g*) NASSDOC की सेवाओं का कम्प्यूटरीकरण करना।

4. राजा राममोहन राय न्यास/प्रतिष्ठान (RRRLF)—इस प्रतिष्ठान को राजा राममोहन राय की स्मृति में स्थापित किया गया था। सन् 1972 ई. में इसकी स्थापना हुई। उन्होंने अपना पूरा जीवन समाज कल्याण तथा प्रौढ़ शिक्षा में बिताया। इस RRRLF का मुख्यालय कोलकाता में स्थित है। यह एक स्वतंत्र संस्था है।

(i) प्रमुख प्रयोजन—राजा राममोहन राय ट्रस्ट के प्रमुख प्रयोजन निम्नलिखित हैं—

(*i*) सार्वजनिक पुस्तकालय आन्दोलन को गतिमान बनाना।

(*ii*) ग्रामीण तथा नवाक्षरों में अध्ययन प्रवृत्ति को जगाना।

(*iii*) एक राष्ट्रीय पुस्तकालय नीति बनाना तथा उस नीति को केन्द्रीय तथा राज्य सरकारों के माध्यम से अपनाने के लिए प्रयत्न करना।

(*iv*) देश के विभिन्न राज्यों में पुस्तकालय कानून पारित करवाने के लिए प्रयत्न करना।

(*v*) राज्य स्तरीय पुस्तकालयों, राष्ट्रीय पुस्तकालयों, जिला पुस्तकालयों आदि को अन्तःपुस्तकालय से आदान-प्रदान (ILL) के माध्यम से जोड़कर एक राष्ट्रीय पुस्तकालय तन्त्र स्थापित करना।

(*vi*) पुस्तकालयों को तकनीकी तथा आर्थिक सहायता पहुँचाना।

(*vii*) भारत तथा विदेशों में पुस्तकालय उन्नति के लिए कोशिश करना।

(*viii*) सरकार को पुस्तकालय विकास कार्यक्रम में राय देना।

(*ix*) राष्ट्र में क्षेत्रीय पुस्तकालय सेवा केन्द्रों की स्थापना करना।

(*x*) ज्ञान विज्ञान तथा पुस्तकालय में अनुसन्धान को गति प्रदान करना।

(ii) संविधान—राजा राममोहन राय ट्रस्ट की स्थापना भारत सरकार के मानवीय संसाधन विकास मन्त्रालय के अन्तर्गत की गई है, इसलिए इसका अध्यक्ष मानवीय संसाधन विकास मन्त्री अथवा उसके माध्यम से नामांकित व्यक्ति होता है। इसकी एक कार्यकारिणी समिति होती है। इसके अलावा एक पूर्णकालिक निर्देशक, चार महत्त्वपूर्ण पुस्तकालयाध्यक्ष, भारतीय पुस्तकालय संघ के प्रतिनिधि आदि तथा मानवीय संसाधन विकास मन्त्रालय के प्रतिनिधि आदि इसके कुल 22 सदस्य होते

हैं। इसका पंजीकरण West Bengal Societies Registration Act के तहत किया गया है। इसको समस्त वित्तीय सहायताएँ भारत सरकार द्वारा दी जाती हैं।

(iii) प्रमुख गतिविधियाँ और कार्यक्रम—राजा राममोहन राय ट्रस्ट की प्रमुख गतिविधियाँ और कार्यक्रम निम्नलिखित हैं—

(*i*) नेहरू युवा तथा बाल भवन केन्द्रों को पुस्तकालय चलाने के लिए अनुदान देता है।
(*ii*) नवीन पुस्तकालय खोलने तथा देहाती पुस्तक निक्षेप केन्द्र चलाने तथा चल पुस्तकालय सेवा प्रदान करने के लिए Matching Grants देता है।
(*iii*) संगोष्ठियों के आयोजन, सम्मेलन पुस्तक संचयन, पुस्तक प्रदर्शनियों, जिला स्तर से नीचे के पुस्तकालयों के भवनों के विस्तार के लिए भी Matching Grants देता है।
(*iv*) राज्य तथा जिला केन्द्रीय पुस्तकालयों में दूरदर्शन, रेडियो तथा वीडियो आदि खरीदने के लिए अनुदान देता है।
(*v*) यह न्यास पुस्तकालयों को वित्तीय मदद देता है।
(*vi*) यह स्वैच्छिक संस्थाओं को पुस्तकालय चलाने के लिए वित्त मुफ्त देता है।
(*vii*) राज्य, केन्द्रीय तथा जिला पुस्तकालयों को निःशुल्क पुस्तकें बाँटता है।
(*viii*) बच्चों के लिए बाल पुस्तकालय खोलता है।
(*ix*) प्रलेख तथा दूसरी श्रव्य-दृश्य सामग्री खरीदने के लिए अनुदान देता है।
(*x*) 'राष्ट्रीय पुस्तकालय नीति' पर इस न्यास के Working Group ने 1983 में एक प्रारूप निर्मित किया था। इस प्रारूप के आधार पर भारत सरकार के संस्कृति विभाग ने एक 'Draft Policy Statement' जारी की और प्रो. डी. पी. चट्टोपाध्याय की अध्यक्षता में मई 1986 में एक समिति का गठन किया। इस प्रकार यह कहा जा सकता है कि यह सदन पुस्तकालयों की उन्नति के लिए प्रशंसनीय कार्य कर रहा है।

(iv) प्रमुख प्रकाशन—राजा राममोहन राय ट्रस्ट के प्रमुख प्रकाशन निम्नवत हैं—

(*i*) Books for the Millions at their Doorstep.
(*ii*) Grantha
(*iii*) Indian Libraries : Trends and Perspectives.
(*iv*) Directories of Public Libraries in India.
(*v*) Newsletter

5. राष्ट्रीय विज्ञान तथा तकनीकी सूचना केन्द्र—इस केन्द्र को सन् 1977 में स्थापित किया गया था। यह भारत सरकार के विज्ञान तथा तकनीकी विभाग के अधीन है। तकनीकी तथा विज्ञान के क्षेत्र में इसका महत्त्वपूर्ण स्थान है।

(i) प्रमुख प्रयोजन—राष्ट्रीय विज्ञान और तकनीकी सूचना केन्द्र के प्रमुख प्रयोजन निम्नलिखित हैं—

(*i*) वैज्ञानिक सूचना के विनिमय को अन्तर्राष्ट्रीय तथा राष्ट्रीय स्तर पर प्रोत्साहन देना।

(*ii*) सूचना का स्थान निर्धारण करने के लिए नवीन तकनीकी का विकास करना।

(*iii*) अनुसन्धान शैक्षणिक प्रशिक्षण कार्यक्रमों में सहभागिता को बढ़ावा देना।

(*iv*) तकनीकी तथा विज्ञान में मौजूद जानकारियों का अधिक से अधिक उपयोग सुनिश्चित करना।

(*v*) राष्ट्रीय वैज्ञानिक सूचना केन्द्रों के बीच समन्वय स्थापित करना।

(*vi*) तकनीकी तथा विज्ञान के क्षेत्र में वर्तमान तथा अहम् आवश्यकताओं की सूचनाएँ संग्रहीत करना।

(*vii*) जानकारी तकनीकी के क्षेत्र में विकास तथा अनुसंधान में प्रोत्साहन तथा सहायता देना।

(ii) प्रमुख कार्य—राष्ट्रीय विज्ञान और तकनीकी सूचना केन्द्र के प्रमुख कार्य निम्नलिखित हैं—

(*i*) Special Service System

(*ii*) Sectoral System

(*iii*) Regional System

(*iv*) यह अपने क्षेत्र की सूचना सेवा को गति प्रदान कर उसकी क्षमता में बृद्धि करता है। तकनीकी और विज्ञान क्षेत्र में मौजूद भावी तथा वर्तमान स्रोतों, तकनीकों तथा सेवाओं के मध्य समन्वय स्थापित करता है।

(*v*) यह राष्ट्रीय सूचना के उपयोग के लिए मानक बनाता है।

(*vi*) यह सूचना सेवा से जुड़े कर्मचारियों तथा प्रयोक्ताओं के प्रशिक्षण की व्यवस्था करता है।

(*vii*) इसके द्वारा विभिन्न सेमीनार, संगोष्ठी और प्रदर्शनियाँ भी आयोजित की जाती हैं।

(*viii*) यह INSDOC की मदद से वाङ्मय सूची प्रलेखन आपूर्त्ति तथा अन्य राष्ट्रों से आँकड़े प्राप्त करता है।

(iii) निसात के क्षेत्रीय केन्द्र

क्षेत्र	संस्थान
(*i*) कम्पैक्ट डिस्क	नेशनल एअरोनौटिकल लेबोरेट्री, बंगलौर
(*ii*) बीब्लियोमिट्रिक	इन्डियन नेशनल साइन्टिफिक एण्ड डाक्यूमेन्टेशन सेन्टर, नई दिल्ली
(*iii*) कैमिकल्स	राष्ट्रीय कैमिकल लेबोरेट्री, पुणे
(*iv*) टेक्सटाइल्ज़ तथा अलाइड विषय	अहमदाबाद टेक्स्टाइल इन्डस्ट्री शोध संघ, अहमदाबाद
(*v*) मशीन टूल्स	केन्द्रीय मशीन टूल्स संस्थान, बंगलोर
(*vi*) औषधि तथा भेषज	केन्द्रीय औषधि शोध संस्थान, लखनऊ
(*vii*) खाद्य तकनीकी	केन्द्रीय खाद्य टेक्नॉलॉजिकल शोध संस्थान, मैसूर
(*viii*) चर्म तकनीकी	केन्द्रीय चर्म शोध संस्थान, चेन्नई

उपरोक्त क्षेत्रीय केन्द्रों के अतिरिक्त निसात में कुछ और संस्थाओं को भी शामिल किया गया है जिनके नामों का विवरण निम्न प्रकार है—

(*i*) बौटैनिकल सर्वे ऑफ इण्डया, नई दिल्ली—वनस्पति विज्ञान सिद्धान्त सूचना सेवा।

(*ii*) नेशनल बोटैनिकल गार्डन, लखनऊ—आर्थिक वनस्पति सेवा।

(*iii*) प्रकाशन तथा सूचना निर्देशालय CSIR, Delhi—औषधीय वनस्पति सूचना।

(*iv*) भाभा एटोमिक रिसर्च सेन्टर, मुम्बई—नाभकीय सूचना सेवा।

उपरोक्त सभी केन्द्र प्रलेख आपूर्ति, पेटेन्ट खोज, प्रकाशन, विशिष्ट सन्दर्भ-ग्रंथ, सूचियों का संकलन, अनुवाद, रिप्रोग्राफी, औद्योगिक पूछताछ सेवाएँ प्रदान करते हैं।

राष्ट्रीय विज्ञान और तकनीकी सूचना केन्द्र ही एक ऐसी संस्था है, जो पुस्तकालयों को CDS/ISIS के बिना शुल्क बाँटने के लिए UNESCO द्वारा

अधिकृत की गई है। निसात ने राष्ट्र भर में स्थायी आधार पर On line Search सुविधाएँ स्थापित करने का काम हाथ में लिया हुआ है।

निसात ने संसाधन सहभागिता के द्वारा विज्ञान तथा टेक्नालॉजी विषयक सूचना संसाधनों की बेहतरीन उपयोगिता निर्धारित करने के लिए Metropolitan Networks को विकसित करने का उपक्रम किया है। CMC Ltd. Calcutta ने CALIBNET पूरा किया। इसी प्रकार दिल्ली में DELNET की स्थापना की गई है।

वर्तमान समय में कम्प्यूटर मनुष्य के जीवन का एक प्रमुख हिस्सा बन गया है। आज जीवन के प्रत्येक क्षेत्र में इसकी उपस्थिति दर्ज है। इसीलिए निसात कम्प्यूटर आधारित वाङ्मय जानकारी प्रस्तुतीकरण के पहलुओं के पक्षों को अत्यधिक महत्त्व दे रहा है।

प्रमुख प्रकाशन–

(*i*) Current Indian Literature

(*ii*) Patent Highlights and Industry Highlights.

(*iii*) Buyers Guides

(*iv*) Directories of Agents, Research, Foreign Collaborations.

इस समय यह संस्था उपभोक्ताओं को तीव्र, सरल एवं सहज, सूचना पहुँचाने का कार्य कर रही है, जो कि आधुनिक युग की आवश्यकता है। विज्ञान तथा तकनीकी के अनेक क्षेत्रों में क्षेत्रीय केन्द्र स्थापित कर तथा इन केन्द्रों में कार्यरत सदस्यों के लिए प्रशिक्षण तथा शैक्षिक कार्यक्रम चला कर निसात ने सूचना तकनीकी के उन्नति में चार चाँद लगा दिये हैं जिससे टेक्नॉलॉजिकल तथा वैज्ञानिक समुदाय की सूचना विषयक बढ़ती हुई मांगों की पूर्ति करना काफी हद तक संभव हो सका है।

अन्तर्राष्ट्रीय पुस्तकालय का गठन

1. संयुक्त राष्ट्र द्वारा शैक्षणिक वैज्ञानिक तथा सांस्कृतिक संनिर्माण–UNESCO के प्रमुख प्रयोजन निम्न प्रकार हैं–

(*i*) पुस्तकालयों के उन्नति कार्यक्रमों को प्रमुखता देना;

(*ii*) अध्ययन तथा भ्रमण सूचना के लिए विश्व-केन्द्र के रूप में काम करना;

(*iii*) शिक्षा, विज्ञान तथा संस्कृति का विकास करना;

(*iv*) सामान्य समस्याओं के लिए एक मंच प्रदान करना;

(*v*) दुर्लभ हस्तलिखित ग्रंथों का सम्मत सामान्य भाषा में अनुवाद करने में मदद करना;

(*vi*) दुर्लभ पाण्डुलिपियों तथा राष्ट्रीय स्मारकों के संरक्षण के लिए राय देना;

(*vii*) वैज्ञानिक ज्ञान तथा सूचना का प्रसारण तथा संग्रह करना;

(*viii*) सदस्य-देशों के मध्य ज्ञान के अनेक क्षेत्रों के विकास-विषयक सूचनाओं के विनिमय में सहायता देना;

(*ix*) भावी सूचना नेटवर्क का संचालन तथा परियोजना के लिए विशिष्ट मानवीय संसाधनों की उन्नति करना;

(*x*) संगीतकारों, कलाकारों, दार्शनिकों आदि के बीच बौद्धिक मदद के लिए अनुकूल स्थितियों को बढ़ावा देना आदि।

(*xi*) क्षेत्रीय तथा राष्ट्रीय सूचना नीतियों की प्रोन्नति करना;

(*xii*) सूचना स्थानान्तरण के मानक और संस्थीय अवयवों को बढ़ावा देना।

2. प्रमुख गतिविधियां—विज्ञान सारांशीकरण पर अन्तर्राष्ट्रीय सम्मेलन जून, 1949 में **पेरिस** में हुए इस पहले सम्मेलन में 29 देशों के प्रतिनिधियों ने भाग लिया। इस सम्मेलन में सारांशीकरण की प्रस्तुति तथा भाषा का वर्गीकरण से रिश्ता, अनुक्रमणीकरण तथा प्रतिलिप्याधिकार प्रलेखों के संचयन तथा चयन सम्बन्धी यान्त्रिकी तरीकों पर विचार-विमर्श हुआ। सम्मेलन में अनुशंसित कुछ बातों पर गौर भी किया गया।

वाङ्मयात्मक सेवाओं के सुधार गर अन्तर्राष्ट्रीय सम्मेलन पेरिस, नवम्बर 1950—राष्ट्रीय वाङ्मय की प्रकृति तथा कार्यक्षेत्र और इसका अन्तर्राष्ट्रीय स्तर पर समन्वय, पर इस सम्मेलन में विचार-विमर्श किया गया। इसमें हर एक राष्ट्र द्वारा अपने राष्ट्रीय सन्दर्भ पुस्तक की सूची बनाये जाने पर सहमति बनाई गई। यूनेस्को प्रत्येक राष्ट्र को अपना वाङ्मयात्मक केन्द्र स्थापित करने में सहयोग देगा। अन्तर्राष्ट्रीय निकायों तथा राष्ट्रीय समूहों के कार्यों के तालमेल के लिए सन्दर्भ ग्रंथ सूची, प्रलेखन तथा पारिभाषित शब्दावली पर एक अन्तर्राष्ट्रीय परामर्शदात्री समिति का निर्माण किया गया। 1966 में इसका पुनर्निर्माण कर इसका नाम 'प्रलेखन, अभिलेखागारों तथा पुस्तकालयों पर अन्तर्राष्ट्रीय परामर्शदात्री समिति' रखा गया। इस समिति द्वारा अग्रलिखित कार्यक्रमों को महत्त्व दिये जाने की सिफारिश की—

(*i*) क्षेत्रीय, राष्ट्रीय तथा अन्तर्राष्ट्रीय सेवाओं में वृद्धि;

(*ii*) नवीन तथा पारम्परिक पद्धतियों के प्रयोग के लिए सामान्य न्यूनतम मानकों की स्थापना;

(*iii*) व्यावसायिक कार्यक्रमों के लिए सामान्य न्यूनतम मानकों की स्थापना;

(*iv*) नवीन प्रलेखात्मक तकनीकी गुणवत्ता Data Processing का प्रयोग तथा मूल्यांकन आदि।

इस विशिष्ट कार्यक्रम को प्रलेखन, अभिलेखागार तथा पुस्तकालय विभाग के द्वारा लागू किया गया। विषय-ग्रन्थ सूचियों तथा प्रलेखन में पुस्तकालय, मानकीकरण तथा प्रलेखन कार्य में स्वचालन और मशीनीकरण का कार्य एवं सुझाव मुख्यतया व्यावसायिक गैर-राजकीय संस्थाओं जैसे–ICSU, FID, ISO, IFLA, IFIP आदि के अनुबन्धों के द्वारा किया गया।

सन् 1967 में Libraries Division में सुधार किया गया और इसका नाम 'Documentation, Bibliothequeset Archives' रख दिया गया। इस विभाग ने 1971 से यूनेस्को के प्रलेखों तथा प्रकाशनों की Computerised Documentation सेवा प्रदान करने का कार्य प्रारम्भ किया है–

यूनेस्को द्वारा दिए गये विभिन्न योगदानों में से दो योगदान अत्यंत महत्त्वपूर्ण हैं, जो निम्नलिखित हैं–

(*i*) राष्ट्रीय सूचना पद्धति कार्यक्रम

(*ii*) जगत् विज्ञान सूचना प्रद्धति कार्यक्रम

UNISIST, UNESCO तथा ICSU का विज्ञान तथा तकनीकी के जगत में संयुक्त कार्यक्रम है। UNISIST के कार्य निम्न प्रकार हैं–

(*a*) टेक्नॉलॉजिस्ट्स तथा वैज्ञानिकों को प्रकाशित सूचना प्रदान कराना;

(*b*) तकनीकी तथा वैज्ञानिक सूचना के क्षेत्र में आवश्यक विकास के लिए पथ-प्रदर्शन करना;

(*c*) राष्ट्रीय तथा अन्तर्राष्ट्रीय स्तर पर सूचना सहभागिता को बढ़ावा देना तथा समन्वित करना;

(*d*) विकासशील देशों को उनकी वैज्ञानिक तथा तकनीकी जानकारी की आवश्यकताओं को पूरा करने में सहयोग करना आदि।

UNISIST की परामर्शदात्री समिति की बैठक मई, 1975 तथा Steering Committee की बैठक अक्तूबर, 1975 में हुई जिनमें ऐसे कदम उठाये गये जो UNISST के कार्यक्रम के कार्यक्षेत्र को विस्तृत करे। उदाहरण के लिए, सूचना तन्त्र/पद्धति में उन्नति, अन्तर्सम्बन्ध पद्धति पर बल, शिक्षा, आदर्शक कार्य, भावों तथा प्रशिक्षण उन्नति की परियोजनायें आदि।

इस समय UNISIST सामान्य सूचना कार्यक्रम का एक महत्त्वपूर्ण अंग बन गया है, जो सन् 1976 में स्थापित किया गया था। सामान्य सूचना कार्यक्रम के पाँच विषय निर्धारित किये गये हैं–

(*i*) सूचना विशेषज्ञों तथा उपभोक्ताओं के लिए शिक्षा तथा प्रशिक्षण।
(*ii*) विशिष्ट सूचना पद्धति का विकास करना।
(*iii*) महत्त्वपूर्ण सूचना पद्धतियों की उन्नति में मदद करना।
(*iv*) सूचना प्रबंध के मानकों, तरीकों में अभिवृद्धि करना।
(*v*) राष्ट्रीय, क्षेत्रीय तथा अन्तर्राष्ट्रीय स्तरों पर सूचना योजनाओं तथा नीतियों को बनाना।

सामान्य सूचना कार्यक्रम से सदस्य राज्यों को, राष्ट्रीय सूचना योजनाएं तथा नीति बनाने, पुस्तकालय तथा सूचना उन्नति के समन्वय हेतु राष्ट्रीय ढांचा स्थापित करने, उन्नति कार्यों पर वित्त खर्च करने, कर्मचारियों को प्रशिक्षित तथा शिक्षित करने आदि में अत्यधिक सहायता मिली है। सामान्य सूचना कार्यक्रम के लिए अन्तर्राज्यीय परिषद् का पाँचवां सत्र पेरिस में नवम्बर, 1984 में आयोजित किया गया जिसमें सामान्य सूचना कार्यक्रम की गतिविधियों पर विस्तार से चर्चा की गई।

राष्ट्रीय सूचना पद्धति कार्यक्रम 'राष्ट्रीय प्रलेखन पुस्तकालयों तथा अभिलेखागारों की मूलभूत जरूरतों के लिए योजना' पर अन्तर्राज्यीय सम्मेलन सितम्बर, 1974 का पीछा करते हुए UNESCO ने राष्ट्रीय सूचना पद्धति का पक्ष लिया। NATIS का उद्देश्य है--आर्थिक, राजनीतिक, शैक्षणिक, वैज्ञानिक, सांस्कृतिक तथा सामाजिक गतिविधियों में व्यस्त व्यक्तियों को समस्त समाज के लाभ के लिए आवश्यक जानकारी प्राप्त करना व सुनिश्चित करना है।

NATIS का लक्ष्य है–देश की सूचना विषयक आवश्यकताओं से परिचय करना और यह सुनिश्चित करना कि वे सस्ती और तीव्रता तथा आसानी से पूर्ण रूप में पूरी हो रही हैं या नहीं?

INSDOC द्वारा नवम्बर, 1985 में दिल्ली में Thesaurus निर्माण तथा उपयोग पर एक 'यूनेस्को क्षेत्रीय कार्यशाला' आयोजित की थी। दिसम्बर, 1984 में 'सूचना प्रस्तुतीकरण उपकरणों' पर यूनेस्को कार्यशाला का Graz, Austria में आयोजन किया गया। इस कार्यशाला का प्रयोजन था : IV + V प्रणालियों को उपयोग करने के संबंध में भागीदारों को निर्देश देना तथा उन्हें कम्प्यूटरीकृत सूचना पद्धतियों की समर्थता के संबंध सामान्य ज्ञान प्रदान करना, जिससे उन्हें

सूचना काम के लिए Hardware तथा Software के चुनाव में सरलता हो सके, इसके साथ ही इस क्षेत्र में कम्प्यूटर प्रयोग एवं उसका विकास संभव हो सके योजना में इससे सहायता मिलेगी।

Standard-like Materials और UNESCO, International Standards के प्रयोग में बढ़ोत्तरी करने हेतु क्षेत्रीय, राष्ट्रीय तथा अन्तर्राष्ट्रीय स्तरों पर सम्मेलनों का आयोजन करता है।

FID के साथ मदद कर UNESCO द्वारा एक International Information System on Research in Documentation (ISORID) को स्थापित किया गया जिसका प्रमुख प्रयोजन है—अनुसन्धान गतिविधियों पर सूचना का संग्रहण, विश्लेषण, व्यवस्था तथा प्रसारण करना; पुस्तकालयों, प्रलेखनों तथा अभिलेखागारों की उन्नति के लिए प्रयास करना।

संस्थाओं और विशेषज्ञों के बीच सहयोग में वृद्धि करने हेतु ISORID ने अग्रलिखित सन्दर्भ कृति भी तैयार की है—

'ISORID : International Directory of Institutions Active in the Field of Research in Information, Libraries and Archies.'

UNESCO ने कई पथ-प्रदर्शक परियोजनाएं तथा मदद मार्गदर्शी परियोजनाएँ, सिलोन में प्रलेखन तथा पुस्तकालय सेवाओं सम्बन्धी मार्गदर्शी परियोजना, विशेषज्ञों, क्षेत्रीय कोर्सों, सम्मेलनों तथा संगोष्ठियों में इससे जुड़ी उन्नति तथा प्रशिक्षण सेवाओं का निर्माण आदि किया है।

स्कूल और तकनीकी पुस्तकालय क्षेत्र में यूनेस्को का योगदान

शैक्षिक कार्यक्रमों को क्रियान्वित करने हेतु यूनेस्को ने विद्यालयों और तकनीकी पुस्तकालयों पर अधिक बल दिया है। इसके लिए यह शैक्षणिक प्रलेखन सेवाएँ प्रदान करता है। 'सूचना तथा शैक्षणिक प्रलेखन' पर पनामा सम्मेलन, 1971 में अध्यापन तकनीकों, अध्यापकों और बच्चों की अध्यापन तथा शिक्षा प्रक्रिया में भूमिका आदि पर विचार किया गया। इस सम्मेलन में विशेषज्ञों, पुस्तकालयाध्यक्षों, तथा अध्यापकों ने भाग लिया।

1. यूनेस्को तथा सार्वजनिक पुस्तकालय—यूनेस्को द्वारा अपने सहायक कार्यक्रमों के माध्यम से सभी सदस्य राष्ट्रों को पुस्तकालय स्थापित करने तथा पुस्तकालय सेवाओं में बढ़ोत्तरी करने में सहायता प्रदान की जाती है। सहायता कार्यक्रम का लक्ष्य है : सार्वजनिक पुस्तकालय सेवा का विकास करना, प्रौढ़ शिक्षा तथा साहित्यिक कार्यक्रमों में बृद्धि करना आदि।

सार्वजनिक पुस्तकालय का विकास और प्रचार-प्रसार भली-भांति किस प्रकार हो सकता है, यूनेस्को ने इससे संबंधित एक घोषणा पत्र जारी किया है। सन् 1955 में दिल्ली में 'Unesco Seminar on the Development of Public Libraries' का आयोजन किया गया। सार्वजनिक पुस्तकालय परियोजनाओं तथा व्यापक पुस्तकालय को निःशुल्क सेवाएँ प्रदान की हैं।

2. यूनेस्को तथा विश्वविद्यालय पुस्तकालय—यूनेस्को ने विश्वविद्यालय और विशेष पुस्तकालयों के विकास में महत्त्वपूर्ण भूमिका निभाई है। यूनेस्को अपने सदस्य राज्यों में अनेक सम्मेलनों का आयोजन करता है, उन्हें तकनीकी अनुदान तथा मदद देता है, विभिन्न प्रकाशनों की व्यवस्था करता है। इन सब गतिविधियों का प्रतिफल यह हुआ कि पुस्तकालयों की परिभाषा, उनके कार्य तथा उद्देश्य परिभाषित किये गये। पुस्तकालयों का विश्वविद्यालयों में क्या स्थान है, सेवाएँ प्रदान करने के लिए तकनीकों की आवश्यकता है, इसका निर्धारण कैसे किया जाये आदि की जानकारी होती है।

3. यूनेस्को तथा राष्ट्रीय पुस्तकालय—राष्ट्रीय पुस्तकालयों के विकास में यूनेस्को ने सम्मेलनों और विचारकों के जरिये महत्त्वपूर्ण भूमिका निभाई है। यूनेस्को ने Seminars and Symposiums on National Libraries में निम्नलिखित सिफारिशें की हैं—

(*a*) हर देश अधिकाधिक पुस्तकालय स्थापित करे,
(*b*) हर देश पुस्तकालय संघों को प्रोत्साहन दे,
(*c*) सदस्य देशों को International Copyright Convention के प्रावधानों का समर्थन करना चाहिए,
(*d*) सार्वजनिक पुस्तकालय पद्धति के समन्वित नेटवर्क की उन्नति हेतु राष्ट्रीय पुस्तकालय अधिनियम (National Library Act) के नियमों का अनुपालन करे।

4. प्रकाशन—वैसे तो यूनेस्को प्रमुख रूप से अंग्रेजी, स्पेनिश और फ्रेंच की भाषा में प्रकाशन करता है, परन्तु अनेक परिस्थितियों में अरबी, रूसी व चीनी भाषा में भी प्रकाशन मौजूद हैं, यूनेस्को निम्नलिखित प्रकाशन निकालता है—

(*i*) Prospects (Q)
(*ii*) Impact of Science on Society (Q)
(*iii*) Copyright Bulletin (Q)
(*iv*) International Social Science Journal (Q)

(*v*) Unesco Sources (M)
(*vi*) Natural and Resources (Q)
(*vii*) Unesco Courier (Monthly in 36 languages)

उपरोक्त के अतिरिक्त यूनेस्को ने विभिन्न पुस्तकें, Statistics, वैज्ञानिक Maps तथा Atlases भी प्रकाशित किये हैं।

सारांश—उपरोक्त वर्णन के आधार पर यह कहा जा सकता है कि यूनेस्को ने सदस्य देशों को शिक्षा, संस्कृति तथा विज्ञान के जगत में क्षेत्रीय, राष्ट्रीय तथा अन्तर्राष्ट्रीय स्तरों पर प्रलेखन, अभिलेखागार तथा पुस्तकालय सेवाओं में बढ़ोत्तरी करने के लिए विशेष योगदान दिया है। यूनेस्को ने पुस्तकालयों के कार्यों तथा उद्देश्यों को सदैव प्रतिभाषित करते हुए सदस्य देशों के सामाजिक, शैक्षिक, वैज्ञानिक, तथा सांस्कृतिक उन्नति में मदद प्रदान की है।

इन्टरनेशनल फेडरेशन ऑफ लाइब्रेरी एसोसिएशन

इन्टरनेशनल फेडरेशन ऑफ लाइब्रेरी एसोसिएशन को सन् 1929 में स्थापित किया गया था। यह संघ अपने प्रारम्भिक दौर में सभी पुस्तकालय संघों का एक महासंघ था जो कालांतर में सदस्य पुस्तकालयों, पुस्तकालय शालाओं तथा दूसरी संस्थाओं के लिए भी हो गया। इसके सदस्य व्यक्ति भी Affiliates के रूप में हो सकते हैं। शुरू में IFLA यूरोप और अमेरीका के कुछ महत्त्वपूर्ण पुस्तकालयाध्यक्षों का मंच रहा। कालांतर में दूसरे विश्व युद्ध के पश्चात् यूनेस्को ने इसे परामर्शदाता का स्तर प्रदान किया और इस प्रकार धीरे-धीरे इसके कार्यों में बढ़ोत्तरी होने लगी। सन् 1961 में पेरिस में एक अन्तर्राष्ट्रीय सम्मेलन 'सूचीकरण सिद्धान्तों' पर आयोजित किया गया जिससे इसकी उन्नति को काफी प्रोत्साहन मिला। सन् 1971 में इसका कार्यालय हेग में स्थानान्तरित कर दिया गया, जिससे इसके कार्यों में वृद्धि होने लगी।

प्रमुख प्रयोजन—इस संघ के प्रमुख प्रयोजन निम्न प्रकार हैं—

(*i*) पुस्तकालय, पुस्तकालयाध्यक्षों, पुस्तकालय संघों को अन्तर्राष्ट्रीय स्तर पर आपस में नजदीक लाना।

(*ii*) अन्तर्राष्ट्रीय स्तर पर सहकारिता, विचारों का आदान-प्रदान करना।

(*iii*) सूचना सेवाओं, वाङ्मय सूची, पुस्तकालय कर्मचारियों की शिक्षा, पुस्तकालय क्रिया कलापों के समस्त क्षेत्रों में अन्तर्राष्ट्रीय सद्भावना मदद, विकास और अनुसन्धान की बढ़ोत्तरी करना आदि।

प्रमुख अंग—इस महासंघ के तीन प्रमुख अंग हैं जिनका विवरण निम्न प्रकार है—

(*i*) **महापरिषद् :** यह IFLA का मुख्य संचालक अंग है। महापरिषद् का सृजन सदस्य चुनाव के माध्यम से करते हैं।

(*ii*) **कार्यकारी मण्डल :** कार्यकारी मण्डल का चुनाव महासंघ ही करता है।

(*iii*) **व्यावसायिक मण्डल :** इसे भी महासंघ ही चुनता है। इसमें व्यावसायिक कामों के लिए Round Tables तथा कार्यकारी ग्रुपों का गठन किया गया है।

IFLA के दो अन्तर्राष्ट्रीय कार्यालय हैं :

(*a*) **Universal Bibliographic Control :** यह British Library के सन्दर्भ विभाग में है;

(*b*) **International Lending :** यह ब्रिटिश लाइब्रेरी के Lending विभाग में कार्यरत रहा है।

IFLA के दो क्षेत्रीय ब्यूरो मलेशिया और कुआलालमपुर में हैं।

प्रमुख कार्य—इस संगठन के प्रमुख कार्यों का विवरण निम्न प्रकार है—

(*i*) इसने अन्तर्राष्ट्रीय सूचीकरण बाधाओं, पुस्तकालय मानकों तथा सांख्यिकियों पर अनेक दस्तावेज प्रकाशित किये हैं।

(*ii*) यह गोष्ठियों, सम्मेलनों, कार्यशालाओं आदि का आयोजन करती है।

(*iii*) यह Universal Bibliographic Development, Universal Availability of Publication, International Standard Bibliographic Description (ISBD), International Mark आदि कार्य UNESCO के सहयोग से कर रही है।

(*iv*) IFLA का मुख्य कार्यक्षेत्र तीसरी दुनिया के देशों में पुस्तकालय सेवा का विकास करना है।

(*v*) यह पुस्तकालय विज्ञान के पाठ्यक्रम तैयार करती है।

(*vi*) सूचीकरण की सुविधा उपलब्ध करती है।

(*vii*) नेत्रहीनों के लिए ब्रेल बुक्स निर्मित करती है।

(*viii*) ग्रामीण पुस्तकालय सेवा में वृद्धि करती है।

(*ix*) IFLA पुस्तकालयाध्यक्षों के लिए एक अन्तर्राष्ट्रीय मंच की तरह से काम करती है।

(*x*) अन्तर्राष्ट्रीय संस्थाओं को सूचना विज्ञान तथा पुस्तकालय के क्षेत्र में राय देती है।

(*xi*) **प्रमुख सहयोगी**—इस संगठन के सहयोगी इस विभाग प्रकार हैं– (*a*) इब्रो अमरीकी विभाग, (*b*) कला थियेटर तथा पुस्तकालय, (*c*) सार्वजनिक पुस्तकालय, (*d*) विशिष्ट पुस्तकालय, (*e*) विश्वविद्यालय तथा राष्ट्रीय पुस्तकालय तथ्य, (*f*) प्रशासकीय, संसदीय पुस्तकालय विभाग।

अन्तर्राष्ट्रीय प्रलेखन संघ

अन्तर्राष्ट्रीय प्रलेखन संघ को सितम्बर, 1895 में ब्रूसेल्स में दो बेल्जियम पुस्तकालय वैज्ञानिकों हेनरी लॉ फानटीब तथा पॉल ऑटलेट ने Institute International de Bebliographic (IIB) के नाम से स्थापित किया था। सन् 1931 में इसका नाम Institute International de Documentation (IID) कर दिया गया और मुख्यालय हेग में परिवर्तित कर दिया गया। फिर सन् 1937 में इसका वर्तमान नाम Federation International de Documentation (FID) कर दिया गया जो अंग्रेजी में International Federation for Documentation कहलाता है। FID की स्थापना सार्वभौमिक विषय ग्रंथ सूची सृजन के लिए की गई थी। यह एक गैर-सरकारी वैज्ञानिक संस्था है।

प्रमुख उद्देश्य—अन्तर्राष्ट्रीय प्रलेखन संघ के प्रमुख उद्देश्य निम्नलिखित हैं—

(*i*) जानकारी तथा ज्ञान के सभी क्षेत्रों के अध्ययन, निर्माण, शोध एवं सूचना विज्ञान के व्यवहार में अन्तर्राष्ट्रीय मेल-जोल द्वारा बढ़ोत्तरी।

(*ii*) व्यक्तियों तथा निर्माताओं को अपने प्रयासों के समन्वय के लिए संसार का एक मंच प्रदान करना।

सदस्य—इसके सदस्य अन्तर्राष्ट्रीय, राष्ट्रीय संस्थाओं तथा निर्माण से संबद्ध देश होते हैं।

आय—FID की आमदनी का प्रमुख स्रोत प्रकाशनों की बिक्री, सदस्यता शुल्क तथा यूनेस्को से मिलने वाली मदद है।

संनिर्माण—अन्तर्राष्ट्रीय प्रालेखन संघ को एक सामान्य सभा संचालित करती है। महासभा अपने सदस्यों में से एक परिषद् का गठन करती है। परिषद् में 1 अध्यक्ष, 3 उपाध्यक्ष, 1 कोषाध्यक्ष, 12 सदस्य तथा पदेन महासचिव होते हैं। आम सभा की बैठक दो वर्ष में एक बार होती है।

क्षेत्रीय आयोग—अन्तर्राष्ट्रीय प्रलेखन संघ के तीन क्षेत्रीय आयोग FID/CAF : Commission for Asia, FID/CLA : Commission for Latin America, FIC/CAO : Commission for Asia and Oceania, हैं।

समितियाँ—अन्तर्राष्ट्रीय प्रलेखन संघ की दस समितियाँ हैं—(*i*) FID/II : Information for Industry (*ii*) FID/IM : Informatics (*iii*) FID/LD : Linguistics in Documentation (*iv*) FID/PD : Patent Information and Documentation (*v*) FID/RT : Research on the Theoretical basis of Information Science (*vi*) FID/SD : Social Science Documentation. (*vii*) FID/CCC : Central Classification Committe (*viii*) FID/CR : Clas sification Research (*ix*) FID/DT : Terminology of Information and Documentation (*x*) FID/ET : Education and Training हैं।

प्रमुख कार्य—अन्तर्राष्ट्रीय प्रलेखन संघ के प्रमुख कार्यों का विवरण निम्न प्रकार है—

(*i*) प्रशिक्षण तथा शिक्षा वर्गीकरण, अनुवाद तथा अनुक्रमणीकरण आदि में सहयोग देना।

(*ii*) उपभोक्ताओं की आवश्यकताओं तथा उनकी निजी उन्नति के लिए जानकारियों की पूर्ति करना।

(*iii*) जानकारी का संकलन, भण्डारण, प्रसारण, रीपैकेजिंग करना।

(*iv*) यूनेस्को, IAFE, ISO तथा IFO, IFLA आदि अन्तर्राष्ट्रीय निर्माणों को सहयोग देना।

(*v*) परिसंवादों, सम्मेलनों तथा कार्यशालाओं का आयोजन करना।

(*vi*) यू. डी. सी. पद्धति में बदलाव, परिवर्द्धन तथा संचालन का कार्य करना। इसके लिए एक मुख्य Central Classification Committee है तथा 30 दूसरी समितियाँ हैं, जो यू.डी.सी. को पुनःरक्षित करने में लगी हुई हैं।

प्रकाशन—अन्तर्राष्ट्रीय प्रलेखन संघ निम्नलिखित प्रकाशन प्रकाशित करता है—

(*i*) Extension and Corrections to the UDC (Annual)

(*ii*) FID News Bulletin (M) (जुलाई और अगस्त में प्रकाशित नहीं होता)

(*iii*) FID Directory (Bi-M)

भारत और अन्तर्राष्ट्रीय प्रलेखन संघ—भारत इस संगठन से सन् 1948 में ही जुड़ गया था जिसमें डॉ. रंगनाथन की भूमिका महत्त्वपूर्ण रही है। डॉ. रंगनाथन ने 1948 में FID के भूतपूर्व महासचिव डॉ. डोन्कर क्यूविस से सम्पर्क कर FID/CA समिति के काम 'सामान्य वर्गीकरण सिद्धान्त, और FID/CR समिति के लिए 'वर्गीकरण शोध' पर काम किया। डॉ. रंगनाथन दो दशक तक इसके Reporter General तथा मानद अध्यक्ष रहे। INSDOC उत्पति से ही भारत

इसका राष्ट्रीय सदस्य है। भारत आज भी FID की विभिन्न तकनीकी समितियों का सदस्य है। सन् 1975 में भारत ने वर्गीकरण शोध समिति का अन्तर्राष्ट्रीय सम्मेलन तथा सन् 1985 में क्षेत्रीय सम्मेलन का आयोजन किया।

इस प्रकार यह कहना उचित होगा कि अन्तर्राष्ट्रीय प्रलेखन संघ पुस्तकालय की उन्नति हेतु जानकारी तथा प्रलेखन के क्षेत्र में एक महत्त्वपूर्ण अन्तर्राष्ट्रीय व्यावसायिक संस्था है। इसने सूचना विज्ञान की उन्नति में महत्त्वपूर्ण योगदान दिया है।

4

पुस्तकालय एवं परोक्ष शिक्षा

पुस्तकालय प्रत्येक देश की शिक्षा व्यवस्था का हृदय है। हर एक राष्ट्र के शैक्षणिक, सामाजिक, आर्थिक और सांस्कृतिक विकास में पुस्तकालय का महत्त्वपूर्ण स्थान है। वर्तमान में पुस्तकालय सूचना के महत्त्वपूर्ण केन्द्र माने जाते हैं। इसलिए सूचना की उपयोगिता एवं अनुप्रयोगों की दृष्टि से इनका दायित्व उपयोगकर्ताओं के प्रति और अधिक बढ़ जाता है। पुस्तकालयों में आजकल उपयोगकर्ताओं के लिए सूचना से सम्बन्धित निम्न कार्य सम्पन्न करने पड़ते हैं–

1. सूचना का चयन एवं अर्जन।
2. सूचना का विश्लेषण, प्रक्रिया, संग्रहण तथा उपयोगी रूप में उसका रीपैकेज करना।
3. सूचना की पुनर्प्राप्ति एवं प्रकीर्णन।

उपरोक्त तीनों कार्यों को करने हेतु पुस्तकालयों अथवा सूचना केन्दों में एक सामान्य पुस्तकालयी की आवश्यकता न होकर एक शिक्षित, प्रशिक्षित एवं प्राविधिक योग्यताओं से युक्त अन्तर्माध्यम के रूप में मानव शक्ति की आवश्यकता होती है जिसे **पुस्तकालयी** कहते हैं। अब प्रश्न यह उत्पन्न होता है कि पुस्तकालयी का कार्य क्षेत्र है अथवा नहीं? इसे प्रामाणित करने के लिए क्षेत्र को समझना आवश्यक है कि क्षेत्र किसे कहते हैं और वह क्या होता है?

दूरस्थ शिक्षा एवं पुरतकालय

दूरस्थ शिक्षा विश्व के विकसित और विकासशील राष्ट्रों द्वारा ग्रहण की जाने वाली एक नवीन शिक्षा प्रणाली है। विकसित या विकासशील देशों में इसका प्रचार-प्रसार सर्वाधिक है। इसको दूरस्थ शिक्षा के नाम से भी जानते हैं। इसके लिए कई पद प्रचलित हैं। भारत में इसे पत्राचार शिक्षा पद्धति, सतत् शिक्षा पद्धति तथा दूरस्थ शिक्षा पद्धति के नाम से जाना जाता है, जो अब कई परम्परागत संस्थाओं तथा विश्वविद्यालयों द्वारा भी लागू की गई है। इस प्रकार की शिक्षा को जर्मनी में फेरनन टेरिस, आस्ट्रेलिया में बाह्य शिक्षा पद्धति, फ्रांस में टेलीन सिगमेन्ट तथा रूस में एडल्ट एजुकेशन के नाम से जाना जाता है। इस प्रकार दूरस्थ शिक्षा का एक सामान्य पद के रूप में प्रयोग किया जाता है जिसका मुख्य अर्थ अनौपचारिक शिक्षा पद्धति से है। यह वह शिक्षा पद्धति है जिसमें शिक्षण तथा शिक्षा का क्षेत्र बहुत व्यापक हो जाता है जिसमें वृहद् संख्या में छात्रों के प्रति शिक्षा पर कम खर्च भी करना पड़ता है। अतः वर्तमान सामाजिक-आर्थिक परिप्रेक्ष्य में यह पद्धति काफी मनोवैज्ञानिक पद्धति है।

'दूरस्थ शिक्षा' शब्द का प्रयोग 1982 से प्रारंभ हुआ, जब चार दशक पुरानी इण्टरनेशनल काउंसिल फोर कॉरस्पॉनडेन्स एजुकेशन ने अपना नाम इण्टरनेशनल काउंसिल कर 'डिस्टेन्स एजुकेशन' रखा। इस परिवर्तन ने इस तथ्य को स्वीकारा कि दूरस्थ शिक्षा मात्र मुद्रित शब्द तक सीमित नहीं है। अपिंतु इसके अंतर्गत शिक्षण अधिगम प्रक्रिया के लिए आधुनिक प्रौद्योगिकी के उपकरणों का प्रयोग भी सम्मिलित है।

दूरस्थ शिक्षा प्रणाली के अन्तर्गत शामिल की जाने वाली शिक्षा के कई स्तर हैं। जैसे—प्रौढ़ शिक्षा, प्राथमिक शिक्षा, माध्यमिक उच्च माध्यमिक शिक्षा, विश्वविद्यालयी शिक्षा तथा महाविद्यालयी शिक्षा आदि। परन्तु रूस में सभी प्रकार की अनौपचारिक शिक्षा पद्धति को सम्मिलित किया गया है जिसमें औपचारिक शिक्षा की कमी में अपनी कौशल तथा योग्यता विकसित करने का मौका मिलता रहता है। लेकिन अध्याय में उच्च स्तरीय शिक्षा को दूरस्थ शिक्षा के अन्तर्गत रखकर विचार किया गया है और इस माध्यम की सफलता में पुस्तकालय कितने और किस प्रकार उपयोगी हो सकते हैं इस पर विचार किया गया है। साथ ही उन सामग्रियों का भी परिचय दिया गया है जिसका इसमें सिर्फ पुस्तकीय तथा मुद्रित सामग्रियों का ही प्रयोग नहीं किया गया है, अपितु अपरम्परागत तथा इलेक्ट्रॉनिक विधियों का भी प्रयोग किया

गया है। अतः ऐसी शिक्षा प्रणाली एवं इस प्रकार की सामग्रियों के उपयोग करने की दशा में पुस्तकालयों की दशा तथा भूमिका किस प्रकार की होनी चाहिए उसकी विवेचना की गई है।

दूरस्थ शिक्षा क्या है?

दूरस्थ शिक्षा के अर्थ को स्पष्ट करते हुए विभिन्न विद्वानों ने अपने विचार प्रस्तुत किए। जिन्हें नीचे दिया जा रहा है–

1. जैक फॉक्स के अनुसार–"दूरस्थ शिक्षा अधिक विधि से कुछ ऐसी विशेषताओं को प्रकट करती है जो शिक्षा संस्थाओं की अधिगम विधि से निम्न है।"

"Distance education is mode of learning with certatian characteristic which distinguish it from the campus based made of learning."

2. पीटर्स के अनुसार : दूरस्थ शिक्षा अप्रत्यक्ष अनुदेशन की विधि है जिसमें शिक्षक तथा छात्र में भौगोलिक एवं भावात्मक पृथकता रहती है, जबकि शिक्षा की मुख्यधारा में शिक्षक एवं छात्र का कक्षा में संबंध सामाजिक नियमों पर आधारित होता है।

Distance education is a method of indirect instruction, implying geographical and emotional separation of teachers and taught. Whereas in main stream education the relationship between a teacher and students in the classroom in based upon social norms in distance education it is based upon technological rules.

दूरस्थ शिक्षा प्रणाली का प्रादुर्भाव

दूरस्थ शिक्षा को एक और नाम से जाना जाता है–आन्तरिक शिक्षा, जिसका संगठित आरम्भ 1833 ई. से माना जाता है। जब एक व्यक्तिगत शिक्षक ने स्वीडिश विश्वविद्यालय, लन्दन में डाक पत्राचार द्वारा अंग्रेजी का अध्यापन कार्य शुरू किया। 1840 ई. में **आइजक पिटमैन** ने शार्टहैण्ड पाठ्यक्रम/आशुलिपि पाठ्यक्रम को दूरस्थ छात्रों के लिए पत्राचार के द्वारा से आरंभ किया जब ब्रिटेन में एक अनुरूप पेनी पोस्ट की दर को अनुमति प्रदान की गई थी। 1843 ई. में आशुलिपि की कमियों को दूर करने की दृष्टि से फोनोग्राफिक कॉरस्पॉन्डेन्स सोसायटी का गठन किया गया।

जर्मनी में दूरस्थ शिक्षा का प्रारम्भ संगठित रूप में सन् 1850 में हुआ। इसको प्रारम्भ करने का श्रेय फ्रांस के चार्ल्स टाउसैन्ट को जाता है। पत्राचार के द्वारा एक जर्मन निवासी **गुस्टक लैङ्नशीट** ने भाषा का शिक्षण भी इसी साल सुसंगठित तरीके

से शुरू किया था। परन्तु जर्मनी और स्वीडन में 1890 ई. में ऐसी संस्थाओं की स्थापना कर दूरस्थ शिक्षण पद्धति को शुरू किया गया जो इस दिशा में आगे रहे हैं। जर्मनी में स्वाध्याय पाठ्य-सामग्रियों को वितरित कर इस प्रकार की शिक्षा उपलब्ध करने में 1899 ई. से ज्यादा लोकप्रिय बन गया था। इंग्लैंड खास प्रकार की दूरस्थ शिक्षा के पाठ्यक्रम को शुरू करने में सबसे आगे रहा है।

दूरस्थ शिक्षा के उद्देश्य

दूरस्थ शिक्षा के प्रमुख उद्देश्य निम्नवत् हैं–

(1) जिन लोगों को किसी भी वजह से औपचारिक शिक्षा से वंचित होना पड़ा है या उन्हें यह नहीं मिल सकी है, उनके लिए शैक्षणिक मौके प्रदान करना।

(2) औपचारिक शिक्षा के विकल्प का उचित प्रबंध करना।

(3) देश के जनसूमह को योग्यता और शिक्षा में वृद्धि करने की सुविधाएँ सुलभ कराना।

(4) लोगों के सामान्य शिक्षा के स्तर को विकसित करने का सुनहरा मौका तथा सुविधाएँ उपलब्ध कराना।

दूरस्थ शिक्षा के गुण

दूरस्थ शिक्षा के प्रमुख गुण निम्न प्रकार हैं–

(1) छात्र/शिक्षार्थी तथा शिक्षक/अध्यापक का पृथकत्व तथा दूरी।

(2) दोनों ही तरफ (छात्र-शिक्षक) से सम्पर्क तथा सम्प्रेषण स्थापित करना।

(3) शिक्षा/ज्ञान की सामग्रियों का नियोजन तथा तैयार करना और छात्रों की मदद के लिए पर्याप्त सेवाएँ जुटाना।

(4) छात्रों को व्यक्तिगत रूप से अध्यापन करना।

(5) प्रौद्योगिकी साधनों/मीडिया/उपकरणों का प्रचुर तथा विस्तृत उपयोग करना और आधुनिक प्रौद्योगिकी की विकसित विधियों तथा उपकरणों का उपयोग करना आदि।

इस प्रकार यह स्पष्ट होता है कि औपचारिक और अनौपचारिक शिक्षा व ज्ञानार्जन की विधि में दो प्रकार का अन्तर है–

1. औपचारिक शिक्षा विधि में व्यक्तिगत रूप से शिक्षक लगातार साथ होता है और छात्र-शिक्षक परस्पर आमने-सामने प्रत्यक्ष रूप से उपस्थित होते हैं। इसमें सम्प्रेषण का प्रमुख साधन शिक्षण शब्द होते हैं जो व्याख्यानों के रूप में होते हैं। इसमें दोनों का पारस्परिक रूप से विचारों का आवागमन होता है।

2. व्यावहारिक शिक्षक में छात्र शिक्षक व्यक्तिगत रूप से सतत् दशा में मौजूद नहीं होते अपितु एक दूसरे से भिन्न दशा तथा दूरस्थ होते हैं। ऐसी दशा में सम्प्रेषण को मुद्रित, इलेक्ट्रॉनिक अथवा यांत्रिक माध्यम/मीडिया तथा साधनों से निष्पादित किया जाता है। इसमें शिक्षण उस माहौल तथा अवस्था में निष्पादित किया जाता है, जो एक ही समय अथवा स्थान पर पूर्ण किए जाने से भिन्न होती है। इसमें अध्यापन की सामग्री को संग्रहीत, निहित और स्थानान्तरित कर छात्रों को शिक्षा प्रदान की जाती है। इसमें कक्षा आधारित शिक्षण नहीं होता है, जो अप्रत्यक्ष होता है।

दूरस्थ शिक्षा के प्रमुख संस्थान

दूरस्थ शिक्षा के प्रमुख संस्थान निम्नवत हैं–

(1) स्केरी कालेज, 1878 ई. में एडिनवर्ग की स्थापना प्रशासकीय सेवाओं की परीक्षाओं के लिए अभ्यर्थियों को तैयार करने के लिए की गई।

(2) यूनिवर्सिटी कॉरस्पॉन्डेन्स कॉलेज कैम्ब्रिज की स्थापना 1887 ई. में लन्दन विश्वविद्यालय द्वारा वाह्य उपाधियों को प्राप्त करने के लिए की गई थी। सन् 1965 में इसे **नेशनल एक्सटेन्शन कॉले**ज के रूप में परिवर्तित कर दिया गया। ऑक्सफोर्ड में 1894 ई. में संस्थापित डिप्लोमा पत्राचार कॉलेज को वोल्से हाल के रूप में परिवर्तित कर दिया गया जो अनेक विषयों पाठ्यक्रमों के छात्रों को विश्वविद्यालयों उपाधियों के लिए तैयार करता है।

(3) फाकलिंच कॉरस्पॉन्डेन्स ट्यूशन सर्विस की स्थापना बही खाता पढ़ाने के लिए 1884 ई. में लन्दन में की गई थी।

19वीं सदी के अन्तिम समय में इंग्लैंड और संयुक्त राज्य अमेरिका में विश्वविद्यालय प्रसार आन्दोलन आरंभ हुआ जिसके फलस्वरूप पत्राचार शिक्षण पद्धति को पर्याप्त प्रोत्साहन तथा समर्थन मिला। इस प्रणाली में इलियन्यास वेसलायन कॉलेज कॉरस्पॉन्डेन्स यूनिवर्सिटी, न्यूयार्क, शिकागो विश्वविद्यालय के प्रसार विभाग का महत्त्वपूर्ण योगदान रहा है।

20वीं सदी के दौरान सन् 1970 तक दूरस्थ शिक्षा प्रणाली बगैर किसी खास परिवर्तन के प्रचलन में बनी रही परन्तु इस पद्धति में विशिष्टि तथा उन्नत प्रकार की विधियों मीडिया/साधनों तथा गैर-परम्परागत उपकरणों का अनुप्रयोग तथा उपयोग किए जाने और इसकी लोकप्रियता में बढ़ोत्तरी के कारण इस प्रणाली को भी जरूरी माना जाने लगा।

1969 ई. में ब्रिटेन के मिल्स के नोज में ब्रिटिश ओपेन यूनिवर्सिटी की स्थापना, ब्रिटेन के मिल्स केनीज में की गई जिसने दूरस्थ शिक्षा पद्धति में उच्च उपाधियों तक शिक्षा का प्रबंध करने का कार्यक्रम संस्थापित कर इस क्षेत्र में एक नवीन मोड़ पैदा किया। इसका गठन इंग्लैंड के एक अधिनियम द्वारा स्वायत्तशासी संस्था के रूप में किया गया था जिसे अपनी उपाधियों से छात्रों को सुसज्जित करने के लिए समर्थ बना दिया गया। इस विश्वविद्यालय को स्थापित करने का प्रमुख प्रयोजन उन लोगों को उच्च शिक्षा का अवसर प्रदान करना रहा है जो उच्च शिक्षा के लाभ को नहीं उठा सकते हैं। यह मुक्त विश्वविद्यालय शिक्षा के क्षेत्र में दूरस्थ शिक्षा पद्धति का एक बहुत बड़ा विश्वविद्यालय है, जिसमें प्रत्येक साल 1 लाख 50 हजार से ज्यादा छात्र पंजीकृत किए जाते हैं।

1967 ई. में फेडरल रिपब्लिक जर्मनी में दूरस्थ शिक्षा संस्था की स्थापना की गई थी, परन्तु यह संस्था इस प्रकार की शिक्षा पद्धति के लिए पाठ्य-सामग्रियों और अनुसंधान के उत्पादन का काम करती है। इस शिक्षा पद्धति में कई तरह की पाठ्य-सामग्रियों के उत्पादन, उपकरणों को विकसित कर तथा नए-नए साधनों का अनुसंधान कर इसने अपना महत्त्वपूर्ण योगदान दिया है। यह विश्वविद्यालय के रूप में संस्थापित न होने की वजह से छात्रों के प्रवेश का काम नहीं करता है। छात्रों की संख्या में वृद्धि साधनों की कमी तथा स्थान की कमी विश्वविद्यालयों के छात्रों को प्रवेश देने में असमर्थता के कारण जर्मनी में 1974 ई. में कानून लागू कर हेगन में फेर्न विश्वविद्यालय की स्थापना की गई परन्तु ब्रिटिश मुक्त विश्वविद्यालय की प्रणाली पर यह विश्वविद्यालय काम नहीं करता है, अपितु विश्वविद्यालय परीक्षा के आधार पर प्रवेश प्रदान करता है। अतः यह सतत् शिक्षा का ही विश्वविद्यालय है और जिन लोगों को परम्परागत विश्वविद्यालयों में अध्ययन करने की सुविधा नहीं होती है उन्हें ही प्रवेश प्रदान कर उपाधियों को प्राप्त करने का मौका देता है। ऐसे छात्रों को मेहमान की संज्ञा दी जाती है। यहाँ प्रत्येक वर्ष 50,000 छात्रों को प्रवेश दिया जाता है।

जर्मन लोकतांत्रिक गणतंत्र में दूरस्थ शिक्षा पद्धति की शुरुआत हुई। इसमें मुख्यत : इस बात पर छात्रों को पर्याप्त सलाह दी जाती थी कि वे अपनी स्वध्याय क्षमता का विकास कैसे कर सकते हैं। फ्रांस में इस प्रणाली की शिक्षा पद्धति को सेन्टर्स डेसटेली इनसाइनमेन्ट यूनिवर्सिटियर कहते हैं। जो छात्र पूर्णकालीन छात्र के रूप में शिक्षा अर्जित नहीं कर सकते और वे सिर्फ उन्हीं पाठ्यक्रमों में प्रवेश लेते हैं जो उनके व्यवसाय तथा कैरियर को इसके माध्यम से उन्नत कर सकते हैं। ऐसी

संस्थाएँ फ्रांस में 1960 ई. और 1963 ई. में स्ट्रासबर्ग और नैन्सी में संस्थापित की गई थीं। 75 विश्वविद्यालयों में से 18 विश्वविद्यालयों की जर्मनी में इस प्रकार की शिक्षा व्यवस्था की गई है।

दूरस्थ शिक्षा पद्धति को 1973-74 में स्वीडिश विश्वविद्यालय स्वीडन में शुरू किया गया था परन्तु दूसरे सभी देशों की तुलना में स्वीडिश विधि खास महत्त्व रखती है, क्योंकि इसमें दूरी को जोड़ने की उपकरण के रूप में दूरभाष का उपयोग अधिकतर किया जाता है। नीदरलैण्ड में प्रौढ़ लोगों की शिक्षा की आवश्यकताओं की पूर्ति करने की व्यवस्था की दृष्टि से डेनमार्क सरकार ने 1971 ई. में उच्च शिक्षा को वैविध्यकरण और वर्धनशील बनाने की एक नीति का निर्माण किया जिसके फलस्वरूप 1984 ई. में नीदरलैण्ड मुक्त विश्वविद्यालय की स्थापना की गई, जिसका पूर्ण वित्तीय प्रबंध सरकार करती है। 50,000 छात्रों को प्रत्येक वर्ष प्रवेश दिया जाता है। स्पेन में परम्परागत विश्वविद्यालयों के लाभ से वंचित लोगों के लिए 1973 ई. में राष्ट्रीय दूरस्थ शिक्षा विश्वविद्यालय की स्थापना की गई जिससे कि लोग अपनी योग्यता में वृद्धि कर सकें। इसमें एक लाख से ज्यादा छात्र प्रवेश लेते हैं।

विश्वविद्यालय स्तर की शिक्षा सोवियत संघ में प्राप्त करने में **लेनिन** द्वारा सभी विषयों में **दूरस्थ शिक्षा** जिसे वहाँ **प्रौढ़ शिक्षा** कहा जाता है की प्रबंध करने की पद्धति की स्थापना 1917 के पश्चात् ही करने पर जोर दिया था। इस पद्धति का इतिहास 60 वर्षों से भी अधिक पुराना है। इस पद्धति का सबसे ज्यादा सामाजिक महत्त्व इसलिए था चूँकि इसके माध्यम से सभी कर्मचारियों को उनके कार्य तथा पद पर बने रहते हुए उनकी योग्यता और कार्यकौशल को बढ़ाने के लिए शिक्षा का एक ठोस सुअवसर प्रदान किया जाता था। इसके अन्तर्गत उम्र की कोई सीमा नहीं थी और न ही इसे प्रदान करने में किसी प्रकार का खर्च आता था। लम्बे समय तक पत्राचार के पाठ्यक्रमों का प्रबंध अखिल-संघीय आधार पर सभी जगह एक ही पाठ्यक्रमानुसार एक तरह की पाठ्य-सामग्रियों के द्वारा किया जाता था। सभी विश्वविद्यालयों और पॉलीटेक्निक्स में राष्ट्रीय पाठ्यक्रम का अनुसरण किया जाता था। पाठ्यक्रमों के लिए पाठ्य-सामग्रियों का वितरण तथा उत्पादन शिक्षा मंत्रालय के माध्यम किया जाता था। सन् 1990 ई. में रूसी मुक्त विश्वविद्यालय की स्थापना अशासकीय संस्था के रूप में एकेडमी ऑफ साइन्सेज और सोवियत यूनियन टीचर्स इनोवेटर्स द्वारा हुई थी। दूरस्थ शिक्षा के द्वारा सोवियत संघ में उच्च स्तरीय प्रौद्योगिकी विशेषज्ञों, प्रशिक्षित वैज्ञानिकों, शिक्षाविदों, अर्थशास्त्रियों, संस्कृति विशेषज्ञों तथा सामाजिक वैज्ञानिकों को प्रदान शिक्षा की

जाती है। सभी क्षेत्रों के कर्मिकों को अपनी शैक्षणिक योग्यता में बढ़ोत्तरी करने और उच्च स्तरीय महत्त्वपूर्ण उपाधियों को अर्जित करने का अच्छा मौका प्रदान किया गया है जिससे उनको उन्नति और उच्चकोटि के जीवनयापन में सहायता मिली है।

एशियाई राष्ट्रों में दूरस्थ शिक्षा पद्धति

एशिया महाद्वीप में भी पत्राचार शिक्षा का प्रचार-प्रसार पिछले कुछ दशकों से बढ़ा है। विभिन्न देशों द्वारा इस दिशा में महत्त्वपूर्ण कदम उठाए गये हैं। बांग्ला देश, पाकिस्तान, श्रीलंका, थाईलैण्ड, चीन, फिलीपीन्स, इन्डोनेशिया, दक्षिणी कोरिया, जापान में इस प्रणाली से शिक्षा प्रसार के लिए मुक्त विश्वविद्यालय की स्थापना की गई है। भारत में ऐसे विभिन्न विश्वविद्यालय सक्रिय हैं।

इन राष्ट्रों के प्रमुख मुक्त विश्वविद्यालयों के नाम निम्न प्रकार हैं–

(1) Bangladesh Institute of Distance Education, (2) Radio and Television University in China, (3) Indonesian Open University, (4) Broadcasting University Japan, (5) Allams Iqbal Open University in Pakistan, (6) Sri Lanka Open Unversity, (7) Swchothai Thammathirat Open University in Thailand, (8) Indira Gandhi National Open University in India, आदि एशिया के राष्ट्रीय मुक्त विश्वविद्यालय हैं।

वर्तमान में 95 देशों में 780 दूरस्थ शिक्षा की संस्थाएँ काम कर रही हैं, जो 33254 से ज्यादा पाठ्यक्रमों की व्यवस्था कर रही हैं। ऐसी दूरस्थ शिक्षा पद्धति की सबसे ज्यादा संस्थाएँ 18 यूरोपीय देशों में 207 संस्थाएँ हैं और 20 एशियाई राष्ट्रों में 101 संस्थाएँ सक्रिय हैं।

संयुक्त राज्य अमेरिका में दूरस्थ शिक्षा पद्धति

संयुक्त राज्य अमेरिका की दूरस्थ शिक्षा प्रणाली अन्य देशों की दूरस्थ शिक्षा प्रणाली से एकदम भिन्न है क्योंकि जब कभी समस्या हुई तो यह राष्ट्रीय आन्दोलन के रूप में ही प्रस्तुत हुई, यह सिर्फ किसी एक ही संस्था तक ही सीमित रही है। ब्रिटेन की तरह संयुक्त राज्य अमेरिका में अभी तक किसी मुक्त विश्वविद्यालय की स्थापना इसलिए नहीं की जा सकी है कि फेडरल सरकार शिक्षा के विषय में प्रत्यक्ष रूप से किसी प्रकार का आदेश प्रदान नहीं कर सकती। यह एक वैधानिक विधि

है। संयुक्त राज्य में दूरस्थ शिक्षा के पाठ्यक्रमों का विश्वविद्यालयी स्तरों पर आयोजन परम्परागत विश्वविद्यालयों के खुला प्रसार महाविद्यालयों के माध्यम से किया जाता है। यहाँ ऐसे पाठ्यक्रमों का संचालन निम्नांकित प्रकार की संस्थाओं के माध्यम से किया जाता है–

(1) व्यक्तिगत महाविद्यालय तथा विश्वविद्यालय–हार्वर्ड, येल तथा प्रिन्स्टन विश्वविद्यालय इस प्रकार की शिक्षा के आयोजन में मुख्य भूमिका निभाते हैं। छोटे शहरों ने कॉलिजों के माध्यम से दूरस्थ शिक्षा का प्रबंध किया है।

(2) राज्य महाविद्यालय तथा विश्वविद्यालय–अमेरिका में अधिकांश पत्राचार शिक्षा का संचालन विश्वविद्यालयों के द्वारा किया जाता है। सभी राज्यों में दूरस्थ शिक्षा प्रणाली के अन्तर्गत सतत् शिक्षा के विभिन्न कार्यक्रमों का आयोजन किया जाता है। प्रमुख विश्वविद्यालयों में University of Minnesota Extension College, University of Maryland University College, Pennsylvania State University, T.A. Edison State College, New Jersy आदि हैं।

(3) समुदाय महाविद्यालय–दूरस्थ शिक्षा की व्यवस्था छोटे-छोटे कस्बों में न्यूनतम शुल्क पर समुदाय महाविद्यालयों के माध्यम से की जाती है, जो स्थानीय छात्रों की मदद करते हैं। दूरस्थ पाठ्यक्रमों का संचालन वीडियो के माध्यम से करने में–(*i*) Coastline Community College, (*ii*) Deallas Counts Community College, (*iii*) Miamai-Dade Community College, आदि की भूमिका विशेष महत्त्वपूर्ण है।

इस समय विश्वविद्यालयों की आवश्यकताओं को पूरा करने हेतु **पाठ्यक्रम विकास संघों** की स्थापना की जा रही है। **प्रौढ़ शिक्षा सेवा** के लिए "National University Consortium for Telecommunications in Learning" की स्थापना 1980 ई. में की गई थी। इसे अब इन्टरनेशनल यूनिवर्सिटी कन्सोर्टीयम के नाम से जाना जाता है।

कनाडा में दूरस्थ शिक्षा की शुरुआत सन् 1889 में हुई है। जब वहाँ की क्वीन्स यूनिवर्सिटी ने कला तथा विज्ञान के संबंध में **क्रेडिट कॉरस्पॉन्डेन्स कोर्स** को शुरू किया था। 1907 ई. में **सेका येवन विश्वविद्यालय** ने मुक्त विश्वविद्यालय शिक्षा का सुअवसर प्रदान किया था। इसके प्रश्चात् क्रमशः इस ओर में अंशकालीन पाठ्यक्रमों तथा व्यावसायिक प्रशिक्षणों को भी शुरू किया गया। 1967 ई. में "Memorial University Extension Service" ने एक प्रकार की शिक्षा पद्धति को वीडियोटेपिंग के माध्यम से आरम्भ किया। 1968 ई. में वाटरलू विश्वविद्यालय

ने पत्राचार शिक्षा को संगठित किया। 1972 ई. में टेली यूनिवर्सिटी द्वारा दूरस्थ शिक्षा को आरंभ किया गया। इसी प्रयोजन से सन् 1977 में ब्रिटिश ने कोलाम्बिया में मुक्त शिक्षा संस्थान को स्थापित किया गया है। कनाडा के अलबर्टा राज्य में 1970 ई. में मुक्त विश्वविद्यालय की स्थापना दूरस्थ शिक्षा के लिए की गई। इस प्रकार कनाडा में भी इस प्रणाली को दिनोंदिन महत्त्व दिया जा रहा है।

लैटिन अमेरिका के देशों में भी दूरस्थ शिक्षा का विकास किया गया है। जैसे—वेनेजुवेला, ब्राजील, कोस्टारिका, आर्जेंटाइना आदि। 1978 ई. में इनमें ऐसे विश्वविद्यालयों की स्थापना की गई, परन्तु संसाधनों की कमी के कारण इसमें उतना सुधार नहीं लाया जा सका है जो अन्यत्र है।

आस्ट्रेलिया में दूरस्थ शिक्षा को बाह्य शिक्षा के नाम से जाना जाता है, परन्तु यहाँ बहुत पहले ही 1911 में क्वीन्स विश्वविद्यालय में बाहरी अध्ययन का प्रबंध कर दिया गया था परन्तु आस्ट्रेलिया में दोनों श्रेणियों के छात्रों को वही शिक्षक पढ़ाते हैं जो नियमित छात्रों को पढ़ाते हैं। इनकी परीक्षा भी एक ही प्रकार से आयोजित की जाती है। अतः दोनों की उपाधियों में कोई फर्क नहीं होता है परन्तु इस कार्यक्रम में प्रौढ़ों की संख्या अधिक होती है। अतः इसमें असफल, प्रौढ़, स्कूलों को छोड़ देने वाले, अन्य तथा ग्रामीण लोग ज्यादा अभ्यार्थी होते हैं। उच्च शिक्षा का यह कार्यक्रम अपने तरीके का अद्वितीय कार्यक्रम है।

अफ्रीकी महाद्वीप के अन्तर्गत आने वाले देशों में शैक्षिक स्तर काफी कम है। अप्रशिक्षित अध्यापकों को प्रशिक्षित करने के लिए तन्जानिया, नाइजीरिया, बोट्सवाना, केन्या, लेसोपो, गिनी, घाना, इथोपिया आदि देशों में अध्यापकों को प्रशिक्षित करने के लिए दूरस्थ शिक्षा का प्रबंध किया गया है।

अफ्रीका में सबसे पहले सन् 1962 में पत्राचार कॉलेज की स्थापना की गई। इस समय वहाँ ऐसी दूरस्थ शिक्षा प्रणाली के 68 संस्थान सक्रिय हैं। 1983 ई. में नाइजीरिया में राष्ट्रीय मुक्त विश्वविद्यालय का निर्माण किया गया था। 1964 ई. से दक्षिणी अफ्रीकी विश्वविद्यालय में दूरस्थ शिक्षा की सुविधा आसान हो गई है।

भारत में दूरस्थ शिक्षा पद्धति

भारत आबादी की दृष्टि से एक विशाल देश है, परन्तु यहाँ की शिक्षा दर अभी मात्र 65 प्रतिशत ही है। देश में समस्त बजट का 3 प्रतिशत शिक्षा पर खर्च किया जाता है। 1995 ई. में अनेक उच्च स्तरीय संस्थाएँ, 210 विश्वविद्यालय तथा अनेक प्रकार के 8613 से ज्यादा महाविद्यालय रहे हैं जिसमें छात्रों की संख्या 61,13,929

से ज्यादा है। इसमें मुक्त विश्वविद्यालय तथा निजी रूप से परीक्षा लेकर उपाधियों प्रदान करने वाली संस्थाएँ हैं। वैसे तो शिक्षकों को अपनी योग्यता की वृद्धि के प्रावधानानुसार भारत में राज्य स्तर पर अनेक विश्वविद्यालयों (अब डॉ. बी.आर. अम्बेडकर विश्वविद्यालय) में यह अग्रणी रहा है। समस्त देश के अध्यापकों को ऐसी सुविधा प्रदान करने में काशी हिन्दू विश्वविद्यालय राष्ट्रीय स्तर पर अग्रणी रहा है। यद्यपि ऐसे अनेक विश्वविद्यालय रहे हैं, परन्तु कुछ आवासीय विश्वविद्यालयों में यह सुविधा नहीं थी। इसमें सिर्फ परीक्षा में शामिल होने की आवश्यकता होती थी। उत्तर प्रदेश माध्यमिक शिक्षा परिषद् में हाई स्कूल तथा इन्टर में भी व्यक्तिगत रूप से परीक्षा पास करने का नियम था। इसमें संस्था किसी प्रकार से भी प्रोत्साहित नहीं करती थी। जैसे कि अब दूरस्थ शिक्षा में कई प्रकार की सुविधाएँ हैं।

कतिपय महत्त्वपूर्ण विद्यालयों ने 1960 ई. के बाद अपने-अपने राज्यों में व्यक्तिगत रूप से बी.ए. की परीक्षा में शामिल होकर उपाधि प्राप्त करने की सुविधा उपलब्ध करा दी है जो पहले अध्यापकों के लिए उपलब्ध थी। वर्तमान में इस प्रकार की व्यवस्था अधिकतर परम्परागत विश्वविद्यालयों में सुलभ कर दी गई है, साथ ही साथ, पत्राचार के माध्यम से सतत् शिक्षा को भी शुरू किया है। साल 1970-80 की अवधि में कई परम्परागत विश्वविद्यालयों ने भी पत्राचार के द्वारा कई उपाधियों की परीक्षा की सुविधा प्रदान कर दी है परन्तु यह एक शिक्षा विस्तार के रूप में ही रही और दूरस्थ शिक्षा को सार्थक तथा व्यापक बनाने की आवश्यकता का अनुभव किया गया। मुक्त विश्वविद्यालयों के मूल्यांकन के ख्याल से भारत सरकार ने एक समिति का गठन किया। इसका अध्यक्ष डॉ. जी. पार्थ को बनाया गया। 1976 ई. में समिति ने अपना प्रतिवेदन देकर मुक्त विश्वविद्यालय की स्थापना राष्ट्रीय स्तर पर शुरू करने की संस्तुति की।

इस क्षेत्र में आन्ध्र प्रांत अग्रणी रहा और 1982 ई. में आन्ध्र प्रदेश मुक्त विश्वविद्यालय की नींव रखी गई जिसे अब डॉ. बी.आर. अम्बेडकर ओपेन यूनिवर्सिटी कहते हैं। 1985 ई. में तत्कालीन प्रधानमंत्री श्री राजीव गांधी ने आकाशवाणी के माध्यम से राष्ट्रीय मुक्त विश्वविद्यालय की स्थापना की घोषणा की जो वस्तुतः शिक्षा नीति का ही एक अंग था। फलतः 1985 ई. में संसद के माध्यम से इन्दिरा गांधी मुक्त विश्वविद्यालय की स्थापना करने के कानून को पारित कर दिया। इसके बाद डॉ. बी.आर. अम्बेडकर मुक्त विश्वविद्यालय, हैदराबाद (1982), कोटा मुक्त विश्वविद्यालय, कोटा (1987), यशवन्तराव मुक्त विश्वविद्यालय, नासिक (1989), नालन्दा मुक्त विश्वविद्यालय, नालन्दा, बिहार (1989), महर्षि पुरुषोत्तम दास मुक्त

विश्वविद्यालय, इलाहाबाद (1994), भोज विश्वविद्यालय, भोपाल, म.प्र. (1994) की स्थापना की गई।

सातवीं पंचवर्षीय योजना में पत्राचार पद्धतियों तथा मुक्त विश्वविद्यालयों में 5 लाख छात्रों ने प्रवेश लिया जिसमें इन्दिरा गांधी राष्ट्रीय मुक्त विश्वविद्यालय में अनेक पाठ्यक्रमों में एक लाख से अधिक छात्रों ने प्रवेश लिया। इसके वर्तमान में सभी देश में 220 अध्ययन केन्द्र और हर राज्य में अनेक क्षेत्रीय केन्द्र हैं। इस प्रकार भारत में पत्राचार तथा मुक्त विश्वविद्यालय के द्वारा दो प्रकार की पद्धतियों से दूरस्थ शिक्षा का प्रसार किया जा रहा है।

आधुनिक समाज में दूरस्थ शिक्षा का योगदान

वर्तमान समय में विभिन्न सूचना-स्रोतों और माध्यमों से सूचना का प्रसार हो रहा है। दूरसंचार और कम्प्यूटर प्रौद्योगिकी के क्षेत्र में इतनी उन्नति हुई है कि जिससे सामूहिक शिक्षा अथवा प्रत्यक्ष कक्षा अध्यापन की पद्धति के बिना ही विभिन्न विषयों की शिक्षा किसी भी जगह पर औपचारिक रूप से सुलभ तथा प्रसारित की जा सकती है। सूचना औद्योगिकी पर आधारित शिक्षा से दूरस्थ शिक्षा जगत भी विकसित हो गया है, जो पत्राचार शिक्षा पद्धति की सीमा तथा क्षमता से मजबूत हो गया है। वीडियो अथवा श्रव्य सम्प्रेषण पद्धति की कड़ियों की सुविधा ने वर्तमान विद्यार्थी तथा अध्यापक के मध्य विचार विनिमय को उसी प्रकार सम्भव कर दिया है जैसे प्रत्यक्ष शिक्षा कक्षा में सम्भव है। इससे छात्रों से पूछताछ, संदेह निवारण, प्रश्नोत्तर, टिप्पणी आदि का तुरन्त निदान दूरस्थ शिक्षा की दशा में भी इन प्रौद्योगिकीय सुविधाओं से हो जाता है।

भौगोलिक स्थिति तथा दूरी की दीवार को तोड़फोड़ कर उन छात्रों एवं ज्ञानार्थियों को दूरसंचार/दूरसंप्रेषण अध्यापन के माध्यम से शिक्षण/ज्ञान प्रदान किया जा सकता है, जो किसी कारणवश औपचारिक शिक्षा का लाभ नहीं उठा सकते। दूरस्थ शिक्षा पद्धति को अधिक विस्तृत, मजबूत और प्रभावशील बनाने में कम्प्यूटर संचालित शिक्षा/ज्ञानार्जन ज्यादा उपयोगी सिद्ध हुआ है। प्रत्यक्ष रूप से परम्परागत शिक्षण में जहाँ कक्षा में आमने-सामने शिक्षण प्रदान किया जाता है उससे सी. ए. एल. पद्धति ज्यादा उपादेय सिद्ध हुई है। मिनी कम्प्यूटर द्वारा संचालित सी ए एल के द्वारा कोई भी विद्यार्थी पूर्ण स्वायत्तता का अनुभव ज्ञानार्जन/ज्ञान प्राप्ति के लिए कर सकता है, जो परम्परागत ढंग से किया जाता है, तथापि वह दोनों ओर से पारस्परिक विचार के आदान-प्रदान का अनुभव कर सकता है और उससे जानकारी तथा विश्लेषण की सुविधा सकारात्मक सिद्ध होती है।

इस समय की शिक्षा प्रणाली के अन्तर्गत प्रौद्योगिकी विकासों तथा उनके अनुप्रयोगों में—कम्प्यूटर, दूरसंचार, सम्प्रेषण के सुविधा तथा प्रभाव के कारण दूरस्थ शिक्षा के आयाम में भी परिवर्तन हुआ है। आज के युग में दूरस्थ शिक्षा को एक उपयोगी तथा प्रभावशाली शिक्षा पद्धति के रूप में हर ज़गह मान्य किया गया है जिसे विशाल जनसमूह को शिक्षित करने में तथा ज्ञानार्जन में प्रभावशाली माना गया है। इसे हम एक परम्परागत प्रत्यक्ष शिक्षण विधि पूरक, एक प्रभावशाली साधन तथा प्रक्रिया के रूप में अथवा स्वतंत्र रूप से भिन्न पद्धति के रूप में शिक्षण के लिए विभिन्न प्रौद्योगिकीय उपकरणों तथा विधियों का उपयोग कर निष्पादित कर सकते हैं।

इस प्रकार के विद्यार्थियों का समूह वह जनसमूह होता है, जो प्रौढ़ और कक्षाओं में जाकर शिक्षा प्राप्त करने में रुचि न रखते हों, अथवा जो सामान्य औपचारिक शिक्षा पद्धति की सुविधा का लाभ उठाने में कमजोर हों, अथवा ऐसे श्रेणी के शिक्षार्थियों में वे लोग भी हो सकते हैं, जो अपनी व्यावसायिक योग्यता को सेवारत रहते हुए विकसित करना चाहते हैं, जो कार्यकुशलता या उपाधि को प्राप्त कर उच्च स्थानों को प्राप्त करने के इच्छुक होते हैं। दूरस्थ शिक्षा का मूल लक्ष्य वस्तुतः प्रौढ़ शिक्षा, सतत् शिक्षा और जीवन पर्यन्त शिक्षा की सुविधा को प्रोत्साहन प्रदान करना होता है जिससे समस्त देश में सभी प्रकार के लोगों, सभी स्तरों का ज्ञानार्जन/शिक्षा/प्रशिक्षण का लाभ परम्परागत शिक्षा से अलग प्रक्रिया तथा पद्धति से प्राप्त होने की सुविधा उपलब्ध हो सके। भारत में जनसंख्या की अत्यधिक वृद्धि और लोकतांत्रिक प्रणाली की सरकारों की जिम्मेदारियों की वजह से यह नितान्त आवश्यक है।

इस प्रणाली का प्रचलन विकसित देशों के साथ-साथ विकासशील देशों में भी होना अति आवश्यक है। आधुनिक सूचना प्रौद्योगिकी तथा दूर सम्प्रेषण की पद्धतियों तथा साधनों ने इस प्रकार की शिक्षा को अधिक सुलभ तथा सरल कर दिया है।

दूरस्थ शिक्षा वृद्धि के कारण :

दूरस्थ शिक्षा की आवश्यकता तथा माँग के निम्नांकित कारण हैं, जो इस दूरस्थ शिक्षा को बल देते हैं–

(1) शिक्षा में परम्परागत तथा भौगोलिक दीवार का अन्त करना।

(2) राष्ट्रीय स्तर से उठकर श्क्षिा के सार्वभौमिक कार्यक्रमों का आयोजन करना।

(3) वर्तमान में सब वर्गों के लिए इस शिक्षा पद्धति को एक आवश्यक तत्त्व एवं स्रोत माना जाने लगा है जिससे परम्परागत शिक्षा पद्धति की कुछ असुविधाओं को भी खत्म किया जा सकता है।

(4) इसे परम्परागत शिक्षा पद्धति में अनुप्रयोग किया जा सकता है जिसमें सम्प्रेषण, श्रव्य-दृश्य, कम्प्यूटर एवं वीडियो आदि का उपयोग किया जाता है।

(5) शिक्षा की क्षमता की बढ़ोत्तरी का नया क्षेत्र, प्रयोग, विज्ञान तथा प्रौद्योगिकी की उपलब्धियों के अनुप्रयोग में सुविधा।

(6) सभी उम्र वर्ग के लोगों को जीवन भर शिक्षा का लाभ पहुँचाने की राष्ट्रीय जागृति।

(7) योग्यता बढ़ाने के दूसरे अवसर।

(8) विगत प्रौद्योगिकीय तथा वैज्ञानिक विकासों के कारण विभिन्न तरह के व्यावसायिकों को नई जानकारी/प्रशिक्षण के लिए यह विधि बहुत उपादेय है।

(9) विश्वविद्यालयों की स्तरीय शिक्षा में उत्तरोतर बढ़ोत्तरी की माँग।

(10) यह अनुभव किया जाने लगा है कि सेवारत, सामाजिक तथा पारिवारिक दायित्वों तथा कर्तव्यों का पालन करने वाले प्रौढ़ों की संख्या भी अधिक है, जो अपनी योग्यता तथा कार्यकौशल को अपने विकास के लिए अथवा आकांक्षाओं की पूर्ति के लिए बढ़ाना चाहते हैं।

(11) अनेक प्रकार से सुविधाओं से वंचित समूह के लोगों को भी शिक्षा का मौका प्रदान करना देश का कर्तव्य है।

दूरस्थ शिक्षा पद्धति में पुस्तकालयों की उपलब्धता

परम्परागत शिक्षा पद्धति की अपेक्षा दूरस्थ शिक्षा पद्धति के विद्यार्थियों को पुस्तकालय की सुविधा मुहैया कराना काफी मुश्किल कार्य है। पुस्तकालय संकलन को एक ही जगह पर विकसित करना तथा पुस्तकालयों का निर्माण करना भी आर्थिक तथा मानव संसाधनों/शक्तियों में भी बाधा पैदा करते हैं। अतः इन बाधाओं को नजर में रखते हुए संकलन के विकास का प्रयास करना चाहिए जिससे उनका सदुपयोग हो सके। इसके नियोजन में बहुत पाठ्यक्रमों के नजरिए से समयानुसार, अभिगम्यता, क्षमता, संग्रहण तथा ज्ञान सामग्रियों की सुलभता विचारणीय बिन्दु हैं। संकलन के निर्माण तथा उन्नति में सहयोग, उपयुक्त तथा सक्षम कर्मिकों की आवश्यकता भी अपना महत्त्व रखती है, जिसमें सूचना विज्ञान प्रौद्योगिकी के कर्मिकों तथा विशेषज्ञों की खास आवश्यकता होती है। शिक्षार्थियों की प्रकृति तथा अनिवार्यता भी विचारणीय प्रश्न होते हैं जिसके अनुसार संकलन को विकसित तथा सुदृढ़ करना होता है। यदि विभिन्न स्थानों पर अध्ययन केन्द्रों को खुले रूप से अथवा किसी पुस्तकालय विशेष से सम्बद्ध

करने के नजरिए से संस्थापित करना है, तो अध्ययन की प्रौद्योगिकीय सामग्रियों एवं सूचना सामग्रियों की संख्या आदि पर भी ध्यान देना होगा।

दूरस्थ शिक्षा के लिए पुस्तकालयों के संकलन प्रबंध और मुश्किलों का निदान करने हेतु सभी को सैद्धांतिक, सुनिश्चित सूत्र तथा पद्धति संस्थापित व विकसित की जा चुकी है। यह सम्बन्धित संस्थाओं पर आश्रित है। ब्रिटेन के मुक्त विश्वविद्यालय में अध्ययन केद्रों पर पुस्तकालय की सुविधा उपलब्ध नहीं की जाती है। ऐसा ही प्रबंध अन्य जगहों पर भी है। ब्रिटेन में सार्वजनिक पुस्तकालय राष्ट्रीय क्रियाकलापों तथा कार्यक्रमों के अभिन्न अंग हैं एवं विकसित तथा समृद्धशाली हैं। अतः वहाँ छात्रों को सार्वजनिक पुस्तकालयों पर ज्यादा निर्भर रहना होता है। अमेरिका में सार्वजनिक पुस्तकालयों की भरमार है और सभी नागरिकों के लिए उनके दरवाजे खुले रहते हैं। पुस्तकालयों में हर प्रकार की सामग्रियाँ होती हैं। अतः वहाँ भी इस तरह की शिक्षा पद्धति को पर्याप्त सहायता प्राप्त होती रहती है।

दूरस्थ शिक्षा पद्धति में पुस्तकालयों की अनिवार्यता

पुस्तकालय तथा शिक्षा सूचना विज्ञान का क्षेत्र प्रचुर साहित्य के भंडार से सम्बन्धित है, जिनमें कई स्तरों की किताबें तथा शोध निबन्धों की प्रचुरता है जिससे औपचारिक शिक्षा तथा पुस्तकालयों के महत्त्व तथा उपादेयता का आभास होता है। परन्तु जब हम दूरस्थ शिक्षा पद्धति के क्षेत्र के साहित्य संकलन तथा ऐसी सामग्रियों और साधनों को पुस्तकालयों में संग्रह कर दूरस्थ शिक्षा के उपयोगकर्ताओं के लिए आसान करने की दिशा तथा क्रियाकलापों पर नजर डालते हैं, तो ऐसा प्रतीत होता है कि दूरस्थ शिक्षा से सम्बन्धित साहित्य की कमी है जिसका मूल कारण है शिक्षा पद्धति का अभी बाल्यावस्था में होना। यद्यपि आधुनिक सामाजिक, आर्थिक, जनसंख्या की बृद्धि तथा तीसरे विश्व के देशों में 15-35 साल के उम्र के लोगों का पर्याप्त संख्या में अशिक्षित होना और विकसित देशों में उच्च स्तरीय शिक्षा की आकांक्षा और उन लोगों को उच्च शिक्षा का मौका प्रदान करने में जनतांत्रिक देशों द्वारा अभिरुचि लेना जो किसी कारणवश इससे वंचित रहे हैं आदि के कारण इस शिक्षा पद्धति का प्रचलन बढ़ता ही जा रहा है। इस प्रणाली में कम्प्यूटरों को वर्तमान प्रौद्योगिकी का अनुप्रयोग तथा दूरसंचार की सुविधाओं से भी पर्याप्त प्रोत्साहन मिल रहा है।

दूरस्थ शिक्षा पद्धति के अन्तर्गत शिक्षा का प्रचार-प्रसार मीडिया के अलावा दूसरे साधनों से भी किया जाता है, तथा उस शिक्षा पर अधिक बल दिया जाता है, जो सूचना पर आधारित होता है। अतः बेहतर ढंग से सम्बद्ध पुस्तकालय का होना इस पद्धति

में बहुत आवश्यक है जिसका अभिगम हर ऐसे छात्र को मिल सके। परन्तु इस प्रकार की शिक्षा प्रणाली में पुस्तकालय की सामग्रियों में किस प्रकार की सामग्रियाँ अधिक होनी चाहिए उस पर ज्यादा नियोजन किए जाने पर ज्यादा चर्चा नहीं हो सकी है। दूरस्थ शिक्षा की कई रुकावटों का समाधान करने हेतु कई प्रकार के प्रौद्योगिकीय यन्त्रों एवं उपायों की ज्यादा आवश्यकता होगी। कम्प्यूटर के दूरस्थ टर्मिनल के माध्यम से डाटावेसों की ऑनलाइन खोज करना, इलेक्ट्रॉनिक मेल सेवा, प्रलेखों को प्रदान करने के लिए टेलीफिसिमिली, निःशुल्क दूरभाष के माध्यम से संदर्भ सेवा का आयोजन आदि कुछ उन्नत विधियाँ तथा साधन हैं जिन्हें इस प्रकार की शिक्षा प्रणाली की संस्थाएँ अपने पुस्तकालयों में उपलब्ध कराने की व्यवस्था कर रही हैं।

दूरस्थ शिक्षा प्रणाली के अन्तर्गत पुस्तकालयों की भूमिका का महत्त्व निम्न प्रकार से ज्यादा होता है–

(1) छात्रों को स्वाध्याय के द्वारा ज्ञानार्जन में सहयोग प्रदान करना।

(2) शैक्षिक कर्मियों तथा दूसरे सहायकों को पाठ्य-सामग्रियों को तैयार करने में मदद करना–मुद्रित सामग्रियों, श्रव्य वीडियो आदि इसके प्रमुख साधन हैं।

(3) दूरस्थ शिक्षा से जुड़ी मल्टीमीडिया सामग्रियों तथा दूसरी सुविधाओं को प्रदान करने के लिए एक संसाधन केन्द्र का काम करना।

अनौपचारिक शिक्षा प्रणाली के अन्तर्गत खासतौर पर उच्च स्तरीय तथा विशेषीकृत विषयों से सम्बन्धित छात्र और शिक्षा संस्थान पुस्तकालय से दूर होने से ज्ञानार्जन में रुकावट साबित होते हैं, क्योंकि सिर्फ दूरस्थ शिक्षा संस्थाओं द्वारा प्रदान की जाने वाली सामग्रियाँ शिक्षार्थियों के ज्ञान के लिए पर्याप्त नहीं होती हैं। अतः ऐसी पद्धति के छात्रों के लिए पुस्तकालय सुविधा सुलभ करने की व्यवस्था भी बहुत जरूरी है।

अगर शिक्षा आयोगों के प्रतिवेदनों जैसे–कोठारी कमीशन, मुदालियर कमीशन, सार्वजनिक पुस्तकालयों का सिन्हा कमीशन, पर दृष्टिपात किया जाए तो उनमें स्पष्ट संस्तुति की गई है कि सेकण्डरी स्कूलों के पुस्तकालयों को प्रौढ़ शिक्षा के क्रियाकलापों से संबंध रखने के लिए आवश्यक है कि ग्रामीण स्कूलों के पुस्तकालयों को सार्वजनिक पुस्तकालय की भूमिका अदा करने के लिए भी विकसित किया जाए जिससे वे अनौपचारिक शिक्षा के छात्रों को भी सहयोग तथा सेवा प्रदान कर सकें।

उच्च स्तरीय अनौपचारिक शिक्षा के विद्यार्थी ज्यादातर नगरों या कस्बों में रहते हैं। ऐसा जगहों पर महाविद्यालयी तथा विश्वविद्यालयी पुस्तकालय होते हैं। अतः इस

प्रकार की व्यवस्था तथा नीति का भी निर्धारण किया जाना चाहिए कि ऐसे पुस्तकालयों का उपयोग तथा सुविधा से दूरस्थ शिक्षा के छात्र भी लाभ प्राप्त कर सकें।

निश्चित तौर पर दूरस्थ शिक्षा प्रणाली संसाधन आधारित होती है जिसमें प्राविधिक मीडिया का प्रयोग किया जाता है। इसका तात्पर्य **मल्टीमीडिया पैकेज**—ऑडियो कैसेट, रेडियो, विडियो कैसेट तथा टेलीविजन प्रसार का उपयोग करना होता है। वर्तमान में सम्प्रेषण, संग्रह तथा प्रसार के इलेक्ट्रॉनिक मीडिया और कम्प्यूटर के उपयोग को बढ़ाते हुए परिदृश्य को नजर में रखते हुए आधुनिक पुस्तकालयों को **मीडिया सेन्टर** तथा संसाधन केन्द्र की भी भूमिका अदा करनी चाहिए।

दूरस्थ शिक्षा पद्धति और पुस्तकालय तथा सूचना सेवाएँ

इस प्रकार की सेवाएँ शैक्षिक संस्थाओं में शिक्षण के कार्यक्रमों का अनिवार्य अंग हैं। दूरस्थ शिक्षा में भी पुस्तकालय विज्ञान के पाँच सूत्रों का अनुपालन किया जाना चाहिए क्योंकि यह भी एक प्रकार की शिक्षा प्रणाली है। औपचारिक शिक्षा प्रणाली के अन्तर्गत विद्यार्थियों का आना और पुस्तकालय तथा सूचना सेवा का लाभ उठाना आसान होता है परन्तु दूरस्थ शिक्षा प्रणाली में छात्र तो संस्थाओं के परिसर से दूर होते हैं, अतः पुस्तकालय में नियमित तरीके से आने की आशा उनसे नहीं की जा सकती है। अतः उनके लिए संदर्भ एवं सूचना सेवा तथा पाठ्य-सामग्रियों को प्रदान करने की व्यवस्था की जानी चाहिए। ऐसी दशा में पुस्तकालय में वाङ्ग्यात्मक जानकारी प्रदान करने की सुविधा होनी चाहिए, परन्तु यह अध्ययन गाइड, टेलीफोन के द्वारा अभिगम की सुविधा, ऑनलाइन सूची से खोज, ऑनलाइन सी. डी. से खोज करना, नेटवर्क के द्वारा अन्तर्राष्ट्रीय तथा राष्ट्रीय डेटाबेसों से सूचना प्राप्त करने आदि में सफलता मिलती है। इतनी सुविधा ज्यादा नहीं मालूम होती है और यह सुविधा सभी देशों में प्रचुर मात्रा में उपलब्ध भी है। अतः इस प्रणाली से विद्यार्थियों द्वारा मांग किये जाने पर डाक, दूरभाष, टेलीफिसिमिल योजना, इलेक्ट्रॉनिक मेल, वीडियोटक्स, फैक्स की सुविधा उपलब्ध की जानी चाहिए। टेस्टबुक्स को डाक द्वारा भेजने की सुविधा होनी चाहिए। कूरियर सेवाओं का भी उपयोग किया जा सकता है।

शैक्षिक एवं सार्वजनिक पुस्तकालय

सामान्य लोगों को निःशुल्क शिक्षा प्रदान करने के प्रयोजन से सार्वजनिक पुस्तकालयों की स्थापना की जाती है। दूरस्थ शिक्षा के लिए इन्हीं पुस्तकालयों का उपयोग करने का प्रबंध होना चाहिए। इन पुस्तकालयों में ऐसे पाठकों के लिए

वान्छित सामग्रियों का एकत्रीकरण भी किया जाना चाहिए। अमेरिका में दूरस्थ शिक्षा के छात्र इन पुस्तकालयों का प्रचुर उपयोग करते हैं। ब्रिटेन में 1989-1990 ई. में रोजगार निर्माण विभाग ने मुक्त शिक्षा प्रणाली के प्रोत्साहन के लिए मुक्त शिक्षा सेवा परियोजना को संस्थापित किया था। ब्रिटिश लाइब्रेरी एसोसिएशन के लिए मुक्त शिक्षा प्रणाली व्यावहारिक परामर्श का आयोजन करती है। Open Learning in Public Libraries की आख्यान की एक गाइड निकाली गई है।

इस प्रकार शैक्षिक पुस्तकालय को भी दूरस्थ शिक्षा प्रणाली के विद्यार्थियों हेतु निःशुल्क कर देना चाहिए। इनका संग्रह भी उनकी अनिवार्यता के तहत होता है परन्तु इसके लिए एक आवश्यकता नीति निर्धारण की है। दोनों प्रकार के पुस्तकालयों को दूरस्थ शिक्षा संस्थाओं के माध्यम से आर्थिक अनुदान प्रदान किया जाना चाहिए। भारत में 40 पत्राचार पाठ्यक्रमों की संस्थाएँ विश्वविद्यालयों में संस्थापित की गई हैं परन्तु पुस्तकालय को जरा भी नहीं प्रदान की जाती हैं, जबकि मुक्त विश्वविद्यालयों द्वारा इसकी सुविधा उपलब्ध की गई है। जिन मुक्त विश्वविद्यालयों के माध्यम से पुस्तकालय सुविधा सुलभ की जाती है उनके नाम निम्न तालिका के माध्यम से स्पष्ट किए गए हैं--

	मुक्त विश्वविद्यालय	अध्ययन केन्द्रों की संख्या	क्षेत्रीय केन्द्रों की संख्या
(1)	बी.आर. अम्बेडकर मुक्त विश्वविद्यालय, हैदराबाद, आन्ध्र प्रदेश	85	
(2)	कोटा मुक्त विश्वविद्यालय	12	4
(3)	जसवन्त राय चह्वाण मुक्त विश्वविद्यालय, नासिक	37	6
(4)	इन्दिरा गाँधी राष्ट्रीय मुक्त विश्वविद्यालय, नई दिल्ली	220	16

उपरोक्त समस्त केन्द्रों पर पुस्तकालय सुविधा मौजूद है। इन्दिरा गांधी राष्ट्रीय मुक्त विश्वविद्यालय के प्रत्येक राज्य में क्षेत्रीय केन्द्र और प्रत्येक जिले में एक

अध्ययन केन्द्र संस्थापित करने की महत्त्वाकांक्षी योजना का निर्माण किया गया है जिससे 30 क्षेत्रीय केन्द्रों तथा 500 अध्ययन केन्द्रों की स्थापना विचारधीन है। इसका एक वृहत् केन्द्रीय पुस्तकालय भी है, जिसका मुख्यालय नई दिल्ली में है।

पुस्तकालय एवं प्रौढ़ शिक्षा

किसी कारणवश बचपन में शिक्षा प्राप्त न कर पाने वाले अथवा अपनी शिक्षा पूरी न कर पाने वाले वयस्कों को शिक्षा प्रदान करना ही प्रौढ़ शिक्षा कहलाता है। बीसवीं सदी में (1960 से 1970 के दशक) शिक्षा जगत में व्यक्ति के सर्वांगीण विकास के लिए व्यापक स्तर पर प्रयास किए गए। इसके पूर्व शिक्षा पद्धति में बदलाव अथवा संशोधन का मुख्य क्षेत्र अथवा लक्ष्य प्रचलित शिक्षा पद्धति में कुछ परिवर्तन लाना तथा कुछ नवीन तथ्यों अथवा पद्धतियों का अंगीकरण या उनका समावेश करने आदि तक ही सीमित था।

इन दशकों में शिक्षा को समकालीन जगत के परिप्रेक्ष्य में उपयोगी तथा वर्तमान उद्देश्य की पूर्ति में साधक बनाने की दृष्टि से मौलिक बदलाव हुआ तथा पूर्णतया नवीनीकरण करने पर ज्यादा बल दिया गया है। वर्तमान समय में किसी भी प्रकार का परिवर्तन अथवा नवीन आविष्कार सिर्फ विकसित देशों तक सीमित नहीं है। अपितु विकासशील राष्ट्रों में भी उनकी स्वतंत्रता के पश्चात् जल्दी ही यह सवाल गम्भीर रूप से उभर कर सामने आया है क्योंकि इन राष्ट्रों ने विरासत में मिली शिक्षा परम्परा तथा पद्धति का मूल्यांकन करना आरम्भ किया और आवश्यकतानुसार इसे लाभदायक तथा उद्देश्यपरक बनाने की दृष्टि से कई आवश्यक तत्त्वों को अंगीकार करना भी शुरू किया।

इस प्रकार का नियोजन किया जाने लगा जिससे सभी बालक-बालिकाओं को छः अथवा सात-वर्षीय पूर्ण प्रारम्भिक शिक्षा प्राप्त हो सके। शिक्षा के क्षेत्र में सफल देशों में प्रौढ़ शिक्षा प्रणाली के प्रसार तथा व्यवस्था में शुरुआती स्तर पर मुख्य रूप से गैर-राजकीय अभिकरणों तथा संस्थाओं का हाथ रहा है। विकासशील देशों ने भी इसी प्रकार के अधिकरणों के द्वारा इस क्षेत्र में ध्यान दिया। 1950 के पूर्व हमारे देश में प्रौढ़ शिक्षा के महत्त्व पर इतना ध्यान नहीं दिया गया था। जबकि उत्तरी अमेरिका तथा यूरोप में इसे शिक्षा के एक विशिष्ट तथा पृथक अंग के रूप में मान्यता प्रदान की जा चुकी थी और **तृतीय विश्व के राष्ट्रों**, अर्थात् समाजवादी तथा पूंजीवादी देशों को छोड़कर इसे परमावश्यक तथा विशिष्ट समझा जाने लगा था।

प्रौढ़ शिक्षा की अवधारणा

वर्तमान समय में प्रौढ़ शिक्षा की विचारधारा में काफी परिवर्तन हो चुका है। इस समय इसका स्वरूप बिल्कुल नया और विस्तृत है। निरक्षरों तथा अशिक्षितों को साक्षर मात्र बनाने के पहले प्रचलित प्रौढ़ शिक्षा की धारणा अब पुरानी तथा अप्रचलित हो गई है। इसकी अर्वाचीन धारणा के तहत यह "बिना किसी अपवाद के सभी लोगों के लिए जीवन भर चलने वाली शिक्षा है।" शिक्षा की सार्वभौमिक एवं वर्तमान विचारधारा अब यह है कि शिक्षा इस प्रकार की होनी चाहिए "जिसकी उपयोगिता मनुष्य के समस्त जीवन के लिए हो सके। इसमें हर मनुष्य को शैशवावस्था से लेकर वृद्धावस्था तक भौतिक तथा सांस्कृतिक पक्षों को विकसित करने में मददगार सिद्ध होने की क्षमता होनी चाहिए।"

वर्तमान समय में प्रौढ़ शिक्षा का महत्त्व बढ़ा है, जो लोग किसी भी कारणवश प्राथमिक शिक्षा से वंचित रह गये हैं उनके लिए प्रौढ़ शिक्षा एक विकल्प है। अधिकतर कुछ ऐसे भी लोग होते हैं जिनकी शिक्षा किसी कारणवश पूरी नहीं हो पाती है। इनके लिए प्रौढ़ शिक्षा पद्धति एक प्रकार की उनके व्यावसायिक अथवा प्रारम्भिक शिक्षा की पूरक भी है जिन्हें इससे मार्गदर्शन तथा मदद मिलती है। उन्हें उनके वातावरण तथा परिस्थितियों से उत्पन्न नवीन आवश्यकताओं के प्रति उत्सुकता होती है, उनके लिए यह पद्धति एक प्रकार की शिक्षा को कायम रखने की एक प्रक्रिया है। जिन्हें उच्च स्तरीय प्रशिक्षण प्राप्त हो चुका होता है उन्हें भी इसके द्वारा पुनः शिक्षा प्राप्त करने का मौका मिल जाता है। प्रत्येक व्यक्ति को व्यक्तिगत विकास तथा स्वयं को विकसित बनाने का यह एक अच्छा व उपयोगी स्रोत है। प्रौढ़ शिक्षा व्यवस्था तथा कार्यक्रमों की इन अनेक पद्धतियों तथा प्रक्रियाओं का उपयोग तथा आवश्यकता सभी देशों में एक समान तरह से एक ही भाँति नहीं हो सकती है। यह कुछ देशों हेतु नितान्त आवश्यक और उपयोगी साबित हो सकती है और किसी अन्य राष्ट्र के लिए उतनी महत्त्व की नहीं हो सकती है। परन्तु इससे प्रौढ़ शिक्षा पद्धति तथा व्यवस्था के महत्त्व तथा लक्ष्य में कोई विशेष अन्तर नहीं पड़ता है, क्योंकि यह सिर्फ अल्पसंख्यक लोगों की मूल शिक्षा तक ही सीमित नहीं है, और न सिर्फ सांस्कृतिक शिक्षा तक ही सम्बद्ध है। प्रौढ़ शिक्षा का विशेष महत्त्व उस अवस्था में ज्यादा हो जाता है, जब वयस्कों के विद्यालयों के कार्यकलापों को कामयाब बनाने में यह निर्णायक साबित होती है। क्योंकि बालकों की शुरुआती शिक्षा के प्रमुख लक्ष्य को उनके अभिभावकों तथा माता-पिता के शिक्षा स्तर से भिन्न नहीं किया जा सकता। वर्तमान

समय के अशिक्षित वातावरण में भविष्य की पीढ़ी को प्रशिक्षित करना लगभग असम्भव है। शिक्षा की कामयाबी तथा इसकी उन्नति सम्पूर्ण मानव की पूर्ण क्षमता को शिक्षा प्रसार अथवा दूसरों को प्रशिक्षित करने में साधक सिद्ध होने पर निर्भर करती है। इस दिशा में पूर्ण कामयाबी तभी प्राप्त हो सकती है जब प्रौढ़ शिक्षा को लोकप्रिय तथा सक्रिय बनाया जाए। अतः इसे सामुदायिक विकास का भी अंग माना गया है जिसके साथ साक्षरता का भी कार्यक्रम जुड़ा है।

प्रौढ़ शिक्षा की कतिपय परिभाषाएं

प्रौढ़ शिक्षा को विभिन्न विद्वानों ने अपने-अपने तरीके से परिभाषित किया है। बड़े ही सूक्ष्म तरीके से शिक्षा को परिभाषित करते हुए **कोल्स** ने कहा है "शिक्षा प्रक्रिया की सुसमायोजित उत्कर्षता ही प्रौढ़ शिक्षा है।" वर्तमान समय के विषय में प्रौढ़ शिक्षा की परिभाषा को विस्तृत तथा व्यापक बनाने के कई प्रयास किए गए हैं और इसकी विभिन्न सम्भावित परिभाषाएँ दी गई हैं। परिणामतः प्रौढ़, प्राविधिक तथा व्यावसायिक शिक्षा से दुनिया में पूर्व प्रचलित भेद खत्म हो जाता है, क्योंकि प्रौढ़ शिक्षा को उसकी पूर्णता तथा सर्वांगीणता को नजर रखते हुए इस पर विचार किया जाता है।

अनौपचारिक शिक्षा को व्यापक नजरिया प्रदान करने के उद्देश्य से **बर्टलसेन** (P.H. Bertesen) ने प्रौढ़ शिक्षा की परिभाषा को परिष्कृत किया है जिनके विचारानुसार, ''बिना किसी विषय-वस्तु, स्तर तथा प्रयुक्त विधि को विशेष रूप से नजर में रखते हुए किसी वस्तु को सीखने का अनुभव अर्जित करने के लिए वयस्कों के लिए व्यवस्थित पद्धति को प्रौढ़ शिक्षा कहते हैं।''

लिबराइट (A.A. Liveright) तथा **हेगुड** (N. Haygood) के मतानुसार ''यह वह प्रक्रिया है जिसके माध्यम से ऐसे लोग जिन्हें विधिवत् स्कूल जाने का मौका नहीं मिला या जिन्होंने किसी कारणवश किसी स्कूल में शिक्षा ग्रहण नहीं की, ऐसे लोग जब कटिबद्ध तथा सक्रिय होकर संगठित तथा क्रमिक क्रियाकलाप में ज्ञान, सूचना, विज्ञता अथवा कार्यकौशल, मूल्यांकन तथा प्रवृत्ति में विस्तार तथा उन्नति करने के लक्ष्य से, अथवा सामुदायिक या व्यक्तिगत समस्याओं को समझने और उनके निवारण के लिए भाग लेते हैं, तो इस प्रक्रिया को प्रौढ़ शिक्षा के क्षेत्र का कार्यक्रम माना जाता है।"

यूनेस्को द्वारा प्रौढ़ शिक्षा की नवीनतम परिभाषा दी गई है जिसके तहत "प्रौढ़ शिक्षा पद समस्त सुव्यवस्थित शिक्षा प्रक्रिया का द्योतक है जिसके माध्यम से समाज के वयस्क लोग अपनी क्षमता को विकसित करते हैं, अपनी व्यावसायिक

अथवा प्राविधिक योग्यता को विकसित करते हैं, अपने ज्ञान को बढ़ाते हैं और अपने पूर्ण निजी विकास तथा स्वतंत्र तथा संतुलित, आर्थिक, सामाजिक और सांस्कृतिक उन्नति में सक्रिय भाग लेने के नजरिए से अपने विचारों अथवा व्यवहारों में परिवर्तन लाते हैं। यद्यपि उस शिक्षा प्रक्रिया का विषय-वस्तु स्तर तथा विधि कुछ भी हो सकता है, यह औपचारिक अथवा अन्य कुछ भी हो सकता है। यह प्रक्रिया अविच्छिन्न अथवा स्कूल, कॉलेज और विश्वविद्यालयी शिक्षा की आरम्भिक दशा तथा प्रशिक्षुता की दशा की पूर्ति के लिए हो सकती है। इस तरह प्रौढ़ शिक्षा के अधीन सभी तरह के शिक्षाप्रद अनुभवों को समाविष्ट किया गया है जिसकी आवश्यकता नर-नारियों को उनकी विभिन्न अभिरुचियों तथा जरूरतों, उनके विभिन्न स्तरीय ज्ञान तथा क्षमता की जीवनपर्यन्त उनके परिवर्तित होते हुए दायित्वों तथा कर्तव्यों के संबंध में पड़ती है।"

प्रौढ़ शिक्षा की ऐतिहासिकता

आधुनिक प्रचलित शब्दावली में प्रौढ़ शिक्षा और सामाजिक शिक्षा को सामान्यतः एक दूसरे का पर्याय माना जाता है। प्रौढ़ शिक्षा को अधिकांशतः प्रौढ़ साक्षरता की ही एक प्रक्रिया माना जाता है, किन्तु प्रौढ़ शिक्षा एक परिपूरक की अभिव्यक्ति करती है–शैशवास्था में शैक्षणिक सुविधाओं के अभाव का प्रतिपूरक। वर्तमान जनतंत्र पद्धति तथा आधुनिक विज्ञान युग शासन व्यवस्था के पहले काल में सार्वभौमिक शिक्षा पद्धति अथवा सार्वजनिक शिक्षा की विचारधारा प्रचलित नहीं थी और न इसको प्रमुख कर्तव्य समझा जाता था। विश्व के पश्चिमी राष्ट्रों के प्रसार द्वारा उन्नीसवीं शताब्दी के प्रारम्भिक वर्षों से ही मानव सभ्यता तथा संस्कृति में बड़ा और मूल परिवर्तन का आविर्भाव आरम्भ हुआ। इस परिवर्तन से विशेषतया पाश्चात्य देश प्रभावित हुए।

वैज्ञानिक आविष्कारों, तकनीकी अनुसंधानों तथा औद्योगिक उन्नति ने न सिर्फ औद्योगिक क्रान्ति को पैदा किया साथ ही सामुदायिक तथा सामाजिक जीवन में भी विशेष परिवर्तन परिलक्षित होने लगा। समाज पर वैज्ञानिक उन्नति का ऐसा प्रभाव पड़ा कि गैर प्रजातांन्त्रिक संस्थाएँ प्रौढ़ मताधिकार, सामाजिक तथा राजनीतिक समानता तथा अधिकारों की मांग सामने उभर कर आने लगी। जब तक प्रचुर मात्रा में जन-समूह ग्रामीण क्षेत्रों तथा कृषि तक ही सीमित रहा और वाह्य दुनिया में क्या हो रहा है उससे अनभिज्ञ रहा तब तक विचारों के आदान-प्रदान के लिए सार्वभौमिक शिक्षा प्रबंध का अनुभव नहीं किया गया।

प्रौढ़ शिक्षा पर औद्योगिक क्रान्ति का प्रभाव

पाश्चात्य राष्ट्रों में 19वीं सदी के पूर्वार्द्ध में कारखानों, औद्योगिक प्रतिष्ठानों, कर्मशालाओं तथा व्यापारिक निर्माणों में चयनित निरक्षर तथा अशिक्षित कर्मियों के कारण कार्यकुशलता की नजरिए से गम्भीर समस्या उत्पन्न हुई। परिणामस्वरूप सार्वजनिक शिक्षा सामान्य तरह से और वयस्क मजदूरों की शिक्षा उत्तम प्रकार से अनिवार्य तथा महत्त्वपूर्ण समझी जाने लगी। मजदूरों तथा प्राविधिक कर्मियों की शिक्षा न केवल उनके अपने अधिकारों और लाभ के नजरिए से जरूरी थी अपितु औद्योगिक कार्यकुशलता तथा अधिक से अधिक उत्पादन के नजरिये से भी आवश्यक समझी जाने लगी। प्रौढ़ शिक्षा में आन्दोलन का सर्वप्रथम प्रयास मेकेनिक्स इन्स्टीट्यूट तथा वर्कर्स एजुकेशनल एसोसिएशन का था जिनके द्वारा ग्रेट ब्रिटेन तथा दूसरे देशों में प्रौढ़-शिक्षा प्रसार तेजी से आरंभ किया गया।

यांत्रिकी तथा औद्योगिक यंत्रों का थोड़ा बहुत ज्ञान कर्मियों तथा प्राविधिक कर्मचारियों के लिए आवश्यक समझा जाने लगा। इनके लाभ के नजरिये से औद्योगिक अधिनियम तथा श्रम विधि की जानकारी उनके लिए अनिवार्य मानी जाने लगी। आवागमन के नए साधनों, सम्प्रेषण के विकसित साधनों, सुदूर राष्ट्रों के आपसी व्यापारिक सम्बन्ध, सांस्कृतिक आदान-प्रदान से भी प्रौढ़ शिक्षा को खासा प्रोत्साहन मिला। ट्रेड यूनियन आन्दोलन ने भी अपने सदस्यों को शिक्षित तथा साक्षर करने के लिए प्रौढ़ शिक्षा का प्रसार शुरू किया।

प्रौढ़ मताधिकार

लोकतंत्र की सफलता काफी हद तक प्रौढ़ शिक्षा पर निर्भर करती है क्योंकि इससे प्रौढ़ लोग अपने मत का सदुपयोग करना सीख लेते हैं। 19वीं सदी के ग्रेट ब्रिटेन के तत्कालीन जगत् प्रसिद्ध ग्लैडस्टोन मंत्री ने चयन का नारा "अपने कर्णधारों को शिक्षित करो" बनाया था, जनतंत्र की सुरक्षा के लिए ग्लैस्टोन ने सार्वजनिक शिक्षा को जरूरी बताया था। महान् सोवियत क्रान्ति के नेता लेनिन ने सार्वजनिक शिक्षा को राष्ट्रीय तथा सामाजिक विकास का अनिवार्य पहलू माना और कहा कि "अशिक्षित देश समाजवाद की स्थापना नहीं कर सकता"। शिक्षा जनतंत्र प्रणाली शासन व्यवस्था में कितनी विशिष्ट है इससे अन्दाजा लगाया जा सकता है। इससे यह ज्ञात हो जाता है कि वयस्क मताधिकार का अर्थ मतदान का अधिकार मात्र ही नहीं होता है, अपितु निर्वाचित होने का अधिकार इससे परिलक्षित होता है। किसी न किसी रूप में कम से कम शिक्षा प्रत्येक स्त्री-पुरुष की ताकत है जिससे उसमें

नागरिकता के दायित्वों तथा कर्तव्यों को समझने की ताकत आ सके। वयस्क मताधिकार बिना प्रौढ़ शिक्षा के प्रभावहीन एवं हानिकारक है।

प्रौढ़ शिक्षा की समाज शिक्षा में भूमिका

कुछ अर्थों में कहा जाए तो प्रौढ़ शिक्षा और वयस्क मताधिकार परस्पर समानार्थक शब्द हैं। भारतवर्ष में मतदान के लिए हस्ताक्षर कर लेने तथा साधारण पत्र लिखने-पढ़ने की क्षमता मात्र से ही स्त्री-पुरुष को शिक्षित माना जाता है परन्तु व्यावहारिक नजरिए से नाम-मात्र की साक्षरता उपयोगी नहीं है। अल्प समय के प्रयास से साक्षरता पायी जा सकती है। परन्तु जब तक पर्याप्त रूप से निरंतर शिक्षा नहीं की जाती तब तक बौद्धिक उन्नति उपयुक्त स्तर तक नहीं हो पाती और यहाँ तक कि साक्षरता भी धीरे-धीरे खत्म होने लगती है।

वैसे तो व्यापक तथा सार्वजनिक शिक्षा के परिणामस्वरूप साक्षरता दर बढ़ रही है। परंतु अभी यह अपर्याप्त है क्योंकि सामाजिक शिक्षा का लक्ष्य तथा क्षेत्र ज्यादा बड़ा है जिसके कारण इसका दूरगामी असर पड़ता है। भारतवर्ष में सामुदायिक परियोजना 1952 शुरुआत में हुई थी जिसके अंतर्गत सामाजिक शिक्षा को उसके कार्यक्रम में पर्याप्त रूप से शामिल किया गया।

पांच सूत्रीय कार्यक्रम

इसके अंतर्गत पाँच सूत्रीय कार्यक्रम निर्धारित किया गया–

(1) वयस्क साक्षरता का प्रयत्न,

(2) स्वास्थ्य तथा स्वच्छता को बढ़ावा,

(3) आर्थिक स्थिति में सुधार,

(4) जनतंत्र नागरिक शिक्षा,

(5) सांस्कृतिक, मनोरंजनात्मक तथा सौन्दर्यमय कार्यक्रमों के द्वारा खाली समय का सदुपयोग।

सामुदायिक विकास जो अधिकांशतः ज्यादा राष्ट्रों में एक सर्वव्यापी कार्यक्रम के रूप में अपनाया गया है, का आशय हर ढंग की उन्नति के स्वरूपों से है जो किसी समुदाय के लिए जरूरी है। इसके तहत प्रौढ़ शिक्षा एवं सामुदायिक सहयोग के माध्यम से वयस्कों को सीखने की प्रक्रिया शामिल की गई है। अतः सामुदायिक विकास का लक्ष्य समुदाय के लिए विकासयुक्त क्रियाकलाप तथा बहुमुखी कल्याण है, जो अधिकांशतः सभी विकासशील तथा अल्प विकसित देशों में मुख्य रूप से अपनाया गया है।

प्रौढ़ शिक्षा एवं आर्थिक सम्पन्नता

यदि वर्तमान समय की तुलना दो सदी पहले के समय से की जाए तो यह दृष्टिगोचर होता है कि इस समय विज्ञान जगत ने पहले की अपेक्षा काफी ज्यादा विकास किया है। सार्वभौमिक मानव अधिकारों की विचारधारा सिर्फ राजनीतिक समानता तक सीमित नहीं रही है। सामाजिक, आर्थिक तथा सांस्कृतिक समानता को विशेष महत्त्व दिया जाने लगा है, लेकिन साधारण व्यक्ति अब भी आर्थिक रूप से पर्याप्त कमजोर है तथा सांस्कृतिक और शैक्षिक दृष्टिकोण से बिल्कुल पिछड़ा है और मानव संस्कृति के सौन्दर्य के सुख से वंचित है। अतः सांस्कृतिक समानता तथा न्याय के लिए सार्वजनिक शिक्षा की प्रबंध जरूरी है।

प्रौढ़ शिक्षा की आवश्यकता

विश्व के वे देश जो विकासशील और कम विकसित हैं, उनके लिए प्रौढ़ शिक्षा एक अनिवार्य कार्यक्रम है और इस ओर प्रत्येक व्यक्ति को ध्यान देना चाहिए। ज्यादातर अल्प विकसित देशों में सार्वभौमिक अथवा सार्वजनिक शिक्षा का प्रबंध एक बड़ी समस्या होता जा रहा है। बढ़ती हुई जनसंख्या, औपचारिक शिक्षा का निरंतर बढ़ता हुआ खर्च, प्रत्येक सत्र में शिक्षा प्राप्त करने योग्य बालकों की स्वाभाविक बढ़ोत्तरी और ऐसे में वे बालक-बालिकाएँ जिन्हें शिक्षा प्राप्त करने का मौका नहीं मिल पा रहा है तथा साथ ही शिक्षा प्रदान करने के लिए जगह की समस्या आदि दशाओं ने शिक्षा के स्वरूप और प्रणाली को नवीन नजरिए से विचार करने हेतु मजबूर कर दिया है।

इस बात पर गम्भीरतापूर्वक विचार किया जा रहा है कि परम्परागत प्रचलित विद्यालय की शिक्षा पद्धति को ही महफूज रखा जाए अथवा किसी दूसरी प्रभावकारी प्रणाली को अपनाया जाए, गम्भीर रूप से यह विचार किया जा रहा है जिससे जन सामान्य को भी उपलब्ध कराया जा सके जिन्हें औपचारिक तरीके से विधिवत् शिक्षा नहीं मिल पाई है। 19वीं तथा 20वीं शताब्दियों में यूनस्को ने लगातार बढ़ती हुई निरक्षरता की विकट समस्या तथा इसके परिणामस्वरूप अमीर और गरीब, शहरी और ग्रामीण जनसंख्या तथा सुविधाविहीन तथा सुविधाजनक जनता में बढ़ती हुई विषमता पर गम्भीरतापूर्वक ध्यान दिया है। अतः विकसित देशों में निरक्षरता का खात्मा करने के लिए सदस्य राष्ट्रों तथा अन्तर्राष्ट्रीय निर्माणों ने संघर्षशील कदम उठाने का प्रयास किया है।

यूनेस्को की 1967-71 की साक्षरता विवरणिका (Unesco–Literacy 1967-71, Paris, Unesco, 1972) के तहत 1950 में संसार में 157.9 करोड़ वयस्क

जनसंख्या में से 70 करोड़ अनपढ़ थे। 1970 में 228.7 करोड़ वयस्क जनसंख्या में से 78.3 करोड़ अशिक्षित थे। यूनेस्को के संसार की जनसंख्या सम्मेलन 1974 के अनुसार संसार के **अर्ध विकसित क्षेत्रों** में 6 से 11 वर्ष की उम्र के 1965 में 1140 लाख और 1975 में 1280 लाख तथा 12 से 17 वर्ष की उम्र के 1965 में 1500 लाख और 1975 में 1770 लाख बच्चों को शिक्षा प्राप्त करने का कोई मौका नहीं मिला था। इन अल्प विकसित क्षेत्रों के मुख्य देश पूर्वी तथा अफ्रीका, दक्षिणी एशिया और लैटिन अमेरिका के देश हैं। समस्त अनपढ़ बच्चों की संख्या में वृद्धि होने की सम्भावना 1965 में 2640 लाख से 1985 में 4050 लाख होने की निश्चित की गई थी। 1979 में उदयपुर में यूनेस्को के एशिया तथा पैसिफिक शिक्षा क्षेत्रीय कार्यालय, बैंकाक के सहयोग से सर्वप्रथम क्षेत्रीय साक्षरता कर्मशाला आयोजित की गई थी। जिसमें प्रौढ़ शिक्षा तथा साक्षरता की कई सामग्रियों, विधियों तथा पाठ्यक्रमों पर विशद् विचार-विमर्श किया गया। उस समय तक मौजूद विवरण के अनुसार अनपढ़ों की संख्या भारतवर्ष में 23 करोड़ और इन्डोनेशिया में 10 से 45 साल के मध्य में 190 लाख थी।

पाकिस्तान में 1973 की जनगणना के अनुसार अनपढ़ों की संख्या सम्पूर्ण जनसंख्या की 73.28 प्रतिशत थी। नेपाल की साक्षरता 1950 में 1 प्रतिशत से बढ़कर 1970 में 12.9 प्रतिशत हो गई है। 1974 की जनगणना के अनुसार बंगाल में साक्षरता सिर्फ 22.2 प्रतिशत थी। 8 से 50 वर्ष की उम्र की अशिक्षित स्त्रियों तथा पुरुषों की संख्या अफगानिस्तान में 82 लाख थी। सन् 1975 ई. में ईरान में एक अन्तर्राष्ट्रीय साक्षारता गोष्ठी का आयोजन किया गया था। इस सम्मेलन के दौरान पूरी दुनिया में प्रौढ़ शिक्षा के शिक्षण को गति प्रदान करने में आने वाली समस्याओं पर विचार किया गया इसमें यह अंदाजा लगाया गया कि संसार की समस्त जनसंख्या की 24 प्रतिशत जनसंख्या अर्थात् 90 करोड़ लोग वर्ष 2000 में शिक्षा प्राप्त करने से वंचित रह जाएंगे। प्रौढ़ शिक्षा की समस्या एक सार्वभौमिक समस्या होते हुए भी प्रत्येक देश में एक प्रकार की समस्या नहीं है। इसकी अनेक धारणाओं, देश की नीतियों तथा परम्पराओं के कारण इसके स्वरूप में साम्यता नहीं है।

अपनी राष्ट्रीय नीतियों के अनुसार विकसित देशों में जीवनपर्यन्त शिक्षा तथा सतत् शिक्षा-पद्धति के रूप में वयस्क शिक्षा की व्यवस्था अनेक दृष्टिकोणों से व्यवस्थित की गई है। कनाडा, आस्ट्रेलिया, जनगणवादी डेनमार्क, जनगणवादी जर्मनी, सोवियत संघ, फ्रांस, ब्रिटेन, संयुक्त राज्य अमेरिका, स्वीडन में प्रौढ़ शिक्षा को पर्याप्त विस्तृत नजरिए से आयोजित किया गया है। निरक्षरता की अत्यधिक

विकट समस्या एशिया तथा पेसीफिक क्षेत्र में है, क्योंकि संसार की आधे से अधिक अशिक्षितों की जनसंख्या इसी क्षेत्र में रही है।

प्रौढ़ शिक्षा के उद्देश्य

समाज में अशिक्षित लोगों को शिक्षित करना ही प्रौढ़ शिक्षा का प्रमुख प्रयोजन है। वैसे तो मनुष्य अपनी समस्याओं का पूरा समाधान इस शिक्षा से नहीं कर सकता, परन्तु यह नहीं भूलना चाहिए कि प्रत्येक व्यक्ति को उसकी पूर्ण सम्भावित क्षमता को विकसित तथा फलीभूत करने में मदद करना ही प्रौढ़ शिक्षा का मूल लक्ष्य है। प्रौढ़ शिक्षा को राष्ट्रीय लक्ष्य के नजरिए से कार्यान्वित करने के मन्तव्य से प्रत्येक देश के अपने अलग-अलग लक्ष्य होते हैं जो बिल्कुल स्वाभाविक भी हैं, क्योंकि हर राष्ट्र की परम्पराओं, परिस्थितियों तथा नीतियों में भेद होता है।

अतः यह जरूरी है कि प्रत्येक राष्ट्र अपनी परिस्थितियों तथा अनिवार्यताओं के अनुरूप समस्त सामान्य शिक्षा तथा विशेष तरह से प्रौढ़ शिक्षा तथा अनौपचारिक शिक्षा की मूल अर्थात् प्रौढ़ शिक्षा की प्रबंध करे। अतः प्रौढ़ शिक्षा वह शिक्षा पद्धति है जो विशेष प्रकार से वयस्क लोगों के लिए व्यवस्थित की जाती है और जो संपूर्ण जीवन के लिए उपयोगी होती है जिससे निरंतर किसी न किसी प्रकार की जानकारी प्राप्त होती रहती है। प्रौढ़ शिक्षा के निम्नलिखित उद्देश्य इस प्रकार हैं–

(1) उन युवतियों तथा युवक को क्रियात्मक पूरक शिक्षा प्रदान करना, जिन्होंने किसी कारणवश में औपचारिक विद्यालय शिक्षा को मध्य में ही त्याग दिया था। अतः ऐसे लोगों की व्यावसायिक, प्राविधिक तथा पेशोन्मुख तथा प्राविधिक क्षमता अर्जित करने में सहायता करना भी प्रौढ़ शिक्षा का लक्ष्य होता है।

(2) औपचारिक शिक्षा को पूर्ण कर रहे कई वर्गों के लोगों को उनके मूल तथा प्रारम्भिक ज्ञान तथा कौशल को बढ़ाने की दिशा से लक्ष्यों और नीतियों को प्रतिपादित और निर्धारित करना।

(3) अपने कौशल तथा कार्यकुशलता को उन्नत बनाने की नजरिए से अनेक श्रेणियों में कार्यरत लोगों को पेशोन्मुख तथा व्यावसायिक प्रशिक्षु सेवारत तथा कार्यस्थल समय में प्रदान करना।

(4) सार्वभौमिक शिक्षा के प्रथम चरण के रूप में उन वयस्क महिलाओं तथा पुरुषों को क्रियात्मक साक्षरता की शिक्षा प्रदान करना जिन्हें औपचारिक शिक्षा का मौका दुर्भाग्यवश नहीं मिल पाया है।

(5) लोक ज्ञान के प्रसार की दृष्टि से देश के वयस्क नागरिकों को आवश्यक सौन्दर्य, संस्कृति सौन्दर्यीकरण तथा नागरिक शिक्षा प्रदान करना।

विश्व के विकासशील और विकसित देशों में प्रौढ़ शिक्षा के प्रयास को मात्र लोगों को साक्षर तथा शिक्षित करने तक ही लागू नहीं माना है, अपितु प्रौढ़ शिक्षा का लक्ष्य मानव शक्ति की उन्नति का एक साधन माना गया है जिसका मूल उद्देश्य देश के सामाजिक तथा आर्थिक विकास में राजनीतिक तथा सामाजिक एकता बरकरार रखने के साथ ही साथ समाज के सभी वर्गों के लोगों को आर्थिक और सक्रिय ढंग से भाग लेने और अपना कल्याण करने योग्य बनाना है। एक रण-कौशल के रूप में इसका लक्ष्य समाज के अल्प सुविधाभोगी वर्ग के लोगों में देश के राष्ट्रीय विकास में उनका भी योगदान होना जरूरी है। ऐसी अनुभूति उनमें जाग्रत करना है, साथ ही देश के निर्माण कार्य में उनके समुचित महत्त्व तथा स्थान तथा उनकी सम्भावित विषय के प्रति भी जाग्रत तथा चैतन्य करना है। प्रौढ़ शिक्षा और प्रौढ़ साक्षरता के विषय में प्रौढ़ शिक्षा की विचारधारा को यूनेस्को द्वारा भारत में राजस्थान राज्य के उदयपुर शहर में आयोजित **प्रथम क्षेत्रीय साक्षरता कर्मशाला** के अधीन उद्देश्यात्मक नजरिए से बताया गया है—"प्रौढ़ साक्षरता का आशय व्यापक रूप में किसी तरह की शिक्षा अथवा सीखने की प्रणाली से है जिसका प्रबंध वयस्क स्त्रियों तथा पुरुषों के लिए किया जाता है अथवा जिसे वे अपनाते हैं।"

इस परिप्रेक्ष्य में प्रौढ़ साक्षरता तथा प्रौढ़ शिक्षा पर्यायवाची शब्द है। अर्थात् प्रौढ़ शिक्षा अथवा साक्षरता का सम्बन्ध मनुष्य के उस जीवनचक्र से होता है जो किशोर के बाद से शुरू होकर सम्पूर्ण जीवन चलता रहता है। **यूनेस्को** ने प्रौढ़ शिक्षा के प्रयोजन को इस प्रकार स्पष्ट किया है—"परिस्थितियों को अनुकूल ढ़ालते हुए सभी स्त्रियों तथा पुरुषों को पूर्णरूप से समृद्धिशाली तथा सुखी जीवनयापन करने, संस्कृति के सर्वोत्तम तत्त्वों को विकसित करने तथा वर्तमान युग में अपने उपयुक्त स्थान को अर्जित करने और शान्तिपूर्ण तरीके से एक साथ जीवन बिताने में सहायक सामाजिक तथा विकास को प्राप्त करने में सब लोगों की मदद करना है।"

प्रौढ़ शिक्षा के राष्ट्रीय उद्देश्य

विश्व के सभी देशों में प्रौढ़ शिक्षा का प्रयोजन अलग-अलग है जैसे—अफगानिस्तान में जन-साधारण के योगदान तथा सामाजिक और आर्थिक विकास में निरक्षता को बड़ा ही अवरोध माना गया है। उत्पादनशीलता में वृद्धि लाने, देश की रचनात्मक शक्तियों को सक्रिय बनाने, समाज को धर्मान्धता और अन्धविश्वास

से आजाद करने में साक्षरता का निर्णायक योगदान माना गया है। देश के सामाजिक तथा आर्थिक निर्माण की आवश्यकता की दृष्टि से साक्षरता का लक्ष्य देश के विकास के लाभ के लिए लोगों को पुरानी प्रवृत्तियों में परिवर्तन लाना, आर्थिक तथा सामाजिक उन्नति में लोगों के सक्रिय योगदान का मौका प्रदान करना, क्रियात्मक साक्षरता के माध्यम से उत्पादनशीलता में वृद्धि उत्पन्न करना, बेहतर पारिवारिक स्वास्थ्य तथा वातावरण की बेहतर स्थिति उत्पन्न करना है। बांग्लादेश में प्रौढ़ शिक्षा का मुख्य उद्देश्य साक्षरता का प्रचार-प्रसार आर्थिक उन्नति करना और परिवार का सुचारू रूप से संचालन है।

समाजवादी गणतंत्र संघ **बर्मा** में 1965 में निरक्षता उन्मूलन अभियान शुरू हुआ था जिसका उद्देश्य अनुमानतः 30 प्रतिशत अनपढ़ों को साक्षर बनाना, नवीन विचारों का संचार करना, उन्नतशील सामुदायिक जीवन को प्रोत्साहित करना, उत्पादनशीलता में वृद्धि तथा सामाजिक तथा आर्थिक विकास में सहायता पहुँचाना है।

इसी प्रकार प्रौढ़ शिक्षा के माध्यम से नेपाल में 1970 में साक्षरता 1 प्रतिशत से 12.2 प्रतिशत तक पहुँचा दिया गया। इस अभियान का मूल राष्ट्रीय लक्ष्य ग्रामीण वयस्कों तथा अनपढ़ लोगों को साधारण शिक्षा प्रदान करना, प्रौढ़ों को ऐसी शिक्षा देना जिससे वे अपने बच्चों का पालन-पोषण ठीक प्रकार से कर सकें, व्यावसायिक कार्यकुशलता को ज्यादा उन्नत करने, उत्पादनशीलता बढ़ाने, राष्ट्रभक्ति की भावना जगाने, निजी स्वास्थ्य तथा स्वच्छता के प्रति शिक्षा देना, ग्राम पंचायत को कार्यान्वित करना तथा जनसंख्या की वृद्धि तथा इससे उत्पन्न समस्या तथा परिणामों के प्रति सचेत करना, पारिवारिक बजट बनाना आदि हैं।

थाइलैण्ड में यद्यपि साक्षरता 82 प्रतिशत से अधिक है फिर भी देश की उन्नति में निरक्षरता को रुकावट माना जा रहा है। वहाँ 1977 ई. में राष्ट्रीय शिक्षा योजना लागू की गई थी जिसका लक्ष्य जीवन भर कई प्रकार की अनौपचारिक शिक्षा प्राप्त करने के लिए लोगों को अच्छा मौका प्रदान करना है। साथ ही गरीब, सामाजिक, विकलांग तथा बौद्धिक नजरिए से पिछड़े लोगों को कई तरह की शिक्षात्मक सेवाएँ उपलब्ध कराना भी इस कार्यक्रम का अंग है। प्रौढ़ शिक्षा के अंतर्गत ग्रामीण प्रौढ़ शिक्षा के द्वारा 80 प्रतिशत ग्रामीण क्षेत्रों में नगरीय दशा उत्पन्न करना, श्याम की भाषा और संस्कृति को समझने के लिए उत्तरी हिस्से के पर्वतीय अल्पसंख्यक जनजाति के लोगों एवं दक्षिण के मलाय भाषा-भाषियों के लिए क्रियात्मक साक्षरता के कार्यक्रम को विस्तृत करना, लोअर सैकण्डरी तथा अपर प्राइमरी के समकक्ष की सतत् शिक्षा के कार्यक्रम को व्यापक करना, कृषि उपयुक्त, औद्योगिक तथा दूसरे सम्बन्धित व्यावसायिक पाठ्यक्रमों का

आयोजन ग्रामीण-अंचलवासियों को उन्नत बनाने तथा आमदनी के स्रोत में बढ़ोत्तरी के लिए करना तथा ऐसे प्रशिक्षणों का आयोजन करना जिनसे सेवा नियोजन के अच्छे अवसर मिल सकें।

वियतनाम में प्रौढ़ शिक्षा का लक्ष्य अशिक्षितों को लिखने-पढ़ने के योग्य बनाना, साक्षरों के लिए जरूरी प्राथमिक शिक्षा प्रदान करना, कार्यरत लोगों को विभिन्न प्रकार की पूरक शिक्षा पद्धति को लागू करना, कुछ चुने हुए नवयुवकों को पर्याप्त वैज्ञानिक तथा सांस्कृतिक शिक्षा इस नजरिए से प्रदान करना कि वे सफलता-पूर्वक अच्छे ढंग से कार्य कर सकें आदि हैं।

इण्डोनेशिया में 10-45 साल की उम्र वाले लोगों को, जिन्हें किसी प्रकार की शिक्षा प्राप्त न हो सकी थी, उन्हें इस लक्ष्य से मूल शिक्षा प्रदान करके उनके रहन-सहन के स्तर को उच्च बनाना है।

पाकिस्तान में प्रौढ़ शिक्षा का राष्ट्रीय लक्ष्य जीवन कार्यकुशलता, बालकों का पालन-पोषण, स्वास्थ्य तथा स्वच्छता, आहार, गृह प्रबन्ध, जनसंख्या नियोजन, प्रारम्भिक वृद्धि, कार्यपद्धति आदि में क्रियात्मक शिक्षा प्रदान करना, आरम्भिक शिक्षा की सुविधाओं का उपयोग करने के लक्ष्य से बालकों के अभिभावकों तथा माता-पिता को इसके प्रति तैयार करना तथा टेलीविजन के द्वारा मूल साक्षरता के कौशल का विकास करना आदि है।

फिलीपीन्स में साक्षरता कार्यक्रम का लक्ष्य सामुदायिक शिक्षा क्रियाकलाप के द्वारा नागरिकों के दायित्व, स्वास्थ्य, नैतिकता और आध्यात्मिकता, सांस्कृतिक चेतना, सामाजिक अनुशासन तथा समुदाय का उदार नेतृत्व आदि की चेतना विकसित करना है।

प्रौढ़ शिक्षा और जनसहयोग

पहले लोगों की धारणा थी कि आर्थिक विकास ही सभी प्रकार के विकास का प्रमुख माध्यम है, परन्तु इस समय इस धारणा में परिवर्तन हो चुका है और आर्थिक समृद्धि बहुसंख्यक लोगों के जीवन बिताने की दशा में बिना किसी सुधार तथा विकास के सम्भव होती है। व्यापक मानव शक्ति सर्वेक्षण, सांख्यकीय परिलक्षण, लागत-लाभ विश्लेषण का बिना संकोच अपना एक मूल्य तथा महत्त्व है, लेकिन सब कुछ यही नहीं है। प्रत्यक्ष रूप से उन्नति का एक पहलू इसका आर्थिक नजरिया भी है परन्तु मानव समूह मानव ही है। यदि किसी देश के मानव साधनों का उसी प्रकार से मूल्यांकन किया जाए, जिस तरह से खनिज तथा जानवरों की सम्पत्ति का किया

जाता है तो अत्यन्त विस्तृत स्वरूप सामने उपस्थित होगा, क्योंकि उन्नति करने के लिए मनुष्य को वस्तुतः एक आर्थिक तथा सामाजिक जीव के रूप में सन्तुलित समृद्धि पर आधारित होना चाहिए, क्योंकि किसी देश की सम्पत्ति इसके प्राकृतिक साधनों तथा भौतिक पूँजी की तुलना में उस देश के लोगों के ज्ञान, क्षमता तथा कार्यकौशल पर निर्भर होती है। अतः इस नजरिए से प्रौढ़ शिक्षा को उतना ही विशिष्ट समझना चाहिए, जितना महत्त्व परम्परागत औपचारिक शिक्षा प्रणाली को दिया जाता रहा है।

जनसंख्या के दृष्टिकोण से सम्पूर्ण विश्व में पहले की अपेक्षा इस समय अशिक्षितों की संख्या में कमी आई है। 1950 ई. में अशिक्षितों की संख्या 44.3 प्रतिशत थी जो 1960 ई. में 39.3 प्रतिशत रह गई और 1970 ई. में 34.2 प्रतिशत थी। फिर भी सार्वभौमिक साक्षरता के आदर्श को प्राप्त करने में संसार अभी बहुत पीछे है। 1970 ई. तक अफ्रीका तथा अरब के देशों में संसार के दूसरे राष्ट्रों की तुलना में वयस्क जनसंख्या के अधिकतम प्रतिशत लोग अनपढ़ थे और दूसरा और तीसरा स्थान विश्व में क्रमशः एशिया और लैटिन अमेरिका का है।

गरीबी और अशिक्षा का परस्पर घनिष्ठ सम्बन्ध है, क्योंकि अशिक्षा जितनी अधिक होगी गरीबी भी उतनी ही ज्यादा बढ़ेगी। राष्ट्र के 25 ऐसे देश जो कम विकसित हैं और जिनकी प्रति व्यक्ति औसत आमदनी प्रत्येक वर्ष 1000 रुपये से कम है, वहाँ निरक्षरता भी 80 प्रतिशत से अधिक है, जिन देशों में निरक्षरता अधिकतम मात्रा में पाई जाती है, उन राष्ट्रों की संख्या में अधिकतम वृद्धि भी होती है। पुरुषों की तुलना में निरक्षर महिलाओं की जनसंख्या अधिक है। विश्व में 1960 ई. में सम्पूर्ण जनसंख्या में निरक्षरों में 58 प्रतिशत स्त्रियाँ थीं, जिनकी संख्या 1970 ई. में 60 प्रतिशत हो गई। नगरीय क्षेत्रों की अपेक्षा ग्रामीण क्षेत्रों में ज्यादा अनपढ़ होते हैं। यद्यपि पिछले दशकों में प्राथमिक पाठशाला शिक्षा सुलभ करने के लिए काफी प्रयास किया गया है, फिर भी ज्यादातर बच्चों को औपचारिक प्राथमिक पाठशाला की शिक्षा नहीं मिल पाई है और पर्याप्त संख्या में बच्चे पूर्ण प्राथमिक ज्ञान प्राप्त करने के पहले छोड़ देते हैं। फलतः विश्व में अनपढ़ों की दशा गंभीर होती जा रही है।

पाश्चात्य एवं विकसित राष्ट्रों में प्रौढ़ शिक्षा

अशिक्षा एक ऐसी समस्या बन गई है, जिससे विकासशील और कम विकसित राष्ट्रों के अलावा विश्व के विकसित राष्ट्र भी पूरी तरह प्रभावित हैं। पाश्चात्य देशों में प्रौढ़ शिक्षा का आशय निरक्षरता के उन्मूलन मात्र से नहीं है, अपितु इसका आशय

बहुत ही विस्तृत् है। वास्तविक जीवन में उपयोगी तथा व्यावहारिक शिक्षा पद्धति को ही प्रौढ़ शिक्षा माना गया है जो एक जीवन-पर्यन्त ज्ञान प्राप्ति प्रक्रिया तथा प्रबंध है जो हर व्यक्ति को वह जो कुछ है उससे अधिक विकसित बनाने का अच्छा मौका प्रदान करती है।

डेनमार्क और दूसरे स्केन्डेनेविया के देशों में बहुत पहले ही उच्च स्कूलों की व्यवस्था की जा चुकी है। इसका लक्ष्य लोगों को सांस्कृतिक नजरिए से समुन्नत तथा विकसित करने में मदद करना है। राष्ट्रों में वयस्क शिक्षा प्रणाली को लोक विद्यालय के नाम से जाना जाता है। ऐसी संस्थाओं में सांस्कृतिक विषयों के पाठ्य-कार्यक्रम आयोजित किए जाते हैं, जैसे—कला, धर्म, दर्शन, इतिहास, साहित्य, संगीत आदि तथा वे विषय जो महिलाओं के लिए उपयोगी होते हैं।

इंग्लैण्ड के अलावा इंग्लिश भाषी दूसरे देशों में भी प्रौढ़ शिक्षा का प्रचलन काफी ज्यादा है। ब्रिटेन में प्रौढ़ शिक्षा का व्यापक कार्यक्रम ज्यादातर वर्कर्स एजुकेशन एसोसियेशन के द्वारा पूरा किया जाता है। इसके अलावा विस्तृत कार्यक्रम के रूप में प्रौढ़ शिक्षा को विश्वविद्यालयी शिक्षा का एक अंग माना गया है, जिसका आयोजन सक्रिय रूप से विश्वविद्यालयों द्वारा किया जाता है। यहाँ प्रौढ़ शिक्षा का लक्ष्य लोगों के ज्ञान तथा नजरिया को समुन्नत तथा उत्तम बनाना है। उन्हें अपने को अधिक से अधिक योग्य, सक्षम तथा सक्रिय बनाने का फिर से अवसर प्रदान करना ही प्रौढ़ शिक्षा का मूल-मंत्र है।

प्रौढ़ शिक्षा के कार्यक्रम के तहत कई विषयों जैसे—कला, साहित्य, अर्थशास्त्र, इतिहास, सामाजिक विज्ञान, नृत्य, संगीत तथा दस्तकारी आदि को जगह दी गई है। दक्षिण अमेरिका के अधिकांश देशों में सामुदायिक शिक्षा प्रणाली का प्रचलन है, जिसका उद्देश्य न केवल विद्यालय जाने योग्य आयु के बच्चों को शिक्षित करने तक ही सीमित है अपितु समस्त समुदाय के लोगों को शिक्षा सेवा प्रदान करना है। स्कूलों को आदर्शमय जनतांत्रिक समुदाय के रूप में विकसित करना और समुदाय में जिसकी आवश्यकता हो वस्तुतः उसी प्रकार की शिक्षा देना आदि इस प्रणाली का लक्ष्य है।

कम्यूनिस्ट देशों में प्रौढ़ शिक्षा

कम्यूनिस्ट या साम्यवादी प्रबंध के अन्तर्गत शिक्षा की विचारधारा स्थायी तथा सतत् शिक्षा अथवा ज्ञान प्राप्त करने की प्रक्रिया को दर्शाती है, जिसके तहत सामान्य सतत् व्यावसायिक, प्रशिक्षण, पेशोन्मुख आदि शिक्षा के आवश्यक पहलू होते हैं। समाजवादी समाज में विकास की प्रक्रिया के परिणामस्वरूप कई प्रकार की नवीन

जरूरतें और माँगें उत्पन्न होती हैं जैसे--सांस्कृतिक तथा अवकाश के कई क्रियाकलाप। कई राष्ट्रों में शिक्षा पद्धति ऐसी होती है कि प्रत्येक क्षेत्र तथा व्यवसाय के लोग अपने ज्ञान में वृद्धि करने का अवसर अनेक विधियों से प्राप्त कर सकते हैं, जिन्हें देश का शासन प्रबंध स्वतः प्रोत्साहित तथा सुलभ करता है।

सोवियत संघ—रूसी क्रांति के पूर्व अर्थात् 1917 के समय रूस में 76 प्रतिशत निरक्षरता थी। यद्यपि अब स्थिति उलट चुकी है, लेकिन वर्तमान शिक्षितों की दशा वही है जो किसी भी समुन्नत पाश्चात्य देश की होती है, अर्थात् आज सोवियत संघ की जनता शत-प्रतिशत साक्षर है। क्रान्ति के पश्चात् आज प्रौद्योगिकी, विज्ञान तथा तकनीकी के क्षेत्र में जो अद्भुत विकास सोवियत संघ में हुआ है, वह यहाँ की शिक्षा प्रणाली के ही कारण हुआ है। 1919 ई. में निरक्षरता उन्मूलन आयोग का निर्माण लेनिन के आदेशनुसार किया गया था। इस आयोग के अनुसार हर शिक्षित स्त्री-पुरुष को अशिक्षित स्त्रियों को शिक्षित करने की जिम्मदारी सौंपी गई थी। इनके पाठ्यक्रम इस तरह से व्यवस्थित किए गये थे, जिससे स्थानीय अथवा रूसी भाषा में पढ़ना-लिखना लोग सरलता से अधिक से अधिक संख्या में सीख लें। ग्रामीण तथा शहरी दोनों क्षेत्रों में इस तरह की शिक्षा की निःशुल्क व्यवस्था की गई। निरक्षरता उन्मूलन के साथ ही साथ सार्वभौमिक तथा आरम्भिक शिक्षा तथा विशेषज्ञीकृत सेकेण्डरी तथा उच्च शिक्षा का भी प्रावधान किया गया।

क्रान्ति के पूर्व रूसी शिक्षा व्यवस्था अत्यन्त शोचनीय थी। लगभग 88 प्रतिशत से अधिक स्त्रियाँ अशिक्षित थीं, परन्तु क्रान्ति के बाद लेनिन ने देश की शिक्षा व्यवस्था में उल्लेखनीय सुधार किया। उन्होंने अपने देश के प्रत्येक नागरिक को शिक्षा प्राप्त करने का मूल अधिकार प्रदान किया। इससे शिक्षा के स्तर में काफी वृद्धि हुई और रूस थोड़े ही दिन में शिक्षा के बलबूते पर एक शक्तिशाली राष्ट्र के रूप में उभर कर विश्व के सामने आया।

जर्मन गणतंत्र राज्य में वयस्क लोग काफी संख्या में प्रौढ़ शिक्षा कार्यक्रम से निरन्तर लाभ प्राप्त कर रहे हैं, चाहे वह किसी भी रूप अथवा क्षेत्र से हो। साथ ही वे अपनी योग्यता, क्षमता तथा कार्यकुशलता को समुन्नत तथा सम्बद्ध बनाते हैं। वहाँ प्रौढ़ शिक्षा प्रबंध की अनेक विधियाँ तथा संस्थाएँ संस्थापित की गई हैं—वर्कर्स एंड एजुकेशन सेन्टर तथा ग्राम्य शिक्षा केन्द्र। इन शिक्षा केन्द्रों में कार्यरत लोग औद्योगिक या कृषि तथा दूसरे प्रकार के महत्त्वपूर्ण कार्यों का ज्ञान प्राप्त कर सकते हैं। इसके अतिरिक्त प्रौढ़ शिक्षा के महत्त्वपूर्ण अन्य कार्यक्रम तथा संस्थाएँ भी हैं जो अल्पकालिक संध्याकालीन पाठ्यक्रम तथा पाठ्य क्रमोत्तर कार्यक्रम विभिन्न प्रकार

के प्रौढ़ शिक्षा पाठ्यक्रम और सांस्कृतिक तथा क्लबों द्वारा आयोजित पाठ्यक्रम जो प्रौढ़ शिक्षा विकसित करते हैं। दूरदर्शन एकेडेमी का भी प्रबंध है जो इस पाठ्यक्रम को सक्रिय रूप प्रदान करती है। कार्यरत महिलाओं को विशेष प्रकार का प्रोत्साहन प्रदान किया जाता है और ऐसी स्त्रियाँ अर्थशास्त्र, अभियांत्रिकी तथा स्नातकोत्तर आदि के लिए शिक्षा अर्जित कर सकती हैं। सप्ताह में दो दिनों का अवकाश उन्हें वेतन सहित मिलता है और पूर्णकालिक शिक्षा के लिए उनके वेतन का 80 प्रतिशत भी मिल जाता है। ट्रेड यूनियन, राजनीतिक संघों तथा दूसरे सामाजिक निर्माणों और पुस्तकालयों तथा संग्रहालयों के माध्यम से भी प्रौढ़ शिक्षा का आयोजन बड़े पैमाने पर किया जाता है।

सतत् क्रियाशील अल्पकालिक शिक्षा प्रणाली

सामाजिक समानता का समाजवादी समाज वह समाज है जहाँ शिक्षा कोई भी नागरिक निःशुल्क प्राप्त कर सकता है। सोवियत संघ में प्रत्येक नागरिक को एक समान तथा एक ही प्रकार से शिक्षा प्राप्त करने जैसी सुविधा उपलब्ध करने के नजरिए से शिक्षा पद्धति तथा व्यवस्था में सर्वत्र साम्यता है। सोवियत संघ की शिक्षा की पहली दशा विद्यालय से पूर्व की व्यवस्था है, जिससे करीब 60 प्रतिशत बालकों को शिक्षा प्राप्त होती है। दूसरी प्रबंध पद्धति सामान्य सेकेण्डरी स्कूल की है जो विशेषतः सेकेण्डरी स्कूल, संस्थान तथा विश्वविद्यालयों के रूप से विशिष्ट प्रकार के शिक्षण को प्रदान करती है। सोवियत संघ में वर्तमान प्रौढ़ शिक्षा पद्धति एक प्रकार की सतत् शिक्षा पद्धति है। वैज्ञानिकीकरण और औद्योगीकरण की वजह से प्रौढ़ शिक्षा को समुन्नत करने की अनिवार्यता को ध्यान रखते हुए एक नये प्रकार की सतत् शिक्षा पद्धति ज्यादा प्रचलित हुई है। इस पद्धति में रेडियो, दूरदर्शन, चलचित्रों आदि का योगदान ज्यादा है।

दूरदर्शन शिक्षा प्रसार के एक विशेष साधन के रूप में व्याख्यान प्रसार, साहित्य, इतिहास, गणित, ललितकला तथा कई विषयों के अध्ययन का कार्य प्रयुक्त किया जाता है। प्राविधिक तथा वैज्ञानिक विकास के परिप्रेक्ष्य में इस प्रकार की अनौपचारिक शिक्षा पद्धति से सतत् शिक्षा की परेशानियों का निवारण नहीं हो सकता। ज्ञान की विभिन्न शाखाओं का क्रमबद्ध ज्ञान प्रदान करने तथा अर्जित करने में स्थायी कौशल तथा अभिरुचि विकसित करने के लिए औपचारिक शिक्षा बहुत आवश्यक है। अतः सोवियत संघ में अनौपचारिक शिक्षा प्रक्रिया को प्रोत्साहित करने के लिए की जाती है, जो संध्याकाल तथा पत्राचार स्कूल, कार्यकाल पाठ्यक्रम,

संस्थान, शिक्षा केन्द्र, **लोक विश्वविद्यालयों**, आदि के रूप में संचालित किए जाते हैं, जिनमें सेवारत वयस्क लोग अपने कार्यकाल के पश्चात् शिक्षा ग्रहण करते हैं और अपनी योग्यता में बढ़ोत्तरी करते हैं। इस प्रकार यहाँ ऐसे 38,000 लोक विश्वविद्यालय हैं, जिसमें 1 करोड़ से ज्यादा लोग शिक्षा ग्रहण कर रहे हैं। इनमें से आधे से ज्यादा कार्यरत लोग तथा सामूहिक कृषक लोग हैं। इस प्रौढ़ शिक्षा को यहाँ अल्पकालिक शिक्षा के माध्यम से प्रसारित किया जाता है।

अन्य देशों की भाँति रूस में वयस्क शिक्षा का लक्ष्य साक्षर बनाने के दृष्टिकोण से नहीं अपनाया गया है। कुछ ऐसे लोग होते हैं जो किसी कारणवश किशोरावस्था में उच्च शिक्षा से वंचित रह जाते हैं, वे कहीं कार्यरत हो जाते हैं और विवाहित होने के पश्चात् गृहस्थ जीवन बिताने लगते हैं। कुछ लोग ऐसे भी होते हैं जो उच्च शिक्षा की प्रवेश परीक्षा में फेल हो जाते हैं और प्रवेश नहीं पाते। ऐसे लोग कारखानों, कार्यालयों अथवा कृषि में काम पर लग जाते हैं। इसलिये सोवियत संघ में इस प्रकार के लोगों को उच्च-कोटि की शिक्षा न दिये जाने के अनुचित परिणामस्वरूप अल्पकालिक शिक्षा प्रणाली को ठीक बड़े पैमाने पर आयोजित करने के लिए संध्याकाल तथा पत्राचार उच्च शिक्षा संस्थाओं तथा संकायों को स्थापित किया गया है, जिससे ऐसे लोगों को बिना किसी व्यवधान तथा कार्यरत कार्य के अविच्छिन्नता के कॉलेज शिक्षा कार्य परिणामस्वरूप समय में प्राप्त हो सके। आज के समय में 30 स्वतंत्र पत्राचार तथा सांध्याकालीन महाविद्यालय तथा 900 पत्राचार तथा सांध्यकालीन संकाय तथा विभाग हैं, जिनमें 14 लाख वयस्क शिक्षा ग्रहण करते हैं, जिनकी वर्तमान संख्या अब और भी ज्यादा हो गई है।

सोवियत संघ की कई उच्च शिक्षा संस्थाएं तीन प्रकार की शिक्षण विधियाँ—पूर्णकालिक अध्ययन, दिवसीय विभाग तथा संध्याकालीन विभाग के अंतर्गत कार्य करती हैं। यांत्रिकी तथा वैज्ञानिक प्रशिक्षण प्रदान करने के लिए बड़े-बड़े औद्योगिक नगरों में तथा निर्माण परियोजनाओं के संध्याकालीन कॉलेजों तथा निकट पत्राचार संध्याकालीन कॉलेजों को स्थापित किया गया है, जिससे उस जगह में कार्यरत लोगों को अपनी योग्यता को विकसित करने का अवसर मिल सके। इस प्रकार की व्यवस्था उपलब्ध होने के कारण बहुत से लोग एक साधारण मिस्त्री से बाद में यन्त्री तक बन चुके हैं। सोवियत संघ में प्रौढ़ शिक्षा निःशुल्क दी जाने वाली एक ऐसी शिक्षा है जो व्यक्ति की योग्यता में वृद्धि करती है।

आकाशवाणी, चलचित्र, पुस्तकालय, दूरदर्शन, आदि का प्रयोग अध्यापन काम के लिए ज्यादा से ज्यादा मात्रा में किया जाता है।

स्वीडन—स्वीडन में प्रौढ़ शिक्षा को विभिन्न विधियों तथा रूपों से व्यवस्थित किया गया है। अतः यहाँ की जनसंख्या का 1/3 किसी न किसी रूप में अध्ययन कर रहा है। लोक उच्च स्कूल तथा अध्ययन, जिनका जिक्र पहले किया जा चुका है, प्राचीनतम प्रौढ़ अध्ययन की मुख्य सस्थाएं हैं जो अब भी प्रचलित हैं। प्रौढ़ शिक्षा की अन्य विधियाँ हैं—स्कूल, पत्राचार, आकाशवाणी के माध्यम से संचालित पाठ्यक्रम, श्रम निर्माणों द्वारा संचालित कार्यक्रम। बेरोजगार लोगों तथा रोजगार से वंचित हो जाने वाले मजदूरों को प्रशिक्षण प्रदान करने के लिए सार्वजनिक श्रम प्रशिक्षण की व्यवस्था भी की गई है जो प्रौढ़ शिक्षा को प्रोत्साहित करने का एक उत्तम तरीका है।

राज्य की तरफ से सन् 1968 से चलाए जा रहे प्रौढ़ शिक्षा प्रबंध को नगर निगम द्वारा व्यवस्थित प्रणाली पर आधारित करके पर्याप्त व्यापक बना दिया गया है, जिससे वयस्कों को अपनी शिक्षा की तृतीय श्रेणी को जरूरी बेसिक शिक्षा से ऐच्छिक सैकेण्डरी स्कूल शिक्षा के स्तर तक बढ़ाने की पर्याप्त सुविधा मिल गई है। बेसिक शिक्षा को नौ-वर्ष तक अनिवार्य कर दिये जाने की वजह से इस प्रकार की व्यवस्था करना अनिवार्य हो गया था।

शिक्षा के उपरोक्त स्वरूप तथा प्रशिक्षण को ही स्वीडन में सामूहिक रूप से प्रौढ़ शिक्षा कहते हैं। अतः इस शिक्षा प्रणाली के अंतर्गत उन सभी शिक्षा प्रबंध को शामिल किया गया है जो ज्यादातर उन लोगों के लिए होते हैं जो कम समय अथवा अधिक समय तक सेवारत होते हैं या गृह कार्य में लगे होते हैं। इस शिक्षा प्रणाली में पुरानी औपचारिक शिक्षा शामिल नहीं होती है। अतः प्रौढ़ शिक्षा के लिए मुख्यतः लोक उच्च विद्यालय अध्ययन केन्द्र, नगर तथा राजकीय प्रौढ़ शिक्षा तथा श्रम-विपणन प्रशिक्षण आदि प्रकार की संस्थाएँ स्वीडन में प्रचलित हैं। उन्हें राज्य की तरफ से अनुदान भी प्राप्त होता है।

उपरोक्त वर्णन से स्वीडन में प्रौढ़ शिक्षा का प्रयोजन भी स्पष्ट हो जाता है। प्रौढ़ शिक्षा का लक्ष्य वहाँ अधेड़ उम्र के व्यक्तियों तथा बूढ़े लोगों को उनके सामान्य ज्ञान के स्तर को विकसित एवं उन्नत करने तथा सांस्कृतिक, राजनीतिक तथा सामाजिक क्रियाकलापों में सक्रिय भाग लेने योग्य बनाना है। इसका दूसरा लक्ष्य समाज को जनतान्त्रिक बनाना है। व्यावहारिक जीवन में लोगों की दशा को मजबूत बनाना है। इसका उद्देश्य निजी अनिवार्यता तथा वरीयता की पूर्ति करने में साधक होना है। स्वीडन में विगत कुछ दशकों के दौरान प्रौढ़ शिक्षा का क्षेत्र काफी व्यापक हो गया है। इसकी आर्थिक दशा मजबूत कर दी गई है। 1976 से रोजगार नियोजकों ने प्रौढ़ शिक्षा के लिए विशेष वेतन और योगदान प्रदान करना शुरू कर दिया है।

यहाँ शिक्षा अर्जित कर रहे वयस्क लोगों को भत्ते दिये जाते हैं। कार्यरत लोगों को शिक्षा ग्रहण करने के लिए खाली समय भी मिलता है। विशेष प्रकार के अल्पतम शिक्षित

कार्यरत लोगों को प्रौढ़ अध्ययन भत्ते दिए जाते हैं, जिससे वे अपना ज्ञान बढ़ा सकें। स्वीडन में शैक्षिक संस्थाओं के अधिकांश केन्द्रों में वयस्क लोगों की शिक्षा के प्रचार-प्रसार पर सबसे अधिक बल दिया गया है। 1978-79 ई. में 3,40,000 अध्ययन केन्द्रों में 31,00,000 वयस्कों को शिक्षा उपलब्ध कराई गई, जिसमें आधे से ज्यादा औरतें थीं। म्युनिसिपल प्रौढ़ शिक्षा की व्यवस्था स्थानीय प्राधिकरणों द्वारा की जाती है, जिसमें अल्पकालिक संध्याकालीन तथा पूर्णकालिक अध्यापन की व्यवस्था होती है। लगभग 2,75,000 लोग इन संस्थाओं से प्रत्येक वर्ष शिक्षा ग्रहण करते हैं। करीब 40 प्रतिशत लोग सामान्य पाठ्यक्रमों तथा 30 प्रतिशत व्यावसायिक पाठ्यक्रमों का अध्ययन करते हैं।

1977 ई. में स्वीडन की संसद ने प्रौढ़ शिक्षा के विस्तार के लिए म्युनिसिपल प्रौढ़ शिक्षा के माध्यम से शिक्षा से वंचित लोगों तथा बाहर से आए निवासियों को क्रियात्मक ज्ञान तथा दक्षता प्रदान करने का अवसर दिया है, जिससे वे लोग सामाजिक क्रियाकलापों में भाग ले सकें और व्यापार भी कर सकें। म्युनिसिपल प्रौढ़ शिक्षा के विद्यार्थियों को शिक्षा परामर्श तथा मार्गदर्शन भी प्रदान किया जाता है। केन्द्रीय सरकार वयस्क लोगों को पत्राचार के द्वारा शिक्षा प्रदान करती है।

श्रम बाजार प्रशिक्षण—स्वीडन में राष्ट्रीय श्रम बाजार परिषद् द्वारा दिये जाने वाले विभिन्न प्रकार के प्रशिक्षण को **लेबर मार्केट ट्रेनिंग** कहा जाता है। इसके प्रयास से व्यावसायिक प्रशिक्षण तथा प्रशिक्षण की तैयारी करने के लिए भत्ते दिये जाते हैं जिसके लिए कुछ शर्तें होती हैं। जैसे—रोजगार के लिए पूरी तरह योग्य न होना, बेरोजगार होना, 20 वर्ष की आयु का होना, सार्वजनिक सेवा नियोजन के द्वारा रोजगार प्राप्त करने का प्रयास करना, जिसके लिए प्रशिक्षण जरूरी हो। श्रम मार्केट प्रशिक्षण से सम्बद्ध विशेष प्रकार का प्रशिक्षण राष्ट्रीय शिक्षा परिषद् द्वारा भी दिया जाता है। इसका प्रमुख उद्देश्य बेरोजगारों को रोजगार नियोजन करना है।

स्वीडन में राष्ट्रीय शिक्षा बजट का दसवाँ भाग प्रौढ़ शिक्षा पर खर्च किया जाता है। श्रम मार्केट प्रशिक्षण के समस्त आर्थिक बजट का वहन स्वीडन की सरकार करती है। नजदीकी प्राधिकरणों का खर्च भी प्रौढ़ शिक्षा पर निरंतर बढ़ता ही जा रहा है। प्रौढ़ शिक्षा पूर्णतः मुफ्त में प्रदान की जाती है।

राष्ट्रीय एवं अन्तर्राष्ट्रीय स्तर पर प्रौढ़ शिक्षा को बढ़ावा देने वाली संस्थाएँ

वर्तमान समय में प्रौढ़ शिक्षा को राष्ट्रीय और अन्तर्राष्ट्रीय स्तर पर बढ़ावा दिये जाने हेतु कई प्रयत्न किए जा रहे हैं। उसके लिए राष्ट्रीय तथा अन्तर्राष्ट्रीय स्तर पर अनेकों समितियाँ तथा सामाजिक संस्थाएं कार्यरत हैं।

जिन देशों के विश्वविद्यालयों की प्रणाली तथा उनका सृजन ब्रिटेन तथा उत्तरी अमेरिका के विश्वविद्यालयों की पद्धति तथा परम्परा पर किया गया है, वहाँ पर प्रौढ़ शिक्षा के लिए कार्यक्रम का प्रबंध किया गया है। कुछ देशों में इसे विश्वविद्यालय के शैक्षणिक कार्यक्रम के अधीन अंगीकार किया गया है। उन्होंने इसके लिए एक वहिर्विश्वविद्यालय खोल रखा है। इससे विश्वविद्यालय जनता के नजदीक आ जाते हैं। अफ्रीकी देशों में विश्वविद्यालयों ने **प्रौढ़ शिक्षा संस्थान** अलग से खोल रखे हैं। विश्वविद्यालय प्रौढ़ शिक्षा की एक विचारगोष्ठी (1996) में दक्षिणी-पूर्वी एशिया के विश्वविद्यालयों में प्रौढ़ शिक्षा विभाग के काम को निर्धारित किया गया था। वे इस प्रकार हैं—प्रौढ़ शिक्षा का अध्ययन तथा अनुसंधान, उदार तथा व्यावसायिक पाठ्यक्रमों का प्रबंध, व्यावसायिक तथा इसी प्रकार की प्रक्रियाओं तथा विशेषज्ञों के मार्गदर्शकों तथा नेतृत्व करने वालों को प्रशिक्षण प्रदान करना, विशेष सामुदायिक समस्याओं तथा व्यावसायिक लाभ के अध्ययन के लिए समय-समय पर विचारगोष्ठियाँ तथा सम्मेलन आयोजित करना, प्रौढ़ शिक्षा निर्माणों में आपसी सहयोग संस्थापित करना, विचार-विमर्श तथा परामर्श, समुदाय के बौद्धिक तथा क्रियाकलाप तथा सांस्कृतिक जीवन को सामान्यतः प्रेरणा प्रदान करना है।

प्रतिवेदन में इस बात पर जोर दिया गया है कि विकासशील देशों के विश्वविद्यालयों में अल्पकालिक आधार पर उपाधियाँ, प्रमाण-पत्र तथा डिप्लोमा पाठ्यक्रमों को प्रदान करने का प्रबंध होना चाहिए। प्रौढ़ शिक्षा के लक्ष्यों को नजर में रखते हुए **मुक्त विश्वविद्यालय** इसके प्रसार में बहुत ही विशिष्ट हैं। **मुक्त विश्वविद्यालय** पद का प्रयोग उस विश्वविद्यालय संस्था को स्पष्ट करने के लिए प्रयोग किया गया है, जिसका द्वार ज्यादातर परम्परागत विश्वविद्यालयों की तुलना में समुदाय के समस्त व्यक्तियों के लिए खुला होता है। इंग्लैंड में **मुक्त विश्वविद्यालय** संस्थापित किया गया है जो आकाशवाणी, पत्राचार, दूरदर्शन (TV) तथा ग्रीष्मकालीन संगोष्ठी संस्थाओं के द्वारा उपाधि प्राप्त करने के लिए शिक्षा का विस्तार करता है। पाकिस्तान में भी मुक्त विद्यालय स्थापित किये गये हैं।

प्रौढ़ शिक्षा का क्रमिक विकास और अन्तर्राष्ट्रीय संस्थाएँ

राष्ट्रीय और अन्तर्राष्ट्रीय स्तर पर प्रौढ़ शिक्षा का विकास करने हेतु कई संस्थाओं का गठन किया गया है। जिनका मुख्य उद्देश्य निरक्षरता उन्मूलन, साक्षरता से जुड़े प्रकरणों का नियोजन, अनुसंधान, प्रशिक्षण, निर्माण, क्रियान्वयन तथा मूल्यांकन आदि प्रक्रियाओं में सहयोग तथा प्राविधिक मदद करना है। प्रौढ़ शिक्षा के क्षेत्र में अन्तर्राष्ट्रीय स्तर पर निम्नलिखित संस्थाएँ अपना योगदान दे रही हैं—

पुस्तकालय वर्गीकरण की परिभाषा

पुस्तकालय-विज्ञानवेताओं द्वारा दी गई कतिपय परिभाषाओं का उल्लेख यहाँ किया गया है।

जेवन्स ने हालाँकि "पुस्तक-वर्गीकरण की प्रक्रिया में तर्क-शास्त्रीय नियमों के अनुसरण को तर्कसंगत विवेक शून्यता कहा है, तथापि उसने वर्गीकरण को पुस्तकालयों में संग्रहीत एवं सुरक्षित ज्ञान की कुंजी माना है।"

रिचर्डसन का विचार, "पुस्तक-वर्गीकरण के तहत अधिकतम प्रयोग में लाई जाने वाली पुस्तकों को उन वर्गों में एक साथ रखना है, ताकि उन्हें एक साथ ज्यादा प्रयोग में लाया जाए सके।"

कटर के अनुसार, "पुस्तक-वर्गीकरण अपरिवर्तित अथवा समान विषयों पर लिखित पुस्तकों को एकत्रित करने का कार्य सम्पन्न करता है।"

ह्यूम के अनुसार, "पुस्तक-वर्गीकरण साहित्य में ज्ञान के अन्वेषण की एक यान्त्रिक क्रिया है, जिससे समय की बचत होती है। पुस्तकें विषय-वस्तु हैं और उनमें से ज्ञान को न्यूनतम समय लगाने वाली युक्ति से खोजकर प्राप्त कर लेना वर्गीकरण का मुख्य उद्देश्य है।"

वर्गीकरण से पुस्तकालयी पुस्तकों को फलकों पर क्रमानुसार व्यवस्थित करता है तथा उनको न्यूनतम समय में पाठकों को उपलब्ध कराता है। ज्ञान को सूक्ष्मतम विषयों के वर्गों तक विभक्त करने में वर्गीकरण से सहायता प्राप्त होती है। साथ ही वर्गीकरण अनुसन्धान-कार्य को भी गतिशील बनाता है।

मान के विचार, "पुस्तक-वर्गीकरण साधारणतया एक सदृश वस्तुओं को एक साथ व्यवस्थित करना है और ज्यादा स्पष्ट रूप से वस्तुओं के सादृश्य अथवा असादृश्य के आधार पर उनको क्रम से रखने की व्यवस्था है।"

सामान्यतः वर्गीकरण वस्तुओं के समूहीकरण और पृथक्करण की प्रक्रिया है; लेकिन पुस्तक-वर्गीकरण इसके अलावा कुछ और भी है; यह एक प्रकार से कुछ पुस्तकों को बाह्य आकार के साथ सामंजस्य रखते हुए ज्ञान का वर्गीकरण है।

हॉक्स अनुसार, "पुस्तक-वर्गीकरण एक ऐसी व्यवस्था है जिसके द्वारा पुस्तकों का आंकलन सम्बन्ध प्रकरणों, विषयों तथा विज्ञान के आधार पर, उनकी घटती हुई सादृश्यता के अनुक्रम में लगभग तार्किक क्रम से अथवा विषय-विशिष्टता के अभाव में उसके रूप विधान के शब्दों में फलकों पर व्यवस्थित किया जाता है, क्योंकि इस प्रकार की व्यवस्था का प्राथमिक उद्देश्य है—लाभकारी अध्ययनीय पुस्तकों को अधिकाधिक लाभोपलब्धि की नजर से एक ही स्थान पर क्रमानुसार एकत्रित करना।"

सेयर्स के अनुसार, "पुस्तक-वर्गीकरण पुस्तकों को फलकों पर क्रमपूर्ण स्थिति में व्यवस्थित करना है, अथवा पुस्तकों को पाठकों के लिए अधिकतम उपयोगी बनाने की प्रक्रिया है।"

ब्लिस ने पुस्तकालय वर्गीकरण की परिभाषा देते हुए कहा है "कि पुस्तकों का वर्गीकरण ज्ञान का संगठन है। यह विभिन्न प्रकार से उपयोगी एवं सम्भावित आवश्यकताओं के लिए पुस्तकों को एकत्रित करने एवं प्रतिस्थापित करने की क्रिया है।"

मिल के अनुसार, "पुस्तक-वर्गीकरण साहित्य में ज्ञान के अन्वेषण के लिए समय को बचाने की यान्त्रिक क्रिया है।"

मेरिल का विचार, "पुस्तक-वर्गीकरण पुस्तकों को उनके समुचित स्थान पर क्रमवत व्यवस्थित करने की कला है।"

डॉ. रंगनाथन के शब्दों में, ''पुस्तकालय वर्गीकरण किसी पुस्तक के विशिष्ट विषय के नाम को क्रमिक संख्याओं की अधिमान्य कृत्रिम भाषा में अनुवाद करना और दुबारा पुस्तक की विषय-वस्तु के अतिरिक्त कुछ अंगों का प्रतिनिधित्व करने वाली क्रमिक संख्याओं द्वारा उसी विषय से सम्बन्धित अनेकशः पुस्तकों को एक इकाई के रूप में अलग करना है।''

उपरोक्त परिभाषाओं के आधार से स्पष्ट होता है कि समस्त विषयों व वस्तुओं को समान गुणों के आधार पर वर्गीकरण किया जा सकता है। वर्गीकरण मानव के हरेक क्षेत्र में किसी न किसी रूप—चेतन अथवा अचेतन रूप में प्रयोग में लाया जाता है। इस प्रक्रिया का प्रयोग क्रमबद्ध व्यवस्था के लिए होता है, जिसमें व्यतिक्रम और अव्यवस्था की शंका बिल्कुल न रहे। व्यावहारिक रूप से वर्गीकरण का प्रयोग जब पुस्तकालय व्यवस्था के क्षेत्र में करते हैं तो इसका उद्देश्य पुस्तकालय में संकलित पठनीय सामग्री का विधिवत, विषयों के शब्दों में क्रमबद्ध स्थिति में आंकलन करना है और सूचना पुनर्प्राप्ति की सुविधा प्रदान करना है। पठनीय सामग्री की सुव्यवस्था एवं अधिकाधिक प्रयोग तथा पुस्तकालय की उपयोगिता बढ़ाने की नजर से इसका अद्वितीय महत्त्व है।

पुस्तक वर्गीकरण या पुस्तकालय वर्गीकरण वस्तुतः एकार्थी पद और विषय है; इस प्रकार इन शब्दों या पदों के प्रयोग से भ्रम नहीं होना चाहिए।

सामान्यतया पुस्तकालय वर्गीकरण में तर्कशास्त्र के विभाजन के नियमों एवं मूलभूत दार्शनिक सिद्धान्तों का अनुसरण हुआ है, किन्तु इनका योगदान सीमित ही रहा है। उन सिद्धान्तों और नियमों को समग्र रूप से पुस्तकालय वर्गीकरण का आधार

मानना ज्यादा उपयोगी एवं सुविधाप्रद सिद्ध नहीं होता, क्योंकि पुस्तकालयों में ज्ञान का वर्गीकरण पुस्तकों में निहित ज्ञान के शब्दों में होता है, जो किसी वर्णन के रूप में होते हैं।

पुस्तकालय-वर्गीकरण योजना में उल्लिखित तमाम वर्गों का सम्बन्ध उनके उपवर्गों से ठीक वैसे ही नहीं होता, जैसा कि एक प्रजाति का उसकी उपजाति के साथ होता है। पुस्तकालय वर्गीकरण के वर्ग पुस्तकों और प्रलेखों के वर्ग होते हैं, जिनकी विशेषता का आधार उनकी विषय-सामग्री होती है। इसमें पुस्तकों तथा प्रलेखों का बाह्य आकार प्रमुख रूप से उनके वर्गों को प्रभावित करता है जिनके विषय आपस में अतिव्यापी होते हैं। इसकी वर्गीकरण में व्यवहारिक व उद्देश्य की पूर्ति अन्तर्वेश व कृत्रिम आधारों पर किया जाता है इस तरह से कृत्रिम वर्गीकरण होता है। यद्यपि पुस्तकालय वर्गीकरण पद्धतियों में वैज्ञानिक एवं तर्कशास्त्रीय वर्गीकरण के सिद्धान्तों तथा मौलिक आधारों का भी समुचित प्रयोग किया गया है।

पुस्तकालय वर्गीकरण के प्रमुख तथ्य

पुस्तकालय वर्गीकरण के मुख्यतः चार तथ्य महत्त्वपूर्ण हैं–

(1) वर्गीकरण किसी न किसी उद्देश्य की पूर्ति के लिए किया जाता है। तर्कशास्त्रियों और दार्शनिकों में प्रचलित वर्गीकरण, पदार्थ का ज्ञान उपलब्ध करने के लिए होता है और पुस्तकालय वर्गीकरण पुस्तक-व्यवस्था एवं संगठन के लिए प्रयुक्त होता है, जिससे पुस्तकालयों में संकलित पाठ्य-सामग्री उपयोग में लाई जाए और पुस्तकालय लोकप्रिय हों।

(2) वर्गीकरण एक मानसिक प्रक्रिया है। हम गुणों और विशेषताओं को मन के भाव से निर्धारित करते हैं, जो स्वतः प्रवृत्त होने लगता है। इस प्रकार वर्गीकरण मानसिक प्रक्रिया द्वारा ही सम्भव हो सकता है।

(3) संसार की कोई ऐसी वस्तु नहीं है जिसमें कोई गुण न हो। सादृश्य एवं असादृश्य के ही आधार पर वर्गीकरण किया जाता है। वस्तुओं की विशेषताओं से ही सादृश्य और असादृश्य का आभास होता है, जो इनका समूहों अथवा वर्गों में आंकलन करने में सहायता करते हैं।

(4) वर्गीकरण किसी पदार्थ का ही किया जाता है। जितनी भी वस्तुएँ एवं विचार हैं, उनकी समष्टि को पदार्थ अथवा द्रव्य कहते हैं, जो इनका सामूहिक नाम है। हरेक का वर्गीकरण किया जाता है।

पुस्तकालय वर्गीकरण : कार्य क्षेत्र

पुस्तकों के वर्गीकरण का प्रमुख आधार उनका विशिष्ट विषय रहा है। वर्गीकरण की आवश्यकता शुरूआत से ही रही है सुविधानुसार इसे सर्वोतम वर्गीकरण माना गया है इससे सभी प्रकार की क्रमबद्ध व्यवरण व आंकलन किया जाता है।

विषयानुसार वर्गीकरण की प्रधानता आरम्भ से ही रही है, सुविधा की नजर से इसे ही सर्वोत्तम वर्गीकरण-विधि माना गया है। पुस्तकालयों में सभी प्रकार की पाठ्य-सामग्री की क्रमबद्ध व्यवस्था और आंकलन का आधार वर्गीकरण ही है, जिससे कार्य तीव्र यान्त्रिक गति से होने लगता है। पुस्तकालय वर्गीकरण के प्रमुख क्षेत्र निम्नवत हैं–

1. पुस्तकालयों में फलकों पर पुस्तकों को व्यवस्थित करना तथा उनके क्रमबद्ध आंकलन को स्थिर रखना और पाठकों द्वारा लौटाई गई पुस्तकों को पूर्ववत निर्धारित स्थान पर व्यवस्थित करना तथा प्रतिदिन की पुस्तकों के आदान-प्रदान की सांख्यिकी को ठीक रखना मात्र वर्गीकरण की सहायता से ही सम्भव है।

2. वर्गीकृत सूची द्वारा अभिलिखित ज्ञान की क्रमबद्ध व्यवस्था करके पाठ्य-सामग्री को सुलभ करने में सहायता करना, जो न केवल वर्गीकृत आंकलन का प्रावधान है, अपितु वर्णगत अनुक्रम का भी आंकलन है जिसमें वर्गीकरण बड़ा ही सहायक सिद्ध होता है।

3. प्रलेखन सेवा के क्षेत्र में सूचना पुनर्प्राप्ति के लिए वर्गीकरण की सहायता ली जाती है।

4. सन्दर्भ एवं सन्दर्भ पुस्तक-सूची सेवा क्षेत्र में पाठकों के सूचनार्थ उनके विषय की मात्रा का विश्लेषण करने और तत्पश्चात् उसको विशिष्ट विषय के तहत निर्धारित करने में भी वर्गीकरण का अत्यधिक योगदान है।

उद्देश्य एवं कार्य

पुस्तकालय वर्गीकरण के प्रमुख उद्देश्य तथा कार्य इस प्रकार हैं–

1. नवीन संकलित पुस्तकों तथा लौटाई गई पुस्तकों को यथावत क्रम से रखने में पुस्तकालय वर्गीकरण से ही सुविधा प्राप्त होती है। इस पद्धति से उक्त कार्य शीघ्र ही सम्पन्न हो जाता है। फलकों के क्रम को निरन्तर सुव्यवस्थित रखने में भी यह युक्ति बड़ी उपयोगी है।

सेयर्स ने पुस्तकों को पुस्तकालयों की आधारशिला और वर्गीकरण को पुस्तकालयियों की आधारशिला माना है। इससे प्रकट होता है कि वर्गीकरण के अभाव से न तो पुस्तकालय के उद्देश्य की पूर्ति सम्भव होगी और न पुस्तकालयियों की ही डॉ. रंगनाथन द्वारा प्रतिपादित-पुस्तकालय विज्ञान के प्रथम चार नियमों का ही पालन हो सकेगा। जो इस प्रकार हैं :

(1) हरेक पुस्तक का पाठक;
(2) पाठक एवं पुस्तकालयी के समय की बचत;
(3) पुस्तकें उपयोग के लिए;
(4) हरेक पाठक की पुस्तक।

2. पुस्तक तथा अन्य पाठ्य-सामग्री सहायक एवं सुविधाजनक क्रमबद्ध स्थिति में फलकों पर व्यवस्थित हो जाती है; जिससे पाठकों और अनुसंधान में रत विद्यार्थियों तथा पुस्तकालयियों को बड़ी सहायता मिलती है। **डॉ. सेवेज** ने बताया है कि पाठकों तथा पुस्तकालयी के लिए सुविधाजनक क्रमबद्ध रूप से पुस्तकों की व्यवस्था करना ही पुस्तकालय वर्गीकरण का प्रमुख उद्देश्य है।

रिचर्डसन मत भी ऐसा ही है कि पुस्तकों का संग्रह उपयोगार्थ किया जाता है और उपयोगार्थ ही उनकी व्यवस्था की जाती है; तथा पुस्तकालय वर्गीकरण का उद्देश्य ही उपयोग को गतिशील करना है।

3. प्रसूचीकरण की नजर से भी पुस्तकालय वर्गीकण का बड़ा महत्त्व है, जिसे क्रियाशील बनाने में इसका ही एकमात्र योगदान रहता है। पुस्तकों का विश्लेषण करने में तथा वर्गीकृत संलेखों को सूची के तहत प्रस्तुत करने में इससे सुविधा मिलती है, उक्त विधियों से पाठकों को विविध प्रकार की पुस्तकों से अवगत होने तथा उनका उपयोग करने का अवसर मिलता है।

4. वर्गीकरण के आधार पर ही पुस्तकालय के संकलन की स्थिति का अनुमान लगाया जा सकता है, और सभी विषयों का समान रूप से प्रतिनिधि संकलन करने में भी इसी से सहायता प्राप्त होती है।

5. पुस्तकालय के संकलन के प्रदर्शन एवं पुस्तकों के आदान-प्रदान का सर्वोत्तम साधन वर्गीकरण ही है। **कीले** के शब्दों में, वैज्ञानिक वर्गीकरण से निम्न उद्देश्यों की पूर्ति होती है–

(अ) फलकों पर पुस्तकों को दुबारा अपने निर्धारित स्थान तक पहुँचाने की प्रक्रिया में कोई कठिनाई न हो।

(ब) पुस्तकों की ऐसी क्रमबद्ध व्यवस्था, जिससे पाठकों तथा पुस्तकालयी के समय की बचत हो और पुस्तकों के आदान-प्रदान में सुविधा हो।

(स) पुस्तकों के चयन एवं संकलन में आसानी हो।

6. वर्गीकरण पुस्तकों का वार्षिक सत्यापन निधाय सूची द्वारा सम्पन्न करने में सुविधा प्रदान करता है।

7. विभिन्न प्रकार के सांख्यिकीय आंकड़ों को प्रस्तुत करने तथा प्रदान की गई पुस्तकों को समुचित एवं सही विवरण में रखने में इससे बड़ी सहायता मिलती है।

8. प्रसूची और सन्दर्भ-पुस्तक सूची की संरचना में इससे बड़ी ही सहायता मिलती है।

वर्गीकरण के ही आधार पर पुस्तकालयों में संकलित सम्पूर्ण ज्ञान का सम्प्रेषण और प्रदर्शन प्रसूची के माध्यम से किया जाता है; साथ ही ज्ञान के विभिन्न वर्गों तथा विषयों के आपसी महत्त्व, उनकी सीमा, उनके अनेकानेक मुख्य पक्ष तथा क्रम इत्यादि का विवरण भी वर्गीकरण की सहायता से ही सूची के माध्यम से प्रस्तुत किया जाता है।

9. डॉ. रंगनाथन ने पुस्तकालय वर्गीकरण के जिन प्रमुख उद्देश्यों को निर्धारित किया है वे निम्नवत हैं–

(क) नवीन संकलन की पुस्तकों के लिए सम्बन्धित पुस्तकों के समूह में स्थान निर्धारित करना तथा व्यवस्थित कर देना।

(ख) पुस्तकालय में उपलब्ध अमुक पुस्तक की माँग होने पर उसके स्थान को तत्काल निर्धारित करना।

(ग) पाठकों द्वारा लौटाई गई पुस्तकों को यथा पूर्व-निर्धारित स्थान पर दुबारा पहुँचा देना।

10. एक पद्धति के रूप में वर्गीकरण का सबसे बड़ा उद्देश्य समय की बचत करना और अमुक पाठक को उसकी अभीष्ट पुस्तक प्रदान करना है।

पुस्तकालय वर्गीकरण के अन्य उद्देश्य एवं कार्य

पुस्तकालय विज्ञान में पुस्तकालीय शिल्प व मुख्य पाठ्य सामग्रियों में संपर्क स्थापित करना होता है, जो सामान्यतया सुव्यवस्था पर आधारित होता है। सुव्यवस्था तभी सम्भव है जब प्रलेखों की क्रमव्यवस्था तथा स्थापना सुगम, सहायक, क्रमबद्ध तथा यन्त्रवत पद्धति के शब्दों में की गई हो। इसका मूल आधार पुस्तकालय वर्गीकरण पद्धति है।

पुस्तकालयों में इसका उपयोग प्रलेखों की क्रमव्यवस्था तथा उनकी पुनर्प्राप्ति तथा यन्त्रवत आंकलन को निष्पादित करने के अतिरिक्त निम्नांकित कार्यों हेतु इसका उपयोग किया जाता है–

(1) वर्गीकृत प्रसूचियों के संलेखों के आंकलन का आधार ही वर्गीकरण पद्धति होती है, जिस पर इनकी सफलता आधारित होती है।

(2) वाङ्मय सूचियों प्रसूचियों तथा संघ प्रसूचियों के संकलन तथा संरचना में वर्गीकरण पद्धति का उपयोग किया जाता है, जिससे प्रलेखों की जानकारी तथा पुनर्प्राप्ति में सुविधा होती है।

(3) सूचना सामग्रियों का वर्गीकरण करने में इससे सुविधा प्राप्त होती है तथा सन्दर्भ सेवा को भी वर्गीकरण करने में तथा उसको ज्ञात करने में इसका उपयोग किया जाता है।

(4) विषय-शीर्षकों के निर्माण, विशेषकर श्रृंखला पद्धति में वर्गीकरण पद्धति की भूमिका अद्वितीय होती है। विषय शीर्षक तालिकाओं को भी वर्गांकों के शब्द में प्रस्तुत किया गया होता है।

(5) आदान-प्रदान की जाने वाली पुस्तकों के अभिलेखों को क्रमबद्ध रखने तथा इसकी सुव्यवस्था में वर्गीकरण सर्वाधिक उपयोग में लाया जाता है।

(6) पुस्तकालयों में व्यवस्थित प्रलेखों के स्थान को ज्ञात करने में प्रसूचियों की क्रमांक संख्या अति आवश्यक होती है जो वर्गीकरण के आधार पर निर्मित की गई होती है, जिसके अभाव में प्रसूचियों की सफलता एवं उपयोग असंभव हो सकता है।

(7) अध्येताओं के लिए अध्ययन तालिकाओं के संकलन तथा संरचना में वर्गीकरण से सहायता प्राप्त होती है।

पुस्तक वर्गीकरण की आवश्यकता : महत्त्व

सामान्यतया पुस्तकालय में पुस्तकों का संग्रह पाठकों की सुविधा के लिए किया जाता है। इसलिए उनका यह संग्रह इस प्रकार व्यवस्थित होना चाहिए जिससे पुस्तकालय-सेवा मुस्तैदी से और प्रभावकारी ढंग से हो सके।

किसी पुस्तकालय की सफलता अथवा असफलता में पुस्तकों के वर्गीकरण से ज्यादा आवश्यक कोई अंग नहीं है। इसके कुछ उपयोग तो बिल्कुल स्पष्ट हैं। वर्गीकरण अध्ययन-सामग्री के विषयों के शब्दों में, अलमारियों के खाने में और सूची में व्यवस्थित कर देता है। इस प्रकार पुस्तकालय और पाठकों को पुस्तकें प्राप्त करने में सुविधा होती है।

इसके अतिरिक्त इसके और भी उपयोग हैं। पुस्तकालयाध्यक्ष अपने स्टाक की सबलता और निर्बलता का ज्ञान बहुत शीघ्र प्राप्त कर सकता है। पुस्तकें भली-भाँति वर्गीकृत हों। इसके लिए किसी संग्रह को सबल बनाने का इससे सुरक्षित और सरल

कोई उपाय नहीं है। इसके अतिरिक्त वर्गीकरण द्वारा एक दूसरे से सम्बन्धित पुस्तकें यथास्थान पर क्रमशः आ जाती हैं। बगैर वर्गीकृत पुस्तकें गोदाम से अधिक नहीं दिखतीं, जो प्रत्येक संग्रह के लिए बुरा होता है। पूर्ण रीति से और वैज्ञानिक ढंग से किया हुआ वर्गीकरण केवल पुस्तकों के संग्रह को ही नहीं दिखलाता अपितु उस संग्रह में उत्तम पुस्तकों को भी बतलाता है। संक्षेप में, वर्गीकरण पुस्तकों का पता लगाने, नई पुस्तकें चुनने और अनुपयोगी पुस्तकें छाँटने के लिए प्रारम्भिक चाभी है। इसलिए पुस्तकालय में पुस्तक-वर्गीकरण की आवश्यकता और महत्त्व है।

पुस्तक-वर्गीकरण की विशेषताएँ

'वर्गीकरण पुस्तकालय-विज्ञान की आधारशिला है' इस कथन की पुष्टि वैज्ञानिक पुस्तक-वर्गीकरण से होती है। वैज्ञानिक पद्धति से 'पुस्तक-वर्गीकरण' इसलिए आवश्यक है, क्योंकि यह पुस्तकों को एक ऐसे क्रम में व्यवस्थित कर देता है जिससे उपयोगकर्ताओं और पुस्तकालय-कर्मचारियों को अध्ययन-सामग्री के आदान-प्रदान और रख-रखाव में सुविधा होती है। यह पुस्तकों के चुनाव करने, संग्रह से पुस्तकें वापस निकालने और छाँटने आदि में सहायक होता है, इससे सुसंगठित समूहों में पुस्तकों का समावेश करने में सुविधा होती है और यह एक सरल साधन है, जिसके द्वारा पुस्तकों को अपने सम्बन्धित स्थानों पर वापस रखने में भी सुविधा होती है। इस सूची के माध्यम से उपयोगकर्ताओं के लिए पुस्तकों के प्रतिपाद्य विषय का विश्लेषण सरल और उनको शीघ्रतापूर्वक सूची से पुस्तक की ओर जाने का हवाला मिलता है। पुस्तक संग्रहण का बेहतर वर्गीकरण में पुस्तक प्रदर्शन व वापस रखने में सरलता प्रदान करता है जिसकी सहायता से पुस्तकालय अध्ययन केन्द्रीय और शाखा कार्यालयों व लेनदेन को सरलतापूर्वक व समुचित ढंग से दे सकता है तथा इसके सहारे पुस्तकों के आगत-निर्गत का लेखा रखने में सुविधा होती है। इससे अनेक प्रकार के आँकड़े तैयार करने में मदद मिलती है। इस प्रकार अपने संग्रह के दिभिन्न उपविभागों की स्थिति का सही पता लगता रहता है और माँग प्रस्तुत की जा सकती है।

इसके द्वारा अलमारियों के खानों पर स्टॉक रजिस्टर के माध्यम से पूरे संग्रह की जाँच करने में भी सहायता मिलती है। विभिन्न प्रकार की सन्दर्भ पुस्तक सूचियाँ, सूचीकरण आदि में एवं शोध कार्य में भी इससे सफलता मिलती है।

इस प्रकार पुस्तक वर्गीकरण से पुस्तकालय-कर्मचारियों और उपयोगकर्ताओं के समय की बचत होती है।

इसीलिए 'पुस्तक वर्गीकरण को पुस्तकालय विज्ञान की महत्त्वपूर्ण शाखा माना गया है और बहुत अंश तक पुस्तकालय की सार्थकता इसी पर निर्भर करती है।

चूँकि 'पुस्तक-वर्गीकरण' का मुख्य लक्ष्य ऐसी व्यवस्था करना है जिससे पुस्तकों का उपयोग सब प्रकार से भली-भाँति सुविधापूर्वक किया जा सके, इस प्रकार इसके लिए एक वैज्ञानिक पुस्तक-वर्गीकरण पद्धति होनी चाहिए।

पुस्तक वर्गीकरण के उद्देश्य

पुस्तक वर्गीकरण के प्रमुख उद्देश्य निम्नवत हैं—

1. विविध प्रकार के आँकड़े तैयार करने में सहायता मिल सके।
2. पुस्तकों को ऐसे क्रम में व्यवस्थित करना जिससे उन पुस्तकों के आदान-प्रदान में सुविधा हो।
3. उपयोग के बाद वे पुस्तकें सरलतापूर्वक यथास्थान पर रखी जा सकें।
4. विविध प्रकार की सूचियाँ और वाङ्मय सूचियाँ सरलता से बनाई जा सकें।
5. पुस्तकों के संग्रह के सत्यापन में सुविधा हो सके।
6. पुस्तकों के संग्रह को प्रदर्शित करने में सुविधा हो।
7. पुस्तकों के चयन में सहायता मिल सके।

वर्गीकरण के प्रमुख उपस्कर

वर्गकार के पास निम्नवत उपस्करों का होना आवश्यक है।

1. डिक्शेनरी ऑफ डेट्स।
2. एक अच्छा एटलस अनुक्रमणिका सहित।
3. एक अच्छा गजेटियर।
4. एक ताजे संस्करण का नेशनल गजेटियर।
5. कालक्रम
6. नेशनल बिब्लियोग्राफी के पुराने और नये अंक।
7. विशेष विषयों के परिभाषिक कोश।
8. भाषा और साहित्य के प्रामाणिक इतिहास।
9. एक अच्छा जीवनी कोश।
10. सामान्य पारिभाषिक कोश।
11. वर्गीकरण सम्बन्धी संहिताएँ और नियमावली ये सब वर्गकार के साधन हैं। इसकी सहायता से सही वर्गीकरण में सहायता मिलती है।

आवश्यकता

पुस्तकालय विज्ञान की मान्यता है कि पुस्तकों को पुस्तकालय में विषयों के शब्दों में रखा जाए और उन विषयों का क्रम भी मनमाने ढंग का न हो अपितु प्रामाणिक और अनुभूत हो। प्रत्येक विषय से जुड़े उपविषयों की अध्ययन सामग्री भी उसके साथ व्यवस्थित हो जिससे पुस्तकालय में एक प्रमाणिक पुस्तकालय वर्गीकरण पद्धति जरूरी हो सके। इसलिए प्रत्येक पुस्तकालय में एक प्रामाणिक पुस्तकालय वर्गीकरण पद्धति का होना आवश्यक है।

पुस्तक वर्गीकरण प्रणाली

पुस्तकालय में पुस्तकों तथा अन्य अध्ययन-सामग्री के वर्गीकरण के लिए वैज्ञानिक पद्धति से बनाई गई और छपी हुई प्रामाणिक और मान्य प्रणाली को 'पुस्तक वर्गीकरण पद्धति' कहते हैं।

विषय के शब्दों में पुस्तकों का वर्गीकरण करने के लिए यह पुस्तक-वर्गीकरण पद्धति बनाई जाती है। वर्गीकरण पद्धति के निर्माता को वर्गीकरण-पद्धतिकार कहते हैं और उस पद्धति के शब्दों में वर्गीकरण करने वाले व्यक्ति को वर्गकार (Classifier) कहते हैं। वर्गकार का कार्य परिगणात्मक, विश्लेषण-संश्लेषणात्मक के आधार पर पुस्तकों का वर्गीकरण करना होता है।

परिगणनात्मक पद्धति में ज्ञान-क्षेत्र के सभी वर्गों की सूची तैयार करके क्रमबद्ध कर दिया जाता है जिससे कि वर्गकार उसके द्वारा वर्गीकरण कर सके और पुस्तकों का सही स्थान निर्धारण कर सके। इस प्रकार की पद्धति में ज्ञान के मुख्य वर्ग बना दिए जाते हैं। फिर उनके विभाग आदि एक सिद्धान्त के शब्दों में बनाए जाते हैं। ड्यूवी महोदय की दशमलव वर्गीकरण पद्धति इसी प्रकार की है।

विश्लेषण-संश्लेषणात्मक पद्धति का संरचना कुछ मूलभूत मान्यताओं के द्वारा किया जाता है जो किसी भी पुस्तक के विषय विश्लेषण करने पर मिल सकती है। इन्हीं को अर्थात् पुस्तकों के विषय के विश्लेषक तत्त्वों को दुबारा एक निर्धारित क्रम में रख कर उनका वर्ग बना दिया जाता है। इस प्रकार की पद्धति में भी ज्ञान को मुख्य वर्गों में विभाजित किया जाता है। यह विभाजन किसी मान्य क्रम के आधार पर होता है। उसके बाद विभाजन के नियम बनाए जाते हैं जिससे हरेक विषय का विभाजन ऐसा वैज्ञानिक हो कि एक विषय एक ही स्थान पर आ सके और वर्गीकरण निर्भ्रान्त हो। डॉ. रंगनाथन की 'कोलन वर्गीकरण पद्धति' इसी प्रकार की है।

पुस्तक वर्गीकरण पद्धति के भाग

पुस्तक वर्गीकरण प्रणाली के प्रमुख भागों को नीचे स्पष्ट किया जा रहा है–

तालिका बनाना

सामान्यतया विषयों के विस्तर व उसके क्रम ज्ञान क्षेत्र के वर्गीकरण को स्थाई रूप देने के लिए तालिका के रूप लिख दिया जाता है। उसे वर्गीकरण की तालिका कहते हैं। विषयों की वैज्ञानिक क्रम से बनी हुई एक सूची-सी होती है। अंकन के द्वारा इसके क्रम को यान्त्रिक बना दिया जाता है।

रूप वर्ग

ये वर्ग मुख्य रूप से साहित्य वर्ग में ऐसी कृतियों के लिए होते हैं जैसे पद्य, नाटक, उपन्यास, निबन्ध आदि। यहाँ पर वे सब पुस्तकें रखी जाती हैं जिनका महत्त्व उनके उस रूप में रहता है, यह प्रायः वे विषय के दृष्टिकोण से नहीं बल्कि अपने रूप के दृष्टिकोण से पढ़ी जाती हैं। ये वर्गों के उपविभाग होते हैं। साहित्य समीक्षा सहित सभी रूपों की पुस्तकों के लिए वर्गीकरण पद्धति में स्थान दे दिया जाता है। विभिन्न वर्गीकरण पद्धतियों में इस वर्ग का स्थान-निर्धारण पद्धतियों के आविष्कारक अपने ढंग से करते हैं।

सामान्य वर्ग

यह वर्ग सामान्य कृतियों के लिए होता है। इसमें ऐसी पुस्तकें रखी जाती हैं जो कि ज्ञान को सामान्य रूप में आत्मसात् करती हैं, जैसे विश्वकोश, कोश, समाचार-पत्र, पत्रिकाएँ आदि। अर्थ यह है कि ऐसी अध्ययन-सामग्री जिसको तालिकाओं में किसी भी मुख्य शीर्षक के तहत रखना असंभव है, उसे इस सामान्य वर्ग में रखा जाता है। पुस्तक-वर्गीकरण के लिए इसे एक आवश्यक वर्ग ही मानना चाहिए क्योंकि वह सब सामग्रियाँ जो इसके तहत रखी जाती हैं, ज्ञान-क्षेत्र के तहत ही रखी जाती हैं।

रूप वर्गीकरण

किसी विषय पर पुस्तक किस रूप के दृष्टिकोण से लिखी गई है, इसको रूप विभाजन कहा जाता था, किन्तु अब इसको मानक उपविभाग कहते हैं।

मानक उपविभाजन या सामान्य उपविभाजन—किसी भी विषय पर पुस्तकें अनेक ढंग की हो सकती हैं—विभिन्न दृष्टिकोण से और विभिन्न रूप में। कोई पुस्तक उस विषय का विश्वकोश हो सकती है तो कोई उस विषय का इतिहास, तो कोई उस विषय पर निबन्ध, आदि। इस प्रकार की पुस्तकों के लिए प्रत्येक वर्गीकरण-पद्धति का आविष्कारक अपनी पद्धति में व्यवस्था जिस तत्त्व से करता है उसे 'मानक उपविभाग' कहते हैं। इस तरह के विभाजन में आए शब्द पद्धति के विशेष विषयों के लिए भी आती है लेकिन इनमें अंतर होता है। मुख्य तालिका में वे शब्द ज्ञान क्षेत्र के किसी विशेष विषय का प्रतिनिधित्व करते हैं।

इस प्रकार वहाँ पर प्रतिपाद्य विषय और उपयोग के शब्दों में पुस्तकों को रखने का स्थान बनाया जाता है। वैसा ही शब्द यदि 'मानक उपविभाग' के तहत आता है तो वह दो बातों को प्रकट करता है, एक तो विशेष प्रकार जिसमें कि पुस्तक लिखी गई हो तथा दूसरा वह दृष्टिकोण जिसमें पुस्तक लिखी गई हो। इस प्रकार 'मानक उपविभाग' पुस्तक वर्गीकरण का आवश्यक तत्त्व है। 'मानक उपविभाग' को किसी विशेष वर्ग या शीर्षक में सामान्य विभाजन के रूप में भी समझा जा सकता है। व्यावहारिक रूप में ये बहुत उपयोगी होते हैं और इनमें विस्तृत और सुविधाजनक रीति से पुस्तकों का वर्गीकरण किया जा सकता है।

यथासम्भव सब विषयों के साथ लगने के कारण इसको सामान्य उपविभाजन भी कहते हैं।

अनुक्रमणिका

अनुक्रमणिका सारणी में उल्लिखित पदों की आकारादिक्रम से बनी हुई सूची होती है जिसके सामने अंकन भी दिया रहता है। इसमें पदों के सभी पर्यायवाची पद विषय के सूक्ष्मतम नामों के साथ (यहाँ तक कि तालिका में चाहे वे न भी आ पाए हों) होना चाहिए। यह अनुक्रमणिका श्रम को बचाती है। इसकी सहायता से विषयों को ढूँढ़ने में सुविधा होती है किन्तु इसे कभी भी वर्गीकरण का मुख्य साधन नहीं बनाना चाहिए। इसका मुख्य गुण यह विश्वास दिलाना है कि सारणी के तहत जो विषय हैं वे निर्धारित स्थान पर ही वर्गीकृत हों।

अनुक्रमणिका के प्रकार

अनुक्रमणिका के निम्नवत दो प्रकार होते हैं—

(1) विशिष्ट—जबकि सारणी में दिए गए हर टॉपिक के लिए केवल एक प्रविष्ट उसके पर्याय सहित दी जाती है तो उसे विशिष्ट अनुक्रमणिका कहते हैं।

जैसे ब्राउन में–

Eggs F 601

विशिष्ट अनुक्रमणिका के गुण–इसके प्रमुख गुण अग्रलिखित हैं–

(1) सापेक्ष की अपेक्षा छोटी होने के कारण छपाई में कम व्यय पड़ता है।

(2) सिद्धान्त रूप में वर्गीकरण के लिए 'एक स्थान' निर्धारित करने में पूर्ण होती है।

(3) सम्बन्धित विषयों को उनके नाम से अकारादिक्रम के द्वारा अलग कर देती है।

(4) दुविधा और संदेह पैदा करती है।

(2) सापेक्ष–जबकि सारणी में उल्लिखित विषय, उसके सब पर्याय और एक बड़ी सीमा तक एक विषय का अन्य विषयों में सापेक्ष सम्बन्ध भी शामिल कर लिया जाता है तो उसे सापेक्ष अनुक्रमणिका या 'रिलेटिव इन्डेक्स' कहते हैं।

जैसे–ड्यूवी–

Eggs	
animal husbandry for	636.088 42
s.a. spec. animals	
biology see Embryology	
decorating	745.594 4
feeds	
animal husbandry	636.087 6
s.as pec. animals	
other aspects see poultry products	

सापेक्ष अनुक्रमणिका की सुविधाएँ–सापेक्ष अनुक्रमणिका की प्रमुख सुविधाएँ अग्रलिखित हैं–

(1) यह अकारादिक्रम की सरलता से युक्त होती है और स्वयं वर्णन करने में समर्थ होती है।

(2) यह हरेक शीर्षक को उन अनेक रूपों में दिखलाती है जिसमें कि वह विषय व्यवहृत हो सकता हो, साथ ही उसका प्रतीक भी दे देती है।

(3) विभिन्न स्थानों में एक विषय की अवस्थाओं को रखकर वर्गकार के लिए सुविधा देती है।

असुविधाएँ–इसकी प्रमुख असुविधाएँ अग्रलिखित हैं–

(1) किसी विषय के लिए ज्यादा विकल्प देने से गलत निर्णय भी हो जाता है।

(2) छपाई के दृष्टिकोण से व्यय-साध्य होती है।

(3) सभी दृष्टिकोणों को दिखाना असंभव होता है। इसलिए आलोचना का पात्र भी बन जाती है।

इस तरह की पद्धति में केवल विषय खोजने अथवा वर्गीकृत विषयों की जांच करने में सहायक होता है। इसका कारण यह है कि वर्गीकरण का मुख्य उद्देश्य है सिद्धान्त रूप में ज्ञान-क्षेत्र में समान विषय को एकत्र करना और उनको उनकी सम्बन्धित दशा में क्रमबद्ध करना जिससे कि उसका एक दूसरे के साथ सम्बन्ध स्पष्ट रूप से दिखाई पड़े। पुस्तक वर्गीकरण के व्यावहारिक पक्ष में उपयोगिता और सुविधा विशेष रूप से नजर में रखनी पड़ती है। इसलिए सर्वाङ्गपूर्ण पुस्तक वर्गीकरण में उपर्युक्त सैद्धान्तिक और व्यावहारिक दोनों बातें यथासाध्य एक साथ लाने की कोशिश की जाती है जहाँ तक कि यह प्रयोग में सम्भव हो।

अंकन

पुस्तकों का अंकन या नोटेशन संकेत सूचक एक लड़ी होती है जो कि किसी वर्ग या उसके विभाग, अनुभाग या उप-अनुभाग के स्थान पर आती है और उसका प्रतिनिधित्व करती है। इससे वर्गीकृत पुस्तकों को व्यवस्थित करने में सुविधा होती है।

अंकन की आवश्यकता—पुस्तकों के व्यावहारिक वर्गीकरण के लिए यह बहुत ही आवश्यक होता है। क्योंकि बगैर अंकन के पुस्तकों पर व्यवहारिक वर्गीकरण पद्धति नहीं लागू किया जा सकता है। चूँकि वर्गीकरण पुस्तकालय-विज्ञान की आधारशिला है, इसलिए यह कहा जा सकता है कि ये अंकन व्यावहारिक पुस्तक-वर्गीकरण के आधार हैं।

अंकन का महत्त्व—पुस्तकालय में अंकन का निम्नवत महत्त्व है।

1. यह तालिकाओं और सारणियों की क्रम-व्यवस्था को बताने में सहायक होता है और उनमें प्रत्येक का स्थान और परस्पर सम्बन्ध भी बताता है। तालिका में यदि केवल विषयों के नाम मात्र लिखे रहें तो उन विषयों का परस्पर सम्बन्ध स्थिर और प्रकट नहीं हो सकता। उदाहरणार्थ, दशमलव वर्गीकरण में केवल 'मनोविज्ञान' लिखने से तालिका में इसका कोई सम्बन्ध नहीं प्रकट होता है किन्तु जब इसका अंकन 150 आता है तो वह प्रकट करता है कि मुख्य वर्ग 100 का पाँचवाँ विभाग है।
2. यह वर्गीकरण के पदों (टर्म्स) के स्थान पर आता है और इस अंकन से उन पदों का हवाला देने में सुविधा होती है जैसे—150 मनोविज्ञान।

3. यह स्मरण रखने की आदत का भी विकास करता है।
4. यह पुस्तक-सूची के कार्य को भी सुबोध बनाता है और पाठकों को संलेखों से पुस्तकों तक जाने का यथाशीघ्र हवाला देता है।
5. इससे पुस्तकालय की क्रम-व्यवस्था और पथ-प्रदर्शन में बहुत सहायता मिलती है।
6. यह अनुक्रमणिका के उपयोग को सम्भव बनाता है। अनुक्रमणिका के साथ जो प्रतीक लगाए जाते हैं उन्हीं के द्वारा तालिकाओं में विषयों के स्थान का हवाला जल्दी से मिल सकता है।
7. पुस्तक के हरेक भाग में संक्षिप्त अंकन लिखने से सरलता होती है। पुस्तक की पीठ पर, वर्गीकरण में, पुस्तकों के लेबल पर, और आगत-निर्गत के कार्डों पर संक्षिप्त अंकन लिखने में अलमारियों से पुस्तकों को व्यवस्थित करने में और लेन-देन का लेखा रखने में बहुत सुविधा होती है।

इस प्रकार अंकन, सारणियों का एक आवश्यक अंग है। यह एक ऐसे यन्त्र के समान है जिसके बिना पुस्तक-वर्गीकरण कार्य नहीं हो सकता। यहाँ यह भी जानना आवश्यक है कि तालिकाओं के बिना अंकन बेकार होता है, जैसे—केवल 150 का कोई अर्थ नहीं है, जब तक कि उसके साथ 'मनोविज्ञान' पद न हो।

अंकन के प्रकार—अंकन अनेक प्रकार से बनाया जा सकता है, जैसे अक्षर, गिनती या अन्य चिह्न जो कि सारणी के पदों (टर्म्स) का प्रतिनिधित्व कर सके। ये दो प्रकार होते हैं—

(1) मिश्रित अंकन—वह अंकन जो दो या दो से ज्यादा प्रकार के संकेतों से मिल कर बनता है। डॉ. रंगनाथन महोदय ने अपनी वर्गीकरण-पद्धति में अक्षरों और अंकों के मिश्रित अंकनों का प्रयोग किया है।

(2) शुद्ध अंकन—एक ही जाति के प्रतीकों व चिह्नों से निर्मित अंकन शुद्ध अंकन कहलाता है। जैसे—A–Z अर्थात् रोमन बड़े अक्षरों से निर्मित अंक अथवा 0-9 वाले हिंद-अरेबिक अंकों से निर्मित अंक। दशमलव वर्गीकरण पद्धति में 0-9 वाले अंकों का प्रयोग किया गया है। अतः यह शुद्ध अंकन वाली पद्धति है। यद्यपि इस पद्धति में कुछ स्थानों पर रोमन के बड़े अक्षरों के प्रयोग का भी प्रावधान है।

सहायक तालिकाएँ

प्रत्येक वर्गीकरण पद्धति में भाषा, देश आदि की सहायक तालिकाएं दी जाती हैं, जिससे पुस्तक का सूक्ष्म वर्गीकरण किया जा सके और परस्पर अलगाव किया जा सके।

विशिष्ट संग्रह का स्थान

प्रत्येक पुस्तक वर्गीकरण पद्धति में विशिष्ट संग्रह को अलग रखने के लिए भी स्थान बनाने की व्यवस्था होती है।

पुस्तक वर्गीकरण की प्रमुख प्रणालियाँ

पुस्तकों तथा अन्य अध्ययन-सामग्री का वर्गीकरण करने के लिए काफी पुराने समय से प्रयास होता आया है। एक प्राचीन शासक असुर बानि पाल से लेकर हेनरी एब्लिन ब्लिस तक पुस्तक-वर्गीकरण की पद्धतियों की संरचना होती आई है।

इन पुस्तक वर्गीकरण पद्धतियों में दशमलव वर्गीकरण पद्धति, विस्तारशील वर्गीकरण पद्धति, कांग्रेस लाइब्रेरी की वर्गीकरण पद्धति, विषय वर्गीकरण पद्धति, कोलन वर्गीकरण पद्धति, विषयवाङ्मयात्मक वर्गीकरण पद्धति, विश्व दशमलव वर्गीकरण प्रणालियाँ विशेष महत्त्वपूर्ण हैं।

पुस्तक वर्गीकरण प्रणाली के मानक

पुस्तक वर्गीकरण प्रणाली के निम्नलिखित मानक हैं।

(1) इसमें प्रत्येक प्रकार की पुस्तक के लिए स्थान निर्धारित करने की उचित गुंजाइश हो।

(2) इसमें जो टर्म्स प्रयोग किए जाएँ वे स्पष्ट हों, उनके साथ उनका वर्णन हो जिसमें उनका क्षेत्र वर्णित हो और आवश्यक स्थानों पर शीर्षक, नोटेशन आदि से युक्त हों जिससे वर्गीकरण करने वाले को सहायता मिल सके।

(3) इसको यथासम्भव परिपूर्ण होना चाहिए जिसमें ज्ञान का सम्पूर्ण क्षेत्र आ जाए।

(4) उपयोगकर्ताओं की सुविधा के दृष्टिकोण से मुख्य वर्ग तथा उसके विभागों और उपविभागों का सुव्यवस्थित क्रम होना चाहिए।

(5) यह सामान्य से विशेष की ओर क्रमबद्ध होना चाहिए।

राज्य स्तरीय प्रौढ़ शिक्षा कार्यक्रम

इस कार्यक्रम की शुरुआत भारत सरकार द्वारा हुई। यद्यपि इसकी सफलता के लिए सभी केन्द्रशासित राज्य और अन्य राज्य सरकारें जिम्मेदारीपूर्वक कार्य कर रही हैं। अनेक राज्यों में राज्य संसाधन केन्द्रों की स्थापना की गई है। इनका काम प्रौढ़ शिक्षा केन्द्रों के प्रयोग में लाई जाने वाली पाठ्य-सामग्रियों को निर्मित करना है। अनेक राज्यों के क्रियाकलापों का संक्षिप्त जिक्र करना जरूरी प्रतीत होता है, जिससे प्रौढ़ शिक्षा कार्यक्रम की दिशा में किए गए विभिन्न प्रयत्नों का मूल्यांकन किया जा सके। जहाँ तक साक्षर बनाने का प्रश्न है वहाँ गुजरात राज्य का प्रयास काफी प्रशंसनीय है। 1979-80 की अविध में 2,37,951 व्यक्तियों को साक्षर बनाया गया। दूसरा स्थान महाराष्ट्र राज्य का रहा है, जहाँ 1,29,460 व्यक्तियों को साक्षर बनाया गया। तीसरा स्थान मध्य प्रदेश और चौथा स्थान उड़ीसा का रहा जहाँ क्रमशः 94,358 तथा 86,740 व्यक्तियों को साक्षर बनाया गया।

इसके पश्चात् स्थान क्रमशः बिहार, राजस्थान, पश्चिम बंगाल तथा त्रिपुरा का आता है, जहाँ क्रमशः 63,388; 77,385; 35,240; 41,369 व्यक्तियों को साक्षर बनाया गया। दूसरे राज्यों तथा संघशासित क्षेत्रों की संख्या इनसे कम रही है। सन् 1979-80 के दौरान सारे देश में कार्यरत प्रौढ़ शिक्षा केन्द्रों की संख्या लगभग 47,579 थी। जिसमें पुरुषों के 28,012 तथा महिलाओं के 12,756 केन्द्र अलग-अलग थे। 6,811 केन्द्रों में पुरुष तथा महिलाएँ दोनों शामिल थे। इन केन्द्रों में प्रवेश प्रदान किए गये कुल व्यक्तियों की संख्या 14,11,938 थी, जिसमें से 9,51,627 व्यक्तियों ने सफलतापूर्वक कार्यक्रम को पूर्ण किया। इसमें 4,31,024 जनजातियों तथा अनुसूचित जातियों के व्यक्ति थे। मध्य प्रदेश में कुल 8,598 केन्द्र तथा गुजरात में 8,342 केन्द्र थे जो समस्त राज्यों में सर्वप्रथम एवम् द्वितीय थे। लेकिन गुजरात की स्थिति प्रशंसनीय रही, क्योंकि कुल 2,81,533 प्रविष्ट लोगों में से 84.5 प्रतिशत अर्थात् 2,37,951 व्यक्तियों ने सफलतापूर्वक कार्यक्रम को पूरा किया।

मध्य प्रदेश में कुल 1,74,196 व्यक्तियों को प्रवेश दिया गया। जिसमें 54.2% अर्थात् 94,358 व्यक्तियों ने सफलतापूर्वक कार्यक्रम को पूर्ण किया। महाराष्ट्र का भी कार्यक्रम प्रशंसनीय रहा, क्योंकि यहाँ 5,972 केन्द्रों में 2,01,662 व्यक्तियों को प्रवेश दिया गया, जिसमें 1,29,460 व्यक्नियों ने कार्यक्रम को अच्छी तरह पूरा किया। संघ शासित राज्यों में दिल्ली तथा पाण्डिचेरी का स्थान विशेष प्रशंसनीय है जहाँ, क्रमशः 404 तथा 317 केन्द्र कार्यरत रहे। पुनः अप्रैल, 1980 ई. को पंजीकृत व्यक्तियों की संख्या सम्पूर्ण देश में 25,21,219 थी, जिसमें 16,34,564 पुरुष तथा 8,86,655 स्त्रियाँ थीं।

जनजातियों तथा अनुसूचित जातियों की संख्या क्रमशः 3,88,492 तथा 5,83,403 थी राज्य प्रौढ़ शिक्षा कार्यक्रम तथा ग्रामीण कार्यात्मक साक्षरता परियोजनाएँ विशेष प्रकार से कार्यरत सक्रिय योजनाएँ हैं जो प्रौढ़ शिक्षा कार्यक्रम को आयोजित कर रही हैं। नेहरू युवा केन्द्रों, महाविद्यालयों तथा विश्वविद्यालय तथा स्वैच्छिक संस्थाओं का भी सक्रिय योगदान इस दिशा में रहा है। सन् 1980-81 ई. के दौरान उत्तर प्रदेश में 11,000 प्रौढ़ शिक्षा केन्द्रों की संस्थापना की गई, जिसमें महिलाओं के लिए 2,787 केन्द्र तथा पुरुषों के लिए 6,090 केन्द्र अलग से कार्यरत थे। नेहरू युवा केन्द्रों के माध्यम से 800 केन्द्रों का प्रबंध किया गया। 151 केन्द्रों का संचालन स्वैच्छिक निर्माणों तथा 550 केन्द्रों का प्रबंध कॉलिजों द्वारा किया गया। 9,563 केन्द्रों को राज्य सरकार ने संचालित किया जो 32 ग्रामीण कार्यात्मक साक्षरता परियोजनाओं के तहत थे और इनसे 2,52,206 व्यक्ति लाभान्वित हुए, जिसमें 1,70,562 पुरुष तथा 81,554 स्त्रियाँ थीं। शेष जनजाति तथा अनुसूचित जाति के लोग थे। 32 जिलों में जनपद प्रौढ़ शिक्षा समितियाँ कार्यरत हैं, जिन्हें कई विकास समितियों की सहायता प्राप्त है।

1970-80 ई. में 8,565 प्रौढ़ शिक्षा केन्द्र स्थापित किये गये थे, जिसमें 2,17,972 लोगों को प्रवेश दिया गया था। जिसमें पुरुष 1,52,341 तथा स्त्रियाँ 65,631 थीं। लिट्रेसी हाउस के संरक्षण में उत्तर प्रदेश सरकार ने कानपुर में एक मजदूर विद्यापीठ स्थापित करने की आज्ञा प्रदान कर दी है। इस कार्यक्रम को सार्थकतापूर्वक पूरा करने वाले लोग मात्र 15-35 वर्ष की आयु वाले हैं। अप्रैल, 1930 ई. में समस्त देश में सीखने वालों की संख्या 25,21,210 थी, जिनका पंजीकरण नियमित रूप से किया गया था।

प्रौढ़ शिक्षा निदेशालय की गतिविधियाँ

सक्रिय तथा राष्ट्रीय प्रौढ़ शिक्षा कार्यक्रम को सफल बनाने और दूसरे आवश्यक कार्यक्रमों का आयोजन करने के लिए भारत सरकार के शिक्षा मन्त्रालय के माध्यम से प्रौढ़ शिक्षा निदेशालय (नई दिल्ली) की स्थापना की गई। जो मन्त्रालय के राष्ट्रीय संसाधन केन्द्र के एक तकनीकी तथा शैक्षणिक खण्ड की तरह काम करता है। इस निदेशालय की प्रमुख गतिविधियाँ निम्न प्रकार हैं—

(i) नवीन साक्षरों के लिए उपयुक्त साहित्य तथा पाठ्य-सामग्री निर्मित करना,

(ii) कार्यशालाएँ आयोजित करना,

(iii) समुचित पाण्डुलिपियों को निर्मित करने के लिए लेखकों की कार्यशालाओं का आयोजन करना।

इस प्रकार के कार्य बीते वर्षों में आयोजित किए गये हैं। निदेशालय एक द्विमासिक पत्रिका प्रौढ़ शिक्षा कार्यक्रम न्यूज लेटर का निरंतर रूप से प्रकाशन कर रहा है, जिसमें प्रौढ़ शिक्षा कार्यक्रम से जुड़े क्रियाकलापों आदि को प्रकाशित किया जाता है। ये देश भर में आयोजित किये जा रहे हैं।

महिलाओं हेतु अनौपचारिक शिक्षा परियोजना

स्त्रियों तथा लड़कियों के लिए माता तथा शिशु की देखभाल से सम्बन्धित अनौपचारिक शिक्षा की एक परियोजना को प्रौढ़ शिक्षा कार्यक्रम के रूप में यूनीसेफ की मदद से आरंभ किया गया है। इस परियोजना में सहायता प्रदान करने वाली एजेन्सियों के मार्गदर्शन के लिए राष्ट्रीय कार्यशाला आयोजित की गई थी। शिशु तथा माता की देखभाल तथा कल्याण हेतु सम्बन्धित सामग्री निर्मित करने के लिए अनुदान दिया गया है। प्रौढ़ शिक्षा केन्द्रों पर स्त्रियों को प्रेरणा प्रदान करने के लिए प्रयोगात्मक आधार पर शिशु देखभाल की कुछ सुविधाएँ सुलभ करने का प्रबंध किया जा रहा है।

प्रौढ़ शिक्षा कार्यक्रम का अनुसंधान, मूल्यांकन तथा परंपरा

प्रौढ़ शिक्षा कार्यक्रम का मूल्यांकन लगभग सभी महत्त्वपूर्ण शिक्षण संस्थाओं द्वारा किया गया है। अभी भी इस काम में कुछ संस्थाएँ लगी हुई हैं। सन् 1979 से चल रही अनुश्रवण प्रणाली ने उसे और भी ज्यादा सुदृढ़ बनाने के लिए राष्ट्रीय कार्यशाला तथा सेमीनार में उसकी समीक्षा की है। अनुसंधान को प्रोत्साहन प्रदान करने हेतु प्रौढ़ शिक्षा कार्यक्रम के क्षेत्र में योजना बनाई गई है। इस क्षेत्र में **प्रौढ़ शिक्षा में अनुसंधान प्रस्तावों की मार्गदर्शी रूपरेखा** नामक एक पुस्तिका का प्रकाशन किया गया है। 1979 ई. से राष्ट्रभर में संचालित की जा रही है, अनुश्रवण प्रणाली को जो ज्यादा मजबूत बनाने के लक्ष्य से उसकी समीक्षा राष्ट्रीय कार्यशाला तथा सेमीनार में की है।

विभिन्न योजनाएँ—जैसे ग्रामीण समुदाय के "होलीस्टिक हेल्थ केयर" के शैक्षिक संघटक के विषय में पश्चिमी बंगाल में अनुसंधान करना, स्त्रियों को प्रौढ़ शिक्षा के लिए विकसित करना, अंकगणित की पठन-पाठन प्रणाली ग्रामीण क्षेत्र के वयस्कों के लिए तैयार करना, जिन जनपदों में साक्षरता दर राष्ट्रीय औसत से कम है, वहाँ दूसरे विकास कार्यक्रमों के साथ प्रौढ़ शिक्षा को जोड़ने के लिए योजनाएँ बनाने आदि को कार्यान्वित किये जाने का प्रयास जारी है। प्रौढ़ शिक्षा कार्यक्रम से सम्बन्धित दूसरे कार्यक्रमों को कार्यान्वित करने के लिए जनसंख्या शिक्षा विशेषज्ञों,

प्रौढ़ शिक्षा के शिक्षकों, शिक्षा अधिकारियों आदि को इस कार्यक्रम को पूरी तरह कामयाब बनाने के लक्ष्य से प्रशिक्षण की भी व्यवस्था की गई है।

राष्ट्रीय प्रौढ़ शिक्षा कार्यक्रम एवं अन्तर्राष्ट्रीय सहयोग

भारतीय प्रौढ़ शिक्षा कार्यक्रम की सार्थकता हेतु अन्तर्राष्ट्रीय स्तर पर काफी मदद मिल रही है। यूनेस्को के तत्वावधान में, अन्तर्राष्ट्रीय उन्नति हेतु जर्मन प्रतिष्ठान, बान; अन्तर्राष्ट्रीय प्रौढ़ शिक्षा परिषद्, टोरन्टो तथा सेवा मन्दिर, उदयपुर के माध्यम से मिश्रित रूप से उदयपुर में जनवरी, 1982 ई. में साक्षरता अभियान पर एक अन्तर्राष्ट्रीय सेमीनार आयोजित की गई थी, जिसमें भारत सहित 26 देशों के प्रतिनिधियों ने हिस्सा लिया।

इस सेमीनार का प्रमुख प्रयोजन उन देशों को एकत्रित करना था, जिन्होंने गत कुछ वर्षों में मिश्रित रूप से साक्षरता अभियान का संचालन किया है और साथ ही ऐसे विस्तृत कार्यक्रम आरंभ करने के लिए जो कटिबद्ध हैं, जिससे वे अपने अतीत के अनुभवों को व्यापक कर सकें तथा उचित योजनाएँ बना सकें। प्रौढ़ शिक्षोत्तर साक्षरता कार्यक्रमों का अध्ययन तथा अवलोकन करने के लिए यूनेस्को साक्षरता कार्यक्रम के तहत राज्य संस्थान केन्द्रों, राज्य सरकारों तथा शिक्षा मन्त्रालय के अधिकारियों के एक प्रतिनिधि मण्डल ने फिलीपींस, इन्डोनेशिया और थाईलैण्ड देशों की यात्रा की। यूनस्को के तत्वावधान में बैंकाक में साक्षरता कर्मियों के प्रशिक्षण, आयोजन, तथा यूनेस्को शिक्षा संस्थान, हैम्बर्ग में पश्चिमी जर्मनी के माध्यम से आयोजित **जीदन-पर्यन्त शिक्षा के विषय में उत्तर साक्षरता के भाग में अध्ययन नीतियों के विकास** की बैठकों में 1981 में प्रौढ़ शिक्षा कार्यक्रम के अधिकारियों ने भाग लिया।

राष्ट्रीय प्रौढ़ शिक्षा कार्यक्रम के तहत जिसमें ग्रामीण तथा कृषि प्रौद्योगिकी भी सम्मिलित है, का अध्ययन करने के लिए थाईलैण्ड के अनौपचारिक शिक्षा विभाग के अधिकारियों ने भारत की यात्रा की थी। इस प्रकार प्रौढ़ शिक्षा कार्यक्रम को सक्रिय रखने तथा नई विधियों तथा सूचना से सुसज्जित करने के लिए अन्तर्राष्ट्रीय मदद तथा आपसी आदान-प्रदान की प्रक्रिया को भी अपनाया गया है।

राष्ट्रीय प्रौढ़ शिक्षा कार्यक्रम के असफलता के कारण

सन् 1978 में राष्ट्रीय प्रौढ़ शिक्षा कार्यक्रम को तेजी से आरंभ किया गया और जितना ऊपरी खर्च तब से आज तक किया गया है उस मात्रा में इस कार्यक्रम में

आशा के अनुरूप कामयाबी नहीं मिली है जो शिक्षाविदों की आलोचना तथा विवाद तथा परिचर्चा का विषय बना रहा है। वस्तुतः इस कार्यक्रम में शिक्षा प्रसार की अपेक्षा साक्षरता पर अधिक बल दिया गया है।

सन् 1972 में यूनेस्को के तत्वावधान में **तृतीय अन्तर्राष्ट्रीय प्रौढ़ शिक्षा सम्मेलन** का आयोजन टोकियो में किया गया। इस सम्मेलन में विकासशील देशों के लिए एक आवश्यक तथा मुख्य सामाजिक विचारधारा के रूप में राष्ट्रीय विकास के नजरिए से प्रौढ़ शिक्षा की आवश्यकता तथा अवधारणा पर्याप्त विचारणीय प्रश्न के रूप में सामने आई है। इसके पूर्वगामी दो सम्मेलनों 1949 तथा 1960 ई. में प्रमुख चर्चा के विषय–**क्रॉस-नेशनल** तथा **क्रॉस कल्चरल** में भिन्नताओं की समस्याएँ प्रमुख नहीं थीं, जिनके अवधारणात्मक पक्षों को विचारणीय वस्तु मानकर उनके निराकरण पर विचार-विमर्श किया गया है, परन्तु तृतीय सम्मेलन में प्रमुख रूप से सीखने वालों की आवश्यकताओं, लक्ष्य समूहों का गठन, अभिलाषाएं तथा भावी प्रवृत्तियाँ आदि विचारणीय प्रश्न रहे हैं।

प्रौढ़ शिक्षा कार्यक्रम का प्रमुख प्रयोजन उन लोगों तक शिक्षा का प्रचार-प्रसार करना और साक्षरता फैलाना है जो किसी कारणवश इससे वंचित रह गये या साधन के अभाव में शिक्षा ग्रहण नहीं कर सके और उसके द्वारा उन्हें प्रबुद्ध बनाकर उनकी क्षमताओं को विकसित करना तथा उन्हें राष्ट्रीय विकास की प्रक्रिया में सांस्कृतिक तथा सामाजिक जीवन तथा क्रियाकलापों में सक्रिय भाग लेने के अनुकूल बनाना है। अशिक्षा जो भारत जैसे बड़े गणतांत्रिक देश के लिए एक श्राप था, उसके उन्मूलन के लिए प्रौढ़ शिक्षा कार्यक्रम की बड़ी जरूरत थी, जिसे इस लक्ष्य की प्राप्ति तथा जन-जागरण के लिए शुरू किया गया था।

भारत में अशिक्षित लोगों की संख्या अब भी अधिक है। वर्तमान में संसार के 72 करोड़ 30 लाख अनपढ़ों में से 42 करोड़ 40 लाख अशिक्षित भारत में हैं। स्त्रियों की संख्या अनपढ़ों में अधिक है। इन अनपढ़ों का विशालतम जनसमूह गाँवों में रहता है जो न सिर्फ ग्रामीण विकास कार्यक्रमों में अरुचि तथा उदासीनता के कारण बाधक है, अपितु सामाजिक दृष्टिकोण से ग्रामीण क्षेत्रों की गरीबी तथा पिछड़ेपन के भी प्रमुख कारण हैं। अतः इस दशा में साक्षरता कार्यक्रम को ग्रामीण विकास नियोजन के कार्यक्रम के साथ जोड़ना बहुत अनिवार्य है, लेकिन कुछ विशषज्ञों ने इसे प्रौढ़ शिक्षा कार्यक्रम न मान कर सिर्फ इसे साक्षरता कार्यक्रम मात्र की संज्ञा दी है तथा नागरिक-चेतना, सामाजिक तथा कार्यात्मक कौशल के जगत में इसे असफल माना है।

वैसे तो इस प्रकार की शिक्षा का प्रचार-प्रसार करने के लिए 1975-76 में शिक्षा सम्बन्धी सुविधाएँ अधिकतर मात्रा में सुलभ करने के लिए "सेटेलाइट इन्स्ट्रक्शनल टेलीविजन एक्सपेरीमेन्ट" का अनुप्रयोग 6 अनेक राज्यों के 2,400 गाँवों के लिए किया और 20 जिलों में "इन्टीग्रेटेड रूरल डेवलपमेण्ट प्रोग्राम" के तहत विकास विद्यालयों की योजना शुरू की गई, फिर भी आशातीत कामयाबी प्राप्त नहीं हो सकी।

प्रौढ़ शिक्षा कार्यक्रम के बारे में जितनी सफलता की उम्मीद की गई थी, उतनी मिल नहीं सकी। प्रौढ़ शिक्षा कार्यक्रम की असफलता के प्रमुख कारण निम्नवत हैं–

(1) पाठ्य-सामग्रियों की विषय-वस्तु भी अनेक स्तरों के प्रौढ़ों, उनकी आवश्यकताओं तथा कार्य-क्षेत्रों से जुड़े न होने के कारण लाभदायक सिद्ध नहीं हो सकी और कक्षाओं में अध्यापन की विषय-वस्तुएँ आदि भी मानव के आज के बदलते सामाजिक जीवन तथा पर्यावरण के पर्याप्त अनुकूल नहीं रही हैं।

(2) भाषा की विभिन्नता की कठिनाइयाँ भी कार्यक्रम की कामयाबी में अवरोध रही हैं।

(3) कार्यक्रम के वैज्ञानिक तथा औद्योगिक पक्षों में उन्नति तथा निर्माण की जरूरतों की पूर्ति में कमी रही है।

(4) शिक्षण साधनों तथा शक्ति के प्रबंध की अव्यवस्थित दशा तथा कमी भी कार्यक्रम की कामयाबी में अवरोधक सिद्ध हुए, क्योंकि शिक्षक वर्ग के लोग कॉलेजों, विश्वविद्यालयों के शिक्षक छात्र तथा ज्यादातर स्वैच्छिक और अल्पकालिक सेवाओं के लोग थे, जिनमें अभिव्यक्ति कला, निष्ठा तथा अभिरुचि का अभाव रहा।

(5) इस कार्यक्रम का अवधारणात्मक आधार अपर्याप्त तथा त्रुटिपूर्ण रहा है तथा इसकी कार्यसम्पन्नता की विधियाँ अनुपयोगी रही हैं।

(6) यह भी महसूस किया गया कि यह कार्यक्रम पाश्चात्य प्रणाली के नमूनों का एक तरह का कार्यक्रम था जो भारतीय परिवेश से पर्याप्त सम्बन्धित नहीं था, साथ ही अनपढ़ों को भावात्मक नजरिए से इसके प्रति पर्याप्त जाग्रत नहीं किया गया था।

(7) कक्षाओं में अनेक स्तरों के पर्याप्त प्रौढ़ों, अधेड़ों तथा स्कूल छोड़ देने वाले लोगों को शामिल किया गया था, जिनकी जिज्ञासा तथा अभिरुचि एक समान नहीं रही।

इस प्रकार की कमियाँ कुछ शिक्षाविदों ने बताई हैं, जिनका संक्षिप्त विश्लेषण किया गया है। लेकिन इतने बड़े विशाल देश में, जहाँ अनेक तरह की सांस्कृतिक,

सामाजिक, धार्मिक, राजनैतिक तथा अनपढ़ों का विशाल समूह जिनकी विभिन्न प्रकार की जरूरतें तथा पिछड़े विचार हों, वहाँ इस प्रकार का कार्यान्वयन उतना आसान नहीं है जितना विद्वत् जगत सोचता है। बड़ी मात्रा में अनपढ़ जनसमूह की मनोवैज्ञानिक दशाएँ, सीखने की अभिरुचि, समयाभाव आदि दशाएँ भी इस कार्यक्रम की पूर्ण सफलता में बाधक रही हैं। परिणामस्वरूप प्रौढ़ शिक्षा राष्ट्रीय परिषद्—जो 15-35 आयु वर्ग के 10 करोड़ अनपढ़ वयस्कों को 1984 ई. तक प्रौढ़ शिक्षा प्रदान करने के व्यापक कार्यक्रम की व्यवस्था तथा निरीक्षण करने की सबसे बड़ी संस्था है, एक बड़ी समस्या तथा चुनौती का सामना कर रही है, जिसमें क्रियात्मक विधि के स्तर पर साधनों की अपेक्षा कठिनाइयाँ ज्यादा हैं। जनपद तथा राज्य स्तर पर इनकी इकाइयाँ अभी तक व्यवस्थित तथा संस्थापित करने की प्रक्रिया की दशा में ही पड़ी हैं। यद्यपि 1944 ई. में **सेन्ट्रल एडवाइजरी बोर्ड ऑफ एजुकेशन** ने 1984 ई. तक बालकों के लिए सार्वभौमिक शिक्षा प्रबंध लागू करने तथा प्रौढ़ निरक्षरता के पूर्ण उन्मूलन के प्रस्ताव के कार्यान्वयन पर अधिक बल दिया था, लेकिन निरक्षरता का पूरा परिवर्तन अभी भी नहीं हो पाया, जबकि भारतीय गणतन्त्र का संविधान जो 1950 ई. में लागू किया गया, उसमें 1960 ई. तक 14 वर्ष की उम्र के समस्त बालकों को निःशुल्क तथा जरूरी शिक्षा प्रदान करने का निर्णय किया गया है।

कोठारी समिति ने भी राष्ट्रीय प्रौढ़ शिक्षा कार्यक्रम की त्रुटियों का उल्लेख किया है जो इसकी कामयाबी में बाधक रही हैं। शिक्षा का कोई भी कार्यक्रम बिना पुस्तकालयों की सम्बद्धता तथा आधार के बिना पूरी तरह स्थायी और सफल नहीं हो सकता, जिसे हर तरह के शिक्षाविदों ने अपनाया है। राष्ट्रीय प्रौढ़ शिक्षा कार्यक्रम की पृष्ठभूमि में पुस्तकालयों के योगदान का कहीं भी जिक्र नहीं है जो इसकी कामयाबी में अनेक दृष्टिकोणों से बाधक है। ऐसा महसूस होता है कि प्रौढ़ शिक्षा कार्यक्रम के प्रबन्धकों तथा प्रवर्तकों तथा कर्मियों ने पुस्तकालयों की उपयोगिता को सिर्फ उन्हीं लोगों तक सीमित माना है जिसमें पढ़ने-लिखने की योग्यता है और जिन्हें आकर्षित करना सरल नहीं है जब तक कि उन्हें यह अनुभव न हो जाये कि इससे उन्हें लाभ हो सकते हैं। पाश्चात्य देशों में यह माना गया है कि इस क्षेत्र में आकर्षण का कार्य सार्वजनिक पुस्तकालय कर सकते हैं। प्रौढ़ शिक्षा कार्यक्रम में सिर्फ नाममात्र का यह अनुभव किया गया है कि पुस्तकालय की उपयोगिता साक्षरता के पश्चात् की स्थिति में आ सकती है, लेकिन इस प्रकार की विचारधारा से यह पता चलता है कि सार्वजनिक पुस्तकालय के आधुनिक क्रियाकलापों से अधिकतर लोग परिचित नहीं हैं।

आधुनिक पुस्तकालय न सिर्फ पुस्तकों तथा अन्य मुद्रित सामग्रियों—समाचार पत्रों, पत्रिकाओं, आदि के संकलन तथा उनका प्रयोग किए जाने का कार्यक्रम तथा सेवा का आयोजन करते हैं, अपितु उन सभी तरह के साधनों का संकलन करते हैं जो ज्ञानार्जन तथा सूचनात्मक में कई तरह से उनके लिए भी लाभदायक होते हैं जो अनपढ़ हैं और पढ़ने-लिखने में किसी शारीरिक त्रुटि के कारण असमर्थ हैं। आधुनिक पुस्तकालय न सिर्फ ज्ञानार्जन सामग्री के संकलन को ही श्रेयस्कर समझते हैं, अपितु उन समस्त सामग्रियों का प्रदर्शन करते हैं, जिनसे लोगों के उद्योग-धन्धों, व्यावसायिक तथा दूसरी क्रियाकलापों में समुन्नति होने की सम्भावना होती है। वर्तमान पुस्तकालयों में ज्ञान-प्रसार की अभिनव सामग्रियाँ—जैसे फिल्म की पट्टियाँ, फिल्में, रेडियो, चित्रलेख, टेलीविजन आदि, जिनके द्वारा ज्ञानवर्द्धक और सूचनात्मक तथ्यों से अनपढ़ों को भी ज्ञान प्रदान किया जा सकता है।

अधिकांश पाश्चात्य देशों में सार्वजनिक पुस्तकालयों में इस तरह की सभी सम्भाव्य सामग्रियों का संकलन इस लक्ष्य से किया जाता है। श्रव्य-दृश्य सामग्री को पुस्तकालय संकलन में एक आवश्यक ज्ञान-सामग्री के रूप में रखा जाता है। इस प्रकार की वस्तुएँ निरक्षरों को प्रभावित करती हैं और बोधगम्य होती हैं। इन विधियों से उन्हें पढ़ने-लिखने तथा ज्ञान की उपयोगिता के प्रति आकर्षित किया जा सकता है और उनके अन्दर राष्ट्रीय चेतना का संचार किया जा सकता है। इन विधियों के द्वारा राष्ट्रीय प्रौढ़ शिक्षा कार्यक्रम के दूसरे जरुरी कार्यक्रमों को कार्यान्वित किया जा सकता है। किन्तु इस देश में इस कार्यक्रम को शुरुआत करते समय ध्यान नहीं दिया गया है जो बहुत जरूरी तथा पर्याप्त मितव्ययी था। प्रौढ़ शिक्षा के दिशा में पुस्तकालयों की क्या उपयोगिता है उसका वर्णन विधिवत् नीचे किया गया है।

प्रौढ़ शिक्षा कार्यक्रम एवं पुस्तकालय

लोगों में चिन्तन का विकास करने में पुस्तकालय की प्रमुख भूमिका होती है। प्रत्येक व्यक्ति पढ़ने-लिखने की कला स्कूलों से सीखते हैं, इसलिए किसी भी देश की व्यवस्था के लिए पुस्तकालय आवश्यक कारक है और क्रमिक शिक्षा प्रबंध का अखण्ड हिस्सा है। पुस्तकालय सेवा के द्वारा ही मानव संस्कृति, वैभव तथा उपलब्धियों का ज्ञान प्रसारित किया जाता है और पुस्तकालयों के द्वारा राष्ट्र को बौद्धिक आहार प्राप्त होता है और चिंतन-शक्ति की उन्नति का आधार भी पुस्तकालय होते हैं। बिना सुनियोजित तथा सुव्यवस्थित पुस्तकालय से राष्ट्रीय सेवा नहीं की जा सकती है।

सार्वजनिक पुस्तकालयों की महत्ता, उपयोगिता तथा विशेष योगदान को यूनेस्को के घोषणा-पत्र में मान्यता प्रदान की गई है और अन्तर्राष्ट्रीय ज्ञान के शान्ति तथा विकास की समुन्नति के लिए सार्वजनिक पुस्तकालयों को एक जीवन्त शक्ति के रूप में माना है। 1949 ई. में यूनेस्को ने प्रौढ़ शिक्षा विकास में सार्वजनिक पुस्तकालयों के योगदान को विशिष्ट माना है और इस कार्यक्रम को उपयोगी तथा सफल बनाने हेतु उत्तम स्रोत माना है। सार्वभौमिक शिक्षा को जीवन भर चलने वाली प्रक्रिया के रूप में चलते रहने के दृष्टिकोण से सार्वजनिक पुस्तकालयों को गणतांत्रिक प्रबंध का एक व्यावहारिक उपकरण माना है। डॉ. मेलविल ड्यूवी ने 1888 ई. में सार्वजनिक पुस्तकालयों को **लोक विश्वविद्यालय** की संज्ञा दी थी। इस प्रकार मान्यता प्रदान करने का उनका आशय यह था कि सार्वजनिक पुस्तकालय एक ऐसा स्थान है जिसमें सभी क्षेत्रों तथा हर तरह के मानसिक स्तर के व्यक्ति स्वतः या पुस्तकालय की मदद से ज्ञानार्जन तथा ज्ञान-विस्तार के लिए बिना किसी बाधा के जा सकते हैं।

लोक विश्वविद्यालय के पक्ष में तर्क

सार्वजनिक पुस्तकालय को लोक विश्वविद्यालय की संज्ञा देने के लिए कुछ प्रमुख तर्क दिये गये हैं जो निम्न प्रकार हैं—

(1) संस्थागत शिक्षा से परे रहने वाले और इसकी सीमा से हमेशा बाहर रहने वाले लोगों की आवश्यकताओं को पूरा करने में सार्वजनिक पुस्तकालय की प्रमुख भूमिका होती है। उन देशों में जहाँ शिक्षा जरूरी होती है वहाँ भी कुछ व्यक्ति इससे वंचित रह जाते हैं। निर्धारित उम्र से ज्यादा उम्र के लोगों की संख्या बहुत ज्यादा होती है जो संस्थागत शिक्षा व्यवस्था से लाभ उठा सकते हैं। इससे जो शिक्षा में कमी उत्पन्न होता है, उसे पुस्तकालयों के माध्यम से ही पूरा किया जा सकता है। सार्वजनिक पुस्तकालय सार्वजनिक शिक्षा के लिए होते हैं जिससे लोगों की साक्षरता अथवा शिक्षा को ही न सिर्फ स्थायित्व प्राप्त होता है, अपितु इससे लोगों के मनन तथा चिन्तन की प्रतिभा तथा क्षमता को विकसित करने की सामग्री भी मिलती है। सृजनात्मक तथा रचनात्मक चिन्तन से ही उन्नति का जन्म होता है और चिन्तन से निर्माण की प्रक्रिया शुरू होती है।

(2) अपनी प्रकृति और गुणों की वजह से सार्वजनिक पुस्तकालय विद्यालयों की अपेक्षा ज्यादा लाभदायक होते हैं। विद्यालयों, महाविद्यालयों तथा विश्वविद्यालयों में अधिक लोगों को शिक्षा प्रदान करने की व्यवस्था होती है, किन्तु सभी लोगों के

लिए यह सम्भव नहीं है। इन संस्थाओं में प्रवेश प्राप्त करना आयु, पात्रता, अभिरुचि तथा साधनों तथा उपयुक्ता पर आधारित होता है, किन्तु किसी भी सार्वजनिक पुस्तकालय में प्रवेश करने तथा प्रयोग करने के लिए ऐसी किसी प्रकार की शर्तों की अनिवार्यता नहीं होती है। पुस्तकालय ही एक ऐसी सुरक्षित जगह है, जहाँ विभिन्न प्रकार के विरोधी विचारों की सामग्रियाँ एक साथ रखी जा सकती हैं—साम्यवाद और पूँजीवाद दोनों विचारधाराओं की पुस्तकें एक साथ बिना किसी भेदभाव तथा विवाद के एक जगह पर रखी रहती हैं। ज्ञान की खोज बिना किसी अवरोध के विरोधी राजनीतिक विचारों तथा मंत्रों के लोग एक छत के भीतर कर सकते हैं।

(3) कोई भी व्यक्ति अपनी रुचि के अनुसार आवश्यक पुस्तकों को प्राप्त कर अपना वैचारिक परिष्कार कर सकता है। मनुष्य के ज्ञान-क्षितिज को बढ़ाने के लिए किन-किन वस्तुओं की आवश्यकता होती है, उनकी प्राप्ति का अधिकार यहीं पर सुलभ होता है। एक सामाजिक संस्था के रूप में सार्वजनिक पुस्तकालय लोक शिक्षा प्रसार के जरूरी एवम् सशक्त साधन हैं। अतः इन्हें लोक विश्वविद्यालय की संज्ञा प्रदान करना उपयुक्त है। अनेक समुदायों में स्थान विशेष एवं परिस्थिति विशेष के नजरिए से सामान्यतया पुस्तकालयों, विशेषकर सार्वजनिक पुस्तकालयों से अनेक प्रकार के बौद्धिक, सृजनात्मक, शैक्षणिक तथा ज्ञान प्रसार आदि लक्ष्यों की पूर्ति होती है।

इस परिप्रेक्ष्य में इनमें भिन्नताएँ होती हैं, लेकिन समस्त सार्वजनिक पुस्तकालयों का लक्ष्य इस क्षेत्र में समान रूप से एक ही प्रकार का होता है कि ज्ञान-पिपासा को संतुष्ट करने के लिए बिना किसी प्रकार के वर्ग विशेष, उम्र, स्त्री-पुरुष, विचारधारा के अनुयायी, धार्मिकमतावलंबी, शिक्षा तथा बौद्धिक स्तर तथा जातिगत भेदभाव के ज्ञान-सामग्रियों के प्रयोग के लिए सभी व्यक्तियों को समान मौका प्रदान करते हैं। पुस्तकालय सेवा के सभी सार्वभौमिक रूप न केवल परम्परागत मुद्रित पाठ्य-सामग्रियों के उपलब्ध करके किया जाता है, अपितु उन सभी तरह की सामग्रियों तथा साधनों को भी सुलभ किया जाता है, जिनका उपयोग ज्ञान तथा सृजनात्मक विवरण प्राप्त करने के लिए आवश्यक है, जो इस लक्ष्य से अति आवश्यक भी माने जाते हैं। विश्व के विकसित पश्चिमी देशों में हर तरह के नागरिक तथा समुदाय के लिए पुस्तकालय सेवा कई दृष्टिकोणों से एक जरूरत के रूप में महसूस की गई है। परिणामस्वरूप न सिर्फ शिक्षा प्रसार के क्षेत्र में ही, बल्कि जन-जीवन तथा राष्ट्रीय विकास तथा उन्नति तथा सांस्कृतिक और सामाजिक उन्नति के क्षेत्र में भी पुस्तकालयों को किसी न किसी रूप में सम्बद्ध किया गया है।

वर्तमान सार्वजनिक पुस्तकालय न सिर्फ ज्ञानात्मक तथा सूचनात्मक क्रियाकलापों का आयोजन करते हैं, बल्कि उसके लिए उपयुक्त साधनों तथा सामग्री का संकल्प भी उपयोगार्थ करते हैं। इस तरह इन पुस्तकालयों का कार्यक्षेत्र तथा क्रियाकलाप वृहद, बहुमुखी तथा विस्तृत होता है। विभिन्न अभिरुचि के पाठकों को सामयिक तथा नवीनतम विषयों तथा प्रकरणों से जुड़ी सामग्रियों को उपयोग करने अथवा अतीत कैसा रहा है आदि का विस्तृत अवलोकन कर जानकारी सुलभ करने के लिए अथवा किसी को किसी प्रकार की प्राविधिक, व्यावसायिक, व्यवसाय तथा उद्योग धन्धे, बागवानी तथा कृषि, कढ़ाई, सिलाई तथा बुनाई तथा पाक-विद्या आदि की जानकारी अथवा पूर्व ज्ञान को उन्नति करने के लिए अथवा विश्राम के क्षणों का सदुपयोग करने के लिए अथवा किसी को औपचारिक शिक्षा की कमियों को पूरा करने तथा स्वयं अध्ययन के लिए आधुनिक पुस्तकालय निरन्तर मौका प्रदान करते हैं और उपयोग किए जाने के लिए उनके प्रदर्शन की व्यवस्था भी आकर्षक ढंग से करते हैं।

विश्व के पश्चिमी राष्ट्रों में प्रौढ़ शिक्षा का सामान्य अभिप्राय लोगों की सतत् शिक्षा से माना जाता है। इन समुदायों में पुस्तकालयों, विशेष रूप से सार्वजनिक पुस्तकालयों द्वारा आयोजित की जाने वाली सेवाएँ शिक्षा एजेन्सियों को जैसे प्रौढ़ तथा वयस्क व्यक्तियों, विशेष तरीके से शिक्षितों को अभिनव ज्ञान-सामग्रियों को ज्ञानवर्धन के लिए सुलभ करने के लिए होती हैं जो इस ओर लोगों के उपयोगार्थ प्रोत्साहित करने के भी सभी प्रयास करती हैं। किन्तु ऐसे समुन्नत तथा विकसित राष्ट्रों में भी वहाँ कुछ वर्ग विशेष ऐसे भी होते हैं जो इस सुविधा से भी परे रहे हैं। विकासशील तथा अल्पविकसित देशों में जहाँ अब भी जनसंख्या का एक बृहद् जनसमूह अनपढ़ है, वहीं इस समुदाय के लिए अनौपचारिक शिक्षा के रूप में पुस्तकालय उक्त सेवाओं के अलावा प्रसार सेवा की व्यवस्था करते हैं और इस उद्देश्य की प्राप्ति के लिए उपयोगी तथा सुनिश्चित कार्यक्रम आयोजित करते हैं।

इस कार्यक्रम के अधीन सार्वजनिक पुस्तकालयों के माध्यम से मुद्रित सामग्रियों को उपलब्ध करने के अलावा सेवाओं तथा क्रियाकलापों का आयोजन करना पड़ता है, इसके अतिरिक्त लोगों में पठन-पाठन की अभिरुचि जाग्रत की जाती है। यहाँ इस तथ्य का वर्णन आवश्यक है कि वर्तमान पुस्तकालयों का वास्तविक कार्य रचनात्मक, उद्देश्यपूर्ण तथा सृजनात्मक अध्ययन के लिए उपयुक्त वातावरण उत्पन्न करना तथा उपयुक्त प्रकार की अध्ययन प्रवृत्ति को प्रोत्साहित करना है।

पुस्तकालय केवल पाठ्य-सामग्रियों के 'स्टोर हाउस'' नहीं होते हैं। अतः विकासशील और कम विकसित देशों खासकर भारत में पुस्तकालयों को मनुष्य को सुखी तथा समृद्ध बनाने तथा उत्तम समाज के निर्माण के लिए लोगों में शिक्षा के प्रति जिज्ञासा तथा अभिरुचि पैदा करने तथा स्वाध्याय की प्रवृत्ति जाग्रत करने में प्रौढ़-शिक्षक की भूमिका निभानी चाहिए। पश्चिमी राष्ट्रों में सार्वजनिक पुस्तकालय प्रबंध पद्धति की पृष्ठभूमि में इस प्रकार का दर्शन तथा सिद्धान्त मौजूद है और इस दिशा में पुस्तकालय बड़े ही सक्रिय होते हैं। अतः इन्हें प्रौढ़ शिक्षा प्रसार तथा कार्यक्रम की एक मौलिक संस्था तथा प्रौढ़ शिक्षा प्रयासों के संसाधन केन्द्रों के रूप में स्वीकृति प्रदान की गई है।

अनौपचारिक शिक्षा के अन्तर्गत साक्षरता और प्रौढ़ शिक्षा दोनों आते हैं। पुस्तकालय अनौपचारिक शिक्षा का महत्त्वपूर्ण साधन है, इसलिए प्रौढ़ शिक्षा कार्यक्रमों में तथा निरक्षरता उन्मूलन में पुस्तकालयों की भूमिका महत्त्वपूर्ण होती है। निरक्षरता उन्मूलन में न सिर्फ इस क्षेत्र में शिक्षकों तथा कर्मियों को ही मदद प्राप्त होती है, अपितु इससे शिक्षित तथा साक्षर बनाए गए वयस्कों को प्राप्त साक्षरता तथा ज्ञान को पुनः खत्म होने से स्थायित्व प्रदान करने में मदद मिलती है, क्योंकि ऐसे प्रौढ़ लोगों को लगातार पाठ्य-सामग्रियों की प्राप्ति सिर्फ पुस्तकालयों से ही हो सकती है। साक्षर तथा अल्पशिक्षित व्यक्तियों को अपनी योग्यता, विशेष प्रकार की जानकारी आदि को समुन्नत करने या उसे और सुदृढ़ बनाने में की गई सुविधा स्वाध्याय के द्वारा पुस्तकालयों से ही मिलती है, जहाँ इस प्रकार की सामग्रियाँ निःशुल्क मिलती रहती हैं।

पुस्तकालयों का प्रादुर्भाव मुख्यतः जीवन-पर्यन्त शिक्षा के लिए ही हुआ है और इसके लिए इनसे अच्छा कोई और स्रोत नहीं है। औपचारिक शिक्षा तो एक निश्चित आयु एवं समय तक ही प्रदान की जा सकती है, परन्तु पहले अर्जित ज्ञान तथा प्राप्त शिक्षा को स्थायित्व प्रदान करने तथा उसे नया बनाए रखने के लिए उपयुक्त तथा स्थायी साधन मात्र पुस्तकालय अधिनियम लागू होते हैं, जिससे प्रत्येक वर्ग के लोगों को स्थानीय पुस्तकालय सेवा मुफ्त में प्राप्त हो सके।

पुस्तकालय का प्रसार

पुस्तकालय प्रसार कार्य का अभिप्राय पुस्तकालय के रोजाना तथा औपचारिकता के सामान्य कार्यों के प्रसार से होता है जो अनेक प्रकार की प्रदर्शनियों, व्याख्यानों, चलचित्रों, सांस्कृतिक तथा धार्मिक क्रियाकलापों, संगीत तथा नाट्य कार्यक्रमों,

अनेक प्रकार के ज्ञान प्रसार के परामर्शों के आयोजन से जुड़े होते हैं। पुस्तकालय के अनेक सामान्य क्रियाकलापों के प्रसार तथा विस्तार का एक कार्यक्रम प्रौढ़ शिक्षा भी है।

संयुक्त राज्य अमेरिका में बनाये गये प्रौढ़ शिक्षा के कई कार्यक्रम पुस्तकालयों से संबंधित होते हैं। प्रसार कार्य का उद्देश्य औपचारिक शिक्षा से वंचित वयस्कों या शिक्षितों को विशेष प्रकार की अथवा अभीष्ट जानकारी प्राप्त करने में सहयोग प्रदान करना है, जिससे वे अपने ज्ञान की सीमा को बढ़ा सकें और अपने किसी लक्ष्य की पूर्ति कर सकें। संयुक्त राज्य अमेरिका में प्रौढ़ शिक्षा के कई कार्यक्रम सार्वजनिक तथा दूसरे पुस्तकालयों द्वारा आयोजित किए जाते हैं, जिनका प्रसार कार्य अग्रांकित तरह के क्रियाकलापों तथा सेवाओं से जुड़े होते हैं–

(1) समुदाय के नेतृत्व के लिए अनेक विधियों, विषयों, साधनों तथा सामग्रियों के प्रयोग के लिए प्रचार करना तथा सलाह देना, साथ ही प्रौढ़ शिक्षा कार्यक्रम के लिए आवश्यक सेवा कार्यक्रम के आयोजन तथा प्रबंध की युक्तियाँ बताना।

(2) प्रौढ़ शिक्षा कार्यक्रम के क्रियान्वयन के लिए कर्मियों तथा दूसरे लोगों को अनिवार्य प्रशिक्षण प्रदान करना जिससे वयस्कों को पठन-पाठन की सामग्रियों के प्रयोग की उपयुक्त विधि तथा अनेक स्तरों की सामग्रियों तथा साधनों की जानकारी हो सके।

(3) प्रौढ़ शिक्षा तथा प्रौढ़ सामुदायिक विकास में सक्रिय भाग लेना तथा इन कार्यक्रमों के आयोजन की विधियों से युक्त जानकारी प्रदान करना।

(4) ज्ञान सामग्री अथवा विशिष्ट तरह की जानकारी आवश्यकता पड़ने या अभियाचना करने पर सुलभ करना, विविध प्रकार की ज्ञान-सामग्रियों का प्रदर्शन पुस्तकालय के तहत अथवा दूसरे उपयुक्त जगहों पर करना, अनेक प्रकार की श्रव्य तथा दृश्य सामग्रियाँ जिनके माध्यम से अनेक तरह की व्यावहारिक सूचनाएँ सुलभ होती हैं, उन्हें प्रदान करना।

पुस्तकालय को सामान्य लोगों के करीब लाने के लिए उपरोक्त कार्यक्रम और विस्तार कार्य सहायक होते हैं और इस प्रकार से प्रौढ़ शिक्षा को कामयाब बनाने में बहुमूल्य योगदान प्रदान करते हैं। पिछले अध्यायों तथा "पुस्तकालय विज्ञान के पाँच सूत्रों" के भीतर सार्वजनिक पुस्तकालयों में वयस्क शिक्षा के क्षेत्र तथा सार्वजनिक शिक्षा प्रसार में किए गए योगदानों का विवरण दिया गया है, जिससे यह उम्मीद की जा सकती है कि प्रौढ़ शिक्षा राष्ट्रीय उन्नति के लिए सार्वभौमिक चेतना, व्यावसायिक

तथा औद्योगिक विकास तथा नागरिक चेतना के क्षेत्र में पुस्तकालयों का प्रमुख स्थान रहा है। सोवियत संघ में प्रमुख रूप से व्यावसायिक उन्नति तथा राष्ट्रीय चेतना के विकास में सार्वजनिक पुस्तकालयों की भूमिका अत्यधिक उपयोगी रही है। उदाहरणार्थ—कृषि के क्षेत्र में प्रौढ़ शिक्षा के एक कार्यक्रम के रूप में कृषि पुस्तकालय संस्थापित किए गये हैं जिनकी संख्या 20,000 से अधिक है जो नगरों की अपेक्षा सुदूर ग्रामीण क्षत्रों में हैं और किसानों को नई से नई सूचना प्रदान करने का हर सम्भव प्रयास करते हैं।

भारत में सार्वजनिक पुस्तकालय एवं प्रौढ़ शिक्षा

वर्तमान समय में पुस्तकालय के उद्देश्य, अवधारणा और कार्य शैली में व्यापक परिवर्तन आ गया है। आराम अथवा अवकाश के समय में अध्ययन किए जाने के लिए पाठ्य-सामग्रियों के विशेषीकृत अथवा भण्डार अध्ययन और अनुसंधान की उपयुक्त जगह होने के साथ ही साथ सार्वजनिक शिक्षा प्रसार की जगह में इन्हें एक उपयोगी तथा गतिशील संस्था की तरह मान्यता दी जाने लगी है। आज के युग में प्रत्येक नागरिक को प्राथमिक शिक्षा की आवश्याकता है और पुस्तकालय तथा पुस्तकें इस प्रक्रिया के आवश्यक अंग हैं।

भारत में प्रौढ़ शिक्षा की दिशा में सार्वजनिक पुस्तकालयों की भूमिका तथा प्रभाव को उतना महत्त्व नहीं दिया गया है, जितना कि विकसित देशों में दिया गया है, जबकि ज्यादातर संख्या में लोग भारत में अशिक्षित तथा अनपढ़ हैं। सिर्फ 20 प्रतिशत से 30 प्रतिशत लोग ही शिक्षित हैं, जिन्हें प्रजातांत्रिक तथा उन्नत पद्धति के प्रबंध के लिए उचित कहा जा सकता है। इसका विवरण दिया जा चुका है कि 20वीं शताब्दी के द्वितीय दशक की अवधि में आंध्र प्रदेश तथा गुजरात प्रांत में सार्वजनिक पुस्तकालयों के संस्थापकों तथा प्रवर्तकों ने प्रौढ़ शिक्षा की उन्नति तथा कार्यान्वयन के लिए शिक्षण कार्य तथा कार्यरत लोगों को विशेष प्रकार का प्रशिक्षण प्रदान करने की व्यवस्था की थी जिससे कि वे ग्रामीण क्षेत्रों में प्रौढ़ शिक्षा का प्रसार कर सकें और इस कार्यक्रम को कामयाब बना सकें।

वर्तमान समय में सिर्फ पढ़े-लिखे लोगों को ही पुस्तकालय से लाभ मिल रहा है। अशिक्षितों को पुस्तकालय की सेवा तथा क्रियाकलापों से बिल्कुल अलग तथा अनुपयोगी समझा जाता है। फलतः प्रौढ़ शिक्षा कार्यक्रम की दिशा में सार्वजनिक पुस्तकालय भारत में व्यापक स्तर पर अशिक्षितों को देश की मुख्य धारा में लाने में लाभदायक हो सकते हैं। अतः साक्षरता कार्यक्रम की असफलता के कारण नए

शिक्षित तथा साक्षर वयस्कों के लिए उपयोगी पाठ्य-सामग्रियों की आवश्यकता को महत्त्वपूर्ण समझने की असफलता रही है, जिन्हें सार्वजनिक पुस्तकालयों के माध्यम से किया जा सकता था। पश्चिमी देशों में सार्वभौमिक शिक्षा को प्रजातंत्र की पूर्व शर्त माना गया है, परन्तु भारत में भी प्रशासकों, शिक्षाविदों तथा विचारकों ने बिना सामाजिक शिक्षा की प्रजातांत्रिक प्रणाली को पूर्ण नहीं माना है। भारत में स्वतन्त्रता की स्थापना तथा विकास की स्थिति संतोषजनक नहीं रही, जबकि राष्ट्रीय साक्षरता को सुसंगठित तथा मजबूत करने के लिए सार्वजनिक पुस्तकालय अति जरूरी उपकरण माने गए हैं।

भारत में पुस्तकालय आन्दोलन पर दृष्टिपात करने से यह ज्ञात होता है कि यत्र-तत्र कुछ समाज-सेवियों तथा पुस्तकालयों के प्रेमियों के प्रयास के बाद भी इस क्षेत्र में उतनी कामयाबी नहीं मिली, जितनी कि दूसरे उन्नत देशों में हुई है। बड़ौदा राज्य के राष्ट्रभक्त तथा उदार शासक सयाजी गायकवाड़ ने 1910 ई. में सबसे पहले सार्वजनिक पुस्तकालय सेवा के आयोजन का प्रयास किया था। समस्त राज्य के नागरिकों को पुस्तकालय सेवा सुलभ करने के लिए पूरे राज्य में पुस्तकालयों की भरपूर व्यवस्था की गई और अमेरिका के पुस्तकालय विशेषज्ञ बोर्ड को सार्वजनिक पुस्तकालय का प्रबन्ध करने के लिए चुना गया। 1941 ई. में बड़ौदा राज्य में 4 जनपद पुस्तकालय, 41 नगर पुस्तकालय, 1,351 ग्राम पुस्तकालय और 300 चल पुस्तकालय कार्यरत थे।

वस्तुतः भारत में सार्वजनिक पुस्तकालयोन्मुख प्रौढ़ शिक्षा का यह सर्वप्रथम व्यापक प्रयास था, जिसका श्रेय सयाजी गायकवाड़ को है। सन् 1937 में भारत के अनेक राज्यों में लोकतान्त्रिक सरकारों का गठन हुआ और पुस्तकालय आन्दोलन का दूसरा चरण प्रारम्भ हुआ। 1937 तथा 1942 ई. की अवधि में बिहार, असम, ट्रावनकोर, पंजाब, कोचीन आदि राज्यों में कई ग्रामीण तथा चल पुस्तकालयों की स्थापना भारत के अनेक राज्यों में प्रोत्साहन तथा राजकीय संरक्षण मिलने पर 1937 में की। 1942 ई. में 13,000 ग्रामीण पुस्तकालय कार्यरत थे। तत्कालीन बम्बई सरकार ने **पुस्तकालय विकास समिति** फयजी की अध्यक्षता में निर्मित की, जिसके द्वारा विस्तृत पुस्तकालय व्यवस्था की संस्तुति तीन क्रमिक दशाओं में लागू करने के लिए की गई। लेकिन आर्थिक कारणों से समिति की संस्तुतियों का क्रियान्वयन नहीं हो सका।

इस प्रकार आजादी के पूर्व सार्वजनिक पुस्तकालय विकास में कुछ महत्त्वपूर्ण प्रयास इस प्रकार किए गए। 1947 ई. के बाद पुस्तकालयों की संख्या में वृद्धि हुई है जो विशिष्ट तथा शैक्षणिक पुस्तकालयों की अपेक्षा उतनी ज्यादा नहीं है। 1951

ई. में दिल्ली सार्वजनिक पुस्तकालय का यूनेस्को तथा भारत के योगदान से एक परीक्षण परियोजना के रूप में स्थापित किया जाना, इस क्षेत्र में एक कीर्तिमान चरण रहा है।

पुस्तकालय विकास पर सिन्हा समिति

भारत सरकार के शिक्षा मंत्रालय ने सार्वजनिक पुस्तकालयों के समुचित विकास तथा पुस्तकालय सेवा सुलभ कराने तथा पहले से संचालित पुस्तकालयों की दशा का अध्ययन करने तथा उनकी भावी समुन्नति तथा विकास हेतु संस्तुति प्रस्तुत करने के लिए पुस्तकालय सलाहकार समिति का निर्माण सिन्हा की अध्यक्षता में 1956-57 में किया था। समिति का मूल उद्देश्य नागरिकों की स्वाध्याय की जरूरत तथा देश में किस प्रकार के पुस्तकालय का निर्माण तथा व्यवस्था की जानी चाहिए, उनका अध्ययन कर एक विस्तृत प्रतिवेदन संस्तुतियों सहित प्रस्तुत करना था।

सिन्हा समिति द्वारा की गई प्रमुख सिफारिशों का विवरण निम्न प्रकार है–

(1) राज्य सरकारों व केन्द्रीय सरकार का यह पूरा दायित्व है कि वे सार्वजनिक पुस्तकालय सेवा की व्यवस्था करें। नागरिकों की शैक्षणिक एवं सांस्कृतिक आवश्यकताओं के तहत 25 वर्षीय पुस्तकालय योजना बनानी चाहिए, जिससे आवश्यकतानुसार सेवा प्राप्त हो सके।

(2) प्रत्येक भारतीय नागरिक को पुस्तकालय सेवा निःशुल्क प्राप्त हो जानी चाहिए।

(3) पुस्तकालय सेवा प्रबंध एकबद्ध पुस्तकालय सेवा की प्रणाली पर आधारित तथा संगठित होना चाहिए, अर्थात् राज्य केन्द्रीय पुस्तकालय, राष्ट्रीय पुस्तकालय, जिला पुस्तकालय, पंचायत पुस्तकालय एवं ब्लाक पुस्तकालय, पंचायत पुस्तकालय आदि प्रकार के सार्वजनिक पुस्तकालय होने चाहिए।

(4) आर्थिक दशा को मजबूत रखने के लिए सरकार को सम्पत्ति कर लगाना जरूरी है तथा स्थानीय निकायों को इस प्रकार के कर वसूल करने तथा लगाने की अनुमति दी जाए, जिससे सार्वजनिक पुस्तकालयों के परिव्यय की व्यवस्था हो सके।

सिन्हा समिति ने सोचा था कि सरकार उन सभी आर्थिक जिम्मेदारियों को पूरा करेगी जो पुस्तकालय सेवा व्यवस्था से संबद्ध हैं, किन्तु यह सम्भव न हो सका और पुस्तकालय अधिनियम को सभी राज्यों में कर लगाने के लिए लागू भी नहीं

किया जा सका। मात्र भारत के 10 राज्यों में ही अब तक पुस्तकालय कानून पारित हो सके हैं, जहाँ सार्वजनिक पुस्तकालय सेवा व्यवस्था अंशतः सार्वजनिक कर के आधार पर की जा रही है, तथापि पुस्तकालयों की आर्थिक दशा मजबूत नहीं है।

1954 में इस समिति के प्रतिवेदन के अनुसार 32,000 सार्वजनिक पुस्तकालय थे जिसमें 71,00,000 पुस्तकें थीं। समिति ने तत्कालीन मौजूद पुस्तकालय सेवा को बहुत असन्तोषजनक बताया और राज्यों में एक-सा पुस्तकालय कानून लागू किए जाने पर बल दिया था। केन्द्रीय सरकार ने इस समिति के प्रतिक्रिया स्वरूप आदर्श सार्वजनिक पुस्तकालय विधेयक का प्रारूप प्रस्तुत करने के लिये एक दूसरी समिति का सृजन कर दिया, जिसे समस्त व्यावसायिक संघों तथा राज्य सरकारों को भेज दिया गया, परन्तु क्रियान्वयन अभी तक नहीं किया जा सका। सन् 1952 में सार्वजनिक पुस्तकालयों की संख्या 40,000 थी, जिसमें ज्यादातर पुस्तकें सिर्फ नाममात्र की थीं। इनमें संग्रहीत पुस्तकों की संख्या 80,00,000 थी। पुस्तकालयों की वर्तमान दशा 35,000 है, जिन्हें सार्वजनिक पुस्तकालय की संज्ञा दी जा सकती है। इनमें 14,000 सार्वजनिक पुस्तकालयों को भारत में केन्द्र और राज्य सरकारों द्वारा वित्तीय सहायता प्राप्त है। सभी आर्थिक परिव्यय का भार 1 करोड़, भारत सरकार तथा 3 करोड़ रुपए राज्य सरकारें वहन करती हैं, जिसमें अब और ज्यादा वृद्धि हो गई है। इन समितियों के पश्चात् ही ग्रामीण क्षेत्रों में सार्वजनिक पुस्तकालयों की स्थापना तथा उन्नति हो सकी जो प्रौढ़ शिक्षा कार्यक्रम के लिए आज तक सक्रिय तथा सशक्त संस्था की तरह उपयोगी सिद्ध हुए। इनके द्वारा प्रौढ़ शिक्षा के साथ सम्बद्ध अन्य कार्यक्रम—जैसे जनसंख्या शिक्षा, स्वास्थ्य शिक्षा, परिवार नियोजन शिक्षा, कृषि आदि की सूचनाएँ भी प्रसारित की जा सकती थीं।

पंचवर्षीय योजनाएँ और पुस्तकालय विकास

प्रथम पंचवर्षीय योजना के दौरान सार्वजनिक पुस्तकालयों की स्थापना की गई थी। इस योजना के तहत पुस्तकालय सेवा को विकसित करने का कार्यक्रम निर्धारित किया गया था। इसके अनुसार प्रत्येक संघशासित क्षेत्र तथा राज्य में केन्द्रीय पुस्तकालय तथा प्रत्येक जनपद में एक जिला पुस्तकालय तथा चल पुस्तकालय स्थापित करने की योजना थी। दूसरी पंचवर्षीय योजना में पुस्तकालय सेवा का विकास करने के लिए एक सौ चालीस लाख रुपये की व्यवस्था की गई थी। तीसरी पंचवर्षीय योजना के तहत योजना आयोग के निर्णयानुसार राज्यों को पुस्तकालयों की उन्नति में मदद करने की नीति को खत्म कर दिया गया और इसका दायित्व

सिर्फ राज्यों को सौंप दिया गया था। फलस्वरूप सार्वजनिक पुस्तकालयों के विकास में रुकावट उत्पन्न हो गई। चौथी पंचवर्षीय योजना के दौरान सन् 1964 में योजना आयोग ने एक कार्य समिति का निर्माण सार्वजनिक पुस्तकालयों की उन्नति का मूल्यांकन करने तथा चौथी पंचवर्षीय योजना के अधीन भावी उन्नति के लिए प्रावधान करने के लिए किया। समिति ने 8,100 लाख रुपये के परिव्यय का व्यवस्था करने की संस्तुति की, जिसमें 200 लाख रुपये का परिव्यय सार्वजनिक पुस्तकालयों के विकास पर किया गया।

पाँचवीं पंचवर्षीय योजना के प्रावधान के लिए दो कार्य समितियों का निर्माण किया गया जिसके अध्यक्ष क्रमशः सुन्दर वेदिवेलू और डॉ. रे. योजना आयोग तथा भारत सरकार के सांस्कृतिक विभाग के माध्यम से किया गया। 54.41 लाख रुपये की रूपरेखा केन्द्रीय सेक्टर तथा 493.34 लाख रुपये की राज्य सेक्टर के लिए स्वीकार की गई। इसमें से सिर्फ 40 प्रतिशत केन्द्रीय तथा 30 प्रतिशत राज्य सेक्टर पर परिव्यय किया गया। इन समितियों ने संस्कृति विभाग के तहत एक पुस्तकालय निदेशालय/विभाग की स्थापना की संस्तुति की थी, जिससे योजना का कार्यान्वयन हो सके। एक पुस्तकालय अनुविभाग 1978 से सांस्कृतिक विभाग में खोल दिया गया है, लेकिन पाँचवी पंचवर्षीय योजना के तहत सिर्फ चार राज्यों के अलावा किसी राज्य ने पुस्तकालय उपकर लागू करने की जरूरत को महसूस नहीं किया।

सन् 1977 में किये गये एक सर्वेक्षण के तहत किसी भी केन्द्र शासित क्षेत्र में पुस्तकालय कानून लागू नहीं किया गया। सिर्फ आन्ध्र प्रदेश, महाराष्ट्र, कर्नाटक, तमिलनाडु तथा पश्चिमी बंगाल के अतिरिक्त 22 राज्यों में पुस्तकालय कानून पारित नहीं किया गया। 400 जनपदों में से सिर्फ 291 जिलों में जिला केन्द्रीय पुस्तकालय, 5,027 ब्लाकों में से 1,798 ब्लाक पुस्तकालय, 5,75,936 ग्रामों में से 41,828 ग्राम पुस्तकालय, 2,643 कस्बों में से 1,280 टाऊन पुस्तकालय हैं। नेहरू युवा केन्द्रों के माध्यम से 102 पुस्तकालय प्रथम बार संस्थापित किए गए हैं, परन्तु इन पुस्तकालयों में आपसी समन्वयन की कमी है। पर्याप्त स्थान, पुस्तकालयों के संकलन, कार्मिक आदि की बड़ी कमी है। पाठ्य-सामग्रियाँ भी ज्यादा अनुपयोगी हैं। शिक्षा संस्थाओं के पुस्तकालयों तथा सार्वजनिक पुस्तकालयों में कोई तालमेल नहीं है।

भारत में ऐसी पुस्तकालय प्रणाली की आवश्यकता है, जो हमारे देश की 70 प्रतिशत अनपढ़ तथा अशिक्षित आबादी को शिक्षित करने के लिए प्रौढ़ शिक्षा कार्यक्रमों को सहायता प्रदान करे। राष्ट्रीय प्रौढ़ शिक्षा कार्यक्रम के कार्यान्वयन की विधियों तथा साधनों का अध्ययन करने से यह महसूस होता है कि इस कार्यक्रम

की क्रियान्वयन एवम् सफलता में कहीं भी सार्वजनिक पुस्तकालयों को शामिल नहीं किया गया है, जबकि प्रौढ़ शिक्षा के लिए सार्वजनिक पुस्तकालयों का इस कार्यक्रम से सम्बद्ध होना बहुत जरूरी है। पश्चिमी देशों में जहाँ कहीं भी प्रौढ़ शिक्षा का कोई भी कार्यक्रम आयोजित किया गया है, वहाँ पुस्तकालयों को लाभदायक एवम् जरूरी स्रोत के रूप में प्रयोग किया गया है।

साक्षरता के साथ ही साथ राष्ट्रीय तथा सामुदायिक विकास एवं आर्थिक उन्नति के नजरिए से प्रौढ़ शिक्षा कार्यक्रम को अपनाया गया था। कोई भी कार्यक्रम बिना समुचित तथा आवश्यक सूचना के लाभकारी नहीं हो सकता। इसकी प्राप्ति तथा प्रसार का एकमात्र साधन पुस्तकालय है जो स्थायी साधन तथा संस्था के रूप में प्रौढ़ शिक्षा कार्यक्रम का एक उन्नत अंग है। प्रस्तुत विभिन्न तथ्यों के आधार पर कहा जा सकता है कि पुस्तकालय के क्षेत्र में जो भी विकास हुआ है वह काबिले तारीफ है, किन्तु उसमें अपेक्षित सफलता नहीं मिली है। जितने भी पुस्तकालय प्रमुख रूप से ग्रामीण तथा ब्लाक स्तर पर संस्थापित किए गए हैं, उनके प्रौढ़ शिक्षा के लिए उपयोग नहीं किया गया है। ग्रामीण क्षेत्रों की निरक्षर जनसंख्या को साक्षर बनाने, आर्थिक तथा सामाजिक विकास के लिए चैतन्य बनाने के लिए यह जरूरी है कि सूचना तथा सांस्कृतिक केन्द्र के रूप में पुस्तकालयों की स्थापना की जाए।

प्रौढ़ शिक्षा और दृश्य-श्रव्य साधनों का प्रयोग

प्रौढ़ शिक्षा कार्यक्रम के अन्तर्गत दृश्य-श्रव्य साधनों के प्रयोग को महत्त्वपूर्ण माना गया है, क्योंकि इनके द्वारा अशिक्षित, अनपढ़ तथा विकलांगों, बधिरों को भी सूचनापूर्ण तथा उपयोगार्थ विवरण प्रदान किए जाते हैं जो पर्याप्त तथा प्रभावकारी बोधगम्य होते हैं। ऐसे साधनों को सार्वजनिक सम्प्रेषण/संचार के साधनों की संज्ञा दी गई है, जो मुख्यतः दो प्रकार के होते हैं–

1. एजेन्सी विधि, 2. यांत्रिक विधि।

यांत्रिक विधियों के अधीन वैज्ञानिक आविष्कार तथा यांत्रिक प्रणालियाँ आती हैं, जिनके माध्यम से सीखने की प्रक्रिया अथवा ज्ञान ग्रहण करने की क्षमता को अनौपचारिक रूप से ज्ञानेन्द्रियों–श्रवण, दृष्टि तथा संवेग के द्वारा परिपूर्ण तथा तीव्र किया जाता है। उपकरणों तथा यांत्रिक विधियों के तहत सार्वजनिक शिक्षा, प्रौढ़ शिक्षा तथा प्रचार के लिए सबसे ज्यादा प्रभावकारी श्रव्य-दृश्य उपकरण–फिल्में, रेडियो तथा टेलीविजन माने गए हैं। एजेन्सी विधियों के तहत निर्माणात्मक तथा संस्थागत एजेन्सियाँ आती हैं जो बड़े अथवा छोटे जनसमूह के लिए सांस्कृतिक व

शिक्षात्मक तथा मनोरंजनात्मक कार्यक्रम पेश करती हैं। उदहारण के लिए—संगीत, नाटक, शैडो प्ले, नृत्य, कठपुतली प्ले, व्याख्यान, विचार-विमर्श, संभाषण, सम्मेलन, वाद-विवाद, फोरम, सामुदायिक केन्द्र, आदि हैं।

विश्व के विकसित राष्ट्र शिक्षा के प्रयोजन को पूरा करने के लिए अपने यहाँ दृश्य-श्रव्य उपकरणों का पूर्ण उपयोग करते हैं। इन देशों के पुस्तकालयों में शिक्षाप्रद फिल्मों का संग्रह होता है। इन देशों में अनेक ऐसे पुस्तकालय हैं जिनमें रेडियो एवं टी.वी. केन्द्र हैं। पुस्तकालयों की प्रसार सेवा के अधीन फिल्मों का प्रदर्शन अनेक दृष्टिकोणों से किया जाता है। ग्रामोफोन रिकार्ड, फिल्मस्ट्रिप, टेप रिकार्डर तथा मनोरंजनात्मक होते हैं। रेडियो को वर्तमान ज्ञान प्रसार तथा सूचना प्रदान करने के लिए आवश्यक साधन माना गया है जो प्रौढ़ शिक्षा कार्यक्रम के लिए लाभप्रद तथा शिक्षाप्रद है। फिल्मस्ट्रिप को किसी विषय की शिक्षा हेतु दृश्य उपकरण का सर्वश्रेष्ठ साधन माना गया है।

जल्द-से-जल्द और ज्यादा से ज्यादा लोगों तक सूचना पहुँचाने का सर्वाधिक उपयुक्त माध्यम टेलीविजन है। इसके माध्यम से किसी व्याख्यान को भी प्रस्तुत किया जा सकता है। यह विज्ञापन प्रचार-प्रसार का भी सर्वाधिक उपयुक्त माध्यम है। रेडियो प्रसारण में सिर्फ श्रवण मात्र से ही जानकारी प्राप्त की जाती है, किन्तु टेलीविजन के माध्यम से वार्तालाप, व्याख्यान तथा दूसरे क्रियाकलापों को आकृति सहित देखने तथा सुनने की सुविधा होती है, जो किसी दूरस्थ स्थान से प्रसारित किए जाते हैं। अल्पशिक्षितों तथा वयस्कों को इसके माध्यम से प्रशिक्षण प्रदान करना शीघ्रतम एवं मोहक बोधगम्य होता है। अनौपचारिक शिक्षा के लिए ध्वनि के माध्यम से सार्वभौमिक नजरिए से रेडियो सरल तथा सर्वोत्तम उपकरण है, जिसके माध्यम से श्रोताओं को कार्यक्रम की वास्तविक विषय-वस्तु के द्वारा उपयोगी तथा शैक्षिक सूचना से परिचय करना आसान होता है और अतिरिक्त शिक्षा के लिए तैयार किया जा सकता है। विशेष प्रकार से सुदूर ग्रामीण व्यक्तियों को चैतन्य बनाया जा सकता है। टेलीविजन अशिक्षितों को शिक्षित बनाने, लिखना सिखाने एवं पढ़ाने का सर्वोत्तम साधन माना गया है। प्रयोगात्मक परिणामों के आधार पर सर्वत्र स्वीकार किया गया है कि टेलीविजन द्वारा प्रसारित पाठ ज्यादा लाभकारी एवम् ज्ञानवर्धक होते हैं।

वैसे तो हमारे देश में लाइसेंस प्राप्त रेडियो की संख्या लगभग 230 लाख है, परन्तु इसके अतिरिक्त भी लोगों द्वारा इसका और भी प्रयोग किया जा रहा है। 20 प्रतिशत लोग जो रेडियो का प्रयोग करते हैं ग्रामीण क्षेत्रों के निवासी हैं और 90 प्रतिशत जनसंख्या को रेडियो सुनने का मौका प्राप्त है। भारत में 26 व्यक्तियों पर

एक रेडियो है जबकि यूनेस्को मापदण्ड के तहत प्रति परिवार को एक रेडियो प्राप्त होना चाहिए। 1956 ई. से भारत में प्रौढ़ शिक्षा के लिए रेडियो का उपयोग किया जा रहा है। 1978 ई. से जब से प्रौढ़ शिक्षा कार्यक्रम शुरू हुआ है, हर आकाशवाणी स्टेशन से महिलाओं, कृषकों तथा युवकों के कार्यक्रम के अलावा प्रौढ़ शिक्षा के लिए विशेष प्रकार के कार्यक्रम प्रसारित किए जाते हैं। प्रत्येक राज्य में आकाशवाणी द्वारा स्कूल पर आधारित कार्यक्रम प्रसारित किए जाने की व्यवस्था की गई है।

भारत में टी.वी. की सेवा सन् 1959 से शुरू हुई थी। वर्तमान समय में राष्ट्र में अनेक टेलीविजन स्टेशन हैं जो नित्य-प्रति कृषि, ग्रामीण उन्नति तथा प्रौढ़ शिक्षा सम्बन्धित कार्यक्रम प्रसारित करते हैं।

किसी भी सीखने की दशा वाले समाज में पुस्तकालयों की उपयोगिता सीखने के संसाधन केन्द्र के रूप में होती है। पुस्तकालयों के माध्यम से प्रौढ़ शिक्षा कार्यक्रम में सम्प्रेषणात्मक सहायता की जाती है। पुस्तकालयों में श्रव्य-दृश्य वस्तुओं तथा साधनों के संकलन तथा प्रयोग की सुविधा से स्वयं स्वाध्याय अथवा सीखने की प्रक्रिया में तेजी आती है। श्रव्य-दृश्य उपकरणों को पुस्तकालयों के अन्तर्गत निम्नलिखित रूप में प्रयोग किया जाना चाहिए–

(1) पुस्तकालय में निरंतर शिक्षा को प्रोत्साहन, शिक्षाप्रद तथा लाभप्रद सूचना प्रदान करने के लिए,
(2) सीखने के संसाधन केन्द्र के रूप में सहयोग करने के लिए,
(3) लोगों में सीखने, चेतना जाग्रत करने तथा स्वाध्याय करने के लिए,
(4) जनता तथा पुस्तकालय में जनसम्पर्क को प्रोत्साहित करने के लिए।

इस समय भारत में विविध प्रकार के शैक्षिक कार्यक्रमों को इंडियन नेशनल सेटेलाइट के द्वारा भी प्रसारित करने की सम्भावनाओं की विषय में विचार किया जा रहा है। ज्ञान तथा विशेष तरह की सूचना प्रदान करने के दृष्टि से तथा मुख्यतः प्रौढ़ शिक्षा प्रसार के लिए सार्वजनिक पुस्तकालयों में श्रव्य-दृश्य साधनों का अपना एक खास महत्त्व है। अतः सार्वजनिक पुस्तकालयों में श्रव्य-दृश्य उपकरणों का संग्रह उपयोगी प्रसार सेवा के नजरिए से करना चाहिए। इस प्रकार की सामग्रियाँ, विशेष प्रकार से ग्रामीण क्षेत्रों में प्रौढ़ शिक्षा एवं नई तथा उपयोगी जानकारी प्रदान करने के लिए उत्तम साधन हैं।

अब तक सार्वजनिक पुस्तकालयों की उपयोगिता तथा प्रौढ़ शिक्षा कार्यक्रम के विषय में जो कुछ विचार-विमर्श किया गया है, उससे यह ज्ञात हो जाता है कि अनौपचारिक शिक्षा प्रणाली के क्रियान्वयन में प्रौढ़ शिक्षा कार्यक्रम तथा सार्वजनिक

पुस्तकालय सेवा की प्रणालियों तथा लक्ष्यों में पूर्ण साम्यता है, जिसे सार्वभौमिक रूप से अंगीकार किया गया है। प्रौढ़-शिक्षा के प्रचार-प्रसार और समुचित तरीके से संचालन की विधियों को समझाने के लिए टेलीविजन को एक प्रमुख माध्यम बनाया जा सकता है। जिन एजेन्सियों के माध्यम से प्रौढ़ शिक्षा कार्यक्रम को कार्यान्वित किया जा सकता है, वे प्रत्यक्ष रूप से अज्ञात तथा अनिश्चित प्रतीत होती हैं, जबकि सार्वजनिक पुस्तकालय किसी समुदाय के लिए अनौपचारिक शिक्षा प्रदान करने के परम्परागत सार्वभौमिक रूप से मान्यता प्राप्त संस्थान हैं। अतः इनको इस कार्यक्रम से जोड़ना श्रेयस्कर तथा सरल है। यदि सार्वजनिक पुस्तकालयों को प्रौढ़ शिक्षा केन्द्र के रूप में प्रयोग किया जाए तो सीखने वालों को आगे चलकर दूसरी उपयोगी पाठ्य-पुस्तक का उपयोग करने की जानकारी मिल जाती है। पाठ्य-सामग्रियों से इस प्रकार नजदीक आने से व्यक्तियों में पढ़ने की अभिरुचि तथा जिज्ञासा का नया उत्साह पैदा होता है।

पुस्तकालयों के विस्तार कार्य, विशेष प्रकार से श्रव्य-दृश्य कार्यक्रम तथा चलग्रन्थ सेवा के द्वारा प्रौढ़ शिक्षा कार्य के प्रसार में पुस्तकालयों की उपयोगिता स्वीकार की गई है। अगर सार्वजनिक पुस्तकालय सेवा तथा प्रौढ़ शिक्षा कार्यक्रम को एक साथ जोड़ दिया जाए और कर्मियों की साधना तथा आर्थिक सामग्रियों को एक साथ मिश्रित कर दिया जाए तो किसी न किसी रूप में प्रचलित सार्वजनिक पुस्तकालयों की संस्थापना की उम्मीद भी बढ़ जाएगी। अतः राष्ट्रीय प्रौढ़ शिक्षा कार्यक्रम को सार्वजनिक पुस्तकालय सेवा से जोड़ कर देखना इसकी सार्थकता और उद्देश्य को पूरा करने के दृष्टिकोण से अनिवार्य है।

साक्षरता कार्यक्रम

अनपढ़ लोगों को शिक्षित कर उन्हें बुद्धिमान एवम् जागरूक नागरिक बनाने तथा उत्तम सामाजिक जीवन-निर्वाह करने में सार्वजनिक पुस्तकालयों तथा सामाजिक शिक्षा के द्वारा सोवियत संघ में अक्तूबर की महान क्रान्ति (1917) के पश्चात् साम्यवादी दल के नेता, समाजवादी विचारधारा के प्रर्वतक लेनिन ने जो प्रयत्न कर राष्ट्रवासियों के उत्थान में योगदान दिया है, उसे सभी तीसरे संसार के देशों में विशेषकर निरक्षरता तथा अशिक्षा के उन्मूलन तथा सांस्कृतिक जागृति के लिए अनुकरण करना चाहिए। पेइस ने अल्फ्रेड हेसेल की कृति **"पुस्तकालयों के इतिहास"** के अध्याय नौ में सार्वजनिक पुस्तकालयों को सुनियोजित व्यवस्थित ढंग से संस्थापित करने का मुख्य लक्ष्य 1917 के पूर्व निरक्षरता तथा अशिक्षा का

जो अत्यंत प्रबल साम्राज्य का विस्तार था, उसका निराकरण करना था। क्योंकि इसके पहले शिक्षा तथा साक्षरता की दशा 24 प्रतिशत से भी कम थी और ज्यादातर जनसमूह निरक्षर तथा शिक्षा के मूल अधिकार से दूर था। पुस्तकालयों की सार्वजनिक शिक्षा के योगदान के फलस्वरूप ही आज रूस संसार में शिक्षा तथा साक्षरता की दृष्टि से सबसे आगे है और वहाँ शिक्षा का प्रतिशत सबसे ज्यादा है।

परन्तु दूसरे पिछड़े देशों में विशेषकर भारत में साक्षरता के कार्यक्रम में पुस्तकालयों को पूर्व-साक्षरता तथा उत्तरोत्तर साक्षरता की नजरिए से महत्त्व नहीं दिया गया। इससे साक्षरता कार्यक्रम की चाल धीमी है।

अशिक्षा की वास्तविक स्थिति

सम्पूर्ण संसार में यूनेस्को के सदस्य राष्ट्रों जैसे—अफ्रीका, एशिया, लैटिन अमेरिका आदि में प्रमुख रूप से अशिक्षा की हालत बहुत ज्यादा शोचनीय है। यहाँ 15-50 वर्ष की उम्र के समूह के लोगों में अशिक्षितों तथा शिक्षितों की संख्या 5000 लाख है। संसार में 72 करोड़ 30 लाख लोग अशिक्षित व निरक्षर हैं, जिसमें 4 करोड़ 40 लाख भारतीय निरक्षर हैं। यूनेस्को की दूसरी सांख्यिकीय सूचना के अनुसार 81 करोड़ विश्व के निरक्षरों तथा अशिक्षितों में 40 करोड़ भारत में हैं, जो पहले से कम हुए हैं। संसार के निरक्षरों में महिलाओं की संख्या सबसे अधिक है, जो 81 करोड़ में से 8570 लाख तक अनुमानित की गई है। इनमें से 6180 लाख निरक्षर महिलाएँ एशिया तथा पैसिफिक देशों की हैं। 6-35 साल के उम्र समूह के लोग जिसमें ज्यादातर बालिकाएँ हैं, **यूनेस्को** के अनुसार शिक्षा पद्धति के क्षेत्र से बाहर हैं, अर्थात् उन्हें शिक्षा तथा साक्षरता से दूर रहना पड़ा है। इनकी संख्या 3500 लाख से ज्यादा है। शिक्षा की दृष्टि से अत्यन्त शिक्षित देशों में रूस, ब्रिटेन, अमेरिका, जापान आदि अपना विशेष स्थान रखते हैं। 1981 ई. में भारत में राष्ट्रीय स्तर पर शिक्षित 36.17 प्रतिशत रहे हैं। 1977 ई. में ब्रिटेन तथा संयुक्त राज्य अमेरिका के शिक्षितों का प्रतिशत 99 से अधिक था।

विश्व के विकासशील और कम विकसित देशों में शिक्षा की हालत काफी चिन्ताजनक है। भारत में प्राथमिक शिक्षा को अनिवार्य करने के लिए सर्वाधिक जोर ज्योतिवा फूले और दादा भाई नौरोजी ने दिया। 1882 ई. में ही इन लोगों ने इससे संबंधित कई महत्त्वपूर्ण कार्य किये। 1910 ई. में समाज सुधारक, राजनीतिक, चिन्तक व विद्वान और नेता जी. के. गोखले ने प्राइमरी शिक्षा को जरूरी बनाने के लिए

अधिनियम बनाने पर बल दिया था। 1906 ई. में तत्कालीन बड़ौदा राज्य के महाराजा सियाजी गायकवाड़ तृतीय ने अपने राज्य में प्राइमरी शिक्षा को जरूरी कर इसके लिए कानून लागू कर दिया था।

भारतीय संविधान जिसे 1950 ई. में लागू कर दिया गया है, में निर्देशात्मक सिद्धान्त के अनुच्छेद 45 में समस्त राज्यों को यह दायित्व प्रदान कर दिया गया है कि 10-14 वर्ष तक आयु के सभी बच्चों के लिए निःशुल्क और जरूरी शिक्षा की व्यवस्था जरूर कर दी जाए, परन्तु पाँच दशकों के बाद भी अभी इस निर्देश की पूर्ति नहीं की जा सकी जबकि रूस में सेकेण्डरी एजुकेशन जरूरी है और सभी लोगों के लिए किसी भी प्रकार की शिक्षा के द्वार निःशुल्क तथा मुक्त हैं। भारत में निरक्षरता के उन्मूलन तथा साक्षरता के कार्यक्रमों को पूरा करने में **यूनेस्को, यूनिसेफ** तथा फोर्ड फाउन्डेशन का योगदान विशिष्ट रहा है। परन्तु प्रौढ़ शिक्षा कार्यक्रम में कहीं भी पुस्तकालयों की भूमिका तथा प्रावधान का जिक्र नहीं किया गया है।

सन् 1925 में सार्वजनिक पुस्तकालयों की प्रौढ़ तथा जनशिक्षा कार्यक्रमों में क्या भूमिका होती है? उसे डॉ. एस.आर. रंगनाथन ने मद्रास राज्य (अब तमिलनाडु) में क्रियान्वित किया था, जिसका अनुसरण व्यापक रूप से किया गया था। भारत सरकार ने सन् 1958 में पुस्तकालय परामर्शदायी समिति का गठन किया। इस समिति ने अपने प्रतिवेदन में, जिसे 1959 ई. में प्रकाशित किया गया था, प्रौढ़ शिक्षा तथा सार्वजनिक शिक्षा के कार्यक्रमों में पुस्तकालयों का परस्पर सहयोग स्थापित करने को विशिष्ट बताया है। इस समिति के अध्यक्ष माननीय श्री के.पी. सिन्हा ने इसे एक जरूरी उपकरण माना है। भारत में 1990 ई. तक सार्वभौमिक साक्षरता को पूरा करने का संकल्प किया गया था, परन्तु इसे पूरा नहीं किया जा सका। भारत में 1951 ई. से इस क्षेत्र में दृष्टिपात करें तो यह मालूम होता है कि सन् 1951 में भारत की पूरी जनसंख्या लगभग 36 करोड़ थी, जिसमें निरक्षरों की संख्या 30 करोड़ थी। 1969 में जनसंख्या 44 करोड़ थी जिसमें अशिक्षितों की संख्या 33 करोड़ थी।

1971 में जनसंख्या 56 करोड़ हो गई, जिसमें 37 करोड़ अशिक्षित थे। 1981 ई. में जनसंख्या 68 करोड़ हो गई थी और निरक्षरता 52 करोड़ की थी। 1987 ई. में जनसंख्या 75 करोड़ हो गई थी, जिसमें अशिक्षितों की संख्या में कमी हुई, जिनकी संख्या इस वर्ष 45 करोड़ रही और समस्त साक्षरता 40 प्रतिशत हो गई। 1150 लाख स्कूल जाने योग्य आयु के बच्चे स्कूल की शिक्षा से वंचित हैं। 150 लाख बच्चे प्रत्येक वर्ष विभिन्न कारणों से काल-कवलित हो जाते हैं। सन् 1989 में राजस्थान

राज्य में 15-20 वर्ष की आयु की जनसंख्या 10 करोड़ 70 लाख से ज्यादा रही है, जिसमें 6939000 अशिक्षित थे। 2490 लाख लोग जो जीविकोपार्जन का कार्य करते हैं, उनमें से 1985 ई. में 60 प्रतिशत निरक्षर हैं, जिनकी शिक्षा/साक्षरता के लिए देश में 573 समाजसेवी संस्थाएँ प्रयासरत हैं। 1985 ई. में 15-35 उम्र वर्ग के 11 करोड़ भारतीय अनपढ़ थे जो विश्व के निरक्षरों का 1.6 है।

भारत में निरक्षरता

जैसा कि बताया जा चुका है कि संसार के 80 करोड़ अशिक्षितों में से तृतीय संसार के वृहद् लोकतांत्रिक देश भारत में 35 करोड़ अशिक्षित हैं, जबकि भारत को स्वतंत्र हुए 60 वर्ष से भी अधिक वर्ष हो चुके हैं। निरक्षरों की संख्या में निश्चित रूप से कमी हुई है, क्योंकि पहले अशिक्षितों की संख्या 40 करोड़ थी, इसमें 25 करोड़ महिलाएँ अशिक्षित हैं। उत्तर प्रदेश जो जनसंख्या की दृष्टिकोण से सबसे बड़ा राज्य है, में अनपढ़ों की संख्या 2 करोड़ है। सम्पूर्ण भारत में 60 प्रतिशत महिलाएँ निरक्षर हैं और 40 प्रतिशत पुरुष अनपढ़ हैं। संसार के 60 प्रतिशत अनपढ़ भारत में हैं जिनकी संख्या में अनेक प्रकार के प्रयासों से कमी होकर 35 करोड़ हो गई थी। इसमें 70 प्रतिशत अशिक्षितों की संख्या ग्रामीण क्षेत्रों की थी। 1990 ई. में निरक्षरों की संख्या घटकर 26.4 करोड़ हो गई, जिसमें 57.1 प्रतिशत अशिक्षित महिलाएँ हैं।

साक्षरता हेतु भारत के प्रयास

शिक्षा के क्षेत्र में प्रयास और धन खर्च करने में भारत विश्व का 115वां देश है। विभिन्न प्रयासों से 1981 ई. में भारत में साक्षरता की दर उस वर्ष की जनगणना के अनुसार निम्नांकित रही–

(1) साक्षरता–36.17 प्रतिशत

(2) स्त्रियों की साक्षरता–24.88 प्रतिशत

(3) पुरुषों की साक्षरता–46.74 प्रतिशत

परन्तु 15-30 वर्ष की आयु के लोगों की संख्या 30 प्रतिशत थी, जिसमें 21-30 वर्ष की आयु के लोगों की 20 प्रतिशत बढ़ोत्तरी हुई।

उत्तर प्रदेश में साक्षरता की दशा और उपलब्धियाँ–समुचित प्रयास के फलस्वरूप उत्तर प्रदेश में साक्षरता में वृद्धि संतोषजनक रही है। यद्यपि इसमें अपेक्षित सफलता नहीं मिली है। 1985 ई. में साक्षरता 10.71 प्रतिशत प्राप्त की गई जो

1981 ई. में 27.48 प्रतिशत थी। 1998 ई. में उत्तर प्रदेश की जनसंख्या तथा साक्षरता की दशा निम्नांकित रही है–

जनसंख्या	पुरुष/स्त्रियाँ	साक्षरता प्रतिशत
7.40 करोड़	पुरुष	56.6 प्रतिशत
6.51 करोड़	स्त्रियाँ	25.31 प्रतिशत

सम्पूर्ण भारत में उत्तर प्रदेश ही एक ऐसा राज्य है जहाँ प्राथमिक स्तर से लेकर उच्च स्तरीय शिक्षा संस्थाओं की अधिकता है, परन्तु अफसोस इस बात का है कि 15000 प्राथमिक विद्यालय झोपड़ियों में, 35000 प्राथमिक स्कूल केवल दो कक्षों के हैं, जहाँ छात्रों के बैठने तक की जगह नहीं है। 2900 ऐसे प्राथमिक स्कूल हैं जिनकी न कोई छत है न दीवार ही। 6737 उच्च माध्यमिक तथा हाईस्कूलों की संख्या है, जिसमें 1375 राजकीय स्कूल हैं।

अशिक्षा को दूर करने के लिए किये गये प्रयासों से इस क्षेत्र में काफी विकास हुआ है। राज्य के 57 जिलों में 77 कार्यात्मक साक्षरता परियोजनाएँ स्थापित की गई हैं। फलतः प्रौढ़ों को साक्षर बनाने में जो उपलब्धियाँ प्राप्त हुई हैं, उसे निम्न तालिका के माध्यम से स्पष्ट किया गया है–

वर्ष	साक्षर किए गए प्रौढ़ों की संख्या
1980-81	275296
1981-82	361908
1982-83	376014
1983-84	575095
1984-85	692110

सन् 1985-86 में 78 लाख व्यस्कों को शिक्षित किये जाने का लक्ष्य था, परन्तु 30 लाख प्रौढ़ों को ही शिक्षित बनाया जा सका। 1991 की जनगणना के तहत उत्तर प्रदेश की साक्षरता 41.71 प्रतिशत हो गई है जबकि इसके अनुसार पूरे राष्ट्र की सारक्षता 52.11 प्रतिशत है।

उड़ीसा में साक्षरता की दशा तथा उपलब्धियाँ–उड़ीसा में अशिक्षित वयस्कों की संख्या 51 लाख के करीब है। गम्भीर निरक्षरता के उन्मूलन हेतु राज्य सरकार ने समस्त राज्य में 16700 प्रौढ़ शिक्षा केन्द्रों की स्थापना की है, जिसमें 1984-85 में 2 लाख निरक्षरों को प्रवेश देकर शिक्षित बनाया गया था। 4000 केन्द्रीय सरकार द्वारा प्रायोजित ग्रामीण क्रियात्मक साक्षरता कार्यक्रमों के केन्द्रों को

भी संचालित किया गया है। इसके तहत 117000 प्रौढ़ों को साक्षर बनाया गया है। राज्य सरकार के 1000 प्रौढ़ शिक्षा केन्द्रों को भी संचालित किया गया है, जिसके अधीन 30090 प्रौढ़ों को 1983-84 तथा 29000 प्रौढ़ों को 1984-85 में शिक्षित किया गया है।

मध्य प्रदेश में साक्षरता की स्थिति और उपलब्धियाँ–मध्य प्रदेश को क्षेत्रफल और नैसर्गिक संपत्ति के दृष्टिकोण से भारत का सबसे बड़ा राज्य माना जाता है। इस राज्य में 1981 में निरक्षरों की संख्या 8 करोड़ से ज्यादा थी और राष्ट्रीय साक्षरता 36.17 प्रतिशत से कम थी। इस प्रांत की साक्षरता 27.38 प्रतिशत है। राज्य की 85 प्रतिशत महिलाओं के अशिक्षा उन्मूलन हेतु 19080 अनौचारिक शिक्षा के केन्द्र राज्य में संस्थापित किए गए हैं, जिसमें 5 लाख निरक्षरों को शिक्षित किया जा रहा है 15-35 वर्ष आयु समूह के 1 करोड़ युवक साक्षरता से वंचित हैं। 27 हजार प्रौढ़ शिक्षा केन्द्रों से 10 लाख 50 हजार व्यक्ति अब तक शिक्षा तथा साक्षरता से लाभ उठा चुके हैं। प्रौढ़ शिक्षा में महिलाओं को प्रोत्साहित करने में मध्य प्रदेश अग्रणी रहा है। इसके लिए 1983-84 में राज्य को 25 लाख रुपये देकर पुरस्कृत किया गया था। निरक्षरता के उन्मूलन के लिए ग्राम पंचायतें भी अपनी मदद दे रही हैं, जिसके लिए 45 ग्राम पंचायतों को पुरस्कृत किया गया है।

भारत की साक्षरता : एक नजर–भारत में अशिक्षा को दूर करने के लिए आजादी के बांद सरकार ने कई महत्त्वपूर्ण प्रयास किए गये हैं, जिसमें स्वैच्छिक तथा राजकीय एवं समाजसेवी संस्थाओं का महत्त्व रहा है। साक्षरता का जो विकास हुआ है उसका सिहांवलोकन करने से निम्नांकित दशा मालूम होती है--

सन् 1991 में की गई जनगणना के तहत 7 वर्ष अथवा इससे अधिक उम्र वाली जनसंख्या की राष्ट्रीय साक्षरता की दर 1991 ई. में बढ़कर 52.11 प्रतिशत हो गई, जिससे साक्षरता की दर में विकास का एहसास होता है। परन्तु सिर्फ 3.56 प्रतिशत की बढ़ोत्तरी हुई है वो 10 वर्षों के प्रयास के परिप्रेक्ष्य में काफी कम रही है। पुरुषों की साक्षरता की दर में 13.10 प्रतिशत और महिलाओं की साक्षरता में 6.45 प्रतिशत की बढ़ोतरी हुई है।

भारत में सन् 1981 के समय 2357 लाख लोग अशिक्षित थे। जो 1981 ई. में 7 वर्ष से ज्यादा आयु वालों के नजरिए से 3513 लाख हो गई। जबकि चीन में शिक्षा की दर 1960 में 70 प्रतिशत से ज्यादा थी। 1981 में अशिक्षितों की संख्या 3,053 लाख थी जो 1991 में बढ़कर 3,289 लाख हो गई थी। इस प्रकार की निरक्षरता का प्रतिशत जनसंख्या बढ़ोत्तरी और पिछड़े क्षेत्रों में सामाजिक उपेक्षा के

कारण हुई मानी जाती है। 1981-1991 के दस वर्षों के अन्तर में साक्षरों की संख्या में 1,236 लाख की बढ़ोत्तरी हुई है और इस समय में निरक्षरों की संख्या में मात्र 236 लाख की बृद्धि हुई।

विश्व में साक्षरता का सबसे उच्च दर जापान में है। वहाँ शिक्षा के प्रचार-प्रसार के लिए सरकार द्वारा काफी धन खर्च किया जाता है। उसी प्रकार भारत में 1991 की जनगणना के आधार पर केरल को पाया गया है, जहाँ भारत में साक्षरों की संख्या सबसे अधिक है। यहां की शिक्षा दर 96.59 प्रतिशत है। साक्षरता की दृष्टि से सबसे पिछड़ा प्रांत बिहार रहा है, जहाँ साक्षरता की दर मात्र 38.54 प्रतिशत है दूसरे राज्यों के साथ साक्षरता की तुलनात्मक दशा निम्नांकित है–

राज्य	साक्षरता की प्रतिशत
(1) केरल	90.59
(2) मिजोरम	81.23
(3) गोवा	78.98
(4) लक्षद्वीप	79.25
(5) चण्डीगढ़	78.73
(6) दिल्ली	76.00
(7) हिमाचल प्रदेश	63.54
(8) पंजाब	47.14
(9) हरियाणा	55.33
(10) मध्य प्रदेश	43.45
(11) दादर और नगर हवेली	40.71
(12) उत्तर प्रदेश	41.71
(13) राजस्थान	38.54
(14) बिहार	38.54

भारत में औरतों को शिक्षित करने के लिए किये गये प्रयास में जो राज्य सफल हुए हैं, उनका भी जिक्र जरूरी है। भारत में महिलाओं की शिक्षा में पिछड़ेपन के लिए महिलाओं में पर्दा करने की परम्परा, घरेलू कार्य, सामाजिक स्थिति तथा जागृति आदि प्रभावशाली कारक हैं। तथापि उन्हें भी शिक्षित किये जाने का प्रयास किया गया है। इस दिशा में जिन प्रांतों तथा केन्द्र शासित अधिक्षेत्रों में महिला साक्षरता में उल्लेखनीय बढ़ोत्तरी हुई है, वे निम्नांकित हैं–

	प्रदेश	साक्षरता का प्रतिशत
(1)	सिक्किम	19.29
(2)	हरियाणा	13.57
(3)	दमन और द्वीप	12.90
(4)	त्रिपुरा	11.56
(5)	केरल	10.43

देश के पच्चीस राज्यों और केन्द्र शासित क्षेत्रों में शिक्षा की दर औसत राष्ट्रीय साक्षरता की दर 52.11 प्रतिशत ज्यादा है। परन्तु आठ प्रदेशों—राजस्थान, बिहार, अरुणाचल प्रदेश, उत्तर प्रदेश, मध्य प्रदेश, उड़ीसा, आन्ध्र प्रदेश, दादर और नगर हवेली तथा मेघालय में अभी भी 50 प्रतिशत साक्षरता की रेखा से नीचे हैं। इस प्रकार से विश्व स्तरीय निरक्षरता की दिशा में भी निरक्षर महिलाओं की संख्या सबसे ज्यादा है जिसका जिक्र किया गया है।

निरक्षरता उन्मूलन

वर्तमान शिक्षा के ऐतिहासिक संबंध में भारत में ब्रिटिश शासन काल के 1835 से लेकर 1947 तक तत्कालीन ब्रिटिश शासन के माध्यम से जो कदम प्राइमरी से लेकर उच्च शिक्षा तक के लिए उठाए गए थे, उनका लक्ष्य सिर्फ ब्रिटिश शासन के प्रशासकीय कार्यों में अंग्रेजी जानकार सहयोगियों को सीमित संख्या में उत्पन्न करना था। **मैकाले** ने ब्रिटिश शासन को कामयाब बनाने और आधुनिक प्रशासकीय कार्यालयों के योग्य सहयोगियों की उच्च शिक्षा के लिए 1835 में देश में चार विश्वविद्यालयों को कलकत्ता, आगरा, मद्रास और बम्बई में, लन्दन विश्वविद्यालय की प्रणाली पर सिर्फ परीक्षा संचालन करने के लक्ष्य से संस्थापित करने की संस्तुति की थी, जिन्हें अन्ततः सर चार्ल्स वूड की 19 जुलाई, 1854 ई. शिक्षा सलाह के परिणामस्वरूप मान्य कर 1857 ई. में कलकत्ता, बम्बई और मद्रास (अब कोलकता, मुम्बई तथा चेन्नई) में तीन विश्वविद्यालयों की नींव रखी गई।

हाई स्कूल/इन्ट्रेन्स परीक्षा मैट्रीकुलेशन/स्कूल लिविंग सर्टिफिकेट से लेकर स्नातकोत्तर तक समस्त विषयों की परीक्षाएँ आयोजित की जाती थीं और विश्वविद्यालय सिर्फ सम्बद्धता प्रदान करते थे। अध्ययन का कार्य विश्वविद्यालयों द्वारा किया जाता था। ब्रिटिश भारत में शिक्षा का विकास धीमी गति से अवश्य हुआ, परन्तु भारत में लोकतांत्रिक प्रणाली न होने के कारण लोक शिक्षा अथवा निरक्षरता के निराकरण में

ब्रिटिश शासकों की अभिरुचि नहीं थी। यद्यपि प्राथमिक शिक्षा और लोक शिक्षा की तरफ स्वतंत्रता के युद्ध में संलग्न कुछ भारतीय विचारकों तथा नेताओं का ध्यान जरूर आकर्षित हुआ था।

शिक्षा की स्थिति में सुधार करने के प्रयोजन से ही हन्टर कमीशन, (Hunter Commission,1882), रैले कमीशन, (Raleigh Commission,1902), सैडलर कमीशन (Sadler Commission,1917-1920) आदि के प्रतिवेदनों में आवासीय शिक्षा प्रणाली, उच्च शिक्षा सुधार, वैज्ञानिक तथा प्रौद्योगिकी, व्यावहारिक शिक्षा तथा विश्वविद्यालयी प्रशासनिक आकारों तथा वर्नाक्यूलर भाषाओं में शिक्षा प्रदान करने और शिक्षा को राज्य सरकारों का दायित्व प्रदान करने आदि पर प्रकाश डाला गया है। परन्तु देश में लोक शिक्षा को अधिकार के रूप में मान कर सबके लिए शिक्षा और निरक्षरता के निराकरण की अवधारणा की तरफ ब्रिटिश सरकार का ध्यान आकर्षित नहीं हो सका।

आजादी मिलने के बाद सन् 1948 में राधाकृष्णन कमीशन का गठन किया गया, जिसने आजादी के पश्चात् भारत में ज्ञान के विस्तार तथा विस्फोट को ध्यान में रखते हुए पाठ्यक्रमों, उनकी समय स्वाध्याय, पुस्तकालयोन्मुख शिक्षण पद्धति पर प्रकाश डाला गया। कोठारी कमीशन (1964-68) में शिक्षा के विभिन्न पक्षों पर विचार कर अंशकालीन पाठ्यक्रमों पर प्रकाश डाला गया, परन्तु इन सभी प्रतिवेदनों में निरक्षरता के उन्मूलन, शिक्षा को सार्वभौमिक बनाने, प्राथमिक/सेकेण्डरी शिक्षा को आवश्यक बनाने पर जोर नहीं दिया गया है।

इसी तरह डॉ. ए. लक्ष्मणस्वामी मुदालियर के **सेकण्डरी एजुकेशन कमीशन** (1952-53) में सेकेण्डरी शिक्षा प्रणाली को विकसित करने तथा छात्रों की शिक्षा के साथ ही साथ ज्ञान की खोज तथा स्वाध्याय के लिए पुस्तकालयों में उपयोग की जाने वाली प्रणाली पर दृष्टिपात किया गया है, लेकिन शिक्षा की सार्वभौमिकता को जरूरी नहीं बताया गया है।

बुनियादी शिक्षा हेतु किये गये प्रमुख प्रयत्न

भारत में प्राथमिक शिक्षा के विकास में सूत्रधार की भूमिका मुख्यतः यहाँ के कुछ समाज सुधारकों और उदार लोगों ने निभायी, विशेषकर बालिकाओं के लिए शहरों में—बम्बई, कलकत्ता, मद्रास तथा पूना में 19वीं शताब्दी के मध्य समय में प्रयास किया था, जिसके प्रति तत्कालीन ब्रिटिश शासकों ने कल्पना भी नहीं की थी। प्रसिद्ध समाज सुधारक **ज्योतिबा फूले** ने 1948 ई. में पूना में निरक्षर महिला

पाठशाला संस्थापित की थी। 1906 ई. में बड़ौदा प्रदेश के प्रबुद्ध तथा उदारमना तत्कालीन शासक सियाजी गायकवाड़ तृतीय ने प्राथमिक शिक्षा को आवश्यक तथा निःशुल्क कर दिया था, जिसके लिए कानून पारित कर दिया गया था।

सातवीं पंचवर्षीय योजना के दौरान (1985-90) योजना आयोग ने सबसे पहले व्यापक स्तर पर यह सलाह दी कि 6-14 वर्ष की आयु के बच्चों की शिक्षा जरूरी कर दी जाए, जिसे 1990 ई. तक पूर्ण कर लिया जाए। इस योजना में प्राथमिक शिक्षा को जरूरी कर 1990 ई. तक पूरा करने के लिए 1620 करोड़ रुपये के खर्च का प्रस्ताव कार्यदल के माध्यम से पेश किया। यह सुनिश्चित किया गया कि यदि 14 वर्ष तक के बच्चों के लिए शिक्षा को जरूरी करना है तो 640 लाख बच्चों के लिए स्कूल की व्यवस्था करनी होगी।

नवीन 250 लाख विद्यार्थियों हेतु 9.68 लाख अध्यापकों की आवश्यकता होगी 3.68 लाख अतिरिक्त शिक्षकों का चुनाव करना पड़ेगा। इन्हें प्रशिक्षित भी करना पड़ेगा। 22000 स्कूल निरीक्षकों की जरूरत होगी। इस समय में प्राथमिक स्कूलों की संख्या 170,000 थी, जिसमें मात्र एक अध्यापक था। कुल मिलाकर 470,000 प्राथमिक स्कूल और 112,000 माध्यमिक विद्यालय उस समय थे। इनमें से 40 प्रतिशत प्राथमिक विद्यालय और 14 प्रतिशत माध्यमिक विद्यालय झोपड़ियों में चल रहे थे और 29.72 प्रतिशत विद्यालयों में ब्लैक बोर्ड/श्यामपट भी नहीं थे। इसे नजर में रखते हुए 70 करोड़ रुपये की वित्तीय मदद देना स्वीकार कर लिया गया।

सरकार द्वारा क्रियान्वित की गई प्रमुख योजनाएँ

भारत सरकार ने 1985 ई. में 21वीं शताब्दी के अनुकूल राष्ट्रीय शिक्षा पद्धति की स्थापना करने की योजना को प्रस्तावित किया और इस पर राष्ट्रव्यापी स्तर पर विचार-विमर्श का आह्वान किया गया। इस योजना को 1986 की राष्ट्रीय शिक्षा नीति में एक चुनौती के रूप में क्रियान्वित करने का प्रण किया गया। "ऑपरेशन ब्लैक बोर्ड" का विस्तृत आयोजन किया। भारत में निरक्षरता के उन्मूलन के लिए **"राष्ट्रीय साक्षरता की स्थापना"** की गई। प्राईमरी शिक्षा को लोकव्यापी व सार्वभौमिक बनाने का वचन लिया गया। इस राष्ट्रीय शिक्षा नीति की समीक्षा करने सर्वोदयी विचारधारा के विद्वान आचार्य राममूर्ति की अध्यक्षता में भारत सरकार के माध्यम से एक समिति का सृजन 1990 ई. में किया गया।

इस अध्ययन तथा प्रतिवेदन से यह पाया गया कि 6-14 वर्ष आयु समूह के बच्चों में से आधे तो स्कूलों में प्रवेश लेते ही नहीं हैं अथवा प्राथमिक स्तर पर उसे

छोड़ देते हैं। ऐसे शिक्षा छोड़ने वाले का विवरण इन्डियन इन्स्टीट्यूट ऑफ एजुकेशन, पूना के माध्यम से संचालित **प्रोपेल परियोजना** में 1993 के तहत है। तीसरी कक्षा के पश्चात् बच्चों द्वारा स्कूलों की पढ़ाई छोड़ देना एक साधारण परिघटना है। कक्षा 1-5 में छोड़ने वाले लड़कों का 46.97 प्रतिशत है और 6-8 कक्षा के ऐसे छोड़ने वाले लड़कों की संख्या 62.29 प्रतिशत है। लड़कियों का कक्षाओं में आना 37.4 प्रतिशत से कम है। राष्ट्रीय शिक्षा नीति, 1986 के कार्यक्रम के क्रियान्वयन के अनुसार, यदि इस प्रकार शिक्षा से विमुख होने की दशा रही तो बालकों का प्रवेश सिर्फ लक्ष्यहीन है अतः इस शिक्षा नीति में–(1) औपचारिक शिक्षा तथा (2) राष्ट्रीय साक्षरता मिशन दोनों को क्रियान्वित करने पर जोर दिया गया है।

साक्षरता अभियान के प्रमुख उद्देश्य

भारत सरकार द्वारा साक्षरता अभियान चलाये जाने का प्रमुख प्रयोजन सन् 1999 तक 15 से 35 वर्ष वर्ग के 10 करोड़ व्यक्तियों को शिक्षित कर देना और 2009 तक देश में पूर्ण साक्षरता प्राप्त कर लेना था। अभी तक नवसाक्षर लोगों की संख्या 6 करोड़ है, जिसमें 62 प्रतिशत महिलाएँ तथा 38 प्रतिशत पुरुष हैं। 423 जिलों को पूर्ण साक्षर बनाने का उद्देश्य रखा गया है। 8वीं पंचवर्षीय योजना में प्रौढ़ शिक्षा के लिए 474.09 करोड़ रुपये का खर्च किया गया था, जबकि आवंटित धनराशि 970.47 करोड़ रुपये की थी। साक्षरता तथा प्रौढ़ शिक्षा और निरक्षरता के उन्मूलन में विश्वविद्यालय अनुदान आयोग, प्रौढ़ शिक्षा निदेशालय, राज्य सरकार एवम् भारत सरकार अपनी भूमिका निभा रही हैं। इसमें ऐच्छिक निर्माण तथा संस्थाएँ, यूनिसेफ तथा यूनेस्को भी अपनी भूमिका अदा कर रहे हैं। 2086 महाविद्यालयों के छात्र, 74 सम्बद्ध विश्वविद्यालय, महाविद्यालय, 573 स्वैच्छिक संस्थाएँ निरक्षरता के उन्मूलन तथा लोक शिक्षा प्रसार में अपनी भूमिका अदा कर रहे हैं।

साक्षरता एवं शिक्षा के मार्ग की प्रमुख बाधायें

भारत गाँवों का देश है। यहाँ के कुल जनसंख्या की 70 प्रतिशत आबादी गाँव में रहती हैं। यहाँ बड़े-बड़े नगरों की तरह शिक्षा की सुविधाएँ ब्रिटिश कालीन भारत से ही मौजूद नहीं थीं। ग्रामीण समुदाय में अधिकतर पुरुष तथा स्त्रियों में व्याप्त अशिक्षा और निरक्षरता के कारण उन्हें अपनी संतानों को साक्षर और शिक्षित बनाने में किसी प्रकार की अभिरुचि जरा-सी भी नहीं है अथवा अल्पतम अभिरुचि रखते

हैं। गरीबी और साधनों की कमी भी अशिक्षा को प्रोत्साहित करती है। भारत में महिलाओं में पर्दा करने का प्रचलन विशेषकर ग्रामीण क्षेत्रों में इतना ज्यादा अब भी है जो उनकी शिक्षा में सबसे बड़ा अवरोध होता है और नारी-शिक्षा को अभी पूरा नहीं समझा जाता है, जबकि यह कहावत हर जगह प्रचलित है कि एक नारी को शिक्षित करना पूरे परिवार को शिक्षित करने के बराबर है।

अशिक्षा उन्मूलन में पुस्तकालय की उपादेयता

वास्तविक रूप से यदि हम भारतीय समाज के प्राचीन युग, मध्ययुग और आधुनिक युग की शिक्षा पद्धति तथा उसके इतिहास के बारे में उल्लेख करें तो यह स्पष्ट होता है कि इसके विकास में अनेक मुख्य तत्वों यथा सामाजिक असमानताएँ, आधुनिक शिक्षा प्रणाली की लोकतांत्रिक प्रकृति, ज्ञान तथा सम्प्रेषण के साधनों की कमी, शासकों तथा सामन्तों का जनशिक्षा को महत्त्व न देना, पुस्तकों और उनके मुद्रण की प्रौद्योगिकी तथा सामग्रियों की कमी तथा अनेक कुप्रथाएँ आदि बहुत अवरोध पहुँचा रही हैं। विदेशी शासनकाल में इस क्षेत्र में ब्रिटिश शासन का ध्यान अपने स्वार्थ सिद्धि के लिए जनता को तैयार करने की ओर आकर्षित हुआ। पहले से ही बड़े-बड़े नगरों में शिक्षा केन्द्रित रही है।

शिक्षा को लोकतांत्रिक बनाने की भावना और मानव द्वारा साधन तथा शक्ति के रूप में शिक्षा को विशिष्ट समझना आदि भी बाधक रहे हैं। वर्तमान समय में शिक्षा और ज्ञान के प्रसार में पुस्तकालयों की अवहेलना उपरांकित दूसरे सभी तत्त्वों से ज्यादा खतरनाक रही है। इसका प्रमाण हम सोवियत संघ की अक्तूबर की महान क्रान्ति के बाद की उन्नति में पुस्तकालयों तथा शिक्षा प्रसार की जो भूमिका रही है, उससे अनुमान लगा सकते हैं। 1917-25 की अवधि में पुस्तकालयों की स्थापना तथा लोक शिक्षा की व्यवस्था को **लेनिन** ने विकास तथा उन्नति का प्रमुख सोपान माना था। फलतः सोवियत संघ में पुस्तकालयों पर सबसे अधिक जोर देकर पुस्तकालयों का एक बड़ा नेटवर्क स्थापित किया गया है। जनतांत्रिक प्रबंध की स्थापना के बाद से ही **लेनिन** तथा उनकी सहयोगी पत्नी क्रूप्सकाया ने अशिक्षित कृषकों को भी वर्तमान जानकारी प्रदान करने के लिए पुस्तकालयों में पोस्टरों आदि का प्रदर्शन करने की व्यवस्था को सूचना प्रसार तथा ज्ञान प्रदान करने का माध्यम माना था।

ग्रामीण इलाकों में पुस्तकालयों की सुविधा जिस तरह से विभिन्न माध्यमों से सुलभ कर निरक्षरता तथा अशिक्षा का जिस सीमा तक खात्मा कर शत प्रतिशत जनसमूह को शिक्षित करने के जो प्रयास तथा कार्यक्रम आयोजित किए गए हैं, वे दूसरे देशों के लिए विशेषकर जहाँ निरक्षरता का साम्राज्य है, अनुकरणीय हैं। लेकिन इस क्षेत्र में भारत में इतनी उपेक्षा के साथ ध्यान दिया गया है कि अशिक्षा व निरक्षरता का साम्राज्य विकसित होता जा रहा है। जिस समय विकास खण्डों तथा ग्राम पंचायतों की स्थापना की गई थी उसी समय एक आवश्यक कार्यक्रम के रूप में ग्रामीण क्षेत्रों में पंचायत पुस्तकालयों की स्थापना की गई होती तो विभिन्न परेशानियों का भी उन्मूलन हो गया होता।

5

आधुनिक समाज और पुस्तकालय

पुस्तक लेखन के समय तत्कालीन राजनीतिक, सामाजिक, आर्थिक, बौद्धिक दिशा का प्रभाव लेखक की कृति में प्रभावी होता है। यही कारण है कि पुस्तकों को जानकारी का प्रमुख स्रोत माना जाता है। इन्हीं पुस्तकों के माध्यम से ज्ञान पीढ़ी दर पीढ़ी प्रवाहमान रहता है। बटलर ने कहा कि सुरक्षित ज्ञानराशि के माध्यम से समाज के जीवित व्यक्तियों में जागृति और चेतना पैदा करने के लिए पुस्तकें एक सामाजिक उपकरण हैं। बटलर के ऐसे शब्द पुस्तकालयों के निर्माण-प्रबंध के विषय में पुस्तकालयों की प्रभावशीलता को चरितार्थ करते हैं। वर्तमान समाज में पुस्तकालयों को ज्ञान के प्रसार और ज्ञानार्जन तथा ज्ञान को आने वाली पीढ़ी के अवलोकन तथा उपयोग के लिए सुरक्षित रखने के कारण **सरस्वती महक, ज्ञान-भण्डार, सरस्वती सदन, ज्ञान मन्दिर** आदि की संज्ञा दी जाती है। विश्व प्रसिद्ध मानवतावादी लेनिन ने सबसे पहले यह विचार व्यक्त किया था कि देश के विकास तथा उत्थान के लिए पुस्तकालय एक सशक्त साधन और उपकरण हैं। फलतः उन्होंने सोवियत संघ में पुस्तकालयों की भूमिका को ज्यादा प्रभावशाली बनाने के लिए पुस्तकालय कानून को 1921 ई. में लागू किया था। अतः राष्ट्रीय, सामाजिक, शैक्षणिक तथा आर्थिक विकास के संबंध में पुस्तकालयों की भूमिका पर वर्तमान समाज की गतिविधियों में उनकी प्रभावशीलता की दृष्टि से विचार किया जाए तो सुस्पष्ट हो जाता है।

पुस्तकालय की वर्तमान पृष्ठभूमि

आज के दौर में मनुष्य के प्रत्येक कार्यक्रमों तथा क्रियाकलापों का आयोजन तथा निर्माण-निष्पादन संस्थाओं, निकायों के माध्यम से किया जाता है। फलतः सभी तरह के प्रचुर तथा विशाल सामाजिक तथा राष्ट्रीय कार्यों—आर्थिक, कार्यक्रम, शिक्षा, अनुसंधान, जन स्वास्थ्य तथा कल्याण, व्यापार के हर तरह के उद्योग, वैज्ञानिक विकास तथा खोज आदि को संगठित तथा संस्थागत रूप से संचालन तथा क्रियान्वित किया जाता है। हमारे पर्यावरण तथा देश की प्रतिरक्षा तथा सुरक्षा प्रोत्साहन के क्रियाकलापों को संस्थानों तथा विनिर्माणों के माध्यम से निष्पादित करने की स्थिति प्रचलित है जो सम्बन्धित निर्माण के लिए जिम्मेदार मानी जाती है।

प्राथमिक स्तर से लेकर विश्वविद्यालयी स्तर की उच्च शिक्षा में कामयाबी संस्थाओं के ही माध्यम से सम्भव हो सकी है। ऐसी प्रत्येक संस्थाओं की गतिविधियों की कामयाबी के लिए विभिन्न प्रकार की जानकारियों की आवश्यकता होती है, जिनसे उन गतिविधियों के क्रियान्वयन, आयोजन तथा कामयाब बनाने में मदद मिलती है। इसके लिए प्रमुख संस्थान तथा विनिर्माण हमारे पुस्तकालय तथा सूचना केन्द्र दूसरे संस्थान होते हैं। पुस्तकालय तथा दूसरी प्रकार की एसी संस्था और सूचना केन्द्र व संस्था एवम् निर्माण होते हैं, जो प्रमुखतया सूचनात्मक सामग्रियों तथा अभिलेखबद्ध ज्ञान तथा प्रलेखों का संग्रह करने, सुरक्षित रखने, प्रक्रियाबद्धकरण सुव्यवस्था प्रसार, वितरण आदि में सक्रिय भूमिका अदा करते हैं।

आज के युग में जानकारी और ज्ञान को चौतरफा उन्नति का एक मजबूत साधन माना गया है और सूचना तथा ज्ञान को बल की संज्ञा दी गई है। जो देश सूचना के क्षेत्र में समृद्ध और सशक्त हैं वे समृद्धशाली, सर्वाधिक विकसित और सफल हैं परन्तु जिन राष्ट्रों में इसकी विफलता है वे अविकसित, कमजोर तथा विफल हैं। इस सफलता-विफलता तथा मानव की चौतरफा उन्नति में जानकारी तथा ज्ञान एक जरूरी साधन के रूप में अत्यन्त महत्त्वपूर्ण सामग्री का कार्य करते हैं। अतः सभी तरह के पुस्तकालय तथा दूसरी ऐसी संस्थाएँ जो ज्ञान तथा सूचना के संग्रह तथा प्रबंध को आवश्यकतानुसार उपयुक्त प्रकार से उपयोग हेतु सुलभ करते हैं, उनकी सामाजिक भूमिका तथा प्रभावशीलता निःसंकोच विशिष्ट होती है। इनकी ऐसी विशिष्ट भूमिका शैक्षणिक प्रक्रिया तथा व्यवस्था प्रणालियों—औपचारिक और अनौपचारिक शिक्षा प्रणाली

विकास तथा अनुसंधान सांस्कृतिक, औद्योगिक तथा आर्थिक क्रियाकलापों, सैद्धान्तिक और आध्यात्मिक गतिविधियों तथा मनोरंजनात्मक गतिविधियों आदि में सुस्पष्ट प्रकार से परिलक्षित होती है।

आज के दौर में सूचना तकनीकी की उन्नति तथा विकास के साथ ही साथ अनेक तरह की सूचना के उपयोगकर्ताओं और उनकी अनेक स्तरीय सूचना जरूरतों की निरंतर वृद्धि के कारण आज का समाज एक **सूचना समाज** की तरफ अग्रसित हो रहा है, जिसमें विभिन्न तरह के बदलावों का आधार तथा बदलावों को उत्पन्न करने वाली शक्तियां, दिशा और आयाम, सूचना और ज्ञान की भूमिका अदा कर रहे हैं जो पुस्तकालयों तथा सूचना केन्द्रों से ही सुलभ होते हैं। फलतः **वर्तमान समाज को सूचना समाज** की संज्ञा दी जाती है।

आधुनिक समाज की विभिन्न आवश्यकताएं

वर्तमान समाज की विभिन्न प्रकार की आवश्यकताएँ होती हैं। इन्हीं आवश्यकताओं को पूरा करने के ध्येय से कई प्रकार के कार्यक्रमों और कार्यों का आयोजन तथा निष्पादन किया जाता है। समाज की सफलता देश की कामयाबी होती है और सामाजिक उन्नति राष्ट्रीय उन्नति मानी जाती है। इस विकास में हर नागरिक की भूमिका प्रमुख होती है, जिसके लिए सुशिक्षित तथा योग्य होना अत्यंत जरूरी है। समाज की तमाम प्रकार की आवश्यकताओं में से सबसे अधिक महत्त्वपूर्ण आवश्यकता शिक्षा है, जिसे पूरा करने के लिए प्रत्येक व्यक्ति श्रेष्ठ ज्ञानी, सामाजिक और उत्तरदायी बनता है और राष्ट्रीय तथा सामाजिक विकास, उन्नति तथा उन्नयन में अपना भरपूर योग निभाने में सक्षम होता है।

समाज का आर्थिक क्षेत्र में सम्पन्न होना भी विकास का प्रतीक होता है। आर्थिक रूप से समाज को सुदृढ़ करना हर राष्ट्र का लक्ष्य होता है। इस लक्ष्य की पूर्ति के लिए सतत् औद्योगिक तथा प्रौद्योगिकीय विकास की जरूरत होती है जिसे विकास तथा अनुसंधान के क्रियाकलापों से पूरा किया जाता है जिसके लिए पर्याप्त सूचना की जरूरत होती है। सूचना का सृजन तथा उपलब्ध होना गहन अध्ययन, अनुसंधान और खोज पर आश्रित होता है।

मनुष्य हेतु अपनी जीविका को चलाने के लिए किसी साधन का होना अति आवश्यक है। उसकी मूल जरूरतें या आवश्यकताएँ विभिन्न प्रकार की होती हैं। श्री मानव बौद्धिक जीव भी है। चिन्तनशीलता उसका नैसर्गिक जरूरत तथा देन भी है। मानव में गहरी तथा सूक्ष्म मूल आदतें भी होती हैं, जो बहुत परिष्कृत, परिमार्जित

तथा उत्तम होती हैं जैसे—सैद्धान्तिक तथा आध्यात्मिक, सांस्कृतिक तथा सामाजिक, सौन्दर्यशास्त्रीय और कलात्मक, दार्शनिक तथा स्वतंत्र चिन्तनशीलता आदि।

इनसे मानव जीवन अत्यन्त उन्नत और सुशील तथा कल्याणकारी बनता है। ऐसी प्रवृत्तियाँ मानव को उदार तथा सक्रिय बनाती हैं, जिससे देश का विकास और अमन-चैन के कार्य प्रशस्त होते हैं। जहाँ व्यक्ति एक तरफ आध्यात्मिक और चिन्तनशील होता, वहीं दूसरे तरफ उसे विभिन्न प्रकार के मनोरंजन तथा हास्य आदि की भी जरूरत होती हैं—

आराम तथा अवकाश की दशा में प्रतिस्पर्धात्मक और रचनात्मक क्रियाकलापों का अभाव और विनोद के साधनों के उपलब्ध न होने पर मस्तिष्क का अनावश्यक तथा मानव की शक्ति, अनुत्पादक और विघटनकारी दिशा में सक्रिय होने की संभावना बनी रहती है। लक्ष्य वस्तुतः समाज को विकसित करने का होना चाहिए, जिससे सम्पन्न, सुसंस्कृत, सुखी तथा आदर्शमय जीवन बिताया जा सके और समाज के कुछ सुनिश्चित आदर्शों तथा मूल्यों का निर्वाह किया जा सके। ऐसे ही सुसंस्कृत और आदर्श परिपाटी की स्थापना करना और समाज को समृद्धि और उन्नति की तरफ अग्रसित करने की हमारी सामूहिक जिम्मेदारी है।

सामाजिक समितियों या संस्थाओं की स्थापना के उद्देश्य

समाज में विभिन्न तरह की सामाजिक जिम्मेदारी को पूरा करने के लिए जब से मानव ने सामूहिक और संगठित दायित्व की जीवन शैली शुरू की है, तभी से सामाजिक दायित्वें को पूरा करने के लिए सामाजिक संस्थाओं तथा निर्माणों की स्थापना करने की स्थिति शुरू हुई है। यह दशा अत्यन्त प्राचीन है और मानव के सामाजिक जीव होने की प्रवृत्ति को चरितार्थ करती है। संस्कृति और सभ्यता तथा ज्ञान की उन्नति के साथ ही साथ ऐसे सामूहिक निर्माणों का आकार और रचना में समुन्नत करने की दृष्टि से परिमार्जन और सुधार होता रहा है।

आज के दौर के इस जनतंत्रात्मक प्रणाली के शासन और जीवन की स्थापना तथा तंत्र के उन्नति के कारण ऐसी सामाजिक संस्थाओं तथा गठन में काफी सुधार हुआ है तथा उनको सामाजिक कामों के लिए वैधानिक अधिकार और दायित्व शासन की तरफ से प्रदान किये गये हैं, जिससे सामाजिक कर्तव्यों और लोक कल्याण की जिम्मेदारी को पूरा किया जा सके। ऐसे संनिर्माण/संस्थान शासकीय, अर्धशासकीय, अशासकीय, लाभरहित और लाभोन्मुख तथा समाजसेवी संस्थानों और निर्माणों के रूप में कार्यरत हैं और आधुनिक समाज की उन्नति में अपनी विशिष्ट भूमिका अदा कर रहे हैं।

ऐसी संस्थाओं/निर्माणों में मुख्यतः शैक्षणिक संस्थानों, ज्ञानार्जनपीठ जैसे– स्कूल/पाठशाला, विश्वविद्यालय, महाविद्यालय, शोधसंस्थान, साहित्यिक तथा सामाजिक संस्थान तथा परिषद्, सांस्कृतिक तथा आध्यात्मिक संस्थान, ललित कलाओं और मनोरंजनात्मक संस्थान, औद्योगिक तथा व्यापारिक प्रतिष्ठान तथा संस्थापनाएँ आदि सामाजिक संस्थाओं के प्रकार और स्वरूप हैं।

पुस्तकालय भी इसी प्रकार की एक सामाजिक संगठन या संस्था है। पुस्तकालयों के वर्तमान योगदान तथा भूमिका को दृष्टि में रखते हुए लेनिन ने सर्वप्रथम इन्हें उन्नति का एक जरूरी उपकरण तथा साधन कहा था। संपूर्ण संगठनों या संस्थाओं में प्रत्येक का एक कार्य क्षेत्र निश्चित होता है लेकिन पुस्तकालय समाज की अनेक जरूरतों को पूरा करते हैं। यदि कोई किसी पाठशाला, विश्वविद्यालय, महाविद्यालय, प्रौद्योगिकी संस्थान का छात्र है तो उसका उद्देश्य सम्बन्धित स्तर के ज्ञान को प्राप्त करना होता है, जिससे वह प्रवीणता का स्तर प्राप्त कर सके। इस प्रकार का ज्ञानार्जन मुख्यतः कक्षाओं में शिक्षकों द्वारा मौखिक सम्प्रेषण तथा कुछ गिनी-चुनी पुस्तकों को पूरक के रूप में उपयोग करने की सलाह पर आधारित होता है, लेकिन पुस्तकालय में किसी भी छात्र/पाठक को विभिन्न प्रकार के सभी ज्ञान के प्रकरणों तथा विधाओं पर अनेक प्रकार की पुस्तकों के अध्ययन तथा अवलोकन करने का सहज मौका बिना किसी भेदभाव के मिलता है।

ऐसी पुस्तकों से पाठकों/उपयोगकर्ताओं को ज्ञान की प्राप्ति होती ही है, साथ ही उनसे प्रतिदिन ज्ञानार्जन की पिपासा पैदा होती है। पुस्तकालयों में पाठ्य-सामग्रियों के वैविध्यता तथा बाहुल्य से हमारी प्रछन्न तथा अव्यक्त प्रतिभा को विकसित करने का आधार प्राप्त होता है। हमारे विचारों में उनका उपयोग करने से परिपक्वता मिलती है। इनके असर से हमारी बौद्धिक अभिरुचियों और शक्तियों की उन्नति होती है और उन्हें सतत् रूप से प्रेरणा मिलती है। भारत के पूर्व राष्ट्रपति डॉ. शंकर दयाल शर्मा ने एक समय पुस्तक मेले के आयोजन पर कहा था कि बिना पुस्तकालय के विश्वविद्यालय अधूरा होता है, लेकिन पुस्तकालय हमेशा पूर्ण होता है। पाश्चात्य समाजशास्त्रियों, विद्वानों तथा शिक्षाविदों ने पुस्तकालयों को लोक विश्वविद्यालय के नाम से संबोधित किया है।

आधुनिक समाज में पुस्तकालयों का योगदान

वर्तमान समय में ज्ञान प्राप्त करने तथा ज्ञान का विकास करने का पुस्तकालय एक सशक्त स्रोत और उन्नति का एक उपकरण माना गया है, लेकिन

पुराने समय में भी ज्ञान-भण्डार के रूप में इनका महत्त्व कम नहीं था। ग्रीक में लोक-ज्ञान के लिए सार्वजनिक पुस्तकालयों की स्थापना किए जाने के सबूत मिलते हैं। वहाँ सार्वजनिक सम्पत्ति के रूप में बौद्धिक सम्पत्ति को उपयोग किए जाने को प्रोत्साहित किया जाता था। आधुनिक समाज में पुस्तकालयों के योगदान को निम्नलिखित बिंदुओं द्वारा स्पष्ट किया जा सकता है—

शिक्षा प्रसार और पुस्कालय--शिक्षा का एकमात्र उद्देश्य मनुष्य को जीवन-जींने की कला सिखाना है, ताकि उसका जीवन सहज और सरल बन सके। शिक्षा का लक्ष्य मानव को अपनी मूल प्रवृत्तियों को परिष्कृत कर अपने व्यक्तित्व को विकसित करना है, परन्तु वर्तमान परिप्रेक्ष्य में इसके उद्देश्यों में भी परिवर्तन आया है जिससे मानव को व्यावसायिक नजरिए से अपने को योग्य बनाना शिक्षा प्राप्ति का मुख्य उद्देश्य हो गया है। फलतः शिक्षा का वर्तमान लक्ष्य—(1) ज्ञान और कौशल अर्जित करने में सहयोग तथा क्षमता पैदा करना, (2) मूल्यों तथा मान्यताओं के प्रति आस्था उत्पन्न करना तथा व्यावसायिक कौशल तथा क्षमता पैदा करना।

आधुनिक शिक्षा के पक्ष—आधुनिक शिक्षा के प्रमुख दो आयाम हैं—(1) अनौपचारिक शिक्षा तथा (2) औपचारिक शिक्षा—जो शिक्षा की पद्धति तथा व्यवस्था की भी प्रतीक हैं। औपचारिक शिक्षा प्रणाली में छात्र को किसी विद्यालय, महाविद्यालय, विश्वविद्यालय अथवा किसी दूसरी ऐसी संस्था में प्रवेश लेकर निरंतर रूप से अध्यापकों के सम्पर्क में प्रत्यक्ष रूप से उपस्थित होकर शिक्षा अर्जित करना होता है। इसमें शिक्षक-छात्र का प्रत्यक्ष सम्प्रेषण तथा सम्पर्क तथा आपसी विचार-विनिमय आवश्यक होता है, परन्तु अनौपचारिक शिक्षा प्रणाली में संस्थागत छात्र होकर शिक्षक-छात्र का सीधे सम्पर्क नहीं होता है। इस प्रणाली को **दूरस्थ शिक्षा पद्धति** भी कहते हैं। इस प्रणाली में छात्रों को स्वयं को शिक्षित करना पड़ता है। शिक्षार्जन/ज्ञानार्जन के लिए स्वाध्याय को अपनाना पड़ता है, जिसके लिए पाठ्यक्रमों की सामग्रियों का खुद उपयोग करना पड़ता है और सीधे रूप से शिक्षक का कक्षा में निर्देश अथवा व्याख्यान उपलब्ध नहीं होता है।

पुस्तकालय तथा अनौपचारिक शिक्षा—अनौपचारिक शिक्षा के विभिन्न स्तर हैं जैसे—लोक शिक्षा, प्रौढ़ शिक्षा, दूरस्थ शिक्षा आदि हैं। जिनका प्रसार/प्रचार तथा प्रचलन राज्यों तथा केन्द्र में अब बहुत बढ़ रहा है। मुक्त विश्वविद्यालयों/विद्यालयों की स्थापना भी की जा रही है। राष्ट्रकुल के देशों तथा यूनेस्को के माध्यम से इन्हें प्रोत्साहन मिलता है। इस शिक्षा प्रणाली में सीधे ढंग से कक्षा में औपचारिक शिक्षा

प्रणाली की तरह अध्यापन नहीं किया जाता है तथा विद्यालयों की तरह प्रवेश नहीं लिया जाता है और निरंतर संस्थाओं में मौजूद नहीं होना पड़ता है और न ही निश्चित उपस्थित रखने की जरूरत होती है।

इसमें स्वाध्याय अत्यंत आवश्यक होता है। अतः पुस्तकालय सुविधा का उपलब्ध होना अत्यंत आवश्यक होता है, जो सार्वजनिक पुस्तकालयों की मुख्य जिम्मेदारी होती है। अतः सभी क्षेत्रों के सार्वजनिक पुस्तकालयों को विभिन्न प्रकार के पाठ्यक्रमों की पुस्तकों तथा पत्रिकाओं आदि को सुलभ करना चाहिए जिससे ऐसे शिक्षार्थी उनका लाभ उठा सकें। इसके अतिरिक्त अनौपचारिक शिक्षा संगठन भी अपने केन्द्रों की संस्थापना करते हैं उन्हें पुस्तकालयों की सुविधा प्रदान करानी चाहिए। सार्वजनिक पुस्तकालयों तथा शैक्षणिक पुस्तकालयों से उनका सम्पर्क तथा समन्वय होना अति जरूरी है, जिससे ऐसे पुस्तकालयों के संसाधनों का उपयोग किया जा सके। पश्चिमी देशों में सार्वजनिक पुस्तकालयों के माध्यम से ऐसी सुविधाएँ दी जाती हैं।

पुस्तकालय तथा औपचारिक शिक्षा—प्राच्य जगत में पुस्तकालय को उन्मुख करने के लिए शिक्षा को अत्यधिक महत्त्व दिया गया है। औपचारिक शिक्षा संस्थाओं में सभी के अपने सुसज्जित पुस्तकालय होने चाहिए। विद्यालयों महाविद्यालयों, विश्वविद्यालयों के पुस्तकालय में हर एक विषयों के सभी स्तरों की जरूरी पुस्तकों का उत्तम संकलन अवश्य होना चाहिए, जिससे अध्ययन-अध्यापन की उपयुक्त सामग्रियाँ प्राप्त हो सकें। छात्रों को पुस्तकों का निरन्तर अध्ययन करने और उनमें निहित ज्ञान को ग्रहण और आत्मसात करने हेतु प्रोत्साहन प्रदान करना चाहिए। माध्यमिक तथा प्राथमिक स्कूलों में कक्षा के शिक्षक को मजबूत करने के लिए पुस्तकालयों का उपयोग करने पर बल देना चाहिए और प्रतिदिन कुछ समय ग्रन्थों/पत्रिकाओं के अवलोकन के लिए निर्धारित किया जाना चाहिए।

पुस्तकालय कर्मियों तथा अध्यापकों में इसके लिए समन्वय तथा सम्पर्क होना चाहिए, जिससे छात्रों को वांछित सामग्रियों का उपयोग करने में सुविधा प्राप्त हो सके। विशिष्ट रूप से उच्च शिक्षा के स्तर पर विश्वविद्यालयों तथा महाविद्यालयों की कक्षाओं में सीधे अध्यापकों के अध्ययन से ही ज्ञानार्जन करने की तुलना में पुस्तकालय का उपयोग ज्यादा से ज्यादा करने को ज्ञानार्जन का केन्द्र बिन्दु माना जाना चाहिए। ऐसी उच्च स्तरीय शिक्षण प्रणालियों में कक्षा का अध्यापन क्रमशः पुस्तकालयोन्मुख किया जाना चाहिए। सम्बन्धित विषय का गहन तथा व्यापक ज्ञान अर्जित करने के लिए छात्रों को विषयों से सम्बन्धित पुस्तकों तथा

पत्रिकाओं का व्यापक और विधिवत अध्ययन पुस्तकालय में करना चाहिए। ऐसी परिपाटी पाश्चात्य संसार में ज्यादा प्रचलित है।

ज्ञान के विस्फोट और विस्तार को नजर में रखते हुए राधाकृष्ण शिक्षा आयोग ने स्नातक पाठ्यक्रमों को त्रिवर्षीय करने पर बल दिया था और पुस्तकालयों की उपयोगिता के नजरिए से उन्हें विश्वविद्यालयों के दिल की संज्ञा दी थी, क्योंकि विश्वविद्यालय स्तर पर छात्रों को विस्तृत ज्ञानार्जन के लिए पुस्तकालयों का उपयोग बहुत जरूरी माना गया है। विभिन्न लेखकों के विभिन्न आलेखों और कृतियों का विधिवत अध्ययन करने से छात्रों का ज्ञान विस्तृत तथा मजबूत तो होता ही है, साथ ही रहस्यमय विषयों के विश्लेषण करने में उनके मस्तिष्क की क्षमता की बढ़ोत्तरी होती है, जो पुस्तकालयों के माध्यम से ही सम्भव हो सकता है। इससे छात्रों का किसी प्रकरण तथा समस्या पर अपने स्वतन्त्र तथा उपयुक्त अभिमत और नजरिए को विकसित करने में काफी सहयोग प्राप्त होता है, जो सिर्फ कक्षा के अध्यापन से सम्भव नहीं हो पाता है।

अतः पुस्तकालयों का बौद्धिक विकास तथा सुविधा में उनकी उपादेयता अपना विशेष महत्त्व रखती है। सार्वजनिक पुस्तकालयों का भी योगदान तथा जिम्मेदारी औपचारिक शिक्षा के प्रोत्साहन में कम नहीं होता है। इसके लिए सार्वजनिक पुस्तकालयों से जुड़े क्षेत्रों की शैक्षणिक संस्थाओं के विद्यार्थियों तथा अध्यापकों की आवश्यकताओं के अनुसार पुस्तकों तथा दूसरी सामग्रियों का संग्रह करना चाहिए, जिससे छुट्टी में समयानुसार उनका उपयोग किया जा सके। सार्वजनिक पुस्तकालय समाज के समस्त पाठकों के लिए पुस्तकालय सेवा का आयोजन करने का जिम्मेदारी रखते हैं। अध्यापक तथा विद्यार्थी भी समुदाय के अंग हैं, इसलिए उनको पाठ्य-सामग्रियों का उपयोग करने का मौका प्रदान करना चाहिए।

निरक्षरों की शिक्षा में पुस्तकालयों का महत्त्व—सन् 1988 में विश्व में निरक्षरों तथा अशिक्षितों की संख्या 81 करोड़ थी, जिसमें 35 करोड़ निरक्षरों की संख्या केवल भारत में थी। संसार में अनपढ़ महिलाओं की संख्या 8570 लाख थी। इसमें से 6180 लाख स्त्रियाँ पैसिफिक तथा एशिया में थी। 3500 लाख 6-23 वर्ष की आयु के लोग जिसमें बालिकाओं की संख्या सबसे ज्यादा रही है, शिक्षा से बिल्कुल ही वंचित रहे हैं। भारत में 1985 ई. में साक्षरता 36 प्रतिशत रही थी। 60 प्रतिशत स्त्रियाँ निरक्षर रही थीं। 1985 ई. में भारत में 1100 लाख अशिक्षितों में 680 लाख स्त्रियाँ अनपढ़ रहीं थीं। यह तय किया गया था कि 1990 ई. में सार्वभौमिक

साक्षरता को अर्जित करने के लिए निरक्षरता को पूर्ण रूप से समाप्त कर दिया जायेगा, परन्तु ऐसा सम्भव नहीं हो पाया।

भारत में 403 जिलों में से 243 जिलों में साक्षरता का राष्ट्रीय औसत 36.23 प्रतिशत है। अफ्रीकी, एशियाई तथा दूसरे देशों में भी ऐसी ही स्थिति व्याप्त है। जबकि यूनेस्को इस दिशा में पूरी तरह प्रयत्नशील है। भारत में **राष्ट्रीय प्रौढ़ शिक्षा कार्यक्रम** के अंतर्गत निरक्षरता को समूल नष्ट करने का प्रयास चल रहा है। इन्डियन इन्स्टीट्यूट ऑफ एजुकेशन, पूना ने प्राथमिक शिक्षा के सार्वभौमिकरण के लिए अथक प्रयत्न किया है। 1990-91 के समय में भारत में 558,000 प्राइमरी स्कूलों का संचालन किया जा रहा था।

निरक्षरता को दूर करने के लिए विश्वविद्यालय अनुदान आयोग, नई दिल्ली, भी विश्वविद्यालयों के द्वारा सक्रिय भूमिका अदा कर रहा है। ऐसी शिक्षा का यह अल्पतम विवरण है। अनपढ़ों या निरक्षरों को भी सूचनाओं की आवश्यकता होती है जैसे--स्वास्थ्य, परिवार नियोजन, बालकों का पालन-पोषण, कृषि सम्बन्धी सूचना आदि की आवश्यकता होती है, परन्तु ऐसी सूचना के लिए श्रव्य-दृश्य सामग्रियों की जरूरत होती है। अतः इनकी सूचना के लिए पंचायत पुस्तकालयों, ग्रामीण पुस्तकालयों, ब्लाक स्तरीय पुस्तकालयों तथा श्रमिक पुस्तकालयों का निर्माण किया जाना चाहिए। कुछ ऐसे पुस्तकालय इस क्षेत्र में कार्यरत भी हैं। निरक्षरों के लिए साक्षरता के पहले तथा साक्षरता के बाद में पुस्तकालय सुविधा बहुत जरूरी है। सोवियत संघ में इस प्रकार के प्रबन्ध 1921 ई. से सुलभ किए गये थे।

ऐसे लोगों को शिक्षित और सामयिक समस्याओं से परिचय रखने में पुस्तकालय उतने ही आवश्यक हैं, जितने अनुसंधान तथा शैक्षणिक क्षेत्र के पुस्तकालय जरूरी हैं।

पुस्तकालय का कामगार समूहों की शिक्षा में योगदान—कारखानों तथा फैक्ट्रियों में काम करने वाले तकनीशियनों, मजदूरों तथा दूसरे कौशलयुक्त कर्मियों को अपनी योग्यता बढ़ाने और परिचय करने के लिए पाठ्य-सामग्रियों की जरूरत होती है। उन्हें छुट्टियों के समय में कुछ मनोविनोद के साहित्य की भी आवश्यकता होती है। अतः इस आवश्यकता को ध्यान में रखते हुए श्रमिक पुस्तकालयों, मैकेनिक्स पुस्तकालयों तथा अन्य तरह के सार्वजनिक पुस्तकालयों की सुविधा उपलब्ध की जानी चाहिए। अमेरिका, ब्रिटेन तथा दूसरे पाश्चात्य देशों में इस तरह की सुविधा उपलब्ध की गई है। अनेक श्रमिक स्कूलों की भी स्थापना भारत में प्रौढ़ शिक्षा के कार्यक्रमों के अंतर्गत की गई है। इनसे भी जुड़े पुस्तकालयों की स्थापना

की जानी चाहिए तथा नजदीकी सार्वजनिक पुस्तकालयों में ऐसे पाठकों के लिए भी सामग्रियाँ उपलब्ध की जानी चाहिए।

विकलांगों हेतु पुस्तकालयों की स्थापना—विकलांग बालकों या व्यक्तियों हेतु भी शिक्षा की व्यवस्था करना राष्ट्र का परम दायित्व है। भारत में भी विकलांगों तथा दूसरे ऐसे नेत्रहीनों आदि की शिक्षा से जुड़ी संस्थाएँ स्थापित की गई हैं। इन्हें रोजगार से जुड़े प्रशिक्षण भी प्रदान किए जाते हैं। अंधे लोगों के लिए ब्रेल लिपि में लिखी पुस्तकें और कैसेट आदि की व्यवस्था की जाती है। इनके लिए बोलती पुस्तकें भी मँगायी जाती हैं। ऐसे अपाहिजों के लिए पुस्तकालय की स्थापना की जानी चाहिए। नेत्रहीनों के लिए सोवियत संघ तथा जापान में ब्रेल पुस्तकों तथा बोलती पुस्तकों की पर्याप्त सुविधा मौजूद है। ब्रिटेन में राष्ट्रीय नेत्रहीन पुस्तकालय का भी निर्माण किया गया है। अस्पतालों में भी विशेष प्रकार के शारीरिक विकलांगों के लिए विशेष प्रकार की सुविधा उपलब्ध कराई जाती है।

पुस्तकालयों का अपराधियों की शिक्षा में योगदान—विभिन्न प्रकार के अपराधों के अपराधियों को जिन्हें सजा दी जाती है, उन्हें कारागारों में रहना पड़ता है। उनमें सुधार लाने की दृष्टि से कारागारों में शिक्षण-प्रशिक्षण की व्यवस्था होती है। अपराधियों की मनोवृत्तियों को बदलने के लिए पुस्तकें उपचार का काम करती हैं, जिसे **बिब्लियोथेरेपी** कहते हैं। उन्हें उपराष्ट्रात्मक, नैतिक, चारित्रिक जीवन चरित्र की कृतियाँ तथा उनकी दूसरे शिक्षा की कृतियों को सुलभ करने के लिए कारागार पुस्तकालयों की स्थापना बहुत आवश्यक है। इस प्रकार की सुविधा आधुनिक कारागारों में उपलब्ध की गई है।

अतः मुजरिमों को भी पुस्तकालय सुविधा उपलब्ध कराना उनकी शिक्षा तथा सुधार के लिए जरूरी है। पुस्तकों का अध्ययन करने से बिना दण्ड से भी अपराधियों में सुधार आता है। बाल अपराधियों के लिए पुस्तकालय सुविधा बहुत जरूरी है।

पुस्तकालय तथा अनुसंधान कार्यों की संबद्धता—अनुसंधान प्रोन्नति के क्रियाकलापों को सक्रिय बनाने और सफल बनाने के लिए सुनिश्चित कार्यक्रम होते हैं। अतः अनुसंधान तथा उन्नति परस्पर जुड़े होते हैं। आर्थिक उन्नयन और राष्ट्रीय विकास के लिए अनुसंधानों को जरूरी कार्यक्रम माना गया है। प्रत्येक वर्ष सभी प्रमुख देश अपने सकल राष्ट्रीय उत्पादन का कुछ सुनिश्चित प्रतिशत अनुसंधान-विकास कार्यक्रमों पर खर्च करते हैं। इनमें ब्रिटेन, अमेरिका, जापान, सोवियत संघ तथा अन्य पश्चिमी देश सबसे आगे हैं। तृतीय विश्व का देश भारत

भी अनुसंधान विकास गतिविधियों के प्रोत्साहन के लिए प्रचुर धनराशि प्रत्येक वर्ष व्यय करता है। अनुसंधान तथा विकास के कार्यक्रमों के लिए उपलब्ध सूचना की आवश्यकता होती है, जिसके लिए पुस्तकालय और सूचना केन्द्र अपना विशेष महत्त्व रखते हैं।

अनुसंधान हेतु मौलिक सूचना और ज्ञान का अभिगम अनुसंधानकर्ताओं, विशेषज्ञों, वैज्ञानिकों, प्रबन्ध विशेषज्ञों के माध्यम से बहुत जरूरी है। नया बोध जिसका सृजन अनुसंधानों के माध्यम से किया जाता है, उसका प्रसार तथा सम्प्रेषण शोध आलेखों, मोनोग्राफों और शोध प्रतिवेदनों के द्वारा किया जाता है। इन्हें मौलिक तथा विशिष्ट शोध पत्रिकाओं में प्रकाशित किया जाता है। शोध संस्थानों से जुड़े पुस्तकालयों में इस प्रकार की मौलिक सामग्रियों का संग्रह विशेष प्रकार से किया जाता है, जिससे अनुसंधान के कार्यों के लिए विशिष्ट तथा इच्छित प्रकार की जानकारी प्राप्त की जा सके। इस दिशा में शोध पुस्तकालय न सिर्फ शोध सहायक मौलिक प्रलेखों, सूचना स्रोतों, संदर्भ सहायक प्रलेखों का ही एकत्रीकरण करते हैं अपितु अनेक तरह की उत्तम सूचना तथा प्रलेखन सेवाओं का भी आयोजन करते हैं, जिससे विशिष्ट और विशेष शोधरत वैज्ञानिकों को जानकारी प्राप्त हो सके।

सेवाओं तथा उपयोगकर्ताओं के विशेषीकरण के आधार पर ऐसे पुस्तकालयों को विशिष्ट पुस्तकालय भी कहा जाता है। ऐसे पुस्तकालयों की सूचना सेवाओं तथा उनकी उपादेयता और उन्नति को गतिशील बनाने की दृष्टि से महत्त्वपूर्ण तथा शोध पुस्तकालय संघों की भी स्थापना की गई, जिसमें **एसलिब, आइसिलिक, एसएलए** की गतिविधियाँ बहुत प्रशंसनीय हैं। **सीएसआईआर, डीआरडीओ, आईसीएमआर** तथा **आइसीएआर** की प्रयोगशालाओं के पुस्तकालय शोध पुस्तकालयों के ज्वलन्त उदाहरण हैं। औद्योगिक निर्माणों के भी महत्त्वपूर्ण पुस्तकालय इसी श्रेणी में रखे जा सकते हैं।

सांस्कृतिक कार्यक्रमों में पुस्तकालयों का स्थान—मानव समाज की ऐतिहासिक उपलब्धियाँ, संग्रहीत बोध तथा गौरव को आने वाली पीढ़ी के ज्ञानार्थ स्थानान्तरित करते रहते हैं, जो पुस्तकालयों की सबसे पहली सांस्कृतिक भूमिका होती है। पुस्तकालयों की सर्वप्रथम विशिष्ट दृष्टिगोचर सांस्कृतिक भूमिका यह होती है, कि देश की ही नहीं अपितु सभी देशों की सांस्कृतिक सम्पदा तथा धरोहर को पुस्तकालयों के ही माध्यम से सुरक्षित रखा जाता है। अतः मानव समाज का गौरव तथा ऐतिहासिक पृष्ठभूमि जो पुस्तकों/प्रलेखों में मौजूद होता है, वह पुस्तकालयों से ही

मिलता है। पुस्तकालयों की सांस्कृतिक भूमिका दो अन्य प्रकार से भी दृष्टिगोचर होती है—

(1) प्रतिभाओं की सौन्दर्यमय तथा रचनात्मक अभिव्यक्ति की पुस्तकों को सुलभ कराना और उपयोगकर्ताओं को अपनी सौन्दर्य और प्रतिभा का मूल्यांकन करने की क्षमता जगाने का स्रोत पुस्तक के रूप में सुलभ कराना,

(2) सांस्कृतिक कार्यक्रमों का आयोजन करना; जैसे—संगीत-नृत्य कार्यक्रम, नाट्य कार्यक्रम, कला तथा चित्रकला की प्रदर्शनी आयोजित करना आदि, जिनसे समुदाय का सांस्कृतिक जीवन विकसित होता है।

अवकाश के क्षणों तथा मनोरंजन में पुस्तकालयों की भूमिका—सामुदायिक अवकाश या छुट्टी के मामले में पुस्तकालय समय व्यतीत करने का सबसे उपयुक्त स्थान होता है। अन्यथा मानव मस्तिष्क को व्यर्थ एवं ध्वंसात्मक कार्यों की तरफ अग्रसित होने की सम्भावना बनी रहती है। अतः रचनात्मक नजरिए से आराम तथा छुट्टी के पलों में समुदाय के लोगों के लिए पुस्तकालयों द्वारा ऐसी सामग्रियों को भी सुलभ करना चाहिए, जिससे उनका मनोरंजन होता रहे और उन्हें आनन्द का अनुभव हो सके, इससे मस्तिष्क की थकान भी खत्म होती है।

अतः विभिन्न प्रकार की कहानियों, उपन्यासों, कला की कृतियों तथा हास्य-विनोद और विशेष प्रकार के महान व्यक्तियों की जीवनियों की कृतियों का भी संग्रह पुस्तकालयों में किया जाता है, जो लोक पुस्तकालयों के लिए आवश्यक होता है। सार्वजनिक पुस्तकालयों में क्रीड़ा से भी सम्बन्धित कृतियों का संकलन किया जाता है, जैसे—गणितीय, मस्तिष्क तथा सामान्य बुद्धि की क्रीड़ा की कृतियाँ आदि इससे दिमाग की उन्नति भी होती है और सामान्य ज्ञान में भी बढ़ोत्तरी होती है।

अमेरिका में ऐसे भी सार्वजनिक पुस्तकालय हैं, जहाँ इस प्रकार की काफी अच्छी व्यवस्था है।

धार्मिक तथा आध्यात्मिक संस्थाओं के पुस्तकालय

इसके जरिए लोगों में धार्मिक तथा आध्यात्मिक रचनाओं से चारित्रिक, आध्यात्मिक, विचारों तथा आचार में परिपक्वता तथा पवित्रता पैदा होती है। सामाजिक, नागरिक मूल्यों और नैतिक रिश्तों आदि के प्रति वास्तविक मार्ग अपनाने से ऐसी कृतियों से मार्गदर्शन और प्रेरणा मिलती है। अतः ऐसे पुस्तकालयों में इस प्रकार की कृतियों पर जोर दिया जाता है, जिससे मानव सिर्फ भौतिकता के प्रति

उन्मुख हो। उसमें आध्यात्मिकता की आदत भी पैदा हो, जिससे उसका आत्म विकास हो सके। सार्वजनिक पुस्तकालयों में भी ऐसी कृतियों का संकलन होता है जो प्रेरणादायक होती हैं।

पुस्तकालयों की सूचना प्रसार में भूमिका—सूचना को वर्तमान समय में शक्ति और आवश्यक वस्तु की संज्ञा दी गई है, जो सम्पन्नता का भी प्रतीक है। सामाजिक विकास बहुमुखी राष्ट्रीय विकास के लिए बहुत जरूरी और महत्त्वपूर्ण साधन है। विभिन्न विधियों एवं प्रलेखों की तरह पुस्तकों के संग्रह मात्र से पुस्तकालय सिर्फ वृहत निपेक्षागार का काम करते हैं। आज के दौर में शिक्षा का विविध स्तरों पर आयोजन किया जा रहा है, जहाँ पर विद्यार्थियों और शिक्षकों को प्रतिवेदन और ज्ञान की वस्तुओं की आवश्यकता होती है। अनुसंधान की सर्वांगीण उन्नति को एक जरूरी क्रियाकलाप माना गया है। अतः अनुसंधानकर्ताओं, अनुसंधान अधिकारियों, विशेषज्ञों, वैज्ञानिकों, शोध मार्गदर्शकों आदि को सूचना बहुत आवश्यक होती है।

इसी प्रकार उद्योगपतियों, प्रशासकों, प्रबन्धकों, तकनीकी उद्यमियों, व्यापारियों, कृषकों, कारखानों के श्रमिकों, निर्णायकों, नियोजकों आदि को नवीनतम सूचना, उपकरणों, स्थितियों से अद्यतन तथा परिचय रखने के लिए सूचना की बहुत जरूरत होती है, जिससे उन्हें अपने कार्य-क्षेत्र में कामयाबी मिल सके। अतः आधुनिक पुस्तकालय इस प्रकार की जरूरी सूचना का संग्रह विभिन्न विधियों से करते हैं, जिनकी सूचना के क्षेत्र में प्रमुख भूमिका होती है। अतः पुस्तकालयों तथा ऐसे संस्थानों को सूचना केन्द्र भी कहा जाता है, परन्तु पुस्तकालयों की भूमिका सूचना के परिप्रेक्ष्य में बहुत महत्त्वपूर्ण होती है। वह देश की आर्थिक तथा सामाजिक उन्नति के लिए आवश्यकतानुसार सम्बन्धित सूचना सामग्रियों को समयानुसार उपलब्ध कराता है। अतः सूचना एकत्रीकरण उनको सर्वसुलभ तथा प्रसार कराने में पुस्तकालय का सक्रिय योगदान है। सूचना के प्रक्रियाबद्धकरण तथा उपयोगकर्ताओं को उपलब्ध करना तथा इच्छित सामग्रियों से उन्हें परिचित तथा उद्यतन रखने में पुस्तकालय विभिन्न प्रकार की सूचना प्रौद्योगिकी और उपकरणों का उपयोग करते हैं।

गतिशील समाज में पुस्तकालयों का योगदान

यह पूर्ण रूप से स्पष्ट है कि पूर्व के नौ दशकों में समाज के प्रत्येक क्षेत्रों में महत्त्वपूर्ण परिवर्तन हुए हैं जैसे—सामाजिक, आर्थिक, प्रौद्योगिकीय, राजनीतिक,

सांस्कृतिक, औद्योगिक आदि परिवर्तनों और जनसंख्या की अपार बढ़ोत्तरी और सूचना विस्फोट के कारण न सिर्फ सूचना-जगत अपितु पुस्तकालयों की व्यवस्था, भूमिका तथा आयामों में भी उम्मीद के अनुसार वृद्धि तथा आज के परिवेश में अत्यधिक परिवर्तन दृष्टिगोचर होता है अथवा हुआ है। रोजाना के प्रयोग में प्रौद्योगिकीय तथा वैज्ञानिक, खोज और अनुसंधानों के कारण न केवल सूचना की माँग में बढ़ोतरी हुई अपितु नई सूचना का सृजन भी तेजी से हुआ है, जिससे वर्तमान युग को सूचना विस्फोट, ज्ञान-विस्फोट, सूचना समाज, सूचना उद्योग, आदि का युग माना जा रहा है। परिणामतः हमारे पुस्तकालय भी इन दशाओं में अपनी व्यवस्था प्रणाली और सेवाओं के उपकरणों तथा विधियों को तदनुरूप ढालने की तरफ अग्रसर हैं।

सूचना संग्रह, प्रस्तुतीकरण, प्रसार और स्थानान्तरण में कम्प्यूटर का अनुप्रयोग पुस्तकालयों के प्रबंध और सेवाओं में आयोजन किए जाने के कारण हमारे पुस्तकालय पूरी तरह यंत्रीकरण की तरफ बढ़ रहे हैं। इस प्रकार के परिवर्तन से हमारा समाज वस्तुतः **कागज विहीन समाज** होता जा रहा है और **सूचना समाज** की तरफ बड़ी तेजी से बढ़ रहा है। सम्प्रेषण तथा सूचना संग्रहण के क्षेत्र में अपेक्षाकृत कागज की इलेक्ट्रॉनिक युक्तियों तथा साधनों का अधिकतर उपयोग किए जाने के कारण तथा **इन्टरनेट** और **सेटेलाइट** को सम्प्रेषण के क्रियाकलापों में अनुप्रयोग किए जाने के फलस्वरूप ऐसा सुनिश्चित होता जा रहा है कि हमारा समाज शीघ्र ही आने वाले दिनों में कागज रहित समाज हो जाएगा।

सामाजिक परिवर्तन के कारण

सामाजिक परिवर्तन के प्रमुख कारण निम्नवत हैं–

(1) आर्थिक तथा सामाजिक परिवर्तनों से व्यावसायिक स्थिति तथा पद्धतियाँ, आय तथा इसके साधन, मूल्य मुद्रास्फीति, वस्तुओं की कीमतें, उन्नति की गतिशीलता, विभिन्न स्तरों के मानवीय मूल्य और आर्थिक विकास आदि अत्यधिक प्रभावित हो रहे हैं।

(2) जनसंख्या में भयंकर वृद्धि के कारण देश पर अत्यधिक दबाव, नगरीकरण के क्षेत्र में सतत् बढ़ोत्तरी तथा विस्तार, जनसमूह की रोजगार की खोज में निरन्तर प्रवजन, अस्थिरता तथा आवागमन, अनेक सामाजिक समूहों का संघर्ष तथा गत्यात्मक दशा, सामाजिक विघटन तथा जातीय अलगाव आदि के कारण अनेक प्रकार के परिवर्तन उत्पन्न हो रहे हैं।

(3) राजनीतिक परिवर्तनों तथा ध्रुवीकरण से राजनीतिक स्वरूप एवं पद्धतियाँ, राजनीतिक दल तथा उनका विकास, संसद तथा विधायिका तथा राज्य विधान सभाओं के सदस्यों की गतिविधियाँ, सत्ता संघर्ष तथा स्वरूप आदि ज्यादा प्रभावित हो रहे हैं। परिणामस्वरूप इस दिशा में अनेक तरह के परिवर्तन हो रहे हैं।

(4) व्यापार तथा उद्योगों का वितरण तथा उत्पादन, आपूर्ति तथा माँग, साधनों के अभाव, प्रौद्योगिकी स्थानान्तरण, अनुप्रयोग तथा मूल्यांकन, आवश्यक माल/सामग्रियों की स्थिति, श्रमिक समस्याएँ, ईंधन तथा ऊर्जा की दशाएँ, औद्योगिक नीतियाँ आदि की स्थिति ज्यादा प्रभावित करती हैं, जिनसे इनकी व्यवस्था में परिवर्तन उत्पन्न होते हैं।

(5) व्यापारिक तथा औद्योगिक क्षेत्र उत्पादन तथा इसकी विधियों तथा साधनों, प्रौद्योगिकी स्थानान्तरण तथा उसके अनुप्रयोग, क्रय-विक्रय तथा विपणन की दशाओं से प्रभावित हो रहे हैं, जिससे अनेक तरह के परिवर्तन उत्पन्न हुए हैं।

(6) शिक्षा जगत की पद्धतियाँ और शिक्षा अर्थशास्त्र से उत्पन्न परिवर्तनों से ज्ञानार्जन, शिक्षा ग्रहण करने की प्रक्रियाएँ तथा प्रबंध, शिक्षण की प्रक्रियाएँ तथा साधन एवं उनके स्तर, ज्ञानार्जन तथा प्रशिक्षण और शिक्षण की सामग्रियाँ तथा उपकरण, शिक्षण प्रौद्योगिकी आदि निरंतर प्रभावित हो रहे हैं।

(7) प्रौद्योगिकी तथा वैज्ञानिक, मानविकी तथा सामाजिक विज्ञान तथा औद्योगिक क्षेत्रों में विभिन्न प्रकरणों तथा समस्याओं पर चल रहे गहन अनुसंधानों के कारण नए ज्ञान तथा सूचना में नियमित विकास हो रहा है, जिनके परिणामस्वरूप ज्ञान के क्षेत्र, उन्नयन, प्रसार, उपयोग तथा वितरण की दृष्टि से अनेक परिवर्तन दिखाई दे रहे हैं।

(8) नीतियों का निर्धारण, राष्ट्रीय-नियोजन, प्रशासनिक बदलाव तथा स्थिति, शासन की अस्थिरता तथा स्थिरता, शासन की व्यावसायिक नीतियाँ तथा राष्ट्रीय-आर्थिक पद्धतियाँ तथा सामाजिक स्थिति में परिवर्तन हो रहे हैं।

(9) अन्तर्राष्ट्रीय स्तर पर आयात-निर्यात, बहुर्राष्ट्रीय व्यापार तथा इनकी नीतियाँ तथा अनुबन्ध, व्यापारिक अनुबन्ध, मुद्रा विनियम की दरें, अवमूल्यन आदि की दशाओं से आर्थिक परिवर्तन होते हैं।

(10) इस प्रकार के राष्ट्रव्यापी परिवर्तनों तथा प्रभावित क्षमताओं तथा तत्त्वों की वजह से सांस्कृतिक परिवर्तन विकसित होते हैं, जो ललित कलाओं, संगीत,

चलचित्रों, दूरदर्शन, सेटेलाइट को प्रभावित करते हैं, जिससे इन क्षेत्रों में भी परिवर्तन आते हैं।

(11) राष्ट्रीय प्रौद्योगिकीय तथा वैज्ञानिक नीतियाँ, सम्प्रेषण और सूचना-नीतियों के साधन आदि भी परिवर्तन को जन्म देते हैं।

अर्वाचीन समाज तथा सामाजिक तथा राष्ट्रीय जीवन प्रणाली के कुछ प्रमुख पक्षों तथा दशाओं की विवेचना उदाहरणार्थ की गई है, जो समाज में तेजी से हो रहे परिवर्तनों के कारण हैं।

ज्ञान तथा प्रतिवेदन की सामग्रियों के वर्ग तथा क्षेत्र

सूचना तथा ज्ञान अनेक प्रकार के प्रबन्धीय, बौद्धिक, सामयिक गतिविधियों, विचार-विमर्शों आदि से पैदा होता है, जो अर्वाचीन जीवन के सभी ढाँचे और ताने-बाने से छन कर निकलता है। अतः विशेष प्रकार की जरूरत की पूर्ति के लिए उपयुक्त आकारों में ज्ञान और सूचना को निम्नांकित प्रकार की गतिविधियों और परिघटनाओं से पैदा ज्ञान सामग्रियों से चयन, संश्लेषण, विश्लेषण, विवेचना आदि को प्रस्तुत किया जाता है। इनके संग्रहण तथा पुनः प्राप्त करने के लिए सूचना प्रौद्योगिकी का भी उपयोग किया जाता है।

प्रतिवेदन एवं ज्ञान का निर्माण

ज्ञान तथा प्रतिवेदन के संनिर्माण के स्तर पर समाज के क्रियाकलापों को निम्नलिखित तीन श्रेणियों में विभाजित किया जा सकता है–

(1) सामयिक प्रकरण तथा समस्याएँ–इस क्षेत्र की सूचना सामग्रियों में सामयिक प्रकरण, घटनाएँ, समस्याएँ, राजनीतिक बदलाव, उथल-पुथल, आर्थिक समस्याएँ, विभिन्न देशों के अनुबन्ध तथा नीतियों का असर, महत्त्वपूर्ण तथा राजनीतिक व्यक्तित्व वाले व्यक्तियों आदि से जुड़ी चर्चाओं का विवेचना तथा समीक्षा आदि सम्मिलित होती है। दूरदर्शन प्रसारण, आकाशवाणी आदि भी सूचना साधनों के अंग होते हैं। उपयोग तथा आवश्यकताओं को पूरा करने के लिए इन्हीं श्रेणियों की सामग्रियों से उपयुक्त स्वरूप, आकार तथा मात्रा में सूचना प्रतिरूपों को प्रकट किया जाता है। सूचना प्रौद्योगिकी तथा परम्परागत साधनों का उपयोग विशेष प्रकार के सूचना डेटाबेसों तथा दूसरे साधनों को सूचना के संग्रहण तथा पुनःप्राप्त करने के लिए तैयार किया जाता है।

(2) साहित्य का उन्नयन पक्ष–विषयानुसार साहित्य का उत्पादन शिक्षण-प्रशिक्षण और अनुसंधान, ज्ञानार्जन तथा दूसरे अनुसंधान प्रकाशन, बौद्धिक क्रियाकलाप,

अनुसंधान प्रकाशन, मोनोग्राफ, शोध तथा सामान्य पत्रिकाएँ तथा शोध प्रतिवेदन, तथा सामयिकी प्राविधिक, शोधप्रबन्ध, निबन्धावलियाँ, विद्वता, नवीनीकरण, विषय क्षेत्रों का उन्नयन, विवेचना, आविष्कार तथा पुनर्व्याख्या आदि में होता है।

(3) प्रबन्धीय तथा व्यवस्था पक्ष—व्यवस्था तथा प्रबन्धीय प्रणाली में लक्ष्यपूर्ण नियोजन, उच्चस्तरीय उत्पादन की योजनाएँ तथा क्रियाकलाप, नियन्त्रण तथा क्रियात्मक, निर्णयात्मक तथा नीति निर्धारणात्मक प्रणालियाँ, मूल्यांकन तथा समन्वयन, कार्यकुशलता तथा क्षमता की समीक्षा और स्तर निर्धारण आदि से सूचना इस प्रकार से संकलित की जाती है कि वह ज्ञानयुक्त तथा उपादेय हो।

इस परिप्रेक्ष्य में सूचना के विभिन्न पहलुओं और पक्षों का मूल्यांकन अनिवार्य हो जाता है। इससे सूचना की प्रवृत्तियाँ तथा प्रवाह, सूचना के उद्भव और उत्पादन तथा प्रक्रियाबद्धकरण प्रवाह-प्रसार, पुनर्प्राप्ति संग्रहण तथा सूचना की उपादेयता और उपयोग का एहसास तथा उनका विभेद भी स्पष्ट होता है। सूचना प्रबंध, प्रसारण तथा उनके प्रयोग और उपादेयता में वृद्धि करने के लिए नई संस्थागत प्रणालियों की स्थापना की जा रही है, जिसमें सूचना प्रौद्योगिकी, नई विधियों तथा प्रविधियों को समुन्नत सेवाओं तथा प्रणालियों को लागू करने के लिए उपयोग में लाया जा रहा है। ऐसे कार्यक्रमों तथा विधियों का अनुसरण भी उपयोगकर्ताओं की आवश्यकता के अनुसार माँग किए जाने पर किया जा रहा है। यह आधुनिक सूचना तथा उसके उपयोगार्थ प्रसार के लिए आवश्यक भी है।

वर्तमान पुस्तकालयों की आधुनिक प्रकृति

इन दशाओं, सूचना तथा कारणों की सूचना तथा प्रकृति सेवाओं के आयामों के कारण वर्तमान पुस्तकालयों के परम्परागत कार्यों तथा प्रबंध प्रणालियों में आमूल परिवर्तन हुए हैं। उपयोगकर्ताओं, विशेषकर वैज्ञानिकों, विशेषज्ञों, नियोजकों, प्रबन्धकों, प्रशासकों तथा निर्णायकों की नई प्रकार की माँगों को पूरा करने के लिए अनेक प्रकार के क्रियाकलापों का जो प्रलेखन सेवाओं, प्रक्रियाबद्धकरण तथा सूचना विश्लेषण और नए स्वरूपों में प्रस्तुतीकरण, कम्प्यूटर द्वारा संचालित तथा व्यवस्थित प्रणालियों पर आधारित है अनुसरण किया जा रहा है। इस प्रकार की सेवा व्यवस्था पद्धति के परिणामस्वरूप सूचना सेवाओं और इसके उत्पादों पर व्यापारिक नजरिए से विचार किया जा रहा है और धनार्जन तथा आर्थिक लाभ का माध्यम भी माना जा रहा है।

इससे **सूचना उद्योग** की विचारधारा प्रचलित होती जा रही है। फलतः हमारे पुस्तकालयों के आयाम बदलते जा रहे हैं। कम्प्यूटर नेटवर्क एक नूतन प्रणाली के

रूप में पुस्तकालयों में प्रतिवेदन ग्रहण करने के लिए उपयोग में लाया जा रहा है। **इन्टरनेट, उपयोगकर्ता ऑनलाइन** तथा आपसी कार्यशील दूरदर्शन सेवाएँ, ऑनलाइन सार्वजनिक अभिगम प्रसूचियाँ, डेस्क प्रिंटिंग, टेलीकानफ्रेंसिंग, डेस्क प्रिंटिंग आदि के कारण पुस्तकालयों के कार्यक्षेत्र में पर्याप्त सेवाओं और विस्तार में वैविध्यता पैदा हुई है।

आज के पुस्तकालयों को सक्रिय, सूचनाप्रद तथा उपादेय बनाने के नजरिए से उनकी विभिन्न सामग्रियों तथा संकलनों को **विश्वव्यापी जाल** तथा दूसरे **ऑनलाइन सेवाओं** के द्वारा उपयोगार्थ सुलभ कराने की व्यवस्था करना बहुत जरूरी है। इसके फलस्वरूप आगामी पुस्तकालय तथा सूचना सेवाओं को विकसित करने के लिए पुस्तकालय कर्मियों की योग्यता, कार्यकौशल तथा क्षमता में भी वृद्धि उत्पन्न करने की जरूरत है, जिससे पुस्तकालय तथा सूचना सेवाओं को उपादेय बनाया जा सके। **विश्वव्यापी जाल** की प्रौद्योगिकी वर्तमान पुस्तकालय तथा सूचना सेवाओं को विकसित करने में अनेक तरह से सहायक सिद्ध हो रही है।

उपरोक्त तथ्यों की विवेचनाओं से यह ज्ञात हो जाता है कि ज्ञान तथा प्रतिवेदन और उनकी संस्थागत व्यवस्था प्रणाली के आयामों में निरन्तर परिवर्तन उत्पन्न हुआ है। वर्तमान में सूचना केन्द्र बिन्दु है और पहले पुस्तकालय केन्द्र बिन्दु रहा है। पुस्तकालय वस्तुतः सूचना तथा ज्ञान का प्रबंध करते हैं, परन्तु उपयोगकर्ताओं की सूचना जरूरत की पूर्ति की संस्थागत प्रणाली, जो सूचना समाज में अपनाई जा रही है वह विभिन्न प्रकार की सूचना सेवाओं तथा पद्धतियों के रूप में विस्तारशील और विकसित बनाई जा रही है।

पुस्तकालय एवं यूजीसी

सन् 1948 में डॉ. सर्वपल्ली राधाकृष्णन की अध्यक्षता में विश्वविद्यालय शिक्षा कमीशन का विकास किया गया। इस कमीशन ने उच्च शिक्षा आयोग को विस्तार तथा ताकत प्रदान करने के लिए विशिष्ट संस्तुति की थी। इसकी संस्तुति पर विचार करने के पश्चात् विश्वविद्यालय शिक्षा आयोग का एक नवीन विकसित रूप विश्वविद्यालय अनुदान आयोग के रूप में सामने आया जिसकी स्थापना 1953 में की गई तथा जो एक स्वायत्तशासी संस्था के रूप में आज भी काम कर रही है।

विश्वविद्यालय अनुदान आयोग की गतिविधियाँ

1. पुस्तकालय कर्मचारियों के वेतनमान—इस संस्था ने पुस्तकालयों के प्रशिक्षण प्राप्त कर्मचारियों के स्तर के साथ-साथ उनके पदों के तहत ही उनके वेतनमान भी निर्धारित किए। सन् 1961 से पुस्तकालय कर्मचारियों के लिए ये संशोधित वेतनमान लागू हुए, परन्तु 1973 में अध्यापकों के वेतनमान तो संशोधित कर दिये गये पर पुस्तकालय कर्मचारियों के साथ भेदभाव करके उनके वेतनमान में कोई परिवर्तन नहीं किया गया। अब 1996 से यूजीसी वेतनमान प्राप्त हो गये हैं।

2. पुस्तकालय समिति—डॉ. रंगनाथन की अध्यक्षता में 1957 में उच्च शिक्षा की उन्नति के लिए समिति का गठन किया गया था, जिसका कार्य पुस्तकालयों से जुड़े सुझाव प्रदान करना था। इस समिति ने समस्त देश के विश्वविद्यालय तथा महाविद्यालय पुस्तकालयों के सर्वेक्षण के पश्चात् 1961 में अपना प्रतिवेदन प्रस्तुत किया जिसमें महाविद्यालय तथा विश्वविद्यालय पुस्तकालयों की उन्नति से सम्बन्धित विभिन्न संस्तुतियाँ की गई थीं, जिसके तहत इस संस्था ने शैक्षणिक पुस्तकालयों की उन्नति के लिए अधिकाधिक सम्पत्ति देना शुरू कर दी। केन्द्रीय सरकार की पंचवर्षीय योजनाओं में भी इस काम के लिए विशेष प्रावधान किया जाने लगा।

3. पुस्तकालय विज्ञान प्रशिक्षण—इस आयोग के अनुसार शिक्षित, प्रशिक्षित और अनुशासित कर्मचारी ही सफलतापूर्वक पुस्तकालय का संचालन कर सकते हैं—इस विषय में पुस्तकालय विज्ञान के पाठ्यक्रमों का अध्ययन करने के लिए **यूजीसी** ने समय-समय पर विभिन्न समितियों का गठन किया। इन समितियों ने पुस्तकालय विज्ञान प्रशिक्षण के प्रवेश के नियम, विषय, योग्यता, कार्यविधि, पाठ्यक्रम, बी. लिब/एम.लिब. आदि के विकास एवं प्रशिक्षण के विषय में संस्तुतियाँ कीं। 1974 में इन कार्यों के लिए एक स्थायी समिति का गठन किया गया।

4. राष्ट्रीय सूचना केन्द्र—इस आयोग ने देश की उन्नति में शोध करने वाले वैज्ञानिकों को तुरन्त सूचना आवश्यकताओं की पूर्ति के लिए देश के 5 पुस्तकालयों (दिल्ली, कोलकत्ता, बनारस, मुम्बई तथा बंगलौर) में राष्ट्रीय सूचना केन्द्र स्थापित किए हैं।

5. इनफ्लिबनैट की स्थापना—देश के समस्त विश्वविद्यालयों तथा उच्च शोध संस्थाओं के पुस्तकालय को सूचना सम्प्रेषण के लक्ष्य से जोड़ने के लिए सूचना नेटवर्क की स्थापना 1986 में की थी जिसका केन्द्र अहमदाबाद में बनाया गया है इसको इनफ्लिबनैट (INFLIBNET) के नाम से जाना जाता है।

6. प्रतिलिपिकरण सेवाएँ—छठीं पंचवर्षीय योजना में इस आयोग ने शैक्षिक पुस्तकालयों में शोध वैज्ञानिकों के समय की बचत के नजरिए से प्रलेख प्रसार का सामना करने के लिए प्रतिलिपिकरण सेवाएँ प्रदान करने का प्रबंध किया, जिसमें यूजीसी ने हर कॉलेज तथा विश्वविद्यालय पुस्तकालय के लिए फोटोस्टेट/जीरोक्स मशीन खरीदने के लिए धन देने की व्यवस्था की। इन मशीनों की मदद से शोधकर्ताओं के इच्छित प्रलेख की अन्य प्रति कम समय में सरलता से मिलने लगी।

7. कम्प्यूटर और सूचना वैज्ञानिक—अन्य देशों की तरह भारत में भी पुस्तकालय सेवा में कम्प्यूटर की मदद ली जा रही है। कम्प्यूटर के उपयोग से पुस्तकालयों की कार्यक्षमता में अत्यधिक बढ़ोत्तरी हो रही है, इसलिए यूजीसी ने हर विश्वविद्यालय एवं कॉलेज पुस्तकालय को कम्प्यूटर उपलब्ध करवाये हैं तथा हर पुस्तकालय में कम्प्यूटर संचालन के लिए एक सूचना वैज्ञानिक का पद सृजित किया है।

राजा राममोहन राय पुस्तकालय अधिष्ठान

सन् 1972 में राजा राममोहन राय की याद में इस संस्थान का निर्माण किया गया, जिसे **राजा राममोहन राय पुस्तकालय अधिष्ठान** कहते हैं। इसका केन्द्रीय कार्यालय कलकत्ता में स्थित है। यह संस्थान भारत सरकार के मानव संसाधन विकास मंत्रालय के संस्कृति विभाग के अंतर्गत एक स्वायत्तशासी संस्था है, जो देश के सार्वजनिक पुस्तकालयों को आर्थिक मदद के साथ-साथ दूसरे प्रकार की भी सहायता प्रदान करती है। यह संस्थान अपनी आर्थिक मदद के लिए पूरी तरह भारत सरकार की वित्तीय मदद पर निर्भर रहती है।

भारत सरकार मानव संसाधन विकास मंत्री इस संस्थान का अध्यक्ष होता है। इसके सदस्यों में भारत के पुस्तकालय विज्ञानवेत्ता, प्रतिष्ठित पुस्तकालयी तथा भारतीय संघ के प्रतिनिधि होते हैं तथा इसके संचालन के लिए एक प्रमुख प्रशासन समिति होती है।

पुस्तकालयों के विकास में भूमिका

राजा राममोहन राय पुस्तकालय संस्थान अपने प्रयोजनों को दृष्टिगत करते हुए अपनी भूमिका निम्नलिखित क्षेत्रों में निर्वहन करता है—

1. पुस्तकालयों को वित्त मदद—देश में मुख्य रूप से इस अधिष्ठान की स्थापना सार्वजनिक पुस्तकालयों के प्रगति के लिए ही की गई है। इसलिए उस के लिए अनेक योजनाएँ शुरू की गई हैं। कुछ योजनाओं के तहत समान मदद या 50

प्रतिशत आर्थिक मदद प्रदान करता है तथा कुछ के अंतर्गत पूर्ण मदद अर्थात् शत-प्रतिशत सहायता प्रदान करता है।

(क) 50 % वाली योजनाएँ

1. राज्य केन्द्रीय पुस्तकालयों तथा जिला पुस्तकालयों को टी.वी आदि खरीदने के लिए सहायता।
2. सचल पुस्तकालयों तथा ग्रामीण ग्रन्थ संग्रहण केन्द्र के लिए सहयोग।
3. जिला स्तर से निम्न स्तर के पुस्तकालयों के भवन विस्तार हेतु सहयोग।
4. ग्रन्थ प्रदर्शन हेतु सहयोग।
5. सेमीनार तथा संगोष्ठी के लिए सहयोग।
6. दृश्य-ग्रन्थ तथा ग्रन्थों सामग्री की खरीद के लिए सहयोग।

(ब) 100 % वाली योजनाएँ

1. जिला पुस्तकालयों तथा राज्य केन्द्रीय पुस्तकालय हेतु पुस्तकों के खरीदने हेतु।
2. सार्वजनिक पुस्तकालयों में बाल विभाग शुरू करने हेतु।
3. संस्थाओं को सार्वजनिक पुस्तकालयों के संचालन हेतु।
4. केन्द्रीय सरकार के तहत पोषित सार्वजनिक पुस्तकालयों की सहयोग हेतु।

2. पुस्तकालय संघों को अनुदान—यह संस्थान सम्मेलन और सेमीनार आयोजित करने के लिए समय-समय पर पुस्तकालय संघों को भी आर्थिक सहयोग देने हेतु एकमुश्त अनुदान प्रदान करता है।

3. राष्ट्रीय पुस्तकालय तथा सूचना नीति—इस अधिष्ठान ने देश में पुस्तकालय एवं सूचना सेवाओं को विकसित करने के लक्ष्य से एक राष्ट्रीय नीति का प्रारूप बनाने के लिए सन् 1981 में एक कार्यकारी दल का सृजन किया था। इस दल ने 1983 में प्रारूप बनाकर सरकार को प्रदान कर दिया जिसके आधार पर भारत सरकार ने प्रो. चट्टोपाध्याय की अध्यक्षता में एक समिति **नेशनल पॉलिसी ऑन लाइब्रेरी एण्ड इन्फॉर्मेशन सिस्टम** का निर्माण किया था, जिसने अपना प्रतिवेदन 1985 में सरकार को प्रस्तुत कर दिया, जो 1986 में पारित तथा संस्तुत हो गई।

4. पुस्तकालय अधिनियम के लिए प्रोत्साहन—हर प्रदेश अपने यहाँ पुस्तकालय अधिनियम पारित कर, लागू करें। यह संस्थान इस बात के लिए प्रयासरत रहता है। अतः यह इस विषय में प्रदेशों के राज्यपालों, मुख्य मंत्रियों, शिक्षा मंत्रियों तथा दूसरे सम्बन्धित व्यक्तियों को पत्र लिखकर उन्हें याद दिलाता रहता है तथा इस के लिए सदैव प्रादेशिक सरकारों को प्रोत्साहित करता रहता है।

6

सार्वजनिक पुस्तकालय के स्वरूप

सार्वजनिक पुस्तकालयों की परिभाषा देते हैं प्रसिद्ध शिक्षा शास्त्री विलियम एवर्ट ने लिखा है कि, **जनता द्वारा संस्थापित, जनता द्वारा उपयोग में लाई गई तथा जनता द्वारा समर्थित।** इसकी इस परिभाषा से ज्ञात होता है कि इसका संचालन जनता के धन से होता है तथा राष्ट्रीय एवम् प्रान्तीय सरकारें इनका संचालन करती हैं। सार्वजनिक पुस्तकालय जैसा कि इसके नाम से ही ज्ञात हो रहा है सार्वजनिक अर्थात् सर्वजनों को सेवा प्रदान करने वाले पुस्तकालय होते हैं। ये समाज के समस्त वर्गों की भेदभाव के बिना प्रत्येक समय स्वतंत्र रूप से सेवा में संलग्न रहते हैं। सार्वजनिक पुस्तकालय की धारणा प्रजातंत्र शासन पद्धति की देन है। यूनेस्को के एक घोषणा-पत्र में सार्वजनिक पुस्तकालय के विषय में निम्न विचार प्रस्तुत किए गये हैं।

इस प्रकार की पुस्तकालयों की स्थापना विधिक आधार सम्पन्न की जाती है जिसकी अर्थ प्रबन्ध पूर्ण रूप से सरकार के माध्यमों से किया जाता है। सार्वजनिक पुस्तकालय उपयोग हेतु प्रत्येक व्यक्ति के लिए खुले रहते हैं तथा सेवा के बदले उपयोगकर्ताओं से कोई प्रत्यक्ष शुल्क नहीं लिया जाता है।

सार्वजनिक पुस्तकालय की स्थापना का उद्देश्य 'सर्वजन हिताय' की अवधारणा पर आधारित है। इस सन्दर्भ में पुस्तकालय विज्ञान के विशेषज्ञ डॉ. रंगनाथन ने लिखा है कि सार्वजनिक ग्रन्थालय वे होते हैं जो समाज के द्वारा समाज के लिए ही

स्थापित किये जाते हैं तथा समाज के प्रत्येक नागरिक को जीवन पर्यन्त स्वयं शिक्षा करने का अनुकूल अवसर प्रदान करते हैं।

सार्वजनिक पुस्तकालयों के उद्देश्य

सार्वजनिक पुस्तकालयों का उद्देश्य किसी वर्ग विशेष या समूह विशेष के लिये नही अपितु समाज के सभी अध्येयताओं को समान रूप से सामग्री उपलब्ध कराना है। इस सम्बन्ध में डॉ. रंगानाथन ने अपनी पुस्तक Library Manual के तहत् सार्वजनिक ग्रन्थालयों को सामाजिक संस्था कहा है।

सार्वजनिक पुस्तकालयों की भूमिका

शैक्षणिक, सांस्कृतिक तथा सूचनात्मक संस्था के रूप में नागरिकों को सूचना सामग्री उपलब्ध कराने में सार्वजनिक पुस्तकालयों की विशेष भूमिका ये समाज को बौद्धिक ऊर्जा स्रोत (Intellectual Power House) के रूप में शिक्षा एवं सूचना प्रदान करते हैं। यूनेस्कों ने अपने घोषणा पत्र में कहा है कि सार्वजनिक पुस्तकालयों का कार्य प्रत्येक नागरिक को ऐसा अवसर उपलब्ध कराना है।

इस सम्बन्ध में लाइब्रेरी संघ (ALA) ने सार्वजनिक पुस्तकालयों को जिन कार्यों के लिये उपयोगी बनाया वे निम्नवत हैं–

(1) समाज के प्रत्येक अध्येयताओं की सूचना सम्बन्धी आवश्यकताओं की पूर्ति करना।

(2) समाज के व्यक्तियों को उनके खाली समय हेतु रचनात्मक कार्यों को बढ़ावा देना।

(3) सार्वजनिक पुस्तकालय का कार्य समाज के प्रत्येक जन साधारण को अनौपचारिक शिक्षा प्रदान करना होता है।

(4) समाज के व्यक्ति जिन विषयों की औपचारिक शिक्षा लेना चाह रहे हैं उस विषय पर साहित्य का उत्तम संग्रह तैयार करना होता है।

(5) समाज के विभिन्न सामाजिक संगठनों की शैक्षिक, सामाजिक तथा सांस्कृतिक गतिविधियों को हर प्रकार से सहयोग प्रदान करना।

अंग्रेजी विद्वान जॉन मिल्टन ने पुस्तकों को ''कभी भी धोखा न देने वाला मित्र'' बताया है। सार्वजनिक पुस्कालय वस्तुतः विना किसी भेद-भाव को समाज के सभी वर्गों को अध्ययन सामग्री उपलब्ध कराते हैं।

सार्वजनिक पुस्तकालय विभिन्न प्रकार के मनोरंजनात्मक सामग्री भी उपलब्ध कराते हैं। इसके द्वारा सभी को निष्पक्ष रूप से सभी विषयों पर आधुनिकतम सूचना और पाठ्य-सामग्री प्राप्त होती है। लोकतंत्र के युग में सार्वजनिक ग्रन्थालय जन साधारण को सचेत रखते हैं और इस प्रकार जन साधारण अपने कर्तव्यों को भली प्रकार पूर्ण कर सकता है तथा अधिकारों का उपयोग कर सकता है।

सार्वजनिक पुस्तकालय विभिन्न प्रकार के स्रोतों के माध्यम से हमें अपने ज्ञान तथा कौशल बढ़ाने में सहयोग प्रदान करते हैं। सार्वजनिक पुस्तकालयों द्वारा जन साधारण में राष्ट्रीय एकता, अन्तर्राष्ट्रीय शक्ति, सहयोग तथा सद्‌भावना में वृद्धि होती है।

सार्वजनिक पुस्तकालयों के कार्य

सार्वजनिक पुस्तकालयों के प्रमुख कार्यों को निम्नलिखित शीर्षकों के अन्तर्गत स्पष्ट किया जा सकता है–

1. सांस्कृतिक एवं सामाजिक क्रियाकलापों में उन्नति–किसी भी समाज का निर्माण व्यक्तियों से होता है जिसमें अनेक धर्म, भाषा, कार्य तथा व्यवसाय के व्यक्ति शामिल होते हैं और अनेक प्रकार के सामाजिक और सांस्कृतिक समूह प्रकाश में आते हैं। सार्वजनिक पुस्तकालय इन समस्त समूहों को उनके क्रियाकलापों के संचालन हेतु उपयोगी पाठ्य-सामग्री प्रदान कराते हैं तथा साथ ही अपने स्तर से भी ये नाटक या फिल्म आदि का प्रदर्शन भी कराते हैं। तथा सामाजिक और सांस्कृतिक समूहों हेतु वाचनालय आदि की भी प्रबंध भी करते हैं। इस प्रकार सार्वजनिक पुस्तकालय सांस्कृतिक तथा सामाजिक गतिविधियों में अपना प्रमुख योगदान देते हैं।

2. औपचारिक स्वयं शिक्षा की उन्नति–प्रौढ़ लोग अपनी शिक्षा हेतु सार्वजनिक पुस्तकालय पर काफ़ी निर्भर रहते हैं। सार्वजनिक पुस्तकालय ऐसे लोगों की ज्ञान बुद्धि, और योग्यता में बृद्धि करने हेतु अध्ययन-सामग्री प्रदान कराते हैं। उदाहरण के रूप में हम देख सकते हैं कि हमारे किसान खुद शिक्षा के द्वारा से ही अपनी कृषि से जुड़े कार्य आदि में निपुणता प्राप्त कर सकते हैं जिससे यह सिद्ध होता है कि पुस्तकालय विशेष कर सार्वजनिक पुस्तकालय औपचारिक स्वयं शिक्षा के रूप में क्रियात्मक भूमिका अदा करते हैं।

3. सूचना और शिक्षा के उपकरणों का अभिगम–स्थानीय व्यक्तियों की सूचना जरूरत की पूर्ति के लिए सार्वजनिक पुस्तकालयों का प्राथमिक कार्य सूचना तथा शिक्षा के साहित्य के साधनों (उपकरणों जैसे–पुस्तकें, पत्रिकाएँ आदि) का

संकलन तथा व्यवस्थापन करना है जिससे उपयोगकर्त्ता इन साधनों का सरलता से लाभ प्राप्त कर सकें। वर्गीकरण, सूचीकरण, अनुक्रमणिकाकरण तथा प्रलेख कार्य और सेवाओं में नवीन प्रविधियों का अनुप्रयोग कर अपने संकलन की अध्ययन सामग्री को ठीक कर उपयोग हेतु पाठकों को सरल प्रत्यक्ष, एवं स्वतंत्र अभिगम प्रदान कराते हैं।

4. स्थानीय सामग्री का संरक्षण—सार्वजनिक पुस्तकालयों का एक आवश्यक कार्य अपने क्षेत्र में उपस्थित सांस्कृतिक सामग्री का अभिज्ञान तथा संकलन करना होता है। इस प्रकार की सामग्री में चित्रकला, कला, साहित्यिक कृतियाँ अथवा संगीत इत्यादि के यन्त्र आदि हो सकते हैं। ये सामग्रियाँ नजदीकी व्यक्तियों की इतिहास की सामग्री होती है। जो व्यक्तियों के स्वाभिमान तथा उपलब्धियों की प्रतीक होती हैं। सार्वजनिक पुस्तकालय इनकी खोज करता है और अपने यहाँ इनका संग्रहण करता है। इग्लैंड तथा अमेरिका आदि देश में इन वस्तुओं और कार्यों हेतु सार्वजनिक पुस्तकालयों में अलग विभाग इसीलिए स्थापित किए जाते हैं।

वस्तुतः यह कहा जा सकता है कि सार्वजनिक पुस्तकालयों के अन्तर्गत संकलित पाठ्य-सामग्री का उपयोग करके कोई भी नागरिक अपनी व्यक्तिगत विकास के साथ-साथ देश की राष्ट्रीय विकास में भी सहयोगी होता है।

सार्वजनिक पुस्तकालय और सामाजिक तथा सांस्कृतिक विकास

समस्त वर्ग व समुदाय के नागरिकों को सेवा देने के उद्देश्य से सार्वजनिक पुस्तकालयों को स्थापित किया गया है। इस पुस्तकालय को जन पुस्तकालय की संज्ञा भी दी जाती है। सार्वजनिक पुस्तकालय प्रमुख रूप से सार्वजनिक सम्पत्ति से स्थापित किये जाते हैं। सार्वजनिक पुस्तकालय की विचारधारा प्रजातंत्र की देन है।

डॉ. रंगनाथन् के शब्दों में— सार्वजनिक पुस्तकालय वे होते हैं जो समाज के माध्यम से, समाज के लिए ही स्थापित किए जाते हैं तथा समाज के प्रत्येक नागरिक को जीवन भर स्वयं शिक्षा प्राप्त करने का सही मौका प्रदान करते हैं।

सार्वजनिक पुस्तकालयों का योगदान

सार्वजनिक पुस्तकालय एक सामाजिक स्थापित किया गया है, जो नियमित समाज कल्याण में लगे रहते हुए विज्ञ तथा अविज्ञ को एक रूप से ज्ञान बाँटा करते हैं। पुस्तकालय सचमुच में ज्ञान के भण्डार होते हैं। इसी आधार पर समाज में

सार्वजनिक पुस्तकालयों को लोक विश्वविद्यालयों की संज्ञा दी जाती है जिसके माध्यम समाज के प्रत्येक व्यक्ति के लिए हमेशा खुले रहते हैं। ये पुस्तकालय समाज की ज्ञान-पिपासा शान्त करते हैं। कोई भी व्यक्ति आजीवन किसी भी विद्यालय में शिक्षा प्राप्त नहीं कर सकता, लेकिन यह सार्वजनिक पुस्तकालय का सदस्य बनकर जीवन भर अपने ज्ञान में बढ़ोत्तरी कर सकता है।

आम जनता को सार्वजनिक पुस्तकालयों द्वारा अपने खाली समय का सुदपयोग तथा स्वस्थ्य मनोरंजन प्राप्त होता है। इसके द्वारा सभी को निष्पक्ष रूप से समस्त विषयों पर आधुनिकतम जानकारी और पाठ्य-सामग्री प्राप्त होती है। लोकतंत्र के इस युग में सार्वजनिक पुस्तकालय जनसाधारण को सजग रखते हैं।

अभि जनत के प्रयोग हेतु सार्वजनिक पुस्तकालयों में संग्रहीत पाठ्य-सामग्री विशिष्ट होती है इसमें सांस्कृतिक ऐतिहासिक, तथा मनोरंजक सामग्री भी शामिल होती है, जो पाठकों को सांस्कृतिक और ऐतिहासिक ज्ञान प्रदान करती है। ऐसी सामग्री का कोई भी नागरिक उपयोग करके निजी विकास के साथ-साथ देश की राष्ट्रीय विकास में भी सहायक साबित हो सकता है। इस प्रकार सार्वजनिक पुस्तकालय समाज के अनेक वर्गों के व्यक्तियों के साहित्यिक ऐतिहासिक, और सांस्कृतिक अवशेषों को पीढ़ी दर पीढ़ी आगे बढ़ाने में सहायता करते हैं तथा इनको हमेशा सुरक्षित रखते हैं।

यह पुस्तकालय राष्ट्र के व्यक्तियों के फायदे हेतु सांस्कृतिक शैक्षणिक, तथा सामाजिक संरचना में एक महत्वपूर्ण भूमिका निभाते हैं। यूनेस्को ने अपने घोषणा पत्र में कहा है कि सार्वजनिक पुस्तकालयों का कार्य ज्ञान और संस्कृति को अक्षुण बनाये रखना है। इस प्रकार हम देखते हैं कि समाज के सामाजिक और सांस्कृति उन्नति में सार्वजनिक पुस्तकालयों की भूमिका विशिष्ट और अद्वितीय होती है

राष्ट्रीय पुस्तकालय

प्रत्येक राष्ट्र अपनी जनता की ज्ञान प्रदान करने के लिए राष्ट्रीय पुस्तकालयों की स्थापना करता है और वे अपने देश की शोभा महत्वपूर्ण पुस्तकों के माध्यम से बढ़ाते हैं। देश तथा राष्ट्रीय नागरिकों की अभूतपूर्व ज्ञान प्रदान करके गौरवान्वित करते हैं, राष्ट्रीय पुस्तकालय कहलाते हैं। इनका संचालन देश की सरकार करती है। राष्ट्रीय पुस्तकालय की परिभाषा निम्न विद्वानों ने प्रस्तुत किया है–

ए.एल.ए के आधार पर–वह पुस्तकालय जिसका रख-रखाव राष्ट्र के द्वारा किया जाता है उसे राष्ट्रीय पुस्तकालय कहते हैं।

यूनेस्को के आधार पर—किसी देश की राष्ट्रीय पुस्तकालय समस्त राष्ट्र के ग्रन्थ उत्पादन के अनुरक्षण एवं संग्रहण के लिए भावी पीढ़ी के उपयोगार्थ जिम्मेदार होता है।

ग्रन्थों तथा दूसरी इसी तरह की सामग्री का अध्ययन के लिए राष्ट्रीय पुस्तकालय में संकलन होता है।

इस प्रकार हम **राष्ट्रीय पुस्तकालय** में निम्नलिखित विशेषताएं परिलक्षित होते हैं–

1. जिसका संचालन राष्ट्र की राष्ट्रीय सरकार राष्ट्रीय धन से करती है।
2. इसमें पूरे राष्ट्र में प्रकाशित समस्त पाठ्य-सामग्री का संकलन किया जाता है।
3. राष्ट्रीय पुस्तकालय किसी भी राष्ट्र का एक केन्द्रीय पुस्तकालय होता है।
4. राष्ट्रीय पुस्तकालय मात्र कॉपीराइट पुस्तकालय होते हैं जिनमें ग्रन्थ मात्र सन्दर्भ के लिए संरक्षित किये जाते हैं।
5. यह राष्ट्रीय महत्व की संस्था होती है जिसका कोई भी व्यक्ति पाठक हो सकता है अर्थात् यह सम्पूर्ण राष्ट्र की सेवा करता है।

राष्ट्रीय पुस्तकालय के कार्य

चूँकि किसी भी देश का राष्ट्रीय पुस्तकालय देश का एक केन्द्रीय पुस्तकालय होता है। अतः वह राष्ट्रीय स्तर के काम उस देश के नागरिकों के लाभ हेतु करता है, जिसे निम्नलिखित पंक्तियों में स्पष्ट किया गया है–

1. देश में स्थित दूसरे पुस्तकालयों में मौजूद दुर्लभ ग्रन्थों की एक प्रतिलिपि अपने यहाँ भी संग्रहीत करता है।
2. देश के प्रत्येक नागरिक को किसी भी भेदभाव के बिना पठन-पाठन की सुविधा प्रदान करता है।
3. यह देश के लिए कॉपीराइट एक्ट के अधीन प्राप्त ग्रन्थों के लिए राष्ट्रीय स्तर पर एक संग्रहण पुस्तकालय के रूप में काम करता है।
4. अन्तर्राष्ट्रीय स्तर पर राष्ट्र का प्रतिनिधित्व करता है।
5. राष्ट्रीय पुस्तकालय देश में प्रकाशित सभी ग्रन्थों का संग्रह करता है।
6. देश में पुस्तकालयों का एक नेटवर्क स्थापित करता है।
7. पुस्तकालय सेवा एवं पुस्तकालय में प्रयुक्त की जाने वाली नई विधियों एवं तकनीकियों से देश के अन्य पुस्तकालयों को अवगत कराता है।
8. यह देश के प्रत्येक व्यक्ति के साथ-साथ स्थानीय व्यक्तियों को भी अपनी पुस्तकालय सेवा प्रदान करता है।

9. विराष्ट्रों के राष्ट्रीय पुस्तकालयों से समन्वय एवं सामन्जस्य बनाये रखता है।
10. संघ सूची निर्मित करना भी राष्ट्रीय पुस्तकालय का कार्य है।
11. अन्तर्ग्रन्थालय ऋण के द्वारा अपने पाठकों को विदेशों से भी ग्रन्थ सुविधा प्रदान करता है।
12. अनेक विषयों को राष्ट्रीय स्तर पर राष्ट्रीय ग्रन्थ सन्दर्भ सूची निर्मित करता है।
13. राष्ट्र के दूसरे सभी पुस्तकालयों को हर तरह की सहायता तथा निर्देशन प्रदान करता है।

भारत के राष्ट्रीय पुस्तकालय

भारत में सर्वप्रथम राष्ट्रीय पुस्तकालय की स्थापना कोलकाता में की गयी है। इस पुस्तकालय में लगभग 19 लाख पुस्तकें एवं करीब 1000 क्रामिक कार्यरत है हरसाल करीब यह 1700 ग्रन्थ (डिलीवरी एक्ट के द्वारा) प्राप्त करता है। मात्र 3 दिन (26 जनवरी, 15 अगस्त, 2 अक्टूबर) अवकाश के दिन होते हैं। साल का व्यय करीब 33 लाख रुपये हैं। लगभग 2000 पाठक रजिस्टर्ड हैं। प्रतिदिन की पाठकों की संख्या लगभग 4000 है।

प्रबन्ध व्यवस्था–राष्ट्रीय पुस्तकालय के संचालन एवं प्रबन्ध के लिए एक समिति काम करती है जिसे Council for National Library कहा जाता है। इस लाइब्रेरी में सदस्यों की संख्या इस प्रकार हैं–

सभापति– भारत सरकार का शिक्षा सलाहकार

सचिव– राष्ट्रीय पुस्तकालय का पुस्तकालयी

2 सदस्य–केन्द्रीय सरकार के

2 सदस्य–पश्चिम बंगाल सरकार के

1 सदस्य–कलकत्ता विश्वविद्यालय से

5 सदस्य–अन्य राज्यों से

विभाग एवं कर्मचारी–निराष्ट्रक इसका सर्वोच्च अधिकारी कहलाता है तथा प्रत्येक विभाग का प्रभारी अलग से होता है। दूसरे प्रशिक्षित तथा तकनीकी योग्यताधारी स्टाफ भी ज्यादा होते हैं इस समय इसमें करीब 1000 कर्मचारी कार्यरत हैं।

राष्ट्रीय पुस्तकालय में दूसरे प्रमुख विभागों के साथ अनुवाद विभाग तथा Specific Readers विभाग अलग से स्थापित किये गये हैं। संख्या की नजर से करीब 15 विभागों में राष्ट्रीय पुस्तकालय अपना कार्य पूरा कर रहा है।

कार्य एवं प्रदत्त सेवाएँ—भारत के राष्ट्रीय पुस्तकालय प्रमुख कार्य एवं प्रदत्त सेवाओं को निम्न पंक्तियों में स्पष्ट किया जा सकता है—

(1) देश की राष्ट्रीय वाङ्मयसूची (INB) भी बनाता है।
(2) प्रयुक्त वर्गीकरण के विस्तार पर विचार करना भी राष्ट्रीय पुस्तकालय का काम है।
(3) देश में पुस्तकालयों का एक नेटवर्क स्थापित करता है।
(4) देश में विकसित हो रही पुस्तकालय की नई तकनीकों एवं विधियों से दूसरे पुस्तकालयों को परिचित कराता है।
(5) विशिष्ट पाठकों जैसे—श्रमिक, कामगार, मछुआरे, मजदूर, आदि को विशेष प्रकार की पठनीय सामग्री प्रदान कराता है।
(6) अन्तर्राष्ट्रीय स्तर पर वाङ्मयसूची का निर्माण है।
(7) देश में प्रकाशित सभी ग्रन्थों का संग्रह करता है।
(8) देश के दूसरे पुस्तकालयों में मौजूद दुर्लभ ग्रन्थों की एक प्रतिलिपि अपने यहाँ भी संग्रह करता है।
(9) यह देश के लिए एक Depository Library के रूप में कार्य करता है।
(10) देश के सभी नागरिकों के पठन-पाठन की सुविधा प्रदान करता है।
(11) अन्तर्राष्ट्रीय स्तर पर राष्ट्र का प्रतिनिधित्व करता है।
(12) यह Inter Library Loan पर भी पुस्तकें प्रदान करता है।
(13) यह संघ सूची का भी निर्माण करता है तथा देश के समस्त IIT's की एक संघ सूची बनाता है।
(14) राष्ट्रीय स्तर पर अनेक विषयों की राष्ट्रीय वाङ्मयसूची तैयार करता।

विश्व के लोकप्रिय राष्ट्रीय पुस्तकालय

विश्व के प्रमुख ग्रन्थालयों को नीचे वर्णित किया जा रहा है—

(1) फ्रांस का राष्ट्रीय पुस्तकालय बिब्लियादेक नेशनले पेरिस—फ्रांस में इस पुस्तकालय की स्थापना 1480 में की गयी थी जिसका श्रेय लुइस 9वें को है। यूरोपीय देशों में सर्वाधिक प्राचीनतम पुस्तकालय है। इसमें 60 लाख से अधिक पुस्तकें संकलित हैं तथा 5 लाख पत्रों का संकलन है। हस्तलिखित ग्रन्थों की संख्या लगभग डेढ़ लाख है। यह फ्रांस की डिपोजटरी लाइब्रेरी भी यही पुस्तकालय है।

(2) नेशनल लाइब्रेरी, कलकत्ता (भारत)— नेशनल लाइब्रेरी कलकत्ता भारत का राष्ट्रीय पुस्तकालय है। भारत का राष्ट्रीय पुस्तकालय सार्वजनिक रूप में 1835

में स्थापित हुआ था तथा 1930 में इसका पुनर्गठन किया गया था। स्वतंत्रता प्राप्ति के बाद इसे राष्ट्रीय पुस्तकालय बना दिया गया।

(3) ब्रिटिश म्यूजियम, लन्दन, (ग्रेट ब्रिटेन)—ग्रेट ब्रिटेन में पुस्तकालय अधिनियम 1850 में लागू हो गया था। ब्रिटिश म्यूजियम की स्थापना लंदन में की गयी है। यह इंग्लैण्ड का राष्ट्रीय पुस्तकालय है। इस अधिनियम का मुख्य उद्देश्य ग्रेट ब्रिटेन की जनता को पुस्तकालय सेवा उपलब्ध कराना था। इस देश में असंख्य जन पुस्तकालय हैं जिसमें सबसे बड़ा पुस्तकालय यहाँ का राष्ट्रीय पुस्तकालय है। विश्व के अन्य पुस्तकालयों की तुलना में यह काफी बड़ा है, जिसके कारण इसमें विश्व के लगभग सभी देशों के शोधकर्ताओं यहाँ से सूचनाएं प्राप्त करने को उत्सुक रहते हैं। स्थापना 1753 में संसद में अधिनियम पारित करने के आधार पर की गयी थी। आज से लगभग 120 वर्ष पूर्व 1870 में इस पुस्तकालय में एक लाख ग्रन्थ थे आज इसमें ग्रन्थों की संख्या 7 करोड़ के लगभग है। इस ग्रन्थालय में ब्रिटिश काल के प्रायः सभी प्रकाशित ग्रन्थ उपलब्ध हैं। इस पुस्तकालयों में वनस्पति विज्ञान, जीव विज्ञान एवं भू-गर्भ विज्ञान आदि का अद्वितीय संकलन है। प्राचीन देशों की हस्तलिपियों का सबसे महत्त्वपूर्ण एवं सर्वोत्कृष्ट संकलन इसी पुस्तकालय में उपलब्ध है, जिसका अन्यत्र मिलना दुर्लभ है। लगभग 60 हजार हस्तलिखित ग्रन्थ इस राष्ट्रीय पुस्तकालय में उपलब्ध है। इसका नाम परिवर्तित कम ब्रिटिश लाइब्रेरी है।

(4) लेनिन स्टेट लाइब्रेरी, मास्को (रूस)—इस राष्ट्रीय पुस्तकालय की स्थापना 1862 ई. में हुई थी। लेनिन की मृत्यु के बाद 1925 में इस राष्ट्रीय पुस्तकालय का पुनर्गठन किया गया। इस पुस्तकालय में 2 करोड़ 5 लाख पुस्तकें विश्व की 176 भाषाओं में प्रकाशित संकलित हैं तथा 2 लाख 50 हजार हस्तलिखित ग्रन्थ संकलित हैं। यह संसार का सबसे विशाल पुस्तकालय है, जो प्रतिदिन 14 घण्टों से अधिक प्रतिदिन खुलता है। लगभग 12000 पाठक प्रतिदिन यहाँ अध्ययन करने आते हैं, जिनके लिए 22 अध्ययन कक्ष निर्मित हैं। यह पुस्तकालय कभी बन्द नहीं होता है। इसमें लगभग 2000 कर्मचारी पाठकों की सेवा में संलग्न हैं।

(5) लाइब्रेरी ऑफ कॉग्रेस, न्यूयार्क (अमेरिका) यह अमेरिका का राष्ट्रीय पुस्तकालय है। संयुक्त राज्य अमेरिका (USA) में पुस्तकालय सेवा उपलब्ध कराने के उद्देश्य से डॉ. मेल्विल ड्यूवी के प्रयासों के फलस्वरूप 1876 में पुस्तकालय अधिनियम लागू किया गया, जिसके ही परिणामस्वरूप आजकल वहां प्रति 5000 आबादी के लिए एक लोक पुस्तकालय की व्यवस्था है। इस पुस्तकालय की सबसे बड़ी विशेषता यह है कि यह अमेरिका की जनता को पुस्तकालय सेवा निशुल्क प्रदान

की जाती है। लाइब्रेरी ऑफ कॉग्रेस भी संसार के विशालतम पुस्तकालयों में से एक है। इसकी स्थापना 1800 ई. में हुई थी। 1991 में की गयी रिपोर्ट के आधार पर सम्पूर्ण संकलन 9.5 करोड़ के लगभग था। किसी भी व्यक्ति के लिये इसकी सदस्यता का विकल्प खुला है। इस पुस्तकालय के 18 अध्ययन कक्षों में लगभग 1500 पाठकों को एक साथ बैठकर अध्ययन करने की सुविधा है। इसके अध्ययन कक्ष विशिष्ट प्रकार के विषयों, प्रकाशनों के प्रकारों तथा भाषाओं के संकलन के अनुसार व्यवस्थित हैं इस समय पुस्तकालय में कर्मचारियों की संख्या लगभग 5000 से भी अधिक हो चुकी है। इस पुस्तकालय में 8 लाख पुस्तकें प्रतिवर्ष आती हैं।

लाइब्रेरी ऑफ कांग्रेस के अलावा अमेरिका में न्यूयार्क पब्लिक लाइब्रेरी सबसे बड़ी लाइब्रेरी है,जो 1895 में स्थापित की गयी थी। शोध की दृष्टि से यह पुस्तकालय विश्व के विशालतम पुस्तकालयों में से एक है। अमेरिका में हारवर्ड विश्वविद्यालय का पुस्तकालय भी एक विशेष स्थान रखता है। विश्व में जिसने भी विश्वविद्यालय स्तर के पुस्तकालय हैं उनमें यह सर्वाधिक व्यापक है।

(6) पेकिंग नेशनल लाइब्रेरी (चीन)—चीन के इस राष्ट्रीय पुस्तकालय की स्थापना सन् 1909 में हुयी। इस पुस्तकालय में संकलित पुस्तकों की संख्या 44 लाख है। यहाँ का दूसरा पुस्तकालय पेकिंग विश्वविद्यालय का है। इस पुस्तकालय की सबसे प्रमुख विशेषता यह है कि इसमें न केवल 5वीं शताब्दी के ग्रन्थ अपितु तत्कालीन शाही परिवारों की पुस्तकों की संख्या उपलब्ध है।

(7) नेशनल डायट लाइब्रेरी, टोकियो (जापान)— जापान के इस राष्ट्रीय पुस्तकालय की स्थापना 1948 में की गयी थी। इसमें 21 लाख ग्रन्थों का संकलन है। जापान में लाइब्रेरी अधिनियम पुस्तकालय सेवा उपलब्ध कराने के लिए लागू है जापान ऐसा देश है जहाँ शिक्षितों की संख्या में सर्वाधिक है। टेलीविजन तथा समाचार पत्रों के मामले में तो यह अमेरिका के बाद दूसरा देश है। जापान में लगभग 850 सार्वजनिक पुस्तकालय हैं।

(8) जर्मनी का राष्ट्रीय पुस्तकालय—इस पुस्तकालय की स्थापना वर्लिन में आज के लगभग 300 वर्ष पूर्व हुई थी। इस पुस्तकालय में पुस्तकों की संख्या लगभग 36 लाख है। लगभग 8 लाख प्राचीन ग्रन्थ तथा पाण्डुलिपियाँ हैं। इस पुस्तकालय के अतिरिक्त वहाँ के वाइमर एवं लाइपजिक पुस्तकालय भी अपना विशिष्ट स्थान रखते हैं। वाइमर के केन्द्रीय पुस्तकालय में इस समय साढ़े सात लाख पुस्तकें हैं। लगभग 60000 इसके पंजीकृत पाठक हैं। जर्मनी का दूसरा विशाल पुस्तकालय लाइपजिक का जर्मन साहित्य का विशिष्ट पुस्तकालय है इसमें जर्मन भाषा में

प्रकाशित सभी पुस्तकें चाहे वह किसी भी देश में प्रकाशित हुई हो वहाँ निश्चित रूप से उपलब्ध होंगी। इसमें जर्मन भाषा में लिखित 55 लाख पुस्तकें हैं।

राज्यकीय पुस्तकालय

समस्त प्रान्त के अन्तर्गत कार्यशील प्रमुख पुस्तकालयों को राज्य पुस्तकालय कहा जाता है। इस पुस्तकालय को स्थापित करने का दायित्व राज्य शासन का होता है। राज्य का प्रधान पुस्तकालय होने के कारण इसको राज्य की सीमा में कार्य करने वाले सार्वजनिक पुस्तकालयों में सर्वोच्च स्थान प्राप्त होता है। इस सभी का प्रमुख कार्य राज्य के प्रत्येक सार्वजनिक पुस्तकालयों का मार्गदर्शन करना तथा राज्य के सभी पाठकों को पुस्तकालय सेवा प्रदान करना है।

सार्वजनिक पुस्तकालय सलाहकार समिति (भारत सरकार) के अनुरूप राज्य पुस्तकालय के विभिन्न कार्य हैं, जिसमें से कुछ प्रमुख कार्यों को निम्न पंक्तियों में स्पष्ट किया जा सकता है–

1. राष्ट्र की पंचवर्षीय योजनाओं से जुड़ी सूचनाओं के सम्बन्ध में प्रचार-केन्द्र के रूप में कार्य करना।
2. राज्य के पुस्तकालयों में उपलब्ध रचना के आधार पर एक संघ-सूची बनाना।
3. जिला व अन्य पुस्तकालयों को समय समय पर नयी तथा प्रारंभिक सामग्री करना।
4. संदर्भ सामग्री रचना रूप से संग्रहित करना तथा उच्चकोटि की पुस्तकालय सेवाएँ उपलब्ध करना।
5. राज्य की सीमा में तथा बाहर पुस्तकों के लेन-देन हेतु अन्तः पुस्तकालीन लेन केन्द्र के रूप में कार्य करना।
6. बालकों से संबंधित पुस्तकालय कार्यों को अग्रसर करना।
7. राज्य के जिला व अन्य पुस्तकालयों द्वारा अपेक्षित सभी तकनीकी और दूसरी सूचनाएँ देने वाले केन्द्र के रूप में कार्य करना।
8. पुस्तक प्रदर्शनियाँ तथा (पुस्तकालयाध्यक्षों के) व्यावसायिक सम्मेलनों का आयोजन करना।
9. राज्य के शासकीय, अशासकीय प्रकाशनों को व्यापक पैमाने पर जमा करना।

10. विद्वानों एवं शोधकर्ताओं के उपयोगार्थ सामान्य, एवं विशिष्ट वाड़मय सूचियों का प्रस्तुतीकरण।

विद्यालय पुस्तकालय

प्राथमिक तथा उच्च माध्यमिक विद्यालयों को विद्यालय पुस्तकालयों में शामिल किया गया है। बालकों में पढ़ने की आदत का विकास करना और उसकी विचार शक्ति को प्रबल बनाना परम आवश्यक है और इस कार्य को केवल विद्यालय शिक्षा के द्वारा ही पूर्ण किया जा सकता है। इसलिये प्रत्येक विद्यालय में एक उन्नत और व्यवस्थित पुस्तकालय का होना नितांत आवश्यक है, जिससे इस कार्य को पूर्ण किया जा सके। पूर्व में विद्यालय पुस्तकालयों में मात्र उन पुस्तकों का समावेश किया जाता था जो छात्रों के पाठ्यक्रम से सम्बन्धित होती थीं या उन्हें पढ़ायी जाती थीं। परन्तु सन् 1952-53 में माध्यमिक शिक्षा आयोग ने माध्यमिक शिक्षा पर एक प्रतिवेदन प्रस्तुत किया। जिसमें सुझाव दिया गया है। कि एक विद्यालय पुस्तकालय में पाठ्यक्रम से सम्बन्धित पुस्तकों के अतिरिक्त कुछ मनोरंजनात्मक व अन्य ज्ञानवर्धक साहित्य को भी समावेशित करना चाहिए जिससे विद्यालयों के छात्र अपनी रुचियों को विकसित करने के साथ-साथ ज्ञान की भी वृद्धि कर सकें। साथ ही पुस्तकालय कर्मचारियों को ऐसा होना चाहिए जो छात्रों में पढ़ने की रुचि का विकास करने में पूर्णरूप से सहायक हों।

वस्तुतः यह पुस्तकालय एक ऐसा संस्थान अथवा केन्द्र होता है जिसके द्वारा विद्यार्थियों में स्वाध्याय की प्रवृत्ति का विकास कर उनमें भविष्य के प्रति निर्णय लेने की क्षमता को विकसित कर सकता है।

विद्यालय पुस्तकालय के कार्य एवं उद्देश्य

विद्यालय पुस्तकालय के निम्नलिखित कार्य एवं उद्देश्य हैं–

(1) पुस्तकालय में आने वाले प्रत्येक छात्र एवं अन्य पाठकों को पुस्तकालय को उपयोग करने की प्रारम्भिक शिक्षा देना जिससे वे स्वयं पुस्तकालय की सामग्री का लाभ उठा सकें।

(2) विद्यालयों में अध्ययन एवं अध्यापन कार्य कराने वाले शिक्षकों एवं छात्रों की आवश्यकता एवं अभिरुचि के अनुरूप पुस्तकों एवं अन्य अध्ययन सामग्री का अधिग्रहण करना, उन्हें अध्ययन हेतु उपलब्ध कराना।

(3) छात्रों में पुस्तकालय में संग्रहित पुस्तकों को पढ़ने के प्रति अभिरुचि उत्पन्न करना तथा उनकी रुचि की पठनीय सामग्री प्राप्त करने में उनकी सहायता करना।

(4) विद्यालय के विभिन्न शैक्षणिक कार्यक्रमों में सहयोग करना एवं समर्थन देना।

(5) शिक्षकों के स्वयं के शैक्षणिक विकास के लिये ज्ञान एवं सूचना प्राप्ति के विभिन्न स्रोतों का उपयोग करने योग्य बनाना।

(6) छात्रों को पुस्तकालय उपयोग में प्रशिक्षित कर उनमें बिना किसी की सहायता के अपनी सामग्री स्वयं प्राप्त करने की क्षमता को विकसित करना।

(7) छात्रों को पुस्तकों एवं ज्ञान तथा सूचना के अन्य स्रोतों के विवेकपूर्ण उपयोग में सक्षम बनाने हेतु उनके मस्तिष्क में पुस्तकों के प्रति भाव उत्पन्न करना और उनमें पठन-पाठन की रुचि उत्पन्न करना।

(8) आजीवन शिक्षा के लिये छात्रों में स्व-शिक्षा की प्रभावशाली योग्यता एवं निपुणता उत्पन्न करना।

उक्त समस्त कार्यों एवं उद्देश्यों को पूरा करने के लिए पाठ्य-सामग्री और अन्य अध्ययन सामग्री उपलब्ध कराने के साथ-साथ श्रव्य-दृश्य सामग्री की सहायता से शिक्षण तथा अनुदेश की विभिन्न विधियों का भी प्रतिपादन किया जाता है। विभिन्न आयु वर्ग के छात्रों के लिये अनेक विभिन्न प्रकार की गतिविधियों की योजना बनाकर उनमें सम्मिलित होने के लिये भी उन्हें प्रोत्साहित किया जाता है। वर्तमान में पुस्तकालयों को मात्र एक सुविधा के रूप में ही नहीं बल्कि ज्ञान के विभिन्न आयामों को प्राप्ति के लिये प्रमुख साधन के रूप में भी स्वीकार किया गया है। विद्यालय पुस्तकालय शैक्षिक एवं गैर शैक्षिक दोनों प्रकार की गतिविधियों में छात्रों के लिये सहायक होते हैं।

प्राथमिक विद्यालय पुस्तकालय

सामान्यतः प्राथमिक विद्यालयों में वे बालक एवं बालिकाएं शिक्षा ग्रहण करने के लिए आते हैं जिनकी अवस्था लगभग पाँच से दस वर्ष तक होती है। इस अवस्था में उनकी प्रवृत्तियों और रुचियों का निर्माण किया जा सकता है। बालक तथा बालिकाओं को यहाँ प्रथम बार पुस्तकालय के उपयोग का अवसर प्राप्त होता है। इस स्तर के छोटे-छोटे बच्चे पुस्तकालय में कहानियाँ सुनने के लिये, पुस्तकों का अवलोकन तथा अध्ययन हेतु, मनोरंजनात्मक सामग्री को प्राप्त करने हेतु और अपने

प्रश्नों का उत्तर पाने हेतु आते हैं। इस स्तर पर पुस्तकालयों को उनमें पढ़ने की अभिरुचि विकसित करने का पूरा प्रयास करना चाहिए।

अतः प्राथमिक विद्यालयों के पुस्तकालय को अपने निर्धारित उद्देश्यों को पूरा करने के निम्न प्रकार के कार्यों को करना पड़ता हैं–

(1) पठन-पाठन और पुस्तकों का उपयोग करने की रुचि उत्पन्न करने के लिये विविध प्रकार के मनोरंजनात्मक कार्यक्रम कराना और सेवाएँ उपलब्ध कराना,

(2) पुस्तकालय में सभी आवश्यक भौतिक सुविधाएँ–भवन, फर्नीचर और उपकरण आदि उपलब्ध कराना,

(3) छात्र एवं छात्राओं में पुस्तकों के पठन हेतु रुचि उत्पन्न करना,

(4) पुस्तकों के प्रति प्रेम उत्पन्न करना,

(5) छात्रों एवं शिक्षकों के लिये उनकी आवश्यकतानुसार ज्ञान प्राप्ति एवं शिक्षण हेतु अन्य महत्त्वपूर्ण अध्ययन सामग्री का संग्रह करना,

(6) छात्र एवं छात्राओं का ध्यान और उनमें उत्सुकता उत्पन्न करने एवं उनका ध्यान आकर्षित करने के लिये समस्त संग्रह का उचित व्यवस्थापन एवं प्रदर्शन करना,

(7) पढ़ने में रुचि और उत्सुकता उत्पन्न करने के लिये विविध प्रकार की सामग्री जिससे उन्हें पृथ्वी, ब्रह्माण्ड, समुद्र, वन्यजीव, प्राणिजगत, विश्व एवं उसके देश, विज्ञान और प्रौद्योगिकी आदि के सम्बन्ध में जानकारी मिल सके।

उच्चत्तर माध्यमिक विद्यालय पुस्तकालय

इस पुस्तकालय का स्वरूप प्राथमिक विद्यालय पुस्तकालय के स्वरूप से कुछ व्यापक होता है, क्योंकि उच्च माध्यमिक विद्यालयों में अध्यापकों तथा छात्र-छात्राओं की संख्या अधिक होती है, पुस्तकें तथा अन्य ज्ञान-सामग्रियाँ विभिन्न स्तरों छठवीं से आठवीं कक्षा (मिडिल कक्षाएँ), नवीं एवं दसवीं कक्षा (माध्यमिक कक्षाएँ) तथा ग्यारहवीं एवं बारहवीं कक्षा (उच्चत्तर माध्यमिक कक्षाएँ) के छात्रों की अभिरुचि के अनुसार होती है। किसी बड़े उच्चत्तर माध्यमिक विद्यालय के पुस्तकालय के अन्तर्गत विज्ञान, सामाजिक अध्ययन, गणित तथा भाषा एवं साहित्य आदि सभी विषयों के पृथक विभाग हो सकते हैं। इन पुस्तकालयों में अध्ययन कक्ष, गोष्ठी तथा सम्मेलन कक्ष विशिष्ट प्रकार की सामग्री–चलचित्र, टेप रिकॉर्ड, कम्प्यूटर आदि के लिये भी अलग-अलग कक्ष हो सकते हैं। उच्चत्तर माध्यमिक शिक्षा कार्यक्रम का अपना एक विशेष महत्त्व होता है। यह वह समय होता है जो छात्र-छात्राओं के सर्वांगीण विकास

के लिये निर्णायक वर्ष होते हैं। विद्यार्थी जीवन की इस अवस्था में निर्मित अच्छी रुचियाँ और आदतें चिरस्थायी होती हैं।

उच्चत्तर माध्यमिक विद्यालय पुस्तकालय के निम्नलिखित उद्देश्य हैं–

(1) विभिन्न प्रकार के अन्य पुस्तकालयों का भी अवलोकन कराना, जिससे वे उनके सम्बन्ध में भी ज्ञान प्राप्त कर सकें और आवश्यकता होने पर अपने अध्ययन हेतु उनका उपयोग करने में सक्षम बन सकें।

(3) पाठ्यक्रम से सम्बन्धित अध्ययन सामग्री के उपयोग हेतु रुचि पैदा करने के अलावा उनमें सामान्य ज्ञान एवं अन्य सूचनात्मक साहित्य के अध्ययन के प्रति भी रुचि जागृत करना,

(2) छात्रों एवं शिक्षकों में ज्ञान एवं सूचना को प्राप्त करने हेतु रुचि का विकास करना, जिससे वे विभिन्न संदर्भ स्रोतों एवं सूचना सामग्री में से किसी भी सम्बन्धित विषय पर स्वयं सूचना खोज सके और उसे अपने प्रयोग में ला सकें।

भारत में विद्यालय पुस्तकालयों की स्थिति

भारत में सन् 1947 के पूर्व पुस्तकालयों की अच्छी नहीं थी, लेकिन इसके बाद हमारे देश में प्राथमिक, माध्यमिक और उच्चत्तर माध्यमिक विद्यालयों की संख्यात्मक वृद्धि हुई है, गुणात्मक नहीं, इसी प्रकार इन विद्यालयों में पुस्तकालयों की स्थिति भी ज्यादा अच्छी नहीं है और भारत के विद्यालय पुस्तकालयों की अत्यंत निराशाजनक छवि उभरकर सामने आई है। नवोदय विद्यालय समिति द्वारा जो नवोदय विद्यालय खोले गये हैं उनमें तथा केन्द्रीय विद्यालयों में पुस्तकालयों की स्थिति संतोषजनक है। अन्य विद्यालयों एवं विद्यालय पुस्तकालयों का उचित विकास न हो पाने के पीछे विभिन्न कारण है जिनमें धन का अभाव, भवन का अभाव, प्रशिक्षित कर्मचारियों का अभाव, उपकरणों का अभाव इत्यादि प्रमुख हैं। इन विभिन्न कारणों के फलस्वरूप विद्यालय पुस्तकालय अपने उद्देश्य की प्राप्ति करने में सक्षम नहीं है।

राष्ट्रीय शैक्षिक शोध तथा प्रशिक्षण परिषद्–द्वारा विद्यालयों में पुस्तकालय, प्रयोगशाला और उपकरणों की उपलब्धता जानने के लिये 1981 में एक सर्वेक्षण कराया गया था। उस दौरान भारत के अन्तर्गत लगभग छः लाख विद्यालय स्थापित थे। जिनकी संख्या विगत 25 वर्षों में बढ़कर अब 10 लाख के लगभग हो गई होगी। इन विद्यालयों का नियंत्रण एवं प्रबंध निम्न संस्थाओं द्वारा किया जाता है–(i) राज्य सरकार के शिक्षा विभाग द्वारा, (ii) भारत सरकार के केन्द्रीय शिक्षा बोर्ड द्वारा,

(iii) स्थानीय निकायों द्वारा जिनमें नगर निगमों, नगरपालिका, ग्राम पंचायत आदि सम्मिलित हैं, (iv) व्यक्गितगत संस्थाओं द्वारा आदि।

कई संस्थानों या निकायों के माध्यम से नियंत्रित इन विद्यालयों में भी विविधता पायी जाती है। पुस्तकालय सुविधा की दृष्टि इस सर्वेक्षण से ज्ञात हुआ है कि केवल 41.80 प्रतिशत विद्यालयों में ही पुस्तकालय सुविधा उपलब्ध है। 40 प्रतिशत विद्यालयों में पूर्णकालिक प्रशिक्षित पुस्तकालयाध्यक्ष नियुक्त हैं। जहाँ तक पुस्तकों की संख्या का प्रश्न है वहाँ 178 प्रतिशत विद्यालयों में 100 पुस्तकें, 9.6 प्रतिशत में 100 से 249 पुस्तकें, 5.3 प्रतिशत विद्यालयों में 250 से 499 तक पुस्तकें, 3.6 प्रतिशत में 500 से 999 पुस्तकें, 2.52 प्रतिशत विद्यालयों में 1000 से 1999 तक पुस्तकें, 9.4 प्रतिशत में 2000 से 3999 पुस्तकें और 1.63 प्रतिशत में 4000 से 5000 तक पुस्तकें उपलब्ध हैं।

महाविद्यालय पुस्तकालय

महाविद्यालय पुस्तकालय वे पुस्तकालय होते हैं, जो महाविद्यालयों में अपनी सेवा प्रदान करते हैं। ये अपनी विविध सेवाओं के माध्यम से महाविद्यालयीय स्तर पर प्रदान की जाने वाली औपचारिक नियमित शिक्षा को सर्वांगीण बनाते हैं। महाविद्यालय को उच्च शिक्षा का प्रमुख प्रवेशद्वार कहा जाता है। विभिन्न प्रकार के विषयों का व्यापक विश्लेषण एवं अध्ययन इन्हीं विद्यालयों से शुरू होता है। अध्ययन को व्यापक, तुलनात्मक और प्रायोगिक रूप देने के लिये कक्षा शिक्षण के अतिरिक्त स्वाध्याय करना आवश्यक है। छात्रों के स्वाध्याय को सरल बनाने हेतु महाविद्यालय स्तर पर पुस्तकालय की व्यवस्था की जाती है। विभिन्न अध्यापनीय विषयों की मौलिक बातों का निर्देशन कक्षा से प्राप्त कर तुलनात्मक अध्ययन के लिये शिक्षक छात्रों को पुस्तकालय जाने की सलाह देते हैं अतः उच्च शिक्षा में इनका विशेष महत्त्व होता है।

महाविद्यालय पुस्तकालय के उद्देश्य एवं कार्य

महाविद्यालय पुस्तकालय के प्रमुख उद्देश्य एवं कार्य निम्नलिखित हैं—

(1) ज्ञान एवं सूचना के क्षेत्र में स्वावलम्बी बनाने हेतु स्वाध्याय पर जोर देना,

(2) व्यक्तिगत सेवा व मार्गदर्शन द्वारा कक्षा शिक्षा को व्यापक एवं तुलनात्मक रूप देना अर्थात् विद्यार्थियों के अध्ययन को पाठ्य-पुस्तकों के सीमित दायरे से निकालकर बहुत पुस्तकोन्मुखी बनाना,

(3) प्रतिभाशाली एवं तीव्र वृद्धि वाली छात्र-छात्राओं को विभिन्न विषयों में उच्चतर के अध्ययन हेतु प्रोत्साहित करना,

(4) अध्ययन के लिये प्रचुर तथा सुखद भौतिक सुविधाएँ सुलभ करना,

(5) शोध छात्रों एवं प्राध्यापकों हेतु प्राध्यापकों हेतु ग्रंथात्मक सूचनाएँ एवं विशिष्ट सामग्री उपलब्ध कराना,

(6) छात्र-छात्राओं को विभिन्न व्यवसायों एवं उद्योगों में निपुण एवं योग्य बनाना।

(7) महाविद्यालय शिक्षा को उपयोगी बनाने के लिये आवश्यक पाठ्य-सामग्री एवं अन्य पाठ्ययेत्तर सामग्री का संग्रह करना जिनमें प्रमुखतः पढ़ाए जाने वाले विषयों से सम्बन्धित पाठ्यपुस्तकें, विभिन्न प्रकार के महत्त्वपूर्ण संदर्भ ग्रंथ, पत्र-पत्रिकाएँ, मनोरंजनात्मक साहित्य, कथा-कहानी, उपन्यास, नाटक, विभिन्न वाङ्मय सूचियाँ श्रव्य-दृश्य सामग्री, फिल्म्स एवं कम्प्यूटर पर आधारित शिक्षण सामग्री का संग्रहण करना अनिवार्य है।

(8) नवागंतुक छात्र-छात्राओं को पुस्तकालय का प्रारम्भिक परिचय कराना,

(9) निर्धारित नीति के अनुसार विभिन्न प्रकार की प्रसार एवं विस्तारसेवाओं का आयोजन करना,

(10) पुस्तकालय सेवाओं एवं कार्यों को सर्वाधिक प्रभावी बनाने के लिए अन्य समान प्रकार के पुस्तकालयों के साथ समन्वय स्थापित कर उनका अध्ययन कार्य में सहयोग लेना।

(11) महत्त्वपूर्ण दुर्लभ प्रलेखों का संरक्षण करना।

(12) विविध प्रकार से विद्यार्थियों के सामान्य ज्ञान में विकास करना,

(13) छात्र-छात्राओं की बुद्धि को सूक्ष्म, दृष्टि को व्यापक और उनकी स्मृति को विकसित करना,

(14) अध्यापकों को पढ़न-पाढ़न में आवश्यकता अनुसार सहयोग प्रदान करना,

(15) छात्र-छात्राओं में विभिन्न विषयों की गहन समझ विकसित करना,

महाविद्यालय पुस्तकालयों को एक आवश्यक और महत्त्वपूर्ण साधन के रूप में कार्य करने की दृष्टि से यह आवश्यक है कि पुस्तकालय में सजीव ग्रंथ संग्रह हो, दक्ष और योग्य पर्याप्त कर्मचारी हों, उपयुक्त भवन, पर्याप्त वार्षिक अनुदान, प्रभावशाली संगठन और स्पष्ट नीति होनी चाहिए जिससे पुस्तकालय ढंग से कार्य करते हुए अपने तथा महाविद्यालय के शिक्षा सम्बन्धी लक्ष्यों या उद्देश्यों को पूरा करने में सफल हो सके।

अन्य आवश्यक अपेक्षाएँ

महाविद्यालय पुस्तकालय में छात्रों एवं शिक्षकों की विविध शैक्षिक आवश्यकताओं और सुविधाओं को देखते हुए इन पुस्तकालयों से निम्नलिखित उम्मीदें की जा सकती हैं–

(1) अभिलेख संकलन को उचित ढंग से सुव्यवस्थिति करने हेतु वर्गीकरण एवं सूचीकरण आवश्यक है। वर्गीकरण हेतु डी0डी0सी0 अथवा सी0 सी0 वर्गीकरण पद्धति तथा सूची भी मानक सूचीकरण नियमों पर आधारित होनी चाहिए। सूचीकरण हेतु ए0 ए0 सी0 आर0 2 अथवा सी0 सी0 सी0 प्रयोग में लानी चाहिए।

(2) पाठकों, शोधछात्रों और शिक्षकों की माँग और आवश्यकता के अनुरूप संग्रह का विकास किया जाना आवश्यक है। संग्रह में पाठ्यपुस्तकों, संदर्भ पुस्तकों और पत्रिकाओं के साथ-साथ श्रव्य-दृश्य सामग्री, डिस्क, वीडियोकैसिट्स तथा कम्प्यूटर आधारित सामग्री का भी संकलन किया जाना चाहिए। समस्त संग्रह जीवित एवं क्रियाशील होना चाहिए।

(3) पुस्तकालयाध्यक्ष व्यावसायिक योग्यता से सम्पन्न अनुभवी होना चाहिए। पुस्तकालय के समुचित संचालन हेतु अन्य पुस्तकालय व्यावसायिक यथा उप-पुस्तकालयाध्यक्ष, सहायक पुस्तकालयाध्यक्ष, पुस्तकालय सहायक, लिपिक एवं चतुर्थ श्रेणी कर्मचारी होने चाहिए।

(4) पुस्तकालय भवन क्रियात्मक होना चाहिए। उनमें सभी विभागों तथा पाठकों के बैठने और अध्ययन करने के पर्याप्त स्थान होना आवश्यक है। वर्तमान में कम्पयूटर का अनुप्रयोग भी होने लगा है। अतः उसके लिये अलग से एक कक्ष की व्यवस्था होनी चाहिए। अन्य वे समस्त सुविधाएँ होनी चाहिए जिससे पाठक पुस्तकालय की ओर आकर्षित होकर आए।

(5) विविध प्रकार के अध्येताओं की मांग के अनुसार पुस्तकालय है। सेवा देना पुस्तकालय का एक महत्त्वपूर्ण कार्य है। महाविद्यालय पुस्तकालय को पुस्तक आदान-प्रदान सेवा, अन्तः पुस्तकालय ऋण सेवा, सूचना एवं संदर्भ सेवा, प्रलेखन सेवा, छाया प्रतिलिपिकरण सेवा, दृश्य श्रव्य सामग्री आदि से सम्बन्धित महत्त्वपूर्ण सेवाएँ उपलब्ध करानी चाहिए।

विश्वविद्यालय पुस्तकालय

वर्तमान समय में बढ़ती शोध प्रविधियों के कारण उच्च शिक्षा तथा शोध कार्यों के विकास में विश्वविद्यालय की प्रमुख भूमिका है। विश्वविद्यालय शिक्षा पर ज्ञान व

विज्ञान का संरक्षण एवं विकास आश्रित होता है। वर्तमान समय आज के विश्वविद्यालय का मुख्य कार्य उच्च शिक्षा और पुस्तकालय के माध्यम से ज्ञान एवं सूचना का विकेन्द्रीकरण करना तथा शोध द्वारा उसके क्षेत्र का विस्तार करना है। पुस्तकालय को विश्वविद्यालय का हृदय कहा गया है, और इसके बिना कोई भी विश्वविद्यालय अपने शैक्षणिक उद्देश्यों को पूरा नहीं कर सकता। अतः प्रत्येक विश्वविद्यालय में पुस्तकालय का होना नितांत आवश्यक है।

विश्वविद्यालय पुस्तकालय के उद्देश्य

प्रसिद्ध विशेषज्ञ हेरॉल्ड लेनकोर के अनुसार पुस्तकालय का उद्देश्य अपने पोषक तत्व पाठकों के लिये शिक्षा के एक व्यापक एवं निश्चित रूप का निर्माण करना है। पाठ्य-सामग्री का उपयोग और सेवाओं के लिये पुस्तकालय को एक विशेष स्वरूप दिया गया है। आज उनका कार्य छात्रों की माँग और आवश्यकता को संतुष्ट करते हुए उनकी बुद्धि और विवेक को तीव्र बनाना, शोध कर्त्ताओं को प्रोत्साहित करना और एक शिक्षण पद्धति की भाँति कार्य करना है। आज के पुस्तकालयाध्यक्ष का कार्य शिक्षक के समान है और छात्र उसके निर्देशन में अध्ययन एवं अनुसंधान की आवश्यकताओं को सक्रियता से पूरा करता है।

विश्वविद्यालय पुस्तकालय के प्रमुख उद्देश्य निम्नलिखित हैं–

(1) पुस्तकालय संग्रह में संग्रहीत सामग्री को उपयोग के लिये व्यवस्थित करना और उसका रख-रखाव करना,

(2) ज्ञान प्राप्ति, शिक्षण, शोध तथा प्रकाशन आदि के लिये विविध विषयों से सम्बन्धित व्यापक प्रलेख संग्रह का निर्माण करना,

(3) अपनी पैतृक संस्था या विश्वविद्यालय के छात्रों, शोध छात्रों एवं प्राध्यापकों की शैक्षिक आवश्यकताओं को पूरा करने में हयोग करना,

(4) विभिन्न प्रकार की माँग–वर्तमान तथा पूर्वानुमानित के आधार पर पुस्तकालय सेवा, प्रलेखन सेवा और सूचना सेवा उपलब्ध करना,

विश्वविद्यालय पुस्तकालय के कार्य

विश्वविद्यालय पुस्तकालय के प्रमुख कार्य निम्नलिखित हैं–

(1) प्रलेखों का आदान-प्रदान एवं अन्तः पुस्तकालय ऋण सेवा कार्य।

(2) अनुसंधान कार्य।

(3) प्रशासकीय एवं प्रबन्धकीय कार्य आदि।

(4) ग्रंथ और ग्रंथ्येतर सामग्री का अधिग्रहण, प्रक्रियाकरण, प्रस्तुतीकर तथा व्यवस्थापन से सम्बन्धित कार्य।

(5) शिक्षण कार्य जिसके अन्तर्गत उपभोक्ता प्रशिक्षण कार्यक्रम, व्याख्यान और दीक्षा पाठ्यक्रम आते हैं।

(6) पाठक परामर्श दात्री सेवा कार्य।

पैरी समिति ने विश्वविद्यालय पुस्तकालय के निम्नलिखित कार्यों का निरूपण किया है–

(1) आलोचनात्मक दृष्टि से स्वाध्याय करने तथा अनुवर्गीय कक्षा में प्रभावशाली ढंग से चर्चा करने के लिये स्नातक पूर्व छात्रों पुस्तकालय द्वारा प्रशिक्षित किया जाए,

(2) स्नातकों को कक्षा में अध्ययन करने, संगोष्ठियों में भाग लेने और स्वाध्याय करने के लिये आवश्यक साहित्य संग्रहित करें,

(3) नए विभाग की स्थापना तथा वहाँ सम्बद्ध विषयों पर अध्ययन तथा विशिष्टीकरण करने के लिये विद्वान शिक्षकों को आवश्यक सामग्री उपलब्ध करायें,

(4) विश्वविद्यालय पुस्तकालय को उपयोगी प्रभूत प्रकाशनों की जानकारी हो,

(5) आवश्यक साहित्य को यथासंभव शीघ्र प्राप्त करने का प्रयास करें,

(6) पुस्तकालय उन्हीं पद्धतियों को अपनाएं जिसके आधार पर स्थानीय स्तर पर अनुपलब्ध साहित्य शोध छात्रों के लिये सुलभ तरीके से उपलब्ध हो सके,

(7) मौजूद और आने वाली पीढ़ी हेतु मानवीय प्राचीन उपलब्धियों एवं मूल्यों को सुरक्षित रखने के लिये विश्वविद्यालय पुस्तकालय को मूर्धन्य मनीषियों के व्यक्तिगत संग्रहों के क्रय द्वारा अथवा अन्य प्रकार से प्राप्त कर अपने संग्रह को समृद्ध बनाना चाहिए।

विश्वविद्यालय पुस्तकालय के उपर्युक्त वर्णित कार्यों के अतिरिक्त भी कुछ कार्य हैं जो निम्नवत हैं–

(1) विविध प्रकार की प्रलेखन एवं सूचना सेवाओं का विस्तार करना,

(2) अध्ययन सामग्री, सूचना एवं संदर्भ सेवा तथा निर्देशन सेवा उपलब्ध कराकर छात्रों में स्वाध्याय की प्रवृत्ति को बढ़ाना,

(3) प्रचलित शोध कार्यों को व्यावहारिक रूप प्रदान करना,

(4) विश्वविद्यालय शिक्षण, प्रशिक्षण एवं शोध कार्य में सहयोग करना,

(5) छात्रों, शोध छात्रों एवं अध्यापकों के लिये आवश्यक अध्ययन अध्यापन सामग्री का संकलन करना,

(6) अध्ययन, शिक्षण और शोध आदि से जुड़े उपकरण को सुव्यवस्थित करके उसे उपयोग योग्य बनाना,

(7) विभिन्न प्रकार की विस्तार एवं प्रसार सम्बन्धित कार्यों का विशेष रूप से आयोजन करना,

(8) शोध शक्ति के संरक्षण एवं संवर्द्धन हेतु प्रलेखन सम्बन्धी कार्य करना,

(9) छात्रों की अध्ययन सम्बन्धी समस्याओं के समाधान हेतु मार्गदर्शन एवं सूचना सेवा प्रदान करना,

थोड़े में हम कह सकते हैं कि विश्वविद्यालय पुस्तकालय का प्रमुख उद्देश्य छात्रों को उच्च शिक्षा की दृष्टि से स्वावलम्बी बनाना एवं उनकी सुप्त बौद्धिक शक्तियों को जाग्रत कर उनका उचित दिशा में विकास करना है।

विश्वविद्यालय पुस्तकालय का संगठन

संगठन पद्धति का ढांचा एवं प्रकार

विश्वविद्यालय पुस्तकालय की संरचना संगठनात्मक होना चाहिए। विश्वविद्यालय से संबंधित सब सदस्यों को समान और न्यायसंगत तरीके से पुस्तकालय की सुविधाएं उपलब्ध करने हेतु पुस्तकालय पद्धति के अन्तर्गत आने वाले सभी पुस्तकालयों का संगठन विभिन्न तरह से किया जाता है। प्रशासन एवं नियंत्रण की दृष्टि से विश्वविद्यालय पुस्तकालय संगठन प्रमुख दो भागों में बांटा गया है, जो इस प्रकार हैं–

1. बाह्य संगठन एवं
2. आन्तरिक संगठन।

विश्वविद्यालय के अधिकार और विभिन्न भौगोलिक क्षेत्रों में स्थापित विभिन्न पुस्तकालयों में समन्वयन बनाये रखने के लिए अपनाई जाने वाली प्रबंध पद्धति बाह्य संगठन कहलाता है। इसके विपरीत विश्वविद्यालय से संबंधित पुस्तकालयों का संगठन एवं प्रबंध आन्तरिक संगठन कहलाता है। इस संगठन पर निम्नलिखित तत्त्वों का प्रभाव पड़ता है–

1. ग्रन्थालयी के अधिकार–वर्गीकरण के दौरान इस बात पर विशेष ध्यान देना चाहिए कि विश्वविद्यालय के विविध विभागों में संचित अध्ययन-सामग्रियों के संगठन और प्रबंध के लिए विश्वविद्यालय के ग्रन्थालयी को कितना अधिकार दिया गया है और वहां के अन्य उच्च अधिकारियों के सामने उसका क्या स्थान और प्रतिष्ठा है। विश्वविद्यालय से संबंधित सब पुस्तकालयों के संगठन का दायित्व यदि मुख्य ग्रन्थालयी को दिया जाता है, तो उसे प्रशासनिक और शैक्षणिक दोनों क्षेत्रों में उच्च

पद तथा गौरव का स्थान देना चाहिए। उस अवस्था में ही वह प्राध्यापकों और उच्च अधिकारियों से बराबरी के स्तर पर परामर्श कर सारे पुस्तकालयों का संगठन एवं प्रबंध प्रभावशाली तथा उपयोगी तरीके से कर सकता है।

2. उपलब्ध धन—किसी भी संस्था एवं संगठन में वित्त का महत्त्वपूर्ण योगदान होता है। इसके अभाव में किसी भी संस्था या संगठन का प्रभावी संचालन सम्भव नहीं है अतः संगठन एवं प्रबन्ध हेतु धन का होना अति आवश्यक है। यदि विश्वविद्यालय के विविध पुस्तकालयों को विकेन्द्रित तरीके से संगठित करना है, तो पर्याप्त वित्त आवश्यक है। इसके अभाव में केन्द्रीयकरण ही सुविधाजनक सिद्ध होता है।

3. कर्मचारी—किसी की पुस्तकालय का प्रभावी संचालन उसके कर्मचारियों पर निर्भर होता है। अतः कर्मचारी पुस्तकालय का वास्तविकता निर्माता कहलाते हैं। उनके कार्यों और सेवाओं पर पुस्तकालय की महत्ता बनी रहती है। इसीलिए संगठन के स्वरूप को स्थिर करते समय प्रशिक्षित और ज्ञान के विभिन्न प्रमुख विषयों में निष्णात कर्मचारियों की सुलभता, उनकी पर्याप्तता, आदि को अनदेखा नहीं किया जा सकता है। विकासशील देशों में इस बात को खास-तौर से ध्यान में रखना चाहिए। इस तरह संगठन कार्य के लिए कार्यकर्ता एक प्रमुख प्रभावकारी तत्व है।

4. भवन के लिए सही एवं पर्याप्त स्थान—भवन किस प्रकार का है? उसका निर्माण कार्यानुसारी है या नहीं? भावी विस्तार के लिए अगल-बगल में पर्याप्त स्थान है कि नहीं? इसी प्रकार विश्वविद्यालय के विविध विभागों में शाखा पुस्तकालयों की स्थापना करने के लिए आवश्यक तथा सुविधाजनक स्थान है या नहीं उनके निर्माण की योजनाएं विचाराधीन हैं कि नहीं? स्थान पुस्तकालय के लिए अनुकूल है या नहीं?

5. जिम्मेवारी और अधिकारों की शृंखला तथा विभाजन का क्रियान्वयन—अनुभाग तथा विभागीय अथवा शाखा पुस्तकालयों के प्रभारिगों को प्रदत दायित्व और अधिकारों की सीमा भी संगठन पद्धति की उपयोगिता को प्रभावित करती है।

6. पाठकों की मांग तथा पाठ्य-सामग्रियों की निरंतरता—वास्तव में पाठकों की संख्या पर ही पुस्तकों की मांग निर्भर होती है अतः पाठकों की संख्या में जैसे-जैसे वृद्धि होगी वैसे-वैसे पुस्तकों की मांग में भी वृद्धि होगी। केन्द्रीय पुस्तकालय के अन्दर अलग-अलग अनुभाग और बाहर विभिन्न शाखा पुस्तकालयों की स्थापना करना पड़ती है, यथा पूर्वोपाधिस्तर के छात्रों के लिए अलग पुस्तकालय।

इस प्रकार अध्ययन सामग्रियों की धाराप्रवाहिकता भी संगठन पद्धति को प्रभावित करती है।

7. पाठ्य-सामग्री का भौतिक रूप और संग्रह का आकार—आन्तरिक संगठन में पाठ्य-सामग्री का भौतिक रूप भी विभागीकरण का एक तत्व होता है। अध्ययन सामग्रियों का संयोजन और संरक्षण पाठकों की सुविधाओं के अनुसार करने के लिए उन्हें उनके प्रमुख भौतिक रूप के अनुसार अलग-अलग अनुभागों में रखने की व्यवस्था की जाती है; यथा—पत्र-पत्रिका विभाग, सूक्ष्म चित्र विभाग, सन्दर्भ कक्ष आदि। परन्तु भौतिक रूप अथवा प्रभावकारी तत्वों के आधार पर विभागीकरण करने के लिए पाठ्य-सामग्रियों की संख्या का पर्याप्त होना आवश्यक है।

8. शिक्षा का स्तर—शिक्षा की आन्तरिक संगठन को प्रभावित करता है। अत्यधिक प्रभाव पड़ता है। विभाग का वर्गीकरण या विभक्तिकरण करते समय शिक्षार्थियों के शैक्षणिक स्तर और उनके अनुसार उनकी विशेष मांग को भी ध्यान में रखना होता है। इसी आधार पर पूर्वोपाधि स्तर के छात्रों के लिए स्वतंत्र पुस्तकालय की स्थापना की जाती है।

9. प्रस्तावित कार्यकाल—स्वतंत्र शाखा पुस्तकालय स्थापित करते समय यह भी ध्यान में रखा जाना चाहिए कि क्या वहां पाठकों की मांग के अनुसार पुस्तकालय का कार्यकाल स्थिर करना संभव है? क्या उसके लिए जरूरी अन्य साधन उपलब्ध हैं? इस तरह उपर्युक्त तत्वों को दृष्टि में रखते हुए विश्वविद्यालय पुस्तकालय पद्धति के बाह्य एवं आन्तरिक संगठन को क्रमशः विस्तारित किया जाता है।

10. देश की शासन व्यवस्था—यदि शासन व्यवस्था प्रजातांत्रिक है, तो सामान्यतया विश्वविद्यालय और उसके पुस्तकालयों का बाह्य संगठन विकेन्द्रित होता है, जैसा कि प्रजातंत्रात्मक देशों में है। इसके विपरीत यदि अधिनायकतंत्र अथवा पूरे देश में या प्रान्तों में एक जैसी नीति को लागू करने के लिए सारी शासन व्यवस्था एक केन्द्र के अधीन होती है, तो वहाँ विश्वविद्यालय और पुस्तकालयों का प्रबंध एक केन्द्रीय संगठन द्वारा नियंत्रित होता है।

11. भौगोलिक स्थिति एवं पाठकों की संख्या—यदि विश्वविद्यालय से सम्बन्धित विभागों की स्थापना गांव या शहर से काफी दूर स्थापित किया गया है, तो पुस्तकालयों का संगठन विभागीय सदस्यों की सुविधा के अनरूप स्थिर किया जाता है। आस्ट्रेलिया, जर्मनी, इटली, स्पेन और स्कैंडेनेविया में इसके उदाहरण विशेष रूप से देखने में आते हैं।

अन्य देशों के महानगरों में, यथा—दिल्ली, मुम्बई आदि स्थानों पर भी इसके उदाहरण देखे जा सकते हैं। इसके साथ ही पाठकों की संख्या को भी ध्यान में रखा जाता है। थोड़े पाठकों के लिए स्वतंत्र संगठन आर्थिक दृष्टि से अनुपयुक्त होता है।

12. विषयों से संबंध—आज के दौर में विभिन्न विषयों का सम्बन्ध एक दूसरे पर निर्भर होता जा रहा है। फलतः एक विषय को समझने के लिए संबंधित दूसरे विषय का ज्ञान अपेक्षित होता है। आजकल परस्पर सम्बद्ध प्रमुख विषयों के उच्च अध्ययन और शोध कार्यों के लिए विश्वविद्यालयों में स्नातकोत्तर स्तर पर अध्ययन केन्द्र (स्कूल्स और एडवान्स सेण्टर) स्थापित किए जाते हैं। मितव्ययिता और शिक्षक तथा छात्रों की सुविधा हेतु इन केन्द्रों में सर्वांगीण पुस्तकालय की स्थापना की जाती है। अन्योन्याश्रयी विषयों के उच्च अध्ययन का पाठ्य-सामग्री से निकट का सम्बन्ध होता है। दूसरे शब्दों में उन विषयों के अध्ययन के लिए अनेक बार ग्रन्थों का अवलोकन आवश्यक होता है। इस प्रकार के विषयों के कुछ प्रमुख उदाहरण इस प्रकार हैं—यांत्रिकी और भौतिक विज्ञान, जीव विज्ञान और रसायन विज्ञान, गणित तथा भौतिक, शिक्षा एवं मनोविज्ञान, अर्थशास्त्र तथा व्यवसाय प्रबंध, भाषा विज्ञान तथा समाजशास्त्र, औद्योगिक, यांत्रिक और व्यापार पद्धति, अंतरिक्ष विज्ञान, आदि। अतः विश्वविद्यालय पुस्तकालय पद्धति का संगठन करते समय इस बात को ध्यान में रखना चाहिए।

13. रीतियां—कुछ व्यावहारिक विज्ञानों से संबंधित विभागीय या महाविद्यालय पुस्तकालय प्रारंभ से विश्वविद्यालय के केन्द्रीय पुस्तकालय से स्वतंत्र रहे हैं। वैद्यकी अथवा आरोग्य शास्त्र, विधि, कृषि, यांत्रिक और प्रशिक्षण शास्त्र के पुस्तकालय, संबंधित शैक्षणिक विभाग या महाविद्यालय इसके प्रमुख उदाहरण हैं— विश्वविद्यालय के पुस्तकालयों का संगठन करते समय इन परम्पराओं को दृष्टि में रखना आवश्यक है।

विकेन्द्रीकरण पद्धति

इसी पद्धति के आधार पर उच्च अध्ययन तथा अनुसंधान कार्यों का प्रादुर्भाव हुआ। मितव्ययिता की दृष्टि से क्रमशः स्थानीय, राष्ट्रीय और अन्तर्राष्ट्रीय स्तरों पर केन्द्रीकरण की प्रवृत्ति का प्रवर्तन हुआ है। भौतिक दृष्टि से विश्वविद्यालयों का विकास भी इसी तरह हुआ है। शुरू में विश्वविद्यालय के अलग-अलग विभाग एक दूसरे से दूर-दूर रहते थे। अतः उनकी सुविधा के लिए उनका अलग-अलग पुस्तकालय होता था। क्रमशः केन्द्रीकरण, तथा परिक्षेत्र (कैम्पस) का विकास और केन्द्रीय पुस्तकालय का उद्भव और विकास होने लगा।

इस प्रकार विश्वविद्यालय के पुस्तकालयों का उद्‌भव विभागीय एवं संकाय के स्तर से प्रारंभ हुआ है। अध्ययन एवं शोध को गतिशील बनाए रखने के लिए ये पुस्तकालय बहुत उपयोगी सिद्ध होते हैं। इस तरह के अनेक पुस्तकालय विश्वविद्यालयों में आज भी देखे जा सकते हैं। संकाय के सदस्य, शिक्षक वर्ग और शोध छात्र इन पुस्तकालयों को बनाये रखने और उनकी संख्या को बढ़ाने के लिए निम्नलिखित तर्क प्रस्तुत किये गये है–

1. विषय से संबंधित सभी पुस्तकें निकट होने से अध्ययन, अध्यापन और शोध के लिए तत्काल उपलब्ध होती हैं।
2. पुस्तकालय प्रयोगशाला के पास होने से प्रयोग सम्बन्धित गतिविधियों में समस्या नहीं पैदा होती है।
3. सीमित साधनों के भीतर केन्द्रीय पुस्तकालय के संग्रह को सर्वांगीण करना बहुत कठिन है। इसके विपरीत विभागीय स्तर पर अध्ययन सामग्रियों के संग्रह को शीघ्रता के साथ बढ़ाया जा सकता है।
4. विभागीय सदस्यों के लिए उनके ग्रन्थ सदैव सुरक्षित रहते हैं।
5. पुस्तकालय के लिए प्राप्त होने वाले अनुदान का उपयोग विभागीय विषयों के ग्रन्थों के क्रय करने में पूरी तरह से किया जा सकता है।
6. ज्ञान के विकेन्द्रीकरण की नयी पद्धतियों को आवश्यकतानुसार सुगमता और मितव्ययिता के साथ क्रियान्वित किया जा सकता है।
7. सार्वजनिक उपयोग और सुविधा के विभिन्न कार्यों को पुस्तकालय पूरा कर सकता है। वे कार्य कुछ इस प्रकार हैं–

(i) प्रकाशन निकालना।

(ii) विभिन्न प्रकार के पाठ्यक्रमों का आयोजन करना।

(iii) कम्प्यूटरीकरण पर भी कार्य करता है।

(iv) अनुवाद कार्य करना।

(v) वार्षिक सम्मेलनों का आयोजन करना।

(vi) राष्ट्रीय तथा क्षेत्रीय स्तर पर बैठकों की व्यवस्था करना।

(vii) पुस्तकालय एवं सूचना विज्ञान के विशिष्ट विषयों पर Coursses की व्यवस्था करना।

(viii) अन्य संस्थाओं जैसे सूचना वैज्ञानिकों की संस्था, पुस्तकालय संघ आदि के साथ सहयोग करना।

संघ द्वारा प्रकाशन

(i) ASLIB Proceedings (M)
(ii) ASLIB Information (M)
(iii) ASLIB Booklist (M)
(iv) ASLIB newsletter (M)
(v) Index to Theses (Annual)
(vi) Journal of Documentation(Q)
(vii) Net Link (Three Issues)
(viii) Programme-News of computers of libraries (Q)

इन प्रकाशनों के अलावा ASLIB समय-समय पर अनेक Monographs, Reports, Proceedings, directories आदि का भी प्रकाशन करता है।

थोड़े में यह कहा जा सकता है कि ASLIB आजकल सूचना प्रबन्ध के कार्यक्रमों पर विशेष जोर दे रहा है। इसका प्रमुख कार्य है, सेवा केन्द्र के रूप में कार्य करना।

शैक्षणिक कार्यक्रम और उसके लिए जरूरी पाठ्य-सामग्रियों की मांग शिक्षकों से सम्पर्क स्थापित कर ज्ञात किया जाता है। इसी तरह अध्ययन और अध्यापन संबंधी कार्यों को पुस्तकालयोन्मुखी बनाने के लिए शिक्षकों को ग्रन्थलयी का पूर्ण सहयोग करना चाहिए। इस सम्बन्ध में ग्रन्थालयी उन्हें निम्नलिखित परामर्श प्रदान करता हैं–

1. शैक्षणिक और शोध कार्यक्रमों के कियान्वयन हेतु आवश्यक पाठ्य-सामग्रियों के अधिग्रहण की योजना बनाने में उन्हें सलाह देना।
2. पुस्तकालय में उपलब्ध सन्दर्भ-ग्रन्थ और सन्दर्भ-सेवा से उन्हें परिचित कराना और उन्हें उनके उपयोग को सुलभ करना।
3. अध्ययन और शोध कार्यों में वांग्मय-सूची विज्ञान ओर स्रोत साहित्य के पाठ्यक्रमों के क्रियान्वयन में शिक्षकों के साथ अध्यापन कार्य में भाग लेना।
4. पुस्तकालयों की साधन सम्पन्नता और सेवाओं को विस्तृत एवं सर्वांगीण बनाने के लिए अन्य शासकीय और अर्धशासकीय संस्थाओं के ग्रन्थालयी और शिक्षकों के प्रतिनिधियों से परामर्श कर पुस्तकालय के सहकारी कार्यों को क्रियान्वित करना।

अन्त में हम कह सकते हैं कि सम्पूर्ण कार्यों को प्रभावी ढंग से करने हेतु सभी पुस्तकालयाध्यक्षों में प्रशासकीय क्षमता एवं योग्यता व्यापक अध्ययन और सूक्ष्म दृष्टि अपेक्षित है। साथ ही शिक्षकों और पुस्तकालय के कर्मचारियों में बौद्धिक सहयोग की भावना होनी चाहिए।

छात्र समुदाय

प्रायः पुस्तकालयध्यक्ष विभिन्न प्रकार के प्रशासनिक कार्यों में लीन रहते हैं, जिसके कारण उसका निरन्तर सम्पर्क छात्रा-छात्राओं से नहीं हो पाता है। साधारणतया पुस्तकालय के अन्य कर्मचारी विशेषतः परिचालन और सन्दर्भ-विभाग के कार्यकर्ता उनके सम्पर्क में बने रहते हैं ओर उनका मार्ग-दर्शन करते हैं। लेकिन इससे उनके प्रति ग्रन्थालयी के दायित्व में कोई फर्क नहीं आता है। छात्र विश्वविद्यालय के प्रमुख सदस्य होते हैं। उनकी उन्नति और अभिवृद्धि के लिए वहां सारी व्यवस्था की जाती है। अतः उनके शैक्षणिक कार्यक्रमों को व्यवस्थित रूप से पूरा करने की दिशा में ग्रन्थालयी के निम्नलिखित दायित्व बनता है–

1. पुस्तकालय में शान्ति के साथ अध्ययन करने के लिए उन्हें जरूरी पाठ्य-सामग्री उपलब्ध करना।
2. उपलब्ध ग्रन्थों को सब छात्रों के लिए न्यायसंगत ढंग से उपलब्ध कराना।
3. प्रारंभिक परिचय के पाठ्यक्रम द्वारा उन्हें पुस्तकालय से पूर्ण परिचित करना।
4. प्रदर्शनी और अन्य माध्यमों के द्वारा पाठ्य-विषयों से संबंधित और उपयोगी नवीन साहित्य की ओर उनका ध्यान प्रभावित करना।
5. छात्रों के कार्यक्रमों में समय-समय पर स्वयं भाग लेकर पुस्तकालय संबंधी उनकी जरूरतों को जानना और उन्हें पूरा करना।
6. अध्यापन कार्य में सहयोग देकर उन्हें उनके विषयों से संबंधित ग्रन्थ सूची और उनके निर्माण की शिक्षा देना, शोध छात्रों का हमेशा ज्ञानदीप के समान मार्ग-दर्शन करते रहना।
7. विशेषतः पूर्वोपाधिस्तर के छात्रों में अध्ययन के प्रति रुचि ओर प्रवृत्ति विकसित करने हेतु आवश्यक उपाय करना।
8. स्वयं 'कमाओ ओर पढ़ो' की योजना को सफल बनाने के लिए गरीब और योग्य छात्रों को पुस्तकालय में अंशकालीन सेवा उपलब्ध कराना और इस कार्य से उनमें पुस्तकालय की सेवा के प्रति जागरूकता कर पुस्तकालय व्यवसाय की ओर आकर्षित करना।

पुस्तकालयी द्वारा लिये गये उपर्युक्त कार्यों के कारण छात्र एवं छात्राएं ग्रन्थालयी के प्रति चिरऋणी रहते हैं और संपूर्ण जीवन उसे याद रखते हैं। अपने कार्यकाल में डॉ. रंगनाथन ने सक्रिय रूप से इन दायित्वों को पूरा कर नये ग्रन्थालयी के लिए आदर्श उदाहरण प्रस्तुत किया है।

अपने शैक्षणिक जीवन में उनसे इस तरह लाभान्वित आज के अनेक उच्च पदस्थ अधिकारी और विद्वानों को जब डा. रंगनाथन याद आते है तो वे उनकी गुणगाथा गाने लगते हैं।

प्रशासनिक अधिकारी

पुस्तकालयी का विश्वविद्यालय के विभिन्न प्रमुख प्रशासनिक अधिकारियों के साथ मधुर सम्बन्ध होना चाहिए। इस तथ्य को नीचे स्पष्ट किया गया है–

कुलसचिव–कुल सचिव विश्वविद्यालय का एक प्रमुख प्रशासनिक अधिकारी होता है जो कुल पति के निर्देशानुसार विश्वविद्यालय द्वारा लिये गये निर्णयों को संचालित करता है। इसकी टिप्पणी ग्रन्थालयी के पक्ष में होने पर कार्य शीघ्र सम्पन्न होने की संभावना रहती है। अनुशासन और शान्ति सम्बन्धी जिन बातों को ग्रन्थालयी स्वयं निबटा नहीं सकता, उन्हें इसे सुपुर्द किया जाता है और यह प्रशासकीय स्तर पर उनका हल निकालता है। इस कार्य के लिए इन दोनों में परस्पर सहयोग अपेक्षित है।

इसके आधार पर ही पुस्तकालय के बारे में यह स्पष्ट होता है कि कौन कर्मचारी सेवानिवृत्त हुआ है और पुस्तकालय से उसे अदेय प्रमाण-पत्र प्राप्त करना है। अन्य विभागों और संस्थाओं को एक दो दिनों के लिए पुस्तकालय का सभा भवन, व्याख्यान कक्ष, प्रदर्शिनी कक्ष आदि का उपयोग करने के लिए कुलसचिव से अनुमति लेना आवश्यक होता है।

आवश्यकता के अनुसार अधिक समान और परस्पर संबंधित विषयों के पुस्तकालयों का इस पद्धति में भी केन्द्रीकरण किया जा सकता है।

संकाय और विभागीय स्तर पर विद्यमान और विकसित कुछ पुस्तकालय उपरोक्त वर्णित तर्कों को सत्य मानते हैं किन्तु वैश्विक स्तर पर सामूहिक शोध के कारण ज्ञानधारा का विस्फोट, अध्ययन सामग्रियों का प्रवाह, अन्योन्याश्रयी विषयों की संख्या में लगातार बढ़ोत्तरी और इन सबके फलस्वरूप ज्ञान का संगठन, संवर्धन और व्यवस्थित विकेन्द्रीकरण हेतु पुस्तकालयों के पास लगातार साधनों की कमी होने से विश्वविद्यालय पुस्तकालय पद्धति के पूर्ण विकेन्द्रीकरण के पक्ष में आज भी विद्वानों में एकमत नहीं है। पुस्तकालय विज्ञान के यंत्र सूत्रों के अभिप्राय को ध्यान में रखते हुए ग्रन्थालयी वर्ग समन्वयवादी होता है। पूर्ण विकेन्द्रीकरण की निम्नलिखित हानियां हैं–

1. अधिकांश विभागीय पुस्तकालयों में बैठने की समुचित व्यवस्था नहीं होती है तथा और ये पुस्तकालय केन्द्रीय पुस्तकालय के समान प्रतिदिन बारह

घण्टे तक खुले नहीं रहते हैं। फलतः बाहर से आये हुए शोध-छात्रों और अध्यापकों को बहुत असुविधा होती है।

2. इस सम्बन्ध में दो तीन बातें और विचार करने योग्य हैं, पढ़ने वाले छात्रों की संख्या की दृष्टि से अनेक छोटे-छोटे विभाग होते हैं। उनका अलग पुस्तकालय होना आर्थिक दृष्टि से सही नहीं है।
3. इसी प्रकार यदि केन्द्रीय पुस्तकालय के आसपास ही विविध विभाग स्थापित हैं तो मितव्ययिता, उपयोगिता और प्रभावशाली प्रशासन की दृष्टि से प्रत्येक विभाग के लिए स्वतंत्र पुस्तकालय का होना जरूरी नहीं है।
4. विभागीय पुस्तकालयों के पुस्तक संग्रहों में असमानताएं, एक दूसरे के संग्रह को बढ़ाने की होड़, संभव हो तो एक के मूल्य पर दूसरे के संग्रह को विकसित करने की प्रवृत्ति इस पद्धति में हमेशा बनी रहने की संभावना रहती है। यह असमानताएं एक बार शुरू होने पर उसे दूर करना संभव नहीं होता। किसी एक पर अंकुश लगाने से उसके विकास में रुकावट आ जाती है और अन्त में संकलन की सामयिकता समाप्त हो जाती है।
5. विभागीय पुस्तकालयों का भारतीय विश्वविद्यालयों में जो रूप आज परिलक्षित हो रहा है उसके आधार पर संगठन एवं प्रबंध की जिम्मेवारी विभागाध्यक्ष के अधीन रहता है। केन्द्रीय पुस्तकालय विभागीय विषय के लिए निर्धारित धन से जो पाठ्य-सामग्री क्रय करता है, वही अंशतः अथवा पूर्णतः विभागीय पुस्तकालय की अध्ययन-सामग्री होती है। इन पुस्तकों का प्राविधिक संस्कार सामान्यतः केन्द्रीय पुस्तकालय में किया जाता है। ये पुस्तकालय विभाग के किसी अध्यापक अथवा बाबू की देखरेख में रहते हैं और यह प्रभारी पुस्तकालय विज्ञान से बिलकुल अलग रहता है। विभाग के अन्य कार्यों में व्यस्त रहने के कारण वह पुस्तकालय के कार्यों में अधिक ध्यान नहीं दे पाता। छात्रों की संख्या के अनुपात में यहां पाठ्य-पुस्तकों के परामर्श की व्यवस्था रहती है। इसलिए ये पुस्तकालय नाममात्र के होते हैं।
6. यह व्यवस्था विश्वविद्यालय में बहुमूल्य ग्रन्थों और शोध-पत्रिकाओं की अतिरिक्त प्रतियों की संख्या को अनावश्यक रूप से वृद्धि करती है। ऐसे अनेक विभाग हैं, जहां कई अध्येतव्य विषय समान हैं और एक जैसे पाठ्य-ग्रन्थ पढ़ाये जाते हैं। उन्हें अनेक शोध-पत्रिकाएं जरूरी होती हैं। प्रत्येक विभाग के लिए उन्हें उपलब्ध करना बहुत व्यय साध्य है।

7. इस पद्धति में संगठन, प्रविधि, कर्मचारी, उनका वेतनमान तथा ग्रन्थ अधिग्रहण के सम्बन्ध में केन्द्रीय तथा विभागीय पुस्तकालयों की नीतियों में अन्तर आने की पूर्ण संभावना रहती है। जो एकता व सहयोग की भावना पर बुरा प्रभाव डाल सकती है।
8. विभागीय पुस्तकालयों की देख रेख विभागाध्यक्ष के ऊपर रहता है जिससे वे एकाधिकार समझ लेते हैं। विभागीय पुस्तकालय में उपलब्ध कोई पुस्तक यदि केन्द्रीय पुस्तकालय में किसी पाठक को चाहिए तो वह उसे यथा समय नहीं मिल पाती है। केन्द्रीय पुस्तकालय द्वारा संबंधित ग्रन्थ को लौटाने के अधिकांश अवसरों पर विभागाध्यक्ष उसे लौटाते नहीं हैं। पाठक विभागीय पुस्तकालय का सदस्य न होने से वहां से वह उसे स्वयं प्राप्त नहीं कर सकता।

आंशिक केन्द्रीकरण पद्धति

इस पद्धति का प्रतिपादन विलसन एवं टाबर महोदय ने किया। इसमें केन्द्रीय पुस्तकालय और विभागीय या शाखा पुस्तकालयों को विश्वविद्यालय के ग्रन्थालयी के निर्देशन में संगठित किया जाता है और उनका प्रबंध और नियंत्रण केन्द्रित होता है। लेकिन कुछ प्रविधिक विषयों से संबंधित विभाग या महाविद्यालयों में स्वतंत्र पुस्तकालय स्थापित किए जाते हैं, यथा–विधि, यांत्रिकी, कृषि, वैद्यकी, प्रशिक्षण शास्त्र आदि के पुस्तकालय। उनका संगठन एवं प्रबंध विभागीय अध्यक्ष अथवा महविद्यालय के प्राचार्य के निर्देशन में स्वतंत्र रूप से किया जाता है।

परन्तु विलसन एवं टाबर ने आगे लिखा है कि आज कार्य के आधार पर पुस्तकालय भवनों की रचना, परिष्कृत सेवा पद्धतियां और ज्ञान के विभिन्न विषयों में बढ़ती हुई अन्योन्याश्रयी प्रवृत्ति विश्वविद्यालय के सभी पुस्तकालयों को समन्वयात्मक दृष्टि से एक केन्द्रीय निर्देशन में संगठित और संचालित करने की ओर प्रेरित कर रही है। इसीलिए एम. ए. गेलफैन्ड ने विश्वविद्यालय व्यापी पुस्तकालय पद्धति पर बल देते हुए अपने स्पष्ट शब्दों में कहा है कि इन प्रविधिक विषयों से संबंधित पुस्तकालयों को भी विश्वविद्यालय पुस्तकालय पद्धति का अंग बनाना चाहिए। केन्द्रीय पुस्तकालय में संकलित संघ सूची में इन पुस्तकालयों के ग्रन्थों की प्रविष्टियां एकत्रित हों।

विश्वविद्यालय व्यापी पुस्तकालय संगठन पद्धति

इस पद्धति में केन्द्रीय पुस्तकालय के अलावा पूर्वोक्त प्रभावकारी तत्वों के आधार पर आवश्यकतानुसार संकाय, विभागीय, संघटक महाविद्यालय एवं अन्य

शाखा पुस्तकालय रहते हैं। आन्तरिक संगठन, सेवा, पुस्तकालय प्रविधि, कर्मचारी और उनके वेतनमान आदि से संबंधित नीतियों में एकरूपता बनाये रखने के लिए सब पुस्तकालयों का सामान्य पर्यवेक्षण, निरीक्षण एवं नियंत्रण केन्द्रीय पुस्तकालय के ग्रन्थालयी के अंतर्गत रखा जाता है। इस पद्धति में विश्वविद्यालय के सब पुस्तकालयों में विद्यमान अध्ययन-सामग्री आवश्यकतानुसार और न्यायसंगत दृष्टि से विश्वविद्यालय के सब सदस्यों के लिए उपलब्ध की जाती है और मित व्ययता और योग्यता के साथ पुस्तकालयों का प्रशासन संभव होता है।

आन्तरिक ढाँचा—विश्वविद्यालय पुस्तकालय पद्धति की आन्तरिक संरचना कैसी हों? अर्थात् पुस्तकालय के उद्देश्यों को प्रभावशाली तरीके से क्रियात्मक रूप देने के लिए पुस्तकालय के कार्यों का विभाजन तथा प्रबंध किस तरह का होना चाहिए?

मूलभूत तत्व—आन्तरिक संगठन की योजना एवं विकास का कार्यक्रम बनाते समय पूर्वोक्त विभागीय तत्वों के अलावा कुछ तत्व ऐसे भी है जिन पर ध्यान देना अति आवश्यक है वे तत्व इस प्रकार हैं—

1. सदृश इकाई या विभागों में कार्यों का प्रबन्धन।
2. प्रत्येक इकाई के कार्य और जिम्मेदारियों को निश्चित करना।
3. प्राधिकार का रेखाक्रम और विविध विभागों का आपसी सम्बन्ध।
4. व्यापक कार्यों के आधार पर खास क्रिया-कलापों का विभाजन।

रोगर्स और वेबर के दृष्टिकोण से विभागीकरण के आधार पर निर्मित प्रमुख विभागों में परिदृश्यमान विशेषताएं निम्नलिखित हैं—

1. इसके अलग-अलग कार्यों के लिए विभिन्न कर्मचारियों की मदद की आवश्यकता होती है जैसे—प्रविधिक विभाग में व्यावसायिक कर्मी अथवा विशेष पाठ्य-सामग्रियों के संकलन और संगठन के कार्यों में विशिष्ट ज्ञान से सम्पन्न कार्यकर्ता।
2. ये विभाग बाहर के प्रमुख लोगों की भी सेवा करते हैं, यथा—विशिष्ट उद्योग व्यापार में लगे लोगों की सन्दर्भ सेवा।
3. विशिष्ट कार्य—आन्तरिक संगठन में विशेष प्रकार के कार्य सम्पन्न किये जाते हैं, यथा—प्रतिनिर्माण का कार्य या हस्तलिखित ग्रन्थों से संबंधित कार्य।
4. यह सम्पूर्ण लक्ष्य को अंशतः और प्रभावशाली तरीके से दिखाता है, यथा—अधिग्रहण और सूचीकरण।

आंतरिक ढाँचा का वर्गीकरण—उपरोक्त वर्णित विशेषताओं के आधार पर विश्वविद्यालय पुस्तकालय पद्धति का आन्तरिक ढांचा निम्नलिखित तीन वर्गों वर्गीकृत किया गया है—

1. कार्यानुसारी व्यवस्था—इस व्यवस्था के अन्तर्गत पुस्तकालय को उसके प्रमुख कार्य, सेवाओं और पाठ्य-सामग्रियों के विशिष्ट भेद के अनुसार विभाजित किया जाता है; यथा—अधिग्रहण, प्रक्रमण, परिचालन, सन्दर्भ सेवा, सामयिकी या पत्र-पत्रिका विभाग, मानचित्र कक्ष, विशिष्ट अध्ययन कक्ष एवं संग्रह, विभागीय पुस्तकालय तथा व्यावसायिक महाविद्यालय पुस्तकालय। इन विभागों में परस्पर सहयोग एवं समन्वय बनाये रखने तथा प्रत्येक कार्यों पर प्रशासकीय अधिकारी के पर्यवेक्षण को सुलभ बनाने के लिए ग्रन्थालयी के नीचे आवश्यकता के आधार पर उपग्रन्थालयी और सहग्रन्थालयी की नियुक्ति की जाती है। सहग्रन्थालयी उपग्रन्थालयी को और उपग्रन्थालयी ग्रंथालयी को अपने-अपने विभागों के कार्यों की जानकारी देते हैं और इस तरह पर्यवेक्षण और नियंत्रण का क्रम नीचे से ऊपर तक बना रहता है। कार्यानुसति व्यवस्था से निम्नलिखित प्रशासकीय लाभ होते हैं–

1. विभागों में आपसी सहयोग की भावना रहती है।
2. योग्यता और कार्यों के आधार पर जरूरत के अनुसार कर्मचारियों का विभागीय स्थानान्तरण और पदोन्नति हो सकती है।
3. दीर्घकालीन नीति तथा सम्प्रायोजनाओं प्रोजेक्ट्स के निर्माण एवं क्रियान्वयन में उपग्रन्थालयी और सहग्रन्थालयी ग्रन्थालयी को पूरा सहयोग दे सकते हैं।
4. पुस्तकालय का सारा कार्य मितव्ययिता और योग्यता के साथ पूर्ण होता है। पुस्तकालय पद्धति का यह प्राचीन वर्गीकरण है।
5. ग्रन्थालयी के लिए पर्यवेक्षण एवं निरीक्षण का क्षेत्र विस्तुत नहीं होता है।
6. अतः वह विकास योजनाओं का निर्माण करने और पुस्तकालय संकाय तथा छात्रों के बीच सम्बन्ध का विकसित करने में ज्यादा से ज्यादा समय दे सकता है।
7. जनसम्पर्क का क्षेत्र व्यापक होता है।
8. ग्रन्थालयी और उसके सहायक व्यावसायिक कर्मचारी अपने विभाग के बौद्धिक कार्यों में ज्यादा समय दे सकते हैं।

2. विषय पर आधारित विभाजन—आज के युग में प्रमुख तौर पर अमेरिका के बड़े-बड़े पुस्तकालयों में प्रमुख विषयों के अनुसार पुस्तकालय पद्धति का विभाजन एवं उनका प्रबंध किया जाता है। अंग्रेजी में इसे डिविजनल अरेंजमेंट कहा जाता है। जान हाफिन्स, शिकागो, ब्राउन, कोलोरेडो विश्वविद्यालयों में यह व्यवस्था प्रचलित है।

यथा—मानविकी, सामाजिक विज्ञान, विज्ञान के मुख्य उपविभाग, प्राकृतिक विज्ञान, जीव विज्ञान, प्रायोगिक विज्ञान आदि के आधार पर स्नातकोत्तर छात्रों के लिए विश्वविद्यालय पुस्तकालय को बांटा विभाजित किया जाता है उसके बाद संकायों के भवनों में ये पुस्तकालय स्थापित किये जाते हैं। पूर्वोपाधिस्तर के छात्रों के लिए अलग पुस्तकालय रहता है। इस पद्धति में अवैयक्ति (इम्पर्सनल) सेवाएं केन्द्रीय पुस्तकालय में और व्यक्तिगत सेवाएं, यथा—पुस्तकों का आदान-प्रदान और सन्दर्भ-सेवा विषयानुसारी पुस्तकालयों में अथवा दोनों स्थानों पर प्रदान की जाती है। गैलफैण्ड के अनुसार इस प्रकार के विश्वविद्यालय के लिए पुस्तकालय पद्धति का ढांचा उपयुक्त रहता है।

इस व्यवस्था में प्रौद्योगीय से जुड़ी विषयों के पुस्तकालय उन विषयों के उच्च व्यावसायिक महाविद्यालय (प्रोफेशनल स्कूल्स) के अभिन्न भाग होते हैं। विषय के अनुसार प्रबंध में विषय से संबंधित सब तरह की पाठ्य-सामग्री संबंधित पुस्तकालय में रहती है। अन्य शब्दों में यह पद्धति पुस्तकों का वर्गीकरण उनके भौतिक रूप से आधार पर नहीं करते हैं। ततद् विषयों में तथा पुस्तकालय विज्ञान में निष्णात ग्रन्थालायध्यक्षों के निर्देशन में ये पुस्तकालय चलाये जाते हैं। इस पुस्तकालयों में मुक्तद्वार प्रणाली (ओपन एक्सेस) रहती है और अध्ययन कक्षों के बगल में संग्रहागार, सभाकक्ष और अध्ययन के लिए आवश्यक सभी अधिग्रहण, उनका प्रक्रमण तथा प्रबंध उप या सहग्रन्थालयी के प्रत्यक्ष निर्द्रेशन में कराने की जिम्मेदार मुख्य ग्रन्थालयी पर होता है। इस पद्धति की निम्नलिखित विशेषताएं हैं—

1. विशेषज्ञों के लिए अपना स्वतंत्र विषयगत पुस्तकालय खुला होता है।
2. कर्मचारी संबंधित विषयों के विभिन्न उपविषयों में पुस्तकालय की दृष्टि से निष्णात हो सकते हैं और संबंधित संकायों में सक्रिय सदस्य बन सकते हैं।
3. विभिन्न स्वतंत्र विभागीय पुस्तकालयों की तुलना में इस तरह का संगठन कम खर्चीला होता है।
4. पुस्तकालयोन्मुखी शिक्षा पद्धति के क्रियान्वयन में यह व्यवस्था बहुत उपयोगी साबित होती है। पुस्तकालय का सम्पूर्ण कार्य पाठ्यक्रमानुसारी होता है।
5. मांग और विषयों के हिसाब से व्यक्तिगत रूप से विशिष्ट सेवाएं उपलब्ध की जा सकती हैं।

थोड़े में यह कहा जा सकता है कि यह पद्धति विभिन्न आधारों पर काफी उपयोगी है, परन्तु यह पद्धति बहुत ही व्यय साध्य है इसलिए विशेषतः विकासशील

देशों के लिए दोनों आन्तरिक संगठन पद्धति का मिश्रित रूप सही और लाभप्रद है। मिश्रित पद्धति ब्रिटिश विश्वविद्यालयों की देन है। पैरी रिपोर्ट ने इस पद्धति को संस्तुत किया है।

3. मिश्रित तथा समन्वयात्मक प्रबन्ध--विश्वविद्यालय के क्रमिक विकास की अवस्थाओं और संबंधित शैक्षणिक विभाग एवं संस्थाओं की भौतिक स्थिति के अनुसार उसके पुस्तकालय के संगठन का भौतिक रूप विभिन्न होता है। गेलफैण्ड ने खासतौर से विकासशील देशों की आर्थिक स्थिति, शैक्षणिक स्तर और समाज में पुस्तकालय चेतना के अभाव को दृष्टि में रखते हुए विश्वविद्यालय ग्रन्थालय के विकास के क्रम का वास्तविक दृश्य प्रस्तुत किया है।

यह बात भारतीय परिप्रेक्ष्य में सही साबित होती है। विशेषतः प्रादेशिक स्तर पर जब कोई नवीन विश्वविद्यालय स्थापित किया जाता है, तब कहीं-कहीं तो वर्षों तक ग्रन्थालयी की नियुक्ति नहीं की जाती है। सहग्रन्थालयी और कुछ सहायकों को नियुक्त कर कुलसचिव अथवा किसी प्राध्यापक के निर्देशन में पुस्तकालय का संगठन करना शुरू किया जाता है। ऐसी स्थिति में पुस्तकालय भवन का निर्माण और विभिन्न कार्यों और सेवाओं से संबंधित नीतियों का निर्माण पुस्तकालय विज्ञान के मौलिक सिद्धान्तों के अनुसार संभव नहीं है एक बार अवैज्ञानिक नीतियों का क्रियान्वयन आरम्भ होने के पश्चात् पुस्तकालय विज्ञान से अनभिज्ञ अनेक उच्च अधिकारी और शिक्षक भविष्य में उन नीतियों में जरूरी बदलाव करने में आसानी से सहयोग नहीं देते हैं। फलस्वरूप विश्वविद्यालय का हृदय, पुस्तकालय सदा पीड़ित रहता है, उसका विकास नहीं हो पाता है। इलाहाबाद विश्वविद्यालय इसका प्रमुख उदाहरण है।

शुरूआती दौर में जब पुस्तकालयाध्यक्ष का चुनाव अथवा नियुक्ति कर दी जाती है, वहां भी विविध स्थानों पर पुस्तकालय का संगठन व्यवस्थित तरीके से करने के लिए उसे वर्षों तक आवश्यक प्रशिक्षित कर्मचारी नहीं दिए जाते हैं। प्रशिक्षित कर्मचारियों में अकेला पुस्तकालयाध्यक्ष रहता है। उसे सहायता देने के लिए दो चार कर्णिक दिए जाते हैं। ग्रन्थालयी स्वयं अधिग्रहण और प्राविधिक कार्यों को करता है। इसके कार्य में लेन-देन का कार्य प्रमुख होता है। सन्दर्भ-सेवा नाम की कोई वस्तु वहां देखने में नहीं आती है। भारत आजाद होने की पूर्व संध्या में स्थापित विभिन्न प्रादेशिक विश्वविद्यालय पुस्तकालयों की उत्पति इसी प्रकार हुई है। आवश्यक आर्थिक साधनों की कमी में और प्रमुख राजनैतिक नेताओं के प्रभाव से स्वातन्त्र्योत्तर भारत में स्थापित अनेक प्रादेशिक विश्वविद्यालय पुस्तकालयों की भी यही स्थिति रही है।

नवीन स्थापित विश्वविद्यालयों के अन्तर्गत प्रभावी तौर पर कार्य शुरू करने के लिए कमोवेश निरीक्षणाधिकारी, पांच प्रविधिक कर्मचारी तथा दूसरी सहायक कर्णिक एवं चतुर्थ वर्ग के कर्मियों का होना आवश्यक है।

प्रशासन और अधिग्रहण विभाग को ग्रन्थालयी के प्रत्यक्ष निरीक्षण में और अवशिष्ट विभागों को उपग्रन्थालयी के निर्देशन में कार्य करना चाहिए। प्रशासन विभाग में एक अधीक्षक या प्रधान कर्णिक, एक आशुलिपिक, एक गणक और सहायक कर्णिक तथा एक चौथाई वर्ग का कर्मचारी हो। अन्य विभागों में एक-एक तकनीकी सहायक और आवश्यक अन्य कर्मचारियों की नियुक्ति की जाए। जब तक सन्दर्भ-सेवा के लिए अलग कर्मचारी को नहीं रखा जा सकता, तब तक सामान्य मार्ग-दर्शन का कार्य ग्रन्थालयी और उपग्रन्थालयी को करना चाहिए।

इसके उपरांत जैसे-जैसे पाठकों और पाठ्य सामग्री की संख्या में बढ़ोत्तरी होती जाती है, अनेक शाखा पुस्तकालयों की स्थापना और केन्द्रीय पुस्तकालय में विभागीकरण की संख्या में वृद्धि होती है, नवीन विभाग, विभागों के उपविभाग या अनुभाग बनते जाते हैं, कर्मचारी और निरीक्षणाधिकरियों की संख्या में वृद्धि अवश्यंभावी है। सभी कार्यों को प्रबंधित एवं प्रभावशाली तरीके से करने के लिए कर्मचारी-परिसूत्र (स्टाफ फार्मूला) के अनुसार उनकी संख्या की वृद्धि करे। निम्नांकित मुख्य विभागों के दैनिक कार्यों के निरीक्षण एवं नियंत्रण के लिए विभिन्न सहपुस्तकालयाध्यक्षों की नियुक्ति की जानी चाहिए–

प्रक्रमण, परिचालन, अधिग्रहण, सन्दर्भ, सेवा, पत्र-पत्रिका प्रलेखन, भवन और परिरक्षण, हरेक शाखा पुस्तकालय आदि।

उपर्युक्त वर्णित समस्त विभागों तथा उप-विभागों में साहचार्य स्थापित करने तथा हर कर्मचारी के दायित्व और अधिकार का क्रियान्वयन व्यवस्थित करने के लिए नीचे से ऊपर तक निरीक्षण और नियंत्रण कार्यों की शृंखला बनायी जानी चाहिए। इसके लिए बड़े-बड़े पुस्तकालयों में विभिन्न उपग्रन्थालयी की नियुक्ति की जाती है। जहां पुस्तकालय के समस्त सदस्यों की संख्या आठ हजार या इससे अधिक हो, वहां कुछ प्रमुख विभागों के लिए स्वतंत्र उपग्रन्थालयी की नियुक्ति करना जरूरी है–

1. भवन तथा अनुरक्षरण;
2. शाखा पुस्तकालयों का संगठन तथा प्रबंध;
3. केन्द्रीय संगठन एवं प्रशासन;
4. अधिग्रहण और प्रक्रमण; तथा
5. सेवाएं।

इस व्यवस्था के अन्तर्गत केन्द्रीय पुस्तकालय में पुस्तक एवं अन्य पाठ्य-वस्तु के संकलन को मानविकी, सामाजिक विज्ञान, भौतिकी और जीव विज्ञान तथा प्रौद्योगिकी इन चार विभागों में बांट कर विभिन्न संग्रहागारों में रखने और वहां विषय परक सहग्रन्थालयी के निर्देशन में पाठकों के लिए मार्ग-दर्शन की व्यवस्था की जा सकती है।

शाखा पुस्तकालयों के विविध रूप एवं प्रकार

शाखा पुस्तकालयों का आदर्श रूप विश्वविद्यालय व्यापी पुस्तकालय पद्धति में किस प्रकार का होना चाहिए? संगठन के पूर्वोक्त प्रभावकारी तत्वों के अनुरूप स्थिर किया जाना चाहिए। यदि विश्वविद्यालय से संबंधित सभी विभाग और संघटक महाविद्यालय परिसर (कैम्पस) और नगर के अन्दर होते हैं तो आवश्यकता के आधार पर निम्न प्रकार के पुस्तकालयों की स्थापना की जाती है–

संकाय पुस्तकालय या पूर्वोपाधिस्तरीय–आवासीय विश्वविद्यालय में छात्रों की संख्या और संकायों के आकार को देखते हुए इस प्रकार के एक या अनेक संकाय पुस्तकालयों की जरूरत होती है।

संगोष्ठी पुस्तकालय–यद्यपि कतिपय विभागों के तहत स्वतंत्र पुस्तकालय का प्रबंध किया जाना संभव न हो, तो विशेष संप्रयोजना (प्रोजेक्ट) अथवा संगोष्ठी के आयोजन को प्रभावशाली तरीके से पूर्ण करने हेतु संबंधित विषयों के ग्रन्थ एवं शोध-पत्रिकाओं को केन्द्रीय पुस्तकालय से एकत्रित कर अस्थायी पुस्तकालय को मूर्तरूप दिया है। अगर पुस्तकालय के भवन में संगोष्ठी आयोजन करने के लिए स्वतंत्र स्थान है, तो विभागीय स्तर पर अलग व्यवस्था करने की जरूरत नहीं है।

उच्च अध्ययन केन्द्र पुस्तकालय–स्नातकोत्तर स्तर पर स्थापित मुख्य विषयों के अध्ययन केन्द्रों के लिए स्वतंत्र पुस्तकालयों का होना आवश्यक है। उपलब्ध साधनों के आधार पर केन्द्रीय पुस्तकालय के निर्देशन में इनका संगठन करना चाहिए।

नगर अध्ययन केन्द्र–जो छात्र शहरों में निवास करते हैं उनके लिए शहर के प्रमुख केन्द्रों में आवश्यकतानुसार एक या अनेक अध्ययन केन्द्रों का गठन किया जा सकता है। चौथी पंचवर्षीय योजना से यू.जी.सी. इस काम के लिए अर्थ उपलब्ध कर रहा है।

विभागीय पुस्तकालय–बड़े-बड़े गहन विषयों के स्नाकोत्तर अध्ययन विभाग यथा– पत्रकारिता, पुस्तकालय विज्ञान, संगीत एवं नृत्य वगैरह हेतु केन्द्रीय

पुस्तकालय बहुत दूर होने की स्थिति में स्वतंत्र पुस्तकालय उपयोगी सिद्ध होता है। लघु आकार वाले विभागों के लिए पुस्तकालय की स्थापना विभागीय स्तर पर नहीं करनी चाहिए।

संघटक महाविद्यालय पुस्तकालय—आमतौर पर विधि, वैद्यकी, यांत्रिकी, कृषि और प्रशिक्षण शास्त्र के महाविद्यालयों में स्वतंत्र पुस्तकालय का होना जरूरी है।

छात्रावास पुस्तकालय--प्रत्येक छात्रावास के अन्तर्गत एक छोटा सा पुस्तकालय होना चाहिए।

चल पुस्तकालय—सामान्यतया पर विश्वविद्यालय के परिक्षेत्र में रहने वाले बच्चे, महिलाएं और वृद्धों को शिक्षा, सूचनापद, मनोरंजक एवं ज्ञानवर्द्धक साहित्य अपने घरों पर उपलब्ध कराने के लिए आवश्यकतानुसार चल पुस्तकालय की व्यवस्था की जा सकती है। यदि छात्रावास केन्द्रीय पुस्तकालय से बहुत दूर हैं और वहां शाखा पुस्तकालय नहीं है, तो मोबाइल पुस्तकालय के द्वारा छात्र-छात्राओं की विविध विषयक जिज्ञासा को संतुष्ट किया जा सकता है। जिन नगरों में विश्वविद्यालय के संगठित जन पुस्तकालय एवं उद्योग पुस्तकालय न हो, तो विश्वविद्यालय का मोबाइल पुस्तकालय प्रबुद्ध नागरिक, औद्योगिक और प्राविधिक लोगों को बौद्धिक सेवाएं प्रदान कर सकता है। अन्य नगरों में स्थापित और विश्वविद्यालय से संबंधित और संघटक महाविद्यालयों में वहां के सदस्यों को पुस्तकालय की सुविधा उपलब्ध करने के लिए विश्वविद्यालय पुस्तकालय वहां अध्ययन केन्द्र के रूप में शाखा पुस्तकालयों की स्थापना कर सकता है, जैसे—बिलासपुर (म. प्र.) में रविशंकर विश्वविद्यालय, रायपुर का अध्ययन केन्द्र पहले बना था।

संगठन एवं प्रबन्ध—हार्वर्ड विश्वविद्यालय (संयुक्त राज्य अमेरिका) में प्रत्येक विभागीय पुस्तकालय स्वतंत्ररूप से संगठित है। सभी पुस्तकालयों में संगठन, कर्मचारी, वेतनमान, ग्रन्थ चयन, सूचीकरण और सेवा की नीतियों में समानता बनाये रखने के लिए शाखा पुस्तकालयों के स्तर पर वहां पुस्तकालय का ग्रन्थालयी केवल परामर्श, योजना और समन्वयन अधिकारी के रूप में काम करता है। वर्तमान दृष्टिकोण तथा बहुमत शाखा पुस्तकालयों को केन्द्रीय पुस्तकालय के संगठन के अधीन स्थापित करने के पक्ष में है। उपग्रन्थालयी को इनके संगठन और प्रबंध का उत्तरदायित्व सौंपा जाना चाहिए। वह ग्रन्थालयी के निर्देशन में अपना काम करे। दैनिक प्रबंध एवं नियंत्रण के लिए शाखा पुस्तकालयों में एक सहग्रन्थालयी और

कर्मचारी-परिसूत्र के अनुसार आवश्यक अन्य कर्मचारी चुने जाएं। छात्रावास और नगर-छात्र पुस्तकालयों का दैनिक प्रबंध योग्य एवं गरीब छात्रों को सुपुर्द कर दें। वे संबंधित सहग्रन्थालयी के निर्देशन में उनका संचालन करें। अस्थायी संगोष्ठी पुस्तकालयों का संगठन आवश्यकतानुसार केन्द्रीय पुस्तकालय के कर्मचारी अथवा शैक्षणिक विभाग के कर्मी द्वारा संभव है। केन्द्रीय संगठन को मोबाइल पुस्तकालय के प्रबंध का कार्य करना चाहिए।

उपपुस्तकालय समिति का गठन

वस्तुतः शाखा पुस्तकालयों की व्यवस्था को संतोषप्रद बनाये रखने के लिए केन्द्रीय पुस्तकालय समिति, संगोष्ठी और मोबाइल पुस्तकालयों को छोड़कर, अवशिष्ट के लिए अलग-अलग परामर्शदात्री उपपुस्तकालय समिति बनाए। उक्त समिति में ततद् पुस्तकालयों के लिए पदाधिकारी निम्नलिखित प्रकार से नियुक्त किए जाएं या कुलपति या केन्द्रीय पुस्तकालय समिति मनोनीत करे–

समिति	*अध्यक्ष*	*सदस्य*
पूर्वोपाधि या संकाय पुस्तकालय समिति	संकायाध्यक्ष	ग्रन्थालयी (पदेन) दो अध्यापक (दो वर्षों के लिए-पारी-पारी से)
उच्च अध्ययन केन्द्र	वरिष्ठ प्राध्यापक	"
महाविद्यालय पुस्तकालय	प्राचार्य	"
विभागीय पुस्तकालय	अध्यक्ष	"
छात्रावास पुस्तकालय	वार्डन	ग्रन्थालयी, छात्रावास समिति का अध्यक्ष और सचिव
नगर अध्ययन केन्द्र	डेलीगेसी का अध्यक्ष	ग्रन्शालयी और छात्रसंघ का अध्यक्ष और सचिव

अन्य कस्बों या शहरों के अन्तर्गत स्थापित शाखा पुस्तकालयों हेतु भी इसी प्रकार की उपसमितियों का गठन किया जा सकता है।

अधिग्रहण तथा प्रक्रमण

उच्च अध्ययन केन्द्र, संकाय पुस्तकालय, केन्द्रीय पुस्तकालय से बहुत दूर पर स्थित विभागीय पुस्तकालय, संघटक महाविद्यालय पुस्तकालय तथा अन्य नगरों में स्थापित शाखा पुस्तकालयों के लिए ग्रन्थों का अधिग्रहण और उनका प्रक्रमण उन पुस्तकालयों में ही करने की व्यवस्था हो। केन्द्रीय पुस्तकालय में उपलब्ध ग्रन्थों की संघसूची पायी जाती है। अवशिष्ट शाखा पुस्तकालयों के लिए पुस्तकों का अधिग्रहण और प्रक्रमण केन्द्रीय पुस्तकालय में किया जा सकता है। मांग तथा जरूरत के अनुसार यहां से उन पुस्तकालयों को नियमित रूप से पुस्तकें भेजने और वापस बुलाने का प्रबंध किया जा सकता है। जहां तक हो सके विश्वविद्यालय के नगर में स्थित उच्च अध्ययन केन्द्र, स्नातकोत्तर विभाग और संघटक महाविद्यालय पुस्तकालयों में अनावश्यक रूप से भाषा, साहित्य और सामान्य ग्रन्थों के अधिग्रहण न किये जाएं। उनका सार्वजनिक उपयोग होने से उन्हें केन्द्रीय पुस्तकालय संग्रहीत करे। इसी प्रकार क्रमिक प्रकाशनों (सीरियल्स्) के सम्बन्ध में विलसन और टाबर का अभिमत है कि उनका केन्द्रीकरण करना चाहिए। मूल्य ज्यादा होने से उनकी प्रतियों की संख्या में कमी लाने और उनके सन्दर्भ में प्रलेखन सेवा को प्रभावशाली तरीके से प्रदान करने के लिए संबंधित सब पुस्तकालयों के लिए उनका अधिग्रहण, प्रक्रमण और संग्रह एक स्वतंत्र विभाग में करना फायदेमंद होता है। इसके प्रमुख व्यावहारिक समस्याओं पर दृष्टिपात करते हुए उनका संगठन निम्न प्रकार से किया जा सकता है—

1. प्रत्येक शाखा पुस्तकालय की मांग को दृष्टि में रखते हुए उनका अधिग्रहण और प्रक्रमण केन्द्रीय पुस्तकालय में किया जाए।
2. विभिन्न विषयों से संबंधित और बहुमूल्य शोध तथा सन्दर्भ-पत्रिकाओं का संकलन और संगठन केन्द्रीय पुस्तकालय करें। इसी तरह दैनिक-पत्र एवं सामान्य तथा लोकप्रिय पत्रिकाओं में सीमित प्रतियां शाखा पुस्तकालयों में उपलब्ध की जा सकती हैं। उनकी अतिरिक्त प्रतियां और अवशिष्ट सदृश पत्रिकाएं केन्द्रीय पुस्तकालय में प्राप्त हो।
3. विभागीय कार्यों के लिए दूसरे क्रमिक प्रकाशन यथा—विवरण, प्रतिवेदन आदि क्रय करने से पहले शाखा पुस्तकालय अन्य संबंधित पुस्तकालयों में उनकी विद्यमानता और सरलता से उन्हें प्राप्त करने के लिए केन्द्रीय पुस्तकालय से जानकारी प्राप्त करे। वह संघ सूची की सहयता से तत्काल सूचना दे सकता है।

सेवा एवं सुविधाएँ

पूर्वोपाधिस्तर के संकाय पुस्तकालयों में मुख्यतः पाठ्य एवं संस्तुत पुस्तकें तथा सुविधाएं निम्न प्रकार से प्राप्त हो—

वाचन कक्ष—इस कक्ष का निर्माण शांतिपूर्वक अध्ययन के लिए किया जाता है, लेकिन यह सुव्यवस्थित व सजा होना चाहिए। बगल के कक्ष में आरक्षित ग्रन्थ उपलब्ध रहे। वहां अबाध प्रवेश (ओपन एक्सेस) की व्यवस्था हो। पाठ्य एवं संस्तुत ग्रन्थों की कम से कम दो-दो प्रतियां, एक भाषी तथा द्विभाषी कुछ कोश ग्रन्थ और मृदु साहित्य का एक छोटा संग्रह वहां रखा जाए। वाचन कक्ष में दो तीन प्रमुख दैनिक-पत्र और चुनी हुई कुछ मनोरंजक तथा सूचनाप्रद लोकप्रिय पत्रिकाएं उपलब्ध हों।

बन्द पद्धति में लेन-देन हेतु पुस्तकों को सम्मिलित किया जा सकता है। निर्धारित मानकों के अनुसार वहां अध्ययन एवं अध्यापन हेतु पाठ्य एवं संस्तुत पुस्तकों की प्रतियां विद्यमान हो। अध्ययन के लिए आवश्यक अन्य बाहरी सुविधाओं की व्यवस्था जरूरत के मुताबिक की जाए।

इन पुस्तकालयों के छात्र सदस्यों को साधारणतया केन्द्रीय पुस्तकालय का सदस्य न बनाया जाय। प्रतिष्ठा पाठ्यक्रम के छात्र और विशिष्ट अध्ययन में लीन छात्रों को विशेष अनुमति के आधार पर वहां अध्ययन की सुविधा दी जाए।

उच्च अध्ययन केन्द्र, स्नातकोत्तर विशिष्ट अध्ययन विभाग, संघटक महाविद्यालय और अन्य नगरों में स्थापित शाखा पुस्तकालयों में केन्द्रीय पुस्तकालय के समान सेवा और सुविधाएं उपलब्ध हों।

नगरीय छात्र पुस्तकालयों, संगोस्ठियों, छात्रावासों में सिर्फ परिवीक्षण की व्यवस्था होनी चाहिए। इसके लिए अध्ययन के लिए जरूरी सुविधा तथा ग्रन्थों के संरक्षण का उचित प्रबंध हो। निर्धारित मानकों के अनुसार मोबाइल पुस्तकालय अर्थात् चलते-फिरते पुस्तकालय की व्यवस्था करनी चाहिए। विश्वविद्यालय में विभिन्न प्रकार के पुस्तकालय होने से कुछ प्रमुख लाभ इस प्रकार के होते हैं—

1. केन्द्रीय पुस्तकालय में गंभीर पाठकों को अधिकाधिक सुविधाएं दी जा सकती हैं।
2. संबंधित सब पुस्तकालयों का प्रबंध केन्द्रित होने से विश्वविद्यालय में उपलब्ध समस्त पाठ्य-सामग्रियां सब के लिए सरलता से उपलब्ध की जा सकती हैं।

3. पुस्तकालयों के अधिकांश कार्य विकेन्द्रित होते हैं। परिणामस्वरूप किसी एक पुस्तकालय में अनावश्यक रूप से भीड़ नहीं होती है और सभी कार्य शांतिपूर्वक होते हैं।
4. हर पाठक के लिए अपना साहित्य और प्रत्येक पुस्तक को अपना पाठक यथासंभव शीघ्र उपलब्ध हो सकता है।

संयोजक तत्व

संयोजक तत्व निम्नलिखित हैं–

1. **आंकड़े**–केन्द्रीय स्तर पर संबंधित समस्त क्रिया-कलापों के आंकड़े उपलब्ध हों।
2. **दूतसेवा**–परिक्षेत्रीय दूत सेवा अथवा चल पुस्तकालय की व्यवस्था की जाए।
3. **विवरण पत्रिका**–कर्मचारियों के लिए पुस्तकालय विवरण पत्रिका (लाइब्रेरी बुलेटिन) और प्रमुख सम्पर्क सूत्र तथा संयोजक तत्वों को दर्शाने के लिए प्रक्रिया पुस्तिका (मैन्नुल आफ प्रोसीजोर्स) प्राप्त किया जाना चाहिए।
4. **वित्त**–स्थापना और संरक्षण हेतु विभागीकरण का प्रमुख प्रभावक तत्व, आवश्यक वित्त की उपलब्धि पर ही शाखा पुस्तकालयों की बात हो।
5. **प्रबंध समिति**–विश्वविद्यालय के प्रत्येक पुस्तकालयी कार्यों में एकरूपता तथा मितव्ययिता बनाये रखने के लिए मुख्य ग्रन्थालयी की अध्यक्षता में समस्त शाखा पुस्तकालयों के ग्रन्थालयी की एक प्रमुख समिति गठित की जाए।
6. **संघसूची**–विश्वविद्यालय से संबंधित सब पुस्तकालयों में उपलब्ध पाठ्य-सामग्रियों की संघसूची केन्द्रीय पुस्तकालय से सम्बन्धित होना चाहिए।
7. **एकरूपता**–सर्वत्र सेवा, मार्ग-दर्शन और प्रविधिक नीतियों में एकरूपता हो।
8. **अनोखे ग्रन्थ**–जो ग्रन्थ अनोखे और अप्राप्य हैं, उन्हें केन्द्रीय पुस्तकालय में सुरक्षित रखें।
9. **ग्रन्थों का स्थानान्तरण**–विभिन्न विभागों के शैक्षणिक कामों को असरदार बनाने के लिए मुख्य ग्रन्थालयी को यह अधिकार प्राप्त होना चाहिए कि

वह जरूरत के अनुसार एक पुस्तकालय में उपलब्ध ग्रन्थों को अन्य पुस्तकालयों में हस्तांतरण कर सके।

10. **नियुक्ति—तथा पदोन्नति**—कर्मचारियों की नियुक्ति एवं पदोन्नति का केन्द्रीकरण हो।
11. **सलाह**—शाखा पुस्तकालयों की भवन परियोजना तैयार करते समय विश्वविद्यालय के ग्रन्थालयी से विचार-विर्मश करें।
12. **अतिरिक्त प्रतियां**—जहां तक हो सके। शाखा पुस्तकालयों में सिर्फ अतिरिक्त प्रतियां ही उपलब्ध रहें।

शैक्षणिक विभागों के लिए कार्ल एम. व्हाइट में जो संस्तुति की है उसके आधार पर स्वतंत्र पुस्तकालय की स्थापना करते समय निम्नलिखित तथ्यों पर दृष्टिपात करना चाहिए—

1. पुस्तकालय की सेवा में मितव्ययिता;
2. सर्वाधिक नागरिकों को सभी संभव सुविधा;
3. सामर्थ्य के अनुसार उच्चतम सेवा प्रदान करने के लिए व्यापक इकाइयों की व्यवस्था और
4. पुस्तक, पाठक एवं कर्मचारियों के लिए पर्याप्त स्थान।

विश्वविद्यालय पुस्तकालय सेवाएँ

विश्वविद्यालय पुस्तकालय के उयोक्ता समुदाय में विभिन्न स्तर के उच्च अध्ययन करने वाले छात्र विभिन्न विषयों एम0फिल0, पी0एच0डी0 एवं अन्य विशिष्ट उपाधियों के यिले कार्य कर रहे शोध छात्र, विशिष्ट परियोजनाओं में संलग्न शोध छात्र, विषय विशेषज्ञ, विश्वविद्यालय के शिक्षक, प्रशासनिक विभागों में कार्यरत कर्मचारी और पुस्तकालय के उपयोग की विशेष सुविधा प्राप्त करने वाले बाहरी विद्वान आदि सम्मिलित होते हैं। ये सभी उपयोक्ता अपनी-अपनी जरूरतों की पूर्ति के लिए भिन्न-भिन्न प्रकार की पुस्तकालय सेवाओं को अपनाते हैं। अतः विश्वविद्यालय पुस्तकालय द्वारा विभिन्न प्रकार की पुस्तकालय, प्रलेखन तथा सूचना सम्बन्धी सेवाएँ उपलब्ध कराई जाती हैं। आज पुस्तकालयों में कम्प्यूटर के अनुप्रयोग से विस्तृत क्षेत्रों में विविध प्रकार की सेवाएँ सम्भव हो गई हैं।

विश्वविद्यालय पुस्तकालय निम्नवत सेवाएं प्रदान करता है—

(1) विशेषीकृत सेवाएँ

(i) पाठक शिक्षण,

(ii) प्रलेख प्रदर्शन एव प्रदर्शिनियाँ,

(iii) विशेष व्याख्यान,

(iv) पाठकोन्मुख संगोष्ठियों तथा कार्यशालाओं का आयोजन करना।

(2) संक्षेपण सेवाएँ—

(i) विशिष्ट विषयों पर सार बनाना,

(ii) डाइजेस्ट सेवा,

(iii) विशिष्ट विषय क्षेत्रों पर प्रकाशित समीक्षाओं की सूचना सेवा,

(iv) यथा वस्तु-स्थिति प्रतिवेदन।

(3) सामयिक जागरुकता सेवाएँ—

(i) विषय-पत्रिकाओं के करेंट कॉन्टेंट्स,

(ii) चयनित सूचना प्रसार सेवा,

(iii) समाचार पत्र कतरन सेवा।

(4) वांछित पुस्तकालय सेवाएँ—

(i) प्रलेख आदान-प्रदान सेवा,

(ii) पुस्तकालय के उपयोग में सहायता सेवा,

(iii) संदर्भ एवं सूचना सेवा,

(iv) अध्ययन कक्ष सेवा,

(v) नए अधिगृहीत प्रलेखों का प्रदर्शन करना।

(5) ग्रंथात्मक सेवाएँ—

(i) साहित्य खोज सेवा,

(ii) विशिष्ट विषयों परसंदर्भ ग्रंथ सूचियाँ निर्मित करना,

(iii) सामयिक साहित्य की अनुक्रमणी।

(6) अन्य सेवाएँ—

(i) प्रलेख आपूर्ति सेवा,

(ii) छाया प्रतिलिपिकरण सेवा,

(iii) अनुवाद सेवा,

(iv) कम्प्यूटर आधारित सूचना पुनर्प्राप्ति सेवा।

धन तथा कर्मचारियों की कमी के कारण उपरोक्त सेवाएं समस्त विश्वविद्यालय पुस्तकालय द्वारा प्रदान करना सम्भव नहीं है, ये सेवाएँ एक पुस्तकालय में दूसरे पुस्तकालय से भिन्न पाई जाती हैं।

विशिष्ट पुस्तकालय

विशिष्ट पुस्तकालय अपनी पैष्टक संस्था के पुस्तकालय होते है तथा वे पैतृक संस्थाओं की सूचना आवश्यकताओं की पूर्ति और सन्तुष्टि करने के लिए ही संचालित तथा स्थापित किए जाते हैं। इस प्रकार महत्वपूर्ण विषय में हो रहे अनुसंधान तथा उसके उन्नति को मदद प्रदान करने के लिए ही निर्माण किये जाते हैं।

विशिष्ट पुस्तकालय का इतिहास अधिक प्राचीन नहीं है। विशिष्ट पुस्तकालय ही अब सूचना केन्द्र के रूप में विकसित हो रहे हैं तथा अपनी कुछ क्रियात्मक विशेषताओं के आधार पर ही विशिष्ट पुस्तकालय आधुनिक सूचना के केन्द्र माने जाते हैं। सूचना केन्द्र में विशिष्ट पुस्तकालयों द्वारा प्रदत्त सेवाओं से ही अन्तर किया जा सकता है। विकास और अनुसंधान संस्थानों में, निराष्ट्रालयों में, औद्योगिक तथा व्यावसायिक निर्माणों में, विद्वत परिषदों तथा व्यवसायिक संघों में, संग्रहालयों तथा अस्पतालों, कला दीर्घाओं में विशिष्ट पुस्तकालय स्थापित किए जाते हैं। किसी समाचार-पत्र, बैंक या विज्ञापन एजेन्सी के पुस्तकालय इसी श्रेणी में आते हैं। कहने का तात्पर्य यह है कि समाज के एक खास वर्ग की ही सेवा करने के लिए ही विशिष्ट पुस्तकालय स्थापित किये जाते हैं।

विशिष्ट पुस्तकालयों के कार्य

विशिष्ट पुस्तकालयों के प्रमुख कार्यों पर नीचे प्रकाश निक्षेप किया जा रहा है–

1. सन्दर्भ सेवा प्रदान करना–साधारण तरह के सन्दर्भ सवालों के उत्तर से लेकर अनुसंधान के लिए प्रदत्त सूचना सेवाओं तक विशिष्ट पुस्तकालय में वह सेवा का क्षेत्र होता है। शोध हेतु साहित्य की अन्वेषण करने में प्रयोग करने वालो की सहायता की जाती है।

2. विशिष्ट तरह के संकलन–विशिष्ट पुस्तकालय एक वर्धनशील संस्था है। इसके संग्रह स्थिर न होकर बल्कि वर्धनशील रहता है। क्योंकि इन पुस्तकालयों की पैतृक संस्थाओं में नवीन योजनाएँ और परियोजनाएँ सम्पन्न तथा विकसित होती रहती हैं जिनके कारण इन बातों का इनके पुस्तकालयों पर भी असर पड़ता है जिससे इन पुस्तकालयों के संग्रह का क्षेत्र तथा प्रकृति में भी परिवर्तन होता है। अतः इन पुस्तकालयों में इन परिवर्तित परिस्थितियों का सामना करने हेतु ही सामग्री का संकलन किया जाता है।

3. आगत से पहले सेवाएं—उपरोक्त सेवाओं के साथ-साथ विशिष्ट पुस्तकालय टिप्पणीयुक्त तालिका, सारांश बुलेटिन, समाचार संक्षेप, डाइजेस्ट आदि भी उपलब्ध कराई जाती हैं। इधर कुछ वर्षों विशिष्ट सूचना प्रसार सेवा के क्षेत्र में भी विशिष्ट पुस्तकालयों ने कार्य करना प्रारम्भ किया है।

4. प्रक्रियाकरण तथा निर्माण—विशिष्ट पुस्तकायल अपने संकलनों के एकत्रीकरण का भी प्रबन्ध करते हैं भौतिक संकलन इसके उपयोग के आधार पर निश्चित किया जाता है। इसलिए पुस्तकालय की प्रसूची, अनुक्रमणिका, सारांश आदि पैतृक संस्था के क्रियाकलापों के उपयोग तथा क्षेत्र के आधार पर निर्मित किए जाते हैं।

5. सूचना प्रकीर्णन सेवा—अनुक्रमणिकाकरण, सारांशीकरण तथा डाईजेस्ट का निर्माण करना विशिष्ट पुस्तकालयों में महत्वपूर्ण की सेवाएँ हैं। इन पुस्तकालयों में विशिष्ट प्रोजेक्ट तथा पूर्वव्यापी संचिका प्रोजेक्ट की आवश्यकताओं की पूर्ति करने के लिए बनाई जाती हैं।

6. सामयिक अभिज्ञता सेवा प्रदान करना—सामयिक अभिश्रता सेवाओं के क्षेत्र में विशिष्ट पुस्तकालयों ने काफी विकास कर लिया है जिससे वे अपने उपयोगकर्ताओं को इस क्षेत्र में नवीन तथा सामयिक विकासों से अवगत करा सकें। पत्रिकाओं के नवीन तथा सामयिक अंकों में से उपयोगी सूचना की छँटनी करना विशिष्ट पुस्तकालयों का एक सामान्य कार्य है। इसके अलावा विशिष्ट पुस्तकालयों द्वारा सामयिक बुलेटिन, सामयिक पत्रिकाओं की अनुक्रमणिका तथा शीर्षक खोज आदि सामयिक अभिज्ञता सेवा उपलब्ध कराई जाती हैं।

प्रमुख प्रकार के विशिष्ट पुस्तकालय

विलफ्रेड एशवर्थ द्वारा सम्पादित पुस्तक "हेण्डबुक ऑफ स्पेशल लाइब्रेरियनशिप एण्ड इन्फार्मेशन वर्क" के दृष्टिकोण से विशिष्ट पुस्तकालय ऐसा पुस्तकालय है, जिसमें किसी विशिष्ट विषय या विषयों पर ही पठन सामग्री उपलब्ध हो।

विशिष्ट पुस्तकालय ही अध्येयताओं की सामान्य आवश्यकताओं को सार्वजनिक या शैक्षणिक पुस्तकालय ही पूर्ण कर पाते हैं। उनमें कई विषयों पर साहित्य संग्रहित किया जाता है। इसलिए ऐसे पाठकों के लिए जिन्हें कुछ विषयों पर आधुनिक साहित्य चाहिए, ये विशेष पुस्तकालय ही उसे पूरा करते हैं। कई बार जानकारी न होने पर पाठक साधारण पुस्तकालयों का उपयोग नहीं कर पाते। इन पाठकों को विशेष तरह की अध्ययन सामग्री तथा सेवाएँ विशिष्ट पुस्तकालयों द्वारा प्रदान की जाती है। कई बार कुछ सार्वजनिक पुस्तकालय विशेष अनुभाग की स्थापना कर कुछ वर्गों को सेवाएँ प्रदान करने की कोशिश करते हैं। किन्तु

पुस्तकालय की सेवाओं को वर्ग-विशेष से अधिक अनुकूल तब ही बनाया जा सकता है, जबकि उनके लिए स्वतन्त्र पुस्तकालय हो। विशेष पुस्तकालयों के निम्नलिखित अंतर हैं–

औद्योगिक पुस्तकालय

यह पुस्तकालय किसी व्यापारिक या औद्योगिक केन्द्रों से सम्बन्धित होते हैं। अतः उसका कार्य सम्बन्धित उद्योगों के विकास तथा विस्तार के लिए सभी जरूरी सूचनाएँ और सामग्रियों का संग्रह करना और आवश्यकतानुसार सम्बन्धित व्यक्तियों को प्रदान करना है। इस प्रकार के पुस्तकालय लगभग बड़े औद्योगिक प्रतिष्ठानों से सम्बद्ध रहते हैं। भारत में कुछ उद्योगों से सम्बन्धित प्रलेखन केन्द्र भी कार्य कर रहे हैं, जो विविध देशों में हुए शोध एवं नवीन सिद्धान्तों के सम्बन्ध में उद्योगपतियों को सूचनाएँ प्रदान करते हैं। इन सूचनाओं के आधार पर ही विविध उद्योगों के स्वामी अपने उद्योगों में चल रही अन्तर्राष्ट्रीय स्तर की प्रतियोगिता में सफल हो सकते हैं। इन पुस्तकालयों से प्राप्त होने वाली सूचनाओं के द्वारा प्रबन्धकों को कच्चे माल स्थानान्तरित करने, स्थानापन्न माल की खोज करने, माल की किस्म में गुणात्मक सुधार करने आदि में मदद मिलती है। औद्योगिक क्षेत्र के वैज्ञानिकों को इन पुस्तकालयों से बड़ी मदद मिलती है। भारत में लोहा और इस्पात, वस्त्र-उद्योग, चीनी उद्योग, जूट उद्योग आदि में ये पुस्तकालय कार्य कर रहे हैं।

नेत्रहीन पुस्तकालय

ये पुस्तकालय पूर्णतया ब्रेल लिपि पर आधारित पुस्तकों से संग्रहित होते हैं। इन पुस्तकालयों द्वारा अन्धों के ज्ञानवर्द्धन के लिए साहित्य प्रदान किया गया है। कई स्थानों पर धार्मिक प्रतिष्ठान, चर्च तथा नेत्रहीनों हेतु स्थापित कल्याणकारी संगठनों में ये पुस्तकालय विशेष रूप से चलाये जाते हैं। अमेरिका जैसे कुछ राष्ट्रों में सार्वजनिक पुस्तकालय ही नेत्रहीन पुस्तकालय सेवा का संचालन करते हैं। भारत में राष्ट्रीय स्तर पर नेत्रही शिक्षा विभाग एक विशेष पुस्तकालय सेवा मुहैया कराता है। भारत में नेत्रहीनों के लिए ऐसे कई पुस्तकालय है।

विभागीय पुस्तकालय

विभागीय पुस्तकालय केन्द्रीय, राज्य या स्थानीय सरकार के प्रशासनिक विभागों से सम्बन्धित होते है विभागीय पुस्तकालयों का प्रमुख उद्देश्य विभाग के

अधिकारियों तथा कर्मचारियों को सुचारु रूप से प्रशासन चलाने में मदद करना है। भारत सरकार के योजना आयोग का पुस्तकालय, वित्त-विभाग का पुस्तकालय, लोकसभा या सरकार के विभिन्न मन्त्रालयों से सम्बद्ध पुस्तकालय, विभागीय पुस्तकालय की श्रेणी में आते हैं। इन पुस्तकालयों में ऐसी सामग्री संग्रहित की जाती है, जो विभाग विशेष को उचित निर्णय लेने में सुविधा हो तथा वह विविध समस्याओं का अध्ययन एवं विश्लेषण भली प्रकार से कर सके। इसलिए यह पुस्तकालय विभागीय अधिकारियों को नीति निर्धारित करने में सहायता प्रदान करते हैं। भारत में इस तरह के पुस्तकालय काफी अधिक नहीं हैं, किन्तु जो विभाग राष्ट्रीय स्तर पर है। उनके अन्तर्गत एक पुस्तकालय की स्थापना होना अति आवश्यक है।

व्यावसायिक पुस्तकालय

सर्वप्रथम सन् 1914 में इग्लैण्ड में इस प्रकार की पुस्तकालयों की स्थापना की गयी थी। इस पुस्तकालय का उद्देश्य किसी व्यवसाय विशेष के विकास तथा विस्तार में योगदान देना होता है। इन पुस्तकालयों में व्यवसाय व उनसे संबंधित जानकारी होती है, जो व्यवसाय विशेष की वृद्धि में सहायक होती है। इन पुस्तकालयों से व्यवसाय विशेष पर हो रही खोजों से जुड़ी पूरी जानकारी प्राप्त हो सकती है। भारत में इस तरह के पुस्तकालयों की संख्या काफी कम है। सुप्रीम कोर्ट और उच्च न्यायालयों के कानून विषयक पुस्तकालय, अखिल भारतीय पुस्तकालय संघ का ग्रंथालय, चैम्बर ऑफ कॉमर्स का पुस्तकालय व्यावसायिक पुस्तकालय की कोटि में आते हैं।

कैदी पुस्तकालय

ये पुस्तकालय जेल में स्थित कैदियों को पुस्तकालय सेवा प्रदान करते हैं। कारागारों के अलावा सुधार-गृहों में भी पुस्तकालय होते हैं। इनका उद्देश्य कल्याणकारी होता है तथा इसमें ऐसा साहित्य संग्रहित किया जाता है, जिसके द्वारा कैदियों का स्वस्थ व्यक्तित्व निर्मित हो सके तथा उनसे छूटने के बाद आदर्श नागरिक बन सकें।

उपचार पुस्तकालय

उपचार पुस्तकालयों में उपचार सम्बन्धी पुस्तक, पत्र-पत्रिकाएँ आदि संग्रहित किये जाते हैं। उपयोगकर्ताओं के आधार पर इसे निम्नलिखित भागों में बांटा जा सकता है—

(1) व्यावसायिक चिकित्सा पुस्तकालय
(2) औद्योगिक चिकित्सा पुस्तकालय
(3) चिकित्सालय पुस्तकालय
(4) विश्वविद्यालय एवं उपचार महाविद्यालयों के पुस्तकालय
(5) चिकित्सा विभाग का पुस्तकालय
(6) मेडिकल कौंसिल तथा मेडिकल सोसाइटियों के पुस्तकालय
(7) चिकित्सा विषय सम्बन्धी शोध पुस्तकालय।

शोध पुस्तकालय

शोध पुस्तकालयों को विशिष्ट पुस्तकालयों के समूह में रखा जा सकता है। यह किसी ऐसी शोधसंस्था के अंग के रूप में कार्य करते हैं, जिसका उद्देश्य वैज्ञानिक रिसर्च बढ़ाना हो। ये पुस्तकालय अपने विषय से जुड़ें अन्य पुस्तकालयों का पथ प्रदर्शन करते हैं। उन्हें प्रलेखन जैसी उल्लेखनीय सेवाएँ देते हैं। कई विशिष्ट शोध-पुस्तकालय ऐसे भी होते हैं, जिसका लाभ सीमित व्यक्ति ही उठा सकते हैं। परमाणु ऊर्जा अनुसन्धान केन्द्र, बम्बई का पुस्तकालय एक उदाहरण है।

चिकित्सालय पुस्तकालय

चिकित्सालय पुस्तकालय, चिकित्सालय में इलाज करा रहे मरीजों के मनोरंजन के लिए खोले जाते हैं। आमतौर पर यह चिकित्सालय से ही सम्बन्ध रहते हैं। ब्रिटिश रेड क्रास की तरफ से जएसलम में सैंट-जान द्वारा इस तरह की सेवा उपलब्ध की जाती है। ब्रिटिश रेड क्रास बीमारों के लिए पुस्तकें नारा काफी लोकप्रिय हुआ। प्रथम विश्वयुद्ध इस प्रकार की उपचार पुस्तकालय के सुप्रसिद्ध हो जाने से चिकित्सालय पुस्तकालयों की संख्या बहुत बढ़ गयी। चिकित्सालय प्रणाली द्वारा रोगी को विशिष्ट प्रकार की पुस्तकें पढ़ने के लिए दिया जाता है। इस तरह उसके ठीक होने में यह चिकित्सा पद्धति सहयोग देती है। आजकल इस बात का ख्याल रखा जाता है कि चिकित्सालय में जिस प्रकार के मरीजों की चिकित्सा के लिए प्रबन्ध हो, उन्हीं के अनुकूल पुस्तकें रची जायें। ऐसे पुस्तकालयों में चिकित्सा-मनोचिकित्सा की मदद से किया है। इलाज की प्रक्रिया अप्रत्यक्ष होती है।

बाल पुस्तकालय

इन पुस्तकालयों में इस तरह का रख-रखाव किया जाता है कि बच्चे पढ़ने की ओर अग्रसित हो सकें। कुछ बाल पुस्तकालयों में कौतुकालय भी होते हैं, ताकि

बालकों की कल्पनाशक्ति बढ़ सके। पुस्तकालय स्वतन्त्र रूप से भी कार्य करते हैं और किसी सार्वजनिक पुस्तकालय के भाग के रूप में भी भारत में दिल्ली सार्वजनिक पुस्तकालय में स्वतन्त्र बाल पुस्तकालय विभाग है। इन पुस्तकालयों में बालकों को साहित्य प्रदान करने के अलावा कई सामुदायिक कार्यक्रमों द्वारा प्रेरणा दी जाती है।

स्पष्ट रूप से लगभग 19वीं सदी में बाल पुस्तकालयों की स्थापना की गयी थी। यहीं से बच्चों की आवश्यकताओं, रुचियों, योग्यताओं एवं क्षमताओं के अनुकूल साहित्य, पुस्तकालयों में संचित किया जाने लगा। पश्चिमी देशों में बाल पुस्तकालयों में बहुत बढ़ोतरी हुई है।

संगीत पुस्तकालय

इन पुस्तकालयों में संगीत से जुड़ी तमाम सामग्रियों की विषय की पुस्तकों पर बड़ी बारीकी से ध्यान दिया जाता है। जिससे कि छात्रों को संगीत के बारे में सम्पूर्ण जानकारी मिल सके।

व्यापारिक पुस्तकालय

व्यापारिक पुस्तकालयों का उद्देश्य किसी व्यापारिक क्षेत्र से सम्बन्धित उपयोगी सूचनाएँ संकलित करना होता है, जिससे कि सम्बन्धित व्यापारियों को उनसे फायदा मिल सके। इन सूचनाओं के आधार पर व्यापारी को भविष्य में अपने व्यापार को नियोजित करने तथा सम्भावित नुकसान से बचाने को मौका मिल जाता है, जिसका प्रयोग अब राष्ट्रीय एवं विश्व स्तर पर किया जाता है। इसलिए यह जरूरी है कि व्यापारी को व्यवसाय-विशेष से जुड़े देश-विदेश की घटनाओं के विषय में सूचनाएँ मिलती रहें। यह वर्णनीय है कि ये पुस्तकालय यदि उचित ढंग से अपनी सेवाएँ संचालित करें, तो कोई देश बड़ी मात्रा में विदेशी मुद्रा प्राप्त कर सकता है। बीमा निगम, फर्टिलाइजर कार्पोरेशन ऑफ इण्डिया आदि के पुस्तकालय व्यापारिक पुस्तकालयों की कोटि में आते हैं।

नाविक पुस्तकालय

नाविकों को साहित्य प्रदान करने के लिए नाविक पुस्तकालयों की स्थापना की गयी। इन पुस्तकालयों की नाविकों के जीवन में विशिष्ट भूमिका होती है। परंतु यदि उन्हें पुस्तकालय सेवा प्राप्त हो तो वे देश-विदेश से संबंधित ज्ञान प्राप्त कर सकते हैं। ये पुस्तकालय उन्हें सांसारिक गतिविधियों से अवगत कराते हैं तथा मानसिक विकास करने में योग देते हैं। इन पुस्तकालयों में मनोरंजक साहित्य के अतिरिक्त

वस्त्र, जलपान, भोजन, देश-विदेश के स्वास्थ्य, रीति-रिवाज आदि से संदर्भित साहित्य उपलब्ध रहता है। डॉ. एस. आर. रंगनाथन् ने *"फाइव लॉज ऑफ लाइब्रेरी साइंस"* में इन पुस्तकालयों का महत्त्वपूर्ण निरूपण किया है।

कॉमर्स पुस्तकालय

इन पुस्तकालय को प्रमुख तीन भागों में बांटा गया है– व्यावसायिक, व्यापारिक एवं औद्योगिक पुस्तकालयों को यदि हम मोटे तौर पर देखें, तो उनमें अत्यधिक भिन्नता नहीं परिलक्षित होती है। इन पुस्तकों को स्थापित करने का उद्देश्य राष्ट्र के औद्योगिक, व्यापारिक एवं वाणिज्यिक क्षेत्र में कार्य व्यक्तियों को उनके कार्यों में मदद देना होता है। पुस्तकालय के द्वारा उन्हें नवीन वैज्ञानिक उपलब्धियों के विषय में सूचना मिल जाती है, जिसका प्रयोग वे अपने संस्थान के विकास से कर सकते हैं। पुस्तकालयों द्वारा मिली जानकारी के माध्यम से इन संस्थानों के संचालन का कार्य भी किया जाता है। उधर पुस्तकालयों द्वारा प्रदत्त साहित्य से यह पता चल जाता है कि किसी व्यवसाय उत्पादन की किस क्षेत्र में ज्यादा माँग है, अतएव उस उत्पादन को आवश्यकता वाले क्षेत्रों में बेचकर व्यापार बढ़ाया जा सकता है।

द्वितीय महायुद्ध के पश्चात्मक विभिन्न क्षेत्रों में द्रुतगति से बदलाव हुआ फलतः सूचना व तकनीकी क्षेत्रों में परिवर्तनों की सूचना पुस्तकालय या सूचना सेवा द्वारा प्राप्त की जाने लगी।

व्यापारिक प्रतिष्ठान राष्ट्रीय एवं अन्तर्राष्ट्रीय स्तर पर व्यवसाय कर रहे हैं, तथा इन्होंने अपने संगठन पुस्तकालय एवं सूचना केन्द्र में स्थापित कर लिये हैं। अहमदाबाद स्थित आल इंडिया टेक्सटाइल इण्डस्ट्रीज रिसर्च एसोसिएशन, कलकत्ता अवस्थित प्लाईवुड रिसर्च इन्स्टीट्यूट आदि इस प्रकार के राष्ट्रीय संगठन हैं।

दृश्य-श्रव्य पुस्तकालय

इस प्रकार के पुस्तकालयों के अन्तर्गत चलचित्र, ग्रामोफोन रिकार्ड तथा इन विषयों से सम्बन्धित पत्र-पत्रिकाएँ संचित की जाती हैं। अमेरिका जैसे राष्ट्रों में सार्वजनिक पुस्तकालयों में भी दृश्य-श्रव्य विभाग होता है तथा वे चलचित्र, ग्रामोफोन रिकार्ड को प्रदान करते हैं।

समाचार पत्र-पुस्तकालय

इस पुस्तकालय के अन्तर्गत रोजाना के समाचार-पत्र अर्थात् प्रत्येक दिन की बड़ी या छोटी से छोटी खबर होती है। जिनसे किसी भी विषय से जुड़ी जानकारी प्राप्त की जा सकती है वह भी दिनांक सहित।

अन्य पुस्तकालय

उपरोक्त वर्णित समस्त पुस्तकालयों के अलावा कुछ अन्य पुस्तकालयों की स्थापना की गयी है, किन्तु उनकी संख्या नगण्य तो है ही, उनका प्रयोग किसी वर्ग-विशेष के थोड़े से व्यक्ति ही करते हैं। अतः वे सेवाओं की दृष्टि से लोकप्रिय नहीं हैं। अतः उनका वर्णन यहाँ नहीं किया जा रहा है।

❑❑❑